COLLOQUIA BALTICA 17

Beiträge zur Geschichte und
Kultur Ostmitteleuropas

Herle Forbrich

Herrenhäuser ohne Herren

Ostelbische Geschichtsorte
im 20. Jahrhundert

Martin Meidenbauer »

Die Promotion wurde gefördert durch die
Graduiertenförderung des Landes Brandenburg. Die
Fakultät für Kulturwissenschaften der Europa-
Universität Viadrina in Frankfurt (Oder) nahm die
Dissertation 2008 an. Für den Druck wurde sie
überarbeitet und ergänzt.

Die Deutsche Bibliothek verzeichnet
diese Publikation in der Deutschen
Nationalbibliografie; detaillierte
bibliografische Daten sind im Internet
über http://dnb.ddb.de abrufbar.

© 2008 Martin Meidenbauer
Verlagsbuchhandlung, München

Umschlagabbildung: Herrenhaus in Sieversdorf bei
Frankfurt (Oder) in den fünfziger Jahren, aus:
BLDAM, Objektakte Sieversdorf, 05.07.41, 1955 bis
19??, 75/7. Fotograf unbekannt.

Alle Rechte vorbehalten. Dieses Werk
einschließlich aller seiner Teile ist
urheberrechtlich geschützt. Jede Verwertung
außerhalb der Grenzen des Urhebergesetzes
ohne schriftliche Zustimmung des Verlages ist
unzulässig und strafbar. Das gilt insbesondere
für Nachdruck, auch auszugsweise, Reproduktion,
Vervielfältigung, Übersetzung, Mikroverfilmung
sowie Digitalisierung oder Einspeicherung
und Verarbeitung auf Tonträgern und in
elektronischen Systemen aller Art.

ISBN 978-3-89975-150-5

Verlagsverzeichnis schickt gern:
Martin Meidenbauer Verlagsbuchhandlung
Erhardtstr. 8
D-80469 München

www.m-verlag.net

Meinen Eltern

Mein Dank geht an

Anatolij P. Bachtin
Edmunds Bunkse
David Feest
Barbara und Burkhard Forbrich
Melanie Groeneveld
Ants Hein
Olaf Hiller
Aleksandra Kubicka
Imants Lancmanis
Frank Lutterloh
Hannelore Mai
Ewa Matyjewicz
Zbigniew Mazur
Mārtiņš Mintaurs
Hannes Palang
Rasa Parpuce
Jan Salm
Karl Schlögel
Helga Schultz
Alexander Sologubov
Rafał Żytyniec
Bürgermeister,
Chronisten
und Heimatstuben
im historischen Kr. Lebus

Inhalt

Einleitung: Herrenhäuser ohne Herren	9
Zerstörung der Herrenhäuser	25
Kriege	27
Erster Weltkrieg und Bürgerkrieg im Baltikum	27
Zweiter Weltkrieg	32
Revolutionen	37
Russische Revolution von 1905	38
Russische Revolution von 1917/18	47
Reformen und Gesetze	53
Bodenreformen in der Zwischenkriegszeit	54
Bodenreformen in Estland und Lettland	55
Reformen nach dem Zweiten Weltkrieg	58
Bodenreform und Kollektivierung in Estland und Lettland	59
Bodenreform und Kollektivierung in Polen	60
Bodenreform und Kollektivierung in der SBZ/DDR	62
Leerstand, Verfall und Abbruch	65
Leerstand	66
Verfall	67
Abbruch als Form des Bildersturms	69
SMAD-Befehl Nr. 209 und Machtausbau der SED	74
Beschluß Nr. 666 des Polnischen Regierungspräsidiums und Polonisierung der West- und Nordgebiete	79
Bilanz der Zerstörung	85
Umnutzung der Herrenhäuser	87
Verschiedene Formen der Umnutzung	93
Wohnnutzung	95
Landwirtschaftliche Nutzung	98
Schulnutzung	101
Soziale Nutzung	104
Multifunktionale Nutzung	106

Strategie I: Ideologische Umwertung	109
Herrenhausschulen in Estland und Lettland	110
Herrenhausheime in der SBZ/DDR	119
Strategie II: Temporäre Umnutzung	133
Massenunterkünfte in der SBZ/DDR	133
Landwirtschaftliche Staatsbetriebe in Polen	146
Altbaunutzung und Dorfplanung in der SBZ/DDR	159
Wettbewerbe	171
Neubauten	174
Altbaunutzung	180
Erhalt der Herrenhäuser	185
Grundlagen des Denkmalschutzes	189
Gesetze und Strukturen in Estland und Lettland	189
Gesetze und Strukturen in Polen	192
Gesetze und Strukturen in der DDR	196
Einfluß von „Eigen-Sinn" und Denkmalschutz	201
Entwicklung in Estland und Lettland	201
Entwicklung in Polen	209
Entwicklung in der SBZ/DDR	220
Musealisierung und museale Nutzung der Herrenhäuser	235
Einige Beispiele aus Estland und Lettland	236
Einige Beispiele aus Polen	238
Einige Beispiele aus der DDR	240
Ausblick: Nutzungsänderung der Herrenhäuser	247
Zusammenfassung: Herrenhäuser ohne Herren	259
Abkürzungsverzeichnis	263
Abbildungsnachweis	264
Herrenhausverzeichnis und Ortsnamenkonkordanz	266

Einleitung: Herrenhäuser ohne Herren

Rund 400 Jahre prägte die Gutsherrschaft die ländlichen Räume Mittel- und Osteuropas und blieb als Wirtschafts- und Sozialsystem trotz Kriege, Wirtschaftskrisen und Reformen bis ins 20. Jahrhundert stabil. Das gilt auch für den hier als „Ostelbien" bezeichneten Untersuchungsraum. Dieser umfasst, geographisch eher ungenau, die weiten, städtearmen Landschaften östlich der Elbe, in denen sich im Ergebnis der mittelalterlichen Ostsiedlung eine spezifische deutsche Adelskultur entwickelte. Charakterisiert durch Grundbesitz, Protestantismus und seit dem 19. Jahrhundert durch politischen Konservatismus unterschied sie sich sowohl von der im westlichen Deutschland („Standesherren") als auch von der benachbarten polnischen („Szlachta") und russischen. Daher können auch die deutschbaltischen Adligen in den russischen Ostseeprovinzen Kurland, Livland und Estland, den heutigen Staaten Estland und Lettland, dazu gezählt werden. Die durch Aufklärung und Liberalismus geprägte Adelskritik formte daraus im 19. Jahrhundert das Stereotyp des borniertern, reaktionären, repressiven ostelbischen Junkers.[1] Ostelbien wurde jedoch nicht nur durch die jahrhundertelange Gutsherrschaft geformt, sondern im 20. Jahrhundert auch durch Kriege, Vertreibung und Agrarreformen. In den polnischen West- und Nordgebieten, die ehemals zum Deutschen Reich zählten, sowie den Republiken Estland und Lettland spielten darüber hinaus nationale Aspekte eine Rolle bei der Auseinandersetzung mit dem als deutsch wahrgenommenen kulturellen Erbe der Gutsherrschaft.

---

[1] Vgl. Reif, Heinz: Die Junker. In: Deutsche Erinnerungsorte I. Hrsg. von Etienne François und Hagen Schulze. München 2001, S. 520–536.

Einleitung

Abb. 1 Darstellung des Untersuchungsraums „Ostelbien" innerhalb nationaler Grenzen gemäß der Definition aus der Zwischenkriegszeit und ergänzt um Estland und Lettland. Damals zählte man dazu die Freistaaten Mecklenburg-Schwerin und Mecklenburg-Strelitz, die preußischen Provinzen Brandenburg, Grenzmark Posen-Westpreußen, Niederschlesien, Ostpreußen und Pommern sowie einen Teil der Provinz Sachsen.[2]

Die Macht des ostelbischen Adels ruhte auf der Übertragung grundherrlicher Rechte und wuchs seit dem 16./17. Jahrhundert durch Eingliederung brachliegender Ländereien sowie durch Umsiedlung und Auflösung einzelbäuerlicher Höfe („Bauernlegen"). Ihren Zenit erlebte die Gutsherrschaft als Herrschaftsform des niederen Adels im 18. Jahrhundert,

---

[2] Bei Verwendung der Ortsnamen wurden historische Veränderungen und Lesefreundlichkeit möglichst berücksichtigt. Eine Ortsnamenkonkordanz befindet sich im Anhang.

als die Gutsbesitzer Grund-, Gerichts- und Patronatsherren, Nutznießer der von leibeigenen Bauern bewirtschafteten Flächen und Profiteure stetig steigender Getreide- und Bodenpreise waren.[3] Seinen ästhetischen Ausdruck fand dieser Aufstieg des Adels in der Errichtung barocker und klassizistischer Herrenhäuser, die durch künstlerische Ausstattung und mit der Einrichtung von Bibliotheken oder der Anlage von Naturaliensammlungen zu Zentren des geistigen Lebens – zu „Localitäten" (Fontane) – wurden. Gleichzeitig prägte infolge des Bauernlegens der Gegensatz von „Schlössern und Katen"[4] Landschaft und Wahrnehmung Ostelbiens.

Dieses Wirtschafts- und Sozialsystem endete mit der Bauernbefreiung in der ersten Hälfte des 19. Jahrhunderts,[5] doch dauerte es noch rund 100 Jahre bis nach dem Ersten Weltkrieg mit Gründung demokratischer Staaten die letzten Adelsprivilegien abgeschafft wurden. Das Ende der Leibeigenschaft markierte den endgültigen Übergang von der Natural- zur Geldwirtschaft, denn damit wurde die Grundlage für eine „ungehinderte Kapitalisierung und Markteinbindung der Landwirtschaft" gelegt.[6] Eine umfassende wirtschaftliche Konsolidierung der Güter begann. Forciert wurde dieser Transformationsprozeß jedoch nicht nur durch weitere politische Reformen, sondern auch durch wirtschaftliche Zwänge: Dazu gehörten die Exportbeschränkungen infolge der Napoleonischen Kontinentalsperre, die Preiseinbrüche auf dem Agrarweltmarkt durch amerikanische und russische Getreideexporte, der Arbeitskräftemangel infolge

---

[3] Vgl. Kaak, Heinrich: Die Gutsherrschaft. Theoriegeschichtliche Untersuchungen zum Agrarwesen im ostelbischen Raum. Berlin 1991, S. 3.
[4] „Schlösser und Katen" (1957) ist auch der Titel eines DEFA-Filmes (Regie: Kurt Maetzig/ Buch: Kurt Barthel) über die Veränderungen in einem mecklenburgischen Dorf (1945–1953).
[5] Die Bauernbefreiung erfolgt in Preußen und in den russischen Ostseeprovinzen fast zeitgleich. Die russische Bauernbefreiung beginnt dagegen erst 1861. Vgl. Görlitz, Walter: Die Junker. Adel und Bauern im deutschen Osten. Limburg a.d. Lahn 1964, S. 260.
[6] Buchsteiner, Ilona: Die Gutswirtschaften des pommerschen Adels am Beginn des 20. Jahrhunderts. In: Festschrift für Gerhard Heitz zum 75. Geburtstag. Hrsg. von Ernst Münch und Ralph Schattkowsky. Rostock 2000, S. 277–308, hier S. 277.

der wachsenden Industrialisierung und der Einfluß nationaler Interessenpolitik in Form von Schutzzöllen.[7]
Die Gutsbesitzer zeigten jedoch angesichts dieser Herausforderungen eine große Anpassungsfähigkeit und ein großes Beharrungsvermögen: Bis zum Beginn des 20. Jahrhunderts sank zwar die Zahl adliger Gutsbesitzer zugunsten der bürgerlicher, doch die Großbetriebe sowie führende Positionen in der kommunalen Selbstverwaltung und beim Militär blieben fast ausschließlich in adliger Hand.[8] Die Jahre zwischen 1830 und 1870 bescherten der ostelbischen Gutswirtschaft zudem noch einmal ein stabiles Wachstum. Dank der steigenden Nachfrage nach Agrarprodukten in den wachsenden Industriestädten wurden eine rege Bautätigkeit sowie Investitionen in neue Anbaumethoden und technische Innovationen ermöglicht.[9] Eine große Anzahl von Herrenhäusern im eklektizistischen Stil des Historismus entstand.[10] Die Agrarreformen ermöglichten demnach dem Adel „sich wirtschaftlich in der neuen Gesellschaft zu etablieren und damit auch politische Macht und Privilegien in das bürgerliche Zeitalter hinüber zu retten."[11] Angesichts dieser Leistungen lässt sich daher davon ausgehen, daß Ostelbien erst im 19. Jahrhundert zu der „Gutsherrschaftsgesellschaft" (Peters) geworden ist, die heute als traditionell und typisch gilt.[12]

---

[7] Vgl. Dönhoff, Marion: Entstehung und Bewirtschaftung eines ostdeutschen Großbetriebes. Die Friedrichsteiner Güter von der Ordenszeit bis zur Bauernbefreiung. Basel 1935, S. 94; Lieven, Dominic: The Aristocracy in Europe 1815–1914. New York 1993, S. 91ff.; Whelan, Heide W.: Adapting to Modernity. Family, Caste and Capitalism among the Baltic German Nobility. Köln 1999, S. 296–301.
[8] Vgl. Buchsteiner, Ilona: Großgrundbesitz in Pommern 1871–1914. Ökonomische, soziale und politische Transformation der Großgrundbesitzer. Berlin 1993, S. 56.
[9] Vgl. Whelan (wie Anm. 7), S. 294f.; Lieven (wie Anm. 7), S. 88.
[10] In Mecklenburg-Vorpommern stammt sogar mehr als die Hälfte der erhaltenen Herrenhäuser aus der zweiten Hälfte des 19. Jahrhunderts. Vgl. Pocher, Dieter: Gutsanlagen, Herrenhäuser und landwirtschaftliche Nutzbauten des 19. Jahrhunderts in Mecklenburg. In: Festschrift für Christa Cordshagen. Hrsg. von Andreas Röpcke. Ludwigslust 1999, S. 331–346, hier S. 331.
[11] Buchsteiner, Ilona: Entstehung der Gutsherrschaft und ihre sozioökonomische Wandlungsprozesse in Mecklenburg. In: Gutsanlagen in Mecklenburg-Vorpommern. Vorträge zur Jahrestagung von ECOVAST am 08. März 1997 in Tellow. Hrsg. von ECOVAST. Witzenhausen 1997, S. 7–24, hier S. 14.
[12] Vgl. Wienfort, Monika: Der Adel in der Moderne. Göttingen 2006, S. 69.

In den Auseinandersetzungen um die Bildung von Nationalstaaten, Fragen gesellschaftlicher Modernisierung und politischer Machtsicherung in Mittel- und Osteuropa in der ersten Hälfte des 20. Jahrhunderts wurden schließlich Forderungen nach Enteignung, Umnutzung und Zerstörung der Güter laut. Damit war das Ende der ostelbischen Gutsherrschaft besiegelt. Besonders betroffen waren die Wohnhäuser der Gutsbesitzer, da einzelne soziale Gruppen in diesen „Generationenorten" (Assmann) Symbole für gesellschaftliche Ungleichheit sahen. Zum Ausdruck kam dies in den Revolutionen 1905 und 1917/18 im russischen Zarenreich, den Bodenreformen der Zwischenkriegszeit und schließlich in den unter sowjetischem Einfluß durchgeführten Agrarreformen der fünfziger Jahren. Der Höhepunkt lag in der sowohl durch die Erfahrung des Zusammenbruchs wie auch durch den Wunsch nach wirtschaftlichem und sozialem Wiederaufbau geprägten Zeit nach dem Ende des Zweiten Weltkriegs, als die Herrenhäuser einerseits eine symbolische Funktion im politischen Machtspiel erfüllten und andererseits im Rahmen der Modernisierung ländlicher Räume für unterschiedliche Aufgaben herangezogen wurden. Als Ausdruck gesellschaftlicher Veränderung war diese Auseinandersetzung vergleichbar mit Zerstörung und Umnutzung der Kirchen und Klöster während der Reformation im 16. und der Säkularisation im 19. Jahrhundert.[13]

In den sechziger Jahren begannen die Herrenhäuser jedoch sowohl ihre symbolische Bedeutung als auch ihre temporären Aufgaben zu verlieren, denn Investitionen in Neubauten und die Konzentration landwirtschaftlicher Betriebe förderten ihren Leerstand und Verfall. Trotz des zeitgleich zunehmenden historischen Interesses und Engagements für die Denkmalpflege in Gesellschaft und Politik erhielt nur eine Handvoll Herrenhäuser eine neue symbolische Bedeutung als politische Repräsentationsbauten. Größer war hingegen die Zahl derjenigen, die zu Orten für Freizeit, Erholung und Kultur wurden. Dabei handelt es sich um Aufgaben, die auch heute genannt werden, wenn nach Auflösung der bisherigen Nutzungsformen infolge der politischen, wirtschaftlichen und ge-

---

[13] Vgl. Briggs, Martin S.: Goths and Vandals. A Study of the Destruction, Neglect and Preservation of Historical Buildings in England. London 1952; Hinz, Berthold: Säkularisation als verwerteter „Bildersturm". Zum Prozeß der Aneignung der Kunst durch die Bürgerliche Gesellschaft. In: Bildersturm. Die Zerstörung des Kunstwerks. Hrsg. von Martin Warnke. Frankfurt/Main 1988, S. 108–120.

sellschaftlichen Transformation der neunziger Jahre wieder einmal die Frage nach Erhalt und Nutzung der Herrenhäuser und Gutsanlagen gestellt wird. Denn trotz Enteignung, Umnutzung und Zerstörung sind Wirtschafts- und Wohngebäude, Herrenhäuser und Parkanlagen weiterhin sichtbar geblieben. Seit der Jahrtausendwende, nach den turbulenten ersten Jahren der Transformation, und verstärkt seit der EU-Osterweiterung 2004 werden diese prägenden Spuren der Gutsherrschaft wieder entdeckt als Mittel für die regionale Entwicklung peripherer ländlicher Räume. Die Chance, an die traditionelle Bedeutung der Anlagen anzuknüpfen, besteht, doch alle zu erhalten wird weder möglich noch angebracht sein.

Das Herrenhaus und seine Bedeutung als Geschichtsort

Der Begriff *Herrenhaus* bezeichnet das Wohnhaus des Besitzers eines landwirtschaftlichen Gutes, welches in einer räumlichen Beziehung zu den Wirtschaftsgebäuden der Gesamtanlage steht. Dazu zählen sowohl Güter in adligem und bürgerlichem Besitz wie landesherrliche und staatliche Domänen. In diesem Buch wird es als übergeordnete Kategorie zu *Schloß* und *Gutshaus* verwendet, dabei bezeichnet ein *Schloß* ein stattliches und ein *Gutshaus* ein eher bescheidenes *Herrenhaus*. Diese Definition verändert damit die sonst übliche Unterteilung in *Schlösser* als repräsentative Wohnsitze der Landesherren oder wie in Kurland als Orte ehemals sogenannter fester Häuser,[14] in *Herrenhäuser* als Wohnhäuser der Gutsherren und in *Gutshäuser* als alle übrigen zu einem Gut oder einer Domäne gehörenden Bauten. Die Neudefinition nimmt jedoch die mit der architektonischen Überformung der Herrenhäuser in der zweiten Hälfte des 19. Jahrhunderts einhergehende begriffliche Verwischung auf, demnach die Grenzen zwischen *Herrenhaus, Schloß, Gutshaus, Villa* und *Landhaus* fließend wurden.

Das Herrenhaus umschreibt „politische, soziale, ökonomische und kulturelle Funktionen, die in der Form der Gutsanlagen anschaulich werden und bei allem Gestaltwandel über die Jahrhunderte hinweg deutliche Konstanten aufweisen."[15] Die funktionalen und symbolischen Be-

---

[14] Vgl. Foelckersam, Hamilcar von: Das alte Kurland. Eine kulturhistorische Skizze. Rostock 1925, S. 97.
[15] Buttlar, Adrian von: Herrenhäuser und Gutsanlagen in Schleswig-Holstein. In: Gutsanlagen des 16. bis 19. Jahrhunderts im Ostseeraum – Geschichte und Gegen-

deutungen der Herrenhäuser werden indes sowohl durch die Bedingungen und Werte der sie errichtenden wie der sie nutzenden Gesellschaft geformt. In der wechselvollen Nutzungsgeschichte der Herrenhäuser im 20. Jahrhundert und ihrer sich in diesem Zusammenhang verändernden Wahrnehmung spiegeln sich folglich politische, wirtschaftliche und soziale Transformationsprozesse wider.

Die Herrenhäuser dienen so als materielle Quellen und werden hier als *Geschichtsorte* verstanden. Als Bauwerke erfüllten sie zunächst sachliche Erfordernisse, aber als Herrenhäuser verkörperten sie die Kategorien „Ordnung" und „Erinnerung."[16] Entsprechend richtete sich deren Umnutzung sowohl auf die Ausnutzung ihrer funktionalen Aspekte als auch auf ihre symbolische Umwertung. Auch als Orte an sich verfügten die Herrenhäuser über eine funktionale wie eine symbolische Bedeutungsebene, denn erst durch die materielle Platzierung von Menschen und sozialen Gütern wurden sie überhaupt geschaffen, doch lösen sie sich bei deren Verschwinden nicht auf. Sie werden einerseits frei für andere Besetzungen und existieren andererseits dank ihrer Symbolbedeutung fort.[17] Dazu gehören die verschiedenen Formen der „Erinnerungsräume"(Assmann).

Das Herrenhaus ist ein „Generationenort" (Assmann), doch wurde dieser durch die Verwandtschaftskette der Lebenden und Verstorbenen geschaffene Erinnerungsraum durch die Enteignung und Vertreibung der Besitzer, den Verlust von Ausstattung und Inventar sowie die Umnutzung und Vernachlässigung der Gebäude zerstört. Teil dieses Verlustprozesses waren Umbenennungen, die die an Güter und Familien erinnernden historischen Ortsnamen löschten, sowie der Niedergang identitätsstiftender lokaler Traditionen, wie das der Soziologe Ulf Matthiesen für die in Guts- und Landarbeiterhaushalten geprägten brandenburgi-

---

wart (Sankelmark 11.–14.09.1989). Hrsg. von ICOMOS. München 1990, S. 9–17, hier S. 9.
[16] Schütte, Ulrich: Architekturwahrnehmung, Zeichensetzung und Erinnerung in der Frühen Neuzeit. In: Gehäuse der Mnemosyne. Architektur als Schriftform der Erinnerung. Hrsg. von Harald Tausch. Göttingen 2003, S. 123–149, hier S. 124.
[17] Vgl. Löw, Martina: Raumsoziologie. Frankfurt/Main 2001, S. 198; Norberg-Schulz, Christian: Genius loci. Landschaft. Lebensraum. Baukunst. Stuttgart 1982, S. 6–23.

Einleitung

schen Küchentraditionen feststellt.[18] Eine Weitertradierung der mit den Herrenhäusern verbundenen Geschichte gelingt nur bei Einbeziehung einzelner traditioneller Aspekte in die Umnutzungsform und nur so können sie zu Gedenkorten werden, „an denen sich etwas von dem erhalten hat, was nicht mehr ist."[19] Vor allem aber bleiben die Herrenhäuser Orte der Diskontinuität und der Abwesenheit, da die häufig weder ästhetisch noch funktional überzeugenden Umnutzungsformen der Vergangenheit keine neuen Traditionen schufen, es nur wenige Fälle von Restitution oder Rückkauf gegeben hat und der Leerstand wächst. Trotz Verlustes ihres immanenten Gedächtnisses sind die Herrenhäuser als einzelne Orte jedoch für die Konstruktion kultureller „Erinnerungsräume" (Assmann) wie dem hier untersuchten *Ostelbien* von Bedeutung.

Nur wenige Herrenhäuser funktionieren daher heute als „Erinnerungsorte" (Nora) mit identitätsstiftender nationaler Bedeutung: Das trifft auf das seit dem Kampf um die Unabhängigkeit im 19. Jahrhundert tief im polnischen Nationalbewußtsein verankerte und hier nur kursorisch gestreifte polnische Herrenhaus – polski dwór – zu. Dazu zählt aber auch die mit der Unabhängigkeit der Republiken Estland und Lettland in den zwanziger Jahren verbundene Herrenhausschule – mõisakool (estnisch) und muižas skola (lettisch) –, die hier als Beispiel für eine ideologische Umwertung der Herrenhäuser untersucht wird. In beiden Fällen werden diese Traditionen mit der gesellschaftlichen Transformation der neunziger Jahre auch offiziell wieder aufgenommen, indem polnische Herrenhäuser als Bautypen nun ahistorisch auch in den ehemals zum Deutschen Reich gehörenden West- und Nordgebieten errichtet werden und Herrenhausschulen durch Interessenverbände sowie staatliche Förderprogramme erforscht, geschützt und gepflegt werden.

---

[18] Vgl. Matthiesen, Ulf: Kulinarik und Regionale Entwicklung unter besonderer Berücksichtigung von „Mark und Metropole". Strukturskizzen zu einem Forschungsfeld. Antrittsvorlesung. Humboldt-Universität Berlin 27.03.2003.
[19] Assmann, Aleida: Erinnerungsräume. Formen und Wandlungen des kulturellen Gedächtnisses. München 1999, S. 309f.

Abb. 2 und **Abb. 3** Neubau eines „polski dwór" in Słubice (2002) und Fertighausmodell eines Einfamilienhauses im Stil eines „polski dwór" (2007).

Aus der Umnutzung der Herrenhäuser für Kinder- und Altenheime, die als Ausdruck sozialer Gleichheit beispielhaft das gesellschaftliche und politische Selbstverständnis der Deutschen Demokratischen Republik (DDR) illustrierten, konnte sich jedoch keine dauerhafte nationale Tradition entwickeln. Im Vergleich zu den Herrenhausschulen blieben die Herrenhausheime abgeschottet und entsprachen nach der deutschen Wiedervereinigung nicht mehr den neuesten Standards für Heimerziehung und Pflege. Da auch die meisten anderen Umnutzungsformen mit Auflösung der DDR verschwanden und es in Westdeutschland noch landwirtschaftlich genutzte Güter im Familienbesitz gibt, konnten sich die Herrenhäuser in der Bundesrepublik Deutschland kaum zu kulturellen Erinnerungsorten entwickeln, obwohl der Begriff des *Junkers* Aufnahme fand in den von Etienne François und Hagen Schulze herausgegebenen Katalog deutscher Erinnerungsorte.[20] Entsprechend beklagte noch 1999 der ehemalige sächsische Landeskonservator Heinrich Magirius eine im Vergleich zu dem Engagement für Kirchenbauten fehlende politische Lobby für den Erhalt der Herrenhäuser.[21]

Diese funktionieren daher heute vor allem als Ort im kommunikativen Gedächtnis einzelner Besitzer, ihrer Nachfahren, ehemaliger Angestellter und Dorfbewohner. Dazu zählt auch die literarische Verarbeitung der Erinnerung, wie es Günter de Bruyn mit seiner 1999 veröffentlichten

---

[20] Reif (wie Anm. 1).
[21] Magirius, Heinrich: Schlösser und Herrenhäuser in Sachsen – Bilanz zu einer vom Aussterben bedrohten Denkmalgattung am Ende des 20. Jahrhunderts. In: Mitteilungen des Landesamtes für Denkmalpflege Sachsen (1999), S. 10–29, hier S. 20.

Familiengeschichte der Finckensteins in Alt-Madlitz (Brandenburg) oder Ilse von Bredow in ihren bereits 1979 erschienenen Kindheitserinnerungen „Kartoffeln mit Stippe" schaffen. Einher gehen diese Veröffentlichungen im übrigen mit einer positiven Neubewertung der Junker als „Säulen märkischer und altpreußischer Kulturdynamik."[22] Sie ergänzen damit die während der agrarromantischen Welle Ende des 19. und zu Beginn des 20. Jahrhunderts entstandenen Schloß- und Gutsromane, die bereits einen ersten Abgesang auf diese Gesellschaftsform intonierten,[23] und die in der DDR erschienenen Romane zur Dorfthematik, in denen vor allem die mit der Kollektivierung einhergehende Veränderung ländlicher Räume reflektiert wurde.[24]

Herrenhäuser in Forschung und Literatur

In erster Linie beschäftigen sich die Kunst- und Architekturgeschichte sowie die Baudenkmalpflege mit Herrenhäusern. Herangezogen wurden deren Veröffentlichungen zu Fragen ihrer Umnutzung und der anderer Altbauten, wie sie in Einzelpublikationen, aber auch in zahlreichen Artikeln denkmalpflegerischer, kunst- und bauhistorischer sowie amtlicher Zeitschriften erschienen sind. Die ersten wurden bereits in den vierziger und fünfziger Jahren veröffentlicht, um neue Nutzungsformen insbesondere für die Feudalarchitektur und im Rahmen der Dorfplanung zu erläutern, weitere erschienen dann ab den siebziger Jahren, als die Frage nach dem Erhalt der Altbausubstanz durch sinnvolle und angemessene Nutzung aktuell wurde:

In der DDR untersuchte 1970 das Institut für Denkmalpflege in Berlin die Möglichkeit der Nutzung von Baudenkmalen als internationale Touristenhotels und 1974 die gesellschaftliche Nutzung monumentaler Baudenkmale. Es entstanden Dissertation zur musealen Nutzung der Baudenkmale (Hermann Krüger, TU Dresden 1969), zur Nutzung von Baudenkmalen als Beherbergungseinrichtungen (Jürgen Seifert, TU Dresden

---

[22] Reif (wie Anm. 1), S. 534.
[23] Vgl. Mecklenburg, Carl Gregor zu: Erlebnis der Landschaft und adliges Landleben. Einführungen und Bibliographien zum Verständnis der Landschaft und eines deutschen Standes von 1870 bis zur Gegenwart. Frankfurt/Main 1979.
[24] Vgl. Moerke, Peter: Die Dorfthematik in der DDR-Literatur der sechziger und siebziger Jahre. Zu einigen Aspekten in der Entwicklung des Themen- und Stoffbereiches Dorf – Landwirtschaft – Stadt – Land. Dissertation. Humboldt-Universität Berlin 1980.

1973/74) und zum Wohnen in Altbauten (Hans Helbing, Friedrich-Schiller-Universität Jena 1986). Weitere Überblicksartikel und Einzelstudien erschienen in den Zeitschriften „Deutsche Architektur" (ab 1974 „Architektur der DDR"), „Denkmalpflege in der DDR" und in den „Mitteilungen des Instituts für Denkmalpflege der Arbeitsstelle Schwerin". In Polen veröffentlichte Krystyna Stępińska eine Arbeit über Geschichte und Nutzung von Schlössern und Burgen in Polen (Warszawa 1977). Einzelne Studien erschienen in den Zeitschriften „Architektura" (Architektur), „Ochrona Zabytków" (Denkmalschutz) sowie „Spotkania z Zabytkami" (Begegnungen mit Denkmalen). In der Estnischen Sowjetrepublik (SSR) dienten schließlich in den achtziger Jahren die Ergebnisse der zuvor durchgeführten Güterinventarisierung als Basis für mehrere Veröffentlichungen. Zusammen mit Forschungsergebnissen estnischer, lettischer und deutscher Wissenschaftler zur baltischen Kunstgeschichte und Denkmalpflege sind diese seit 1980 in den Tagungsbänden der von der M.C.A. Böckler - Mare Balticum-Stiftung veranstalteten Reihe „Homburger Gespräche" veröffentlicht worden. Ergänzt wurde diese Literaturauswahl durch Aufsätze und Artikel von Kunsthistorikern und Denkmalpflegern wie Ernst Wipprecht (Brandenburg), Heinrich Magirius (Sachsen) und Krista Kodres (Estland).

Darüber hinaus sind mehrere zeitgenössische kunst- und architekturhistorische Publikationen mit verschiedenen regionalen Schwerpunkten herangezogen worden. Seit Mitte der neunziger Jahre sind über Schlösser und Herrenhäuser zahlreiche derartige Veröffentlichungen erschienen, doch die meisten von ihnen lassen die Nutzungsgeschichte im 20. Jahrhundert unerwähnt oder verkürzen sie extrem. Zu den verwendeten estnischen und lettischen Werken gehören die Publikationen des Kunsthistorikers Ants Hein über 250 estnische Herrenhäuser in Text und Bild (Tallinn 2002) und die vom Architekten Jānis Zilgalvis verfasste Darstellung der Güter entlang des Flusses Düna (Rīga 2002). Hilfreicher als kunst- und architekturhistorische Veröffentlichungen waren jedoch häufig populärwissenschaftliche Publikationen wie die vom estnischen Designer Ivar Sakk und vom lettischen Publizisten Arvīds Plaudis veröffentlichten Reiseführer zu estnischen und lettischen Gütern und Schlössern (Tallinn 2002, Rīga 2004). Für die Darstellung der Nutzung ostpreußischer Güter im Gebiet des Kaliningrader Oblasts wurde die bislang unveröffentlichte Arbeit des Königsberger Archivars Anatolij P.

Bachtin ausgewertet, die auf dem 1972 erschienenen Verzeichnis der Landschlösser und Gutshäuser in Ost- und Westpreußen von Carl von Lorck basiert (Kaliningrad 2001). Zu den verwendeten polnischen Werken gehören sowohl die zu ehemals deutschen wie altpolnischen Anlagen herausgegebenen Publikationen. Dazu zählen die Veröffentlichung des Kunsthistorikers Tadeusz S. Jaroszewski über Schlösser und Herrenhäuser in Masowien (Warszawa 1996), der Publizistin Gertruda Pierzynowska über Güter, Parks und Vorwerke in Kotschewie und Kaschubien (Tczew 1998), der Kunsthistorikerin Małgorzata Jackiewicz-Garniec über Schlösser und Herrenhäuser in Ostpreußen (Olsztyn 2001) und der Kunsthistorikerin Małgorzata Omilanowska über Schlösser und Herrenhäuser in Polen (Warszawa 2004). Zusammen mit der Auswertung von Denkmallisten, die für den Bezirk Potsdam (1978) und für den Bezirk Frankfurt (Oder) (1980) in der DDR, für die Lettische SSR (1969 und 1984) sowie für die polnische Wojewodschaft Zielona Góra (1976 und 1987) vorliegen, dienten diese Überblicksdarstellungen zur erstmaligen Erstellung von Nutzungsstatistiken.

Sozial- und agrarhistorische Arbeiten, die die Umnutzung der Herrenhäuser im Rahmen von Agrarreformen und Vertreibung thematisieren, sind seit Mitte der neunziger Jahre erschienen. Dazu zählen unter den deutschen Werken in erster Linie die Arbeiten des Historikers Arnd Bauerkämper über Bodenreform und Kollektivierung sowie die Habilitationsschrift des Geographen Andreas Dix über ländliche Siedlungsplanung in der Sowjetischen Besatzungszone (SBZ) und der DDR (Köln 2002). Hinzu kommen die Dissertation Philipp Thers (Göttingen 1998) und die Habilitationsschrift Michael Schwartz' (München 2004) über Vertreibung und Integrationspolitik in der SBZ/DDR und Polen. Herangezogen wurden außerdem ältere polnische Arbeiten über die 1944/45 beginnende Ansiedlung sowie die landwirtschaftlichen Reformen in den polnischen West- und Nordgebieten. Dazu zählen die Veröffentlichungen der Historiker Henryk Słabek (Warszawa 1972), Henryk Dominiczak (Warszawa 1974) und Patrycy Dziurzyński (Warszawa 1983). Angaben über die Bodenreformen der Zwischenkriegszeit in Estland, Lettland und Polen basieren hingegen größtenteils auf deutschsprachigen Dissertationen aus den zwanziger und dreißiger Jahren. Für die Darstellung der Revolutionen von 1905 und 1917/18 wurden schließlich sowohl autobiographische Erinnerungen von Deutschbalten, sowjetische Publikationen gedruckter Quellen sowie neuere westliche Forschungsergebnisse herangezogen. Vereinzelt finden auch literarische Beschreibungen Verwendung.

Seit Ende der neunziger Jahre sind einige größere Arbeiten erschienen, die den Umgang mit feudaler Architektur in den vierziger und fünfziger Jahren untersuchen. Die Schlösser und Herrenhäuser in Brandenburg, Mecklenburg und Vorpommern in den ersten Nachkriegsjahren waren Thema einer Studie des Architekturhistorikers Bernd Maether (Potsdam 1999) und Gegenstand der Dissertationen der Kunsthistorikerin Regine Freise (Göttingen 2006) und der Historikerin Katja Schlenker (Rostock 2003). Ergänzt wurden diese durch eigenes Quellenstudium zu den im brandenburgischen Kreis Lebus (später: Kreis Seelow im Bezirk Frankfurt/Oder) gelegenen Herrenhäusern im Brandenburgischen Landeshauptarchiv (BLHA) in Potsdam, im Brandenburgischen Landesamt für Denkmalpflege (BLDAM) in Wünsdorf, in den Kreisarchiven Märkisch-Oderland (KA MOL) in Seelow und Oder-Spree (KA LOS) in Fürstenwalde/Spree sowie im Stadtarchiv Frankfurt (Oder) (StA FFO).

Die in den letzten Jahren erschienenen Veröffentlichungen zu Fragen der Nachhaltigkeit im Bauwesen wurden zwar rezipiert, fanden aber kaum Anwendung, da deren Schwerpunkt auf den Problemen des städtischen Raums liegt. Eine Ausnahme stellen jedoch Forschungen zur Zwischennutzung von Leerräumen dar (Tanja Gallenmüller, Mammendorf 2004). Herangezogen wurden zudem kunsthistorische Forschungsarbeiten zum Bildersturm (Martin Warnke, Frankfurt/Main 1988) und zum Umgang mit deutschem Kulturerbe in Polen (Zbigniew Mazur, Poznań 1997/2000. Matthias Weber, Frankfurt/Main 2001) sowie politikwissenschaftliche Arbeiten über Architektur und Krieg (Paul Hirst, Cambridge 2005. Robert Bevan, London 2006) und über Symbolpolitik (Manfred Hettling/Paul Nolte, Göttingen 1993. Jens Jessen, Bonn 2006). Hinsichtlich der Frage, wie die offiziell als fremd und unpassend bewerteten Herrenhäuser erhalten und gepflegt werden konnten, fand das von Alf Lüdtke geprägte und von Thomas Lindenberger auf die DDR übertragene Konzept des „Eigen-Sinn" Anwendung (Köln 1999).

Eine erste vergleichende Darstellung der mittel- und nordeuropäischen Gütergeschichte entstand 1989 aus den unterschiedlichen Beiträgen der internationalen Teilnehmer am Symposium zum Thema „Gutsanlagen des 16. bis 19. Jahrhunderts im Ostseeraum – Geschichte und Gegenwart," welche spezifische regionale und nationale Entwicklungen darstellen und sich auf denkmalpflegerische, kunst- und architekturhistorische Aspekte des Themas konzentrieren. Aus ästhetischen Gründen wird die Umnutzung der Herrenhäuser kritisch bewertet und die unter sowjetischem Einfluß stattgefundene Transformation Mittel- und Osteuropas im Prinzip abgelehnt.

Im Gegensatz dazu liegt die Betonung der vorliegenden Arbeit gerade auf der differenzierten Würdigung dieser Brüche, wie sie sich im Funktionswandel der Herrenhäuser im 20. Jahrhundert zeigen. Im Mittelpunkt steht dabei die Frage nach Motiven und Strategien sowohl für die Ablehnung wie auch die Aneignung dieses kulturellen Erbes. In vergleichender transnationaler Perspektive entsteht so eine Kulturgeschichte der ostelbischen Herrenhäuser im 20. Jahrhundert, wie es das in vergleichbarer Weise bislang nur für Irland gegeben hat (Jacqueline Genet, Dingle 1991; Terence Dooley, Dublin 2001; Otto Rauchbauer, Heidelberg 2002). Die Arbeit basiert daher auf einer komplexen Literaturauswahl aus unterschiedlichen Fachrichtungen und in verschiedenen Fremdsprachen, die in dieser Form erstmals zusammengebracht wird. Dazu gehören sozialwissenschaftliche, juristische, agrar- und sozialhistorische, kulturgeographische, kunst- und architekturhistorische sowie baudenkmalpflegerische Veröffentlichungen in englischer, estnischer, französischer, lettischer, polnischer und russischer Sprache. Große Teile der verwendeten estnischen, lettischen und polnischen Publikationen wurden zudem erstmals für den deutschen Sprachraum ausgewertet. Darüber hinaus wird auf Basis mehrerer regionaler und nationaler Studien, die jeweils eigene historische Entwicklungen darstellen, die Methode des Vergleichs als Erkenntnismittel genutzt, um die relative Einheit *Ostelbiens* in Mitteleuropa über staatliche Grenzen hinaus zu erkunden. Durch diese thematisch und sprachlich breite Basis und die vergleichende Perspektive stellt die vorliegende Arbeit einen Beitrag zur aktuellen transnationalen Forschung dar, für die wiederholt ein Mangel an empirischen Forschungsergebnissen konstatiert wird.

Aufbau des Buches

Die Arbeit umfasst drei Teile, die der Zerstörung, der Umnutzung und dem Erhalt der Herrenhäuser gewidmet sind, und schließt mit einem Überblick auf die Entwicklung seit Beginn der Transformation in den neunziger Jahren.

Im ersten Kapitel werden die Ereignisse thematisiert, die die Zerstörung und Auflösung der Güter beeinflußten. Dazu gehören die beiden Revolutionen 1905 und 1917/18 in Rußland, die beiden Weltkriege mit ihren Auswirkungen vor allem im Baltikum, Ostpreußen und Polen, die Bodenreformen der Zwischen- und Nachkriegszeit und schließlich die Auseinandersetzung um die Herrenhäuser im Zusammenhang mit dem politischen Machtkampf in den vierziger und fünfziger Jahren in Polen und in der SBZ/DDR. Am größten war die Zerstörung infolge revolutionärer Ereignisse. Daran wird deutlich, daß in Krisenzeiten der Symbolwert der Herrenhäuser höher gewichtet wurde als ihr Funktionswert, trotzdem blieb mehr als die Hälfte der Herrenhäuser für eine weitere Nutzung erhalten.

Das zweite Kapitel thematisiert die Umnutzung der Herrenhäuser. Dargestellt wird ein komplexer Prozeß auf der Basis zweier Strategien, die erstens die Umwertung der Herrenhaussymbolik verfolgten und zweitens die temporäre Ausnutzung ihres funktionalen Wertes förderten. Darüber hinaus spiegelten sich in der Umnutzung für Schulen, Heime, Wohnungen und landwirtschaftliche Betriebe ländertypische Entwicklungen in den baltischen Republiken Estland und Lettland, in der SBZ/DDR und in Polen wider. Gestützt werden die Aussagen durch eine vergleichend angelegte Nutzungsstatistik.

Das dritte Kapitel zeigt schließlich, welche Möglichkeiten für den Schutz, die Pflege und den Erhalt der Herrenhäuser existierten und in welchem Maße die Güter bereits musealen Zwecken dienten. Beginnend mit wachsendem Leerstand der Herrenhäuser und damit dem faktischen Bedeutungsverlust wird eine neue kulturelle Nutzung möglich in einer Gesellschaft, in der angesichts wirtschaftlicher und politischer Krisentendenzen das Interesse an der gebauten Umwelt steigt. Erst jetzt setzt eine kulturelle Aneignung der Herrenhäuser über ihren funktionalen Wert hinaus ein, die nach der gesellschaftlichen Transformation der neunziger Jahre ihre Fortsetzung findet.

Zerstörung der Herrenhäuser

Man reißt das Haus nicht ein, das Väter fest gebaut.
Doch richtet man sich's ein, wie man's am liebsten schaut. Anno Domini 1871
Inschrift am Herrenhaus in Streu bei Schaprode/Rügen

Die Auflösung der Güter begann in dem durch Gutsherrschaft geprägten Ostelbien nicht erst mit dem Ende des Zweiten Weltkrieges. Vielmehr wurde mit den Bodenreformgesetzen 1944/45 eine Entwicklung abgeschlossen, die mit ersten Erschütterungen an den Rändern dieser Gutslandschaft bereits Anfang des 20. Jahrhunderts begonnen hatte. Zu diesen auch im Deutschen Reich wahrgenommenen und hier von konservativen Kräften durchaus als Menetekel gedeuteten Ereignissen zählten die russischen Revolutionen von 1905 und 1917/18 sowie neue Agrargesetze in den zwanziger Jahren hauptsächlich im Baltikum. Darüber hinaus hatten unabhängig von derartigen gesellschaftlichen Veränderungen die beiden Weltkriege vielfältige Folgen für Betrieb und Fortbestand der Güter. Die gezielte Zerstörung von Herrenhäusern begann jedoch abgesehen von den revolutionären Ereignissen im Baltikum erst nach Ende des Zweiten Weltkrieges; in Ostdeutschland geschah dies im Rahmen der Bodenreform und in Polen während der Beseitigung von Kriegsschäden und der Polonisierung der West- und Nordgebiete.

Die Zerstörung der Gutsanlagen basierte folglich auf unterschiedlichen Maßnahmen und wies entsprechend unterschiedliche Qualitäten auf. Dazu zählten einerseits Enteignung und Zerschlagung der Güter auf Grundlage von Gesetzen und andererseits Schäden durch Brandstiftung, Plünderung oder Gefechte sowie schließlich auch die Festnahme, Deportation, Vertreibung oder gar Tötung der Besitzer. Während Bauschäden jedoch wieder behoben werden konnten, war letzteres im Prinzip gleichbedeutend mit einem Ende des Familienbesitzes. Betroffen von der Zerstörung waren folglich einzelne Gebäude ebenso wie die gewachsene Komposition der Anlage und letztlich der gesamte wirtschaftliche Betrieb des Gutes, aber auch familiäre Traditionen der Besitzer und im weiteren Sinne die ländliche Erinnerungskultur insgesamt.

Angesichts dieser unterschiedlichen Vorgänge ist grundsätzlich zwischen einer mutwilligen und einer zufälligen Zerstörung der Herrenhäuser zu unterscheiden. Erstere geschah eher im revolutionären Elan, aber auch aufgrund von Gesetzen, da die symbolische Aufladung der Gebäude diese zur Zielscheibe von Aggressionen werden ließ. In diesem Fall kann auch von „Kulturvandalismus" (Demandt)[1] gesprochen werden. Letztere dagegen ist eher als Begleitschaden im Zusammenhang mit kriegerischen Auseinandersetzungen zu sehen, denn die Herrenhäuser boten ähnlich wie Kirchen aufgrund ihrer auffallenden Kubatur für Verteidiger und Angreifer gleichermaßen gute Orientierungspunkte. Eine symbolische Bedeutung konnte ihre Zerstörung in diesem Fall nur bekommen, wenn es sich um ein sehr bekanntes Bauwerk mit bestenfalls nationaler Bedeutung handelte, dessen Schädigung oder Verlust vorteilhaft in der jeweiligen Kriegspropaganda genutzt werden konnte.[2] Dazu zählt in Estland die Zerstörung der Sommerresidenz des estnischen Staatspräsidenten in Toila-Oru durch deutsches und sowjetisches Militär.[3]

---

[1] Demandt, Alexander: Kulturvandalismus. Warum Kulturleistungen verloren gehen. In: „Krise der Moderne" und Renaissance der Geisteswissenschaften. Hrsg. von Gottfried Magerl. Wien 1997, S. 221–250.
[2] Die Bedeutung historischer Bauwerke für Kriegsführung und -propaganda wurde bislang nur für Westeuropa untersucht. Vgl. Lambourne, Nicola: War Damage in Western Europe. The Destruction of Historic Monuments during the Second World War. Edinburgh 2001, S. 89–136. Die Zerstörungen an der Westfront hatten für Frankreich und Großbritannien eine ähnliche Bedeutung wie der russische Angriff auf Ostpreußen für das Deutsche Reich. Vgl. Kossert, Andreas: Ostpreußen. Geschichte und Mythos. München 2005, S. 196–208. Der Wiederaufbau der Provinz wurde zur nationalen Aufgabe: 61 Hilfsvereine, die Patenschaften für ostpreußische Gemeinden und Gebiete übernahmen, fanden sich unter dem Dach der „Ostpreußenhilfe" zusammen. Vgl. Lüdinghausen-Wolff, Bernd von: Ostpreussenhilfe. Berlin 1915.
[3] Vgl. Kool, Ott: Taastame Oru lossi! [Lasst uns Schloß Orro wiedererrichten!]. In: Päevaleht [Tageblatt] (1990) Nr. 22. Abgedruckt in: Zur Lage der Denkmalpflege in Estland. Dokumentation Ostmitteleuropa (1993) Nr. 4/5, S. 69–71.

Kriege

Der ländliche Raum und damit die Gutsanlagen waren in beiden Weltkriegen in unterschiedlichem Maße von Verwüstung betroffen: Im Ersten Weltkrieg blieben, abgesehen vom Bürgerkrieg im Baltikum, die Zerstörungen auf bestimmte Kampfgebiete beschränkt und im Deutschen Reich waren lediglich die Gutsbesitzer in Ostpreußen direkten Angriffen ausgesetzt Im Zweiten Weltkrieg dagegen traf die Zerstörung den gesamten ländlichen Raum Ostelbiens. Nur eher zufällig blieb das eine oder andere Dorf bei dem Rückzug der Wehrmacht und dem Vormarsch der Roten Armee verschont.

Die Kriege bedrohten jedoch nicht nur die Herrenhäuser, die mit großflächigen „unrettbare[n] Dächer[n]"[1] und hohen hölzernen Dachstühlen ebenso wie die Kirchen bei Angriffen generell exponierter als andere Bauwerke waren, sondern gefährdeten den landwirtschaftlichen Betrieb und schließlich den Familienbesitz. Äcker und Felder wurden durch das Militär verwüstet, der Landwirtschaftsbetrieb funktionierte aufgrund von Requirierungen, Einquartierungen, Rationierungen und Einberufungen nur eingeschränkt und der Fortbestand der Güter im Familienbesitz wurde schließlich gerade im Ersten Weltkrieg durch einen möglichen Tod der in den Armeen dienenden Söhne infrage gestellt.[2] Im Gegensatz zu den gezielten Luftangriffen auf Städte handelte es sich bei der Zerstörung der Gutsanlagen indes eher um Begleitschäden und damit vorwiegend um Folgen des Stellungskrieges oder der Strategie der „verbrannten Erde".

Erster Weltkrieg und Bürgerkrieg im Baltikum

Die kriegerischen Ereignisse des Ersten Weltkrieges betrafen unter den Gutsbesitzern vor allem diejenigen, die über Landbesitz in Ostpreußen sowie in Livland und Kurland verfügten. Darüber hinaus begann auf

---

[1] Friedrich, Jörg: Der Brand. Deutschland im Bombenkrieg 1940–1945. München 2002, S. 520.
[2] Vgl. Görlitz, Walter: Die Junker. Adel und Bauern im deutschen Osten. Limburg a.d. Lahn 1964, S. 319f. Diese Bedrohung traf auch Güter in Großbritannien. Vgl. Gliddon, Gerald: The Aristocracy and the Great War. Norwich-Norfolk 2002.

Zerstörung der Herrenhäuser

polnischem Gebiet, das zu 80 Prozent von Kriegshandlungen betroffen war,[3] die Zerstörung der ländlichen Adelskultur.[4]

Bereits 1914/15 wurde Ostpreußen mehrfach durch die Russische Armee angegriffen und teilweise besetzt. Bis auf ein kleines Gebiet um Königsberg war danach die gesamte Provinz mehr oder weniger zerstört. Besonders betroffen war der ländliche Raum, da man in den Städten meist einen *modus vivendi* mit den Besatzern gefunden hatte.[5] Die Schäden, die durch Gefechte und während der Besatzungszeit in rund 1.900 ländlichen Gemeinden und 36 Städten entstanden waren, beliefen sich auf mehr als 1,5 Milliarden Mark. Zum Teil übertraf der Grad der Zerstörung damit den von 1945:[6] Das kaiserliche Jagdgebiet in Rominten wurde verwüstet.[7] Herrenhäuser wie das in Sanditten, wo Möbel als Stützen der Schützengräben im Park dienten, wurden geplündert[8] und mehr als ein Viertel der Güter wurde zerstört. Dazu gehörte auch das für seine Pferdezucht bekannte Gut Trakehnen. Dieses war zunächst verschont geblieben, da sich angeblich der russische Heerführer Paul von Rennenkampf (1854–1918) dafür interessierte. Im Winter 1914/15 gab es hingegen keine Schonung mehr und 83 Gebäude des Gutes wurden zerstört.[9]

---

[3] Vgl. Weinberg, Georg: Denkmalpflege in Polen. Dissertation. RWTH Aachen 1984, S. 36.
[4] Vgl. Kalinowski, Konstanty: Palast und Gutshaus des 17. und 18. Jahrhunderts in Polen. In: Gutsanlagen des 16. bis 19. Jahrhunderts im Ostseeraum – Geschichte und Gegenwart (Sankelmark 11.–14.09.1989). Hrsg. von ICOMOS. München 1990, S. 74–82.
[5] Vgl. Batocki, Adolf von: Ostpreußens Vergangenheit, Gegenwart und Zukunft. Vortrag gehalten in Berlin am 16.03.1915. Berlin 1915, S. 11.
[6] Vgl. Kossert, Andreas: Ostpreußen. Geschichte und Mythos. München 2005, S. 200–204.
[7] Vgl. N.N: Spread over East Prussia. In: The New York Times vom 10.11.1914.
[8] Nach dem Ende des Ersten Weltkriegs begann der Gutsbesitzer Georg Günther von Schlieben (1891–1974) mit der Neuausstattung des Gebäudes. Dazu zählten auch Möbel aus dem Besitz der Stiftochter Napoleons, Hortense Bonaparte (1783–1837), aus dem Schweizer Schloß Arenenberg, welche er bei einer Versteigerung erwarb. Vgl. Wagner, Wulf D.: Stationen einer Krönungsreise – Schlösser und Gutshäuser in Ostpreußen. Berlin 2001, S. 110.
[9] Vgl. Neuschäffer, Hubertus: Das „Königsberger Gebiet". Die Entwicklung des Königsberger Gebietes nach 1945 im Rahmen der baltischen Region im Vergleich mit Nord-Ostpreußen der Vorkriegszeit. Plön 1991, S. 30.

Doch bereits 1915 konnte mit dem Wiederaufbau Ostpreußens begonnen werden, dessen Ziel die Modernisierung unter Wahrung regionaler Bautraditionen war.[10] Beim Aufbau der Herrenhäuser überwogen daher schlichte Formen, die diese in den Augen des Kunsthistorikers Carl von Lorck „wie junge Sprösslinge des barocken Landschlosses erscheinen"[11] ließen. Abgelehnt wurde hingegen eine eklektizistische Formenvielfalt, wie das der Oberpräsidenten Adolf von Batocki (1868–1944) während einer Sitzung der Kriegshilfskommission zum Ausdruck brachte: „Von dem Großgrundbesitzer ist ganz entsetzliches geleistet worden. [...] Ich habe Villen auf dem Lande gesehen, bei denen Türme angesetzt worden sind, die geradezu abschreckend wirkten."[12]

Zeitgleich zum beginnenden Wiederaufbau Ostpreußens machte der deutsche Vormarsch das Baltikum zum Kriegsschauplatz. Bedroht durch Gefechte mit der russischen Armee waren hier ab 1915 besonders Kurland und Livland.[13] Über die Zerstörung der Schlösser Elley und Groß-Eckau durch russische Soldaten schrieb die auf dem kurländischen Gut Spahren lebende junge Alice von Grotthuß (*1898) am 1./14. August 1915 in ihr Kriegstagebuch:

„Schloß Eley [sic!] (Graf Medem) ist gänzlich abgebrannt, sogar die Mauern gesprengt, von Kosaken natürlich. Der arme Onkel Paul, der mit der Familie in Livland ist!!! Auch die Brauerei ist ganz abgebrannt. Ganz unersätzliche [sic!] Werte sind da wohl verloren gegangen, dieses

---

[10] Vgl. Frank, Hartmut: Heimatschutz und typologisches Entwerfen. Modernisierung und Tradition beim Wiederaufbau von Ostpreußen 1915–1927. In: Moderne Architektur in Deutschland 1900–1950. Reform und Tradition. Hrsg. von Vittorio Magnago Lampugnani und Ramona Schneider. Stuttgart 1992, S. 105–131.
[11] Lorck, Carl von: Landschlösser in Ost- und Westpreußen. Frankfurt/Main 1965, S. 84. Zu den in dieser Form wiedererrichteten Gütern gehören: Dwarischken, Groß Gnie, Groß Plauen, Kalittken, Nowischken, Numeiten, Ublick, Possessern, Wengern und Weedern.
[12] Wiederaufbau der durch den Krieg zerstörten Ortschaften Ostpreußens. Bericht über die erste Tagung der Abteilung für den Wiederaufbau zerstörter Ortschaften am 18.12.1914. Hrsg. von der Kriegshilfskommission für die Provinz Ostpreußen. Königsberg i. Pr. 1914, S. 43.
[13] Vgl. Einzelstudien von Imants Lancmanis zu: Garozas Muiža [Gut Garrosen] und Lambartes Muiža [Gut Lambertshof]. Rundāles pils muzejs 2001; Iecavas Muiža [Gut Groß-Eckau]. Rundāles pils muzejs 2001; Svitenes Muiža [Gut Schwitten] und Bērsteles Muiža [Gut Groß-Berstein]. Rundāles pils muzejs 2003.

schöne alte Schloß. Dann haben unsere ‚Wunderhelden' Schorstädt und vor allem Groß-Eckau (Graf Pahlen) abgeheizt. Damit geht eine der prachtvollsten Bibliotheken verloren, abgesehen von dem schönen Schloß. Unsere ‚nie besiegten', ‚ruhmbedeckten', ‚unerschütterlichen' ‚Vaterlandsverteidiger' haben da wieder eine Heldentat vollbracht."[14]

Bis 1917 verlief die Front entlang der Düna und in diesem zweijährigen Stellungskampf kam es zu erheblichen Schäden auf beiden Seiten. Mehr als ein Fünftel der Herrenhäuser wurde in dieser Zeit zerstört.[15] Die Verwüstungen beschreibt der lettische Historiker Arnolds Spekke (1887–1972) aus eigener Anschauung:

„Während des Krieges erschien die Front wie eine offene blutende Wunde in der Mitte des lettischen Körpers. Nachdem alles vorüber war, waren überall Schützengräben und Stacheldraht, waren Heime zerstört, Wälder niedergebrannt oder zerstört durch Granatenbeschuß und waren überall Stille und Verzweiflung nach einem schrecklichen Hurrikan. [...] Stille regierte über die Höfe in diesem reichen Bezirk. Nicht eine Viehherde war sichtbar, es gab kein Hundegebell und der harte seit Jahren brachliegende Boden hallte wider bei jedem Schritt, als ob man auf Steinboden ging. Pascarella, Meister der römischen Mundartdichtung, sagte: perché la storia, si pe l'antri è storia, pe'nojantri so'fatti de famija [warum ist die Geschichte, wenn sie für andere Geschichte ist, für uns eine Familienangelegenheit – H.F.]."[16]

Mit dem Ende des Ersten Weltkriegs und dem Rückzug der Deutschen war der Krieg im Baltikum noch nicht beendet. Vielmehr begann hier ein Bürgerkrieg um Macht und Unabhängigkeit zwischen Kommunisten und Bürgerlichen, an dem sich Esten, Letten, Russen, Deutschbalten,

---

[14] Abgedruckt bei Bredow, Max-Wichard von: Spahren ein Gut in Kurland. Das Baltikum im Spannungsfeld zwischen Nord-, Mittel- und Osteuropa. Burgdorf-Heeßel 1991, S. 115.
[15] Vgl. Zilgalvis, Jānis: Daugavas Muižas 18.gs.–20.gs. sākums [Dünagüter 18.–Anfang 20. Jahrhundert]. Rīga 2002.
[16] Spekke, Arnolds: History of Latvia – An Outline. Stockholm 1951, S. 323.

reichsdeutsche Freikorps sowie Freiwillige aus Dänemark und Finnland beteiligten.[17] Verantwortlich für Zerstörungen vor allem in Kurland und dem nördlichen Litauen waren jedoch bis Ende 1919 hauptsächlich die Scharmützel der Freikorps und der Einsatz der „Russischen Westarmee" unter Führung des bizarren russischen Fürsten Pavel Bermondt-Awalow (1884–1973), die nach der Eroberung Rigas im Mai 1919 und damit der Beendigung der kommunistischen Herrschaft in Lettland weiterkämpften.[18] Literarisch verarbeitet hat die französische Schriftstellerin Marguerite Yourcenar (1903–1987) diese Ereignisse in ihrer Erzählung „Der Fangschuß" (1938). Darin läßt sie ihren Protagonisten Erich von Lhomond über seine Erfahrungen als Kommandant eines Freikorps in Kurland berichten:

„Ich habe die zehn ereignisreichsten Jahre meines Lebens dortselbst mit Kommandieren zugebracht, in jenem verlorenen Winkel, dessen russische, lettische oder deutsche Ortsnamen keinem europäischen oder sonstigen Zeitungsleser irgend etwas sagen. Birkenwälder, Seen, Rübenfelder, kleine unsaubere Städtchen, verwanzte Dörfer, wo unsere Leute manchmal ein Schwein zum Abstechen fanden; alte Herrenhäuser, die drinnen geplündert und draußen zerkratzt waren von Kugeln, die den Besitzer und seine Familie getötet hatten; [...] Armeen, die sich auflösten in Abenteurerbanden, von denen jede mehr Offiziere als Soldaten besaß neben der üblichen Anzahl von Narren, Propheten, Spielern, anständigen Leuten, braven Burschen, Trotteln und Trinkern."[19]

---

[17] Zum Bürgerkrieg auf estnischer Seite vgl. Brüggemann, Karsten: Die Gründung der Republik Estland und das Ende des „Einen und unteilbaren Rußland". Die Petrograder Front des russischen Bürgerkriegs 1918–1920. Wiesbaden 2002.
[18] Vgl. Liulevicius, Vejas Gabriel: Kriegsland im Osten. Eroberung, Kolonisierung und Militärherrschaft im Ersten Weltkrieg. Hamburg 2002, S. 278–300. Die sogenannten Baltikumer spielten in der Zwischenkriegszeit eine Rolle im wachsenden Lager der Nationalsozialisten. Vgl. Sauer, Bernhard: Die Baltikumer. Berlin 1995.
[19] Yourcenar, Marguerite: Der Fangschuß. München 1986, S. 8. Volker Schlöndorff verfilmte die Erzählung 1976 mit Matthias Habich, Margarethe von Trotta und Mathieu Carrière. Zu der Thematik der Freikorpsliteratur vgl. Theweleit, Klaus: Männerphantasien. Hamburg 1980.

Zu den bekanntesten der durch diese Truppen beschädigten und geplünderten Schlösser gehören die beiden vom russischen Hofarchitekten Francesco Bartholomäus Rastrelli (1700–1771) für Ernst Johann von Biron (1690–1772), Herzog von Kurland und Semgallen, erbauten Anlagen Ruhental und Mitau.[20] Nachdem am 13. Dezember 1919 die letzten Freikorpseinheiten auf ostpreußisches Gebiet zurückgedrängt worden waren, wurden sie offiziell aufgelöst.

Zweiter Weltkrieg

Mit dem Zweiten Weltkrieg und der damit verbundenen Zerstörung, Flucht und Vertreibung brach die alte Welt der Landgüter endgültig und unwiederbringlich auseinander. Schwer betroffen waren die baltischen Staaten und Polen, da sie zwischen der Sowjetunion und dem Deutschen Reich lagen und dadurch mehrfach zum Kriegsschauplatz wurden.

Es begann 1939 mit der Aussiedlung der Deutschbalten aus Estland und Lettland[21] und deren Ansiedlung in den als „Warthegau" und „Reichsgau Danzig-Westpreußen" dem Deutschen Reich angegliederten polnischen Gebieten. Dort waren ihnen Entschädigungen *in natura* zugesichert worden, die sich an den Besitzverhältnissen vor der Agrarreform 1919/1920 orientieren sollten. Dabei handelte es sich jedoch nicht um eine Entschädigung. Diese Zusage ging vielmehr auf den persönlichen Einsatz Walter Darrés (1895–1953), Minister für Ernährung und Landwirtschaft, zurück, der in Riga tätig gewesen und mit einer Deutschbaltin verheiratet war.[22]

---

[20] Vgl. Zilgalvis, Jānis: Latvijas pērles [Lettlands Perlen]. Rīga 2000, S. 61f., S. 148f.

[21] Es handelte sich um 13.000 Estlanddeutsche und 52.000 Lettlanddeutsche. Bei der Nachumsiedlung im Frühling 1940 und Sommer 1941 verließen noch einmal 18.000 Personen die beiden Länder, darunter auch mehrere Esten und Letten. Vgl. Garleff, Michael: Die baltischen Länder. Estland, Lettland, Litauen vom Mittelalter bis zur Gegenwart. Regensburg 2001, S. 164.

[22] Vgl. Bosse, Lars: Volksdeutsche Umsiedler im „Reichsgau Wartheland" am Beispiel der Deutschen aus dem Baltikum. Magisterarbeit. Christian-Albrechts-Universität Kiel 1992, S. 87.

Rund 3.450 polnische Güter mit einer Gesamtfläche von 950.000 Hektar wurden danach enteignet.[23] Daraus erhielten die 2.000 baltischen Landwirte im „Warthegau" im Vergleich zu anderen dort angesiedelten Gruppen zwar die größeren Betriebe, doch betrug die durchschnittliche Größe ihrer Höfe lediglich bis zu 25 Hektar.[24] Die Chance auf einen gleichwertigen Ersatz für den zurückgelassenen Besitz hatte es ohnehin nie gegeben, da im kriegsbesetzten Polen nur die Umverteilung geraubter Güter möglich war. Gleichzeitig zur Ansiedlung der Deutschbalten fand die Vertreibung tausender Menschen in das „Generalgouvernement" statt, wo die Vernichtung von Juden, Angehörigen der polnischen Führungsschicht, des Adels und des Klerus durch SS und Gestapo ihre Fortsetzung fand.[25]

Das Ende wurde mit dem im Sommer 1943 begonnenen Rückzug der deutschen Wehrmacht eingeleitet, die gegenüber der Roten Armee im Prinzip nur noch hinhaltenden Widerstand leisten konnte. Von Gefechten infolge der sowjetischen Winteroffensive 1944/45 besonders betroffen waren nun das Kurland, wo mehrere Kesselschlachten stattfanden, die Provinz Ostpreußen und schließlich das Oderbruch als Schauplatz der Schlacht um die Seelower Höhen im April 1945.[26]

Verbunden mit dem Vormarsch der Roten Armee war eine starke Flüchtlingsbewegung, die seit Ende 1944 nach Westen drängte. Darunter waren auch die erst 1939/40 auf polnischem Staatsgebiet angesiedelten Deutschbalten. Allein auf dem Gebiet der Sowjetischen Besatzungszone (SBZ) befanden sich im Mai 1945 rund 2,3 Millionen Flüchtlinge.

---

[23] Vgl. Janicki, Tadeusz: Polnische Großgrundbesitzer während des 2. Weltkrieges 1939–1945. In: Adel und Junkertum im 19. und 20. Jahrhundert. Biographische Studien zu ihrer politischen, ökonomischen und sozialen Entwicklung. Hrsg. von Jür-gen Laubner. Halle (Saale) 1990, S. 79–82, hier S. 80.
[24] Vgl. Bosse (wie Anm. 22), S. 86f.
[25] Vgl. Aly, Götz: „Endlösung". Völkerverschiebung und der Mord an den europäischen Juden. Frankfurt/Main 1995, S. 69f. Das Generalgouvernement blieb jedoch das einzige Gebiet, in dem der polnische Großgrundbesitz nicht völlig enteignet wurde. Bis Ende 1941 waren hier aber bereits 746 Güter konfisziert worden und diese Zahl wuchs weiter, doch genaue Angaben fehlen. Vgl. Janicki (wie Anm. 23), S. 81.
[26] Vgl. Seelower Höhen 1945. Hrsg. von Roland G. Foerster. Hamburg 1998; Thieme, Wolf: Die letzten Tage von Klessin. In: Der Stern (2005) Nr. 10, S. 158–171.

Durch die Aufnahme von weiteren Vertriebenen ab Juni desselben Jahres erhöhte sich diese Zahl auf über 4,4 Millionen Personen (März 1949). Das entsprach einem Viertel der Gesamtbevölkerung der SBZ. Die meisten von ihnen kamen im ländlichen Brandenburg (22 Prozent der Gesamtbevölkerung) und Mecklenburg-Vorpommern (42 Prozent der Gesamtbevölkerung) unter.[27]

Der Zerstörungsgrad als Folge des Krieges war unterschiedlich hoch: In Polen lag die Zahl zerstörter und beschädigter Gehöfte zwischen 20 Prozent im altpolnischen Gebiet und 30 Prozent im Norden und Westen.[28] Die östlichen Kreise Brandenburgs entlang der Oder waren zwischen 20 und 50 Prozent und einzelne Dörfer sogar vollständig zerstört. Außerdem waren ebenso wie auf polnischer Seite große landwirtschaftliche Flächen vermint.[29]

Die Zahl der zerstörten Herrenhäuser war ebenfalls regional unterschiedlich und besonders hoch in Ostpreußen und in den nördlichen und westlichen Regionen Polens. Dort war mehr als ein Viertel[30] von ihnen zerstört worden. Im Durchschnitt betrug der Anteil jedoch lediglich bis zu zehn Prozent: In Estland und Lettland waren rund vier Prozent der Herrenhäuser zerstört, lediglich in Kurland betrug deren Anteil rund zehn Prozent.[31] Selbst in dem durch die Kämpfe um Berlin schwer ge-

---

[27] Vgl. Rauch, Markus: Der Beitrag der Bodenreform zur Integration der „Umsiedler" in der Sowjetischen Besatzungszone 1945–1949. Eberhard-Karls-Universität Tübingen 1998, S. 4f.
[28] Vgl. Słabek, Henryk: Dzieje polskiej reformy rolnej 1944–48 [Geschichte der polnischen Landwirtschaftsreform 1944–48]. Warszawa 1972, S. 220f.
[29] Vgl. Bauerkämper, Arnd: Ländliche Gesellschaft in der kommunistischen Diktatur. Zwangsmodernisierung und Tradition in Brandenburg 1945–1963. Köln 2002, S. 232f.; Andrykiewicz, Jan: Wieś i rolnictwo Ziemi Lubuskiej w czterdziestoleciu [Dorf und Landwirtschaft des Lebuser Landes in den Vierzigern]. In: Rocznik Lubuski [Lebuser Jahrbuch] (1989) Nr. 15, S. 79–85, hier S. 79.
[30] Basierend auf Angaben bei Bachtin, A.P.: Usad'by na territorii Kaloblasti inf. na 2001g [Güter im Gebiet des Kaliningrader Oblasts]. Manuskript. Kaliningrad 2001; Eulenburg, Adelheid; Engels, Hans: Ostpreußische Gutshäuser in Polen. Gegenwart und Erinnerung. München 1992; Samusik, Katarzyna; Samusik, Jerzy: Pałace i dwory Białostocczyzny [Bialystoker Schlösser und Güter]. Białystok 1998; Wilke, Eberhard: Güter und Gutshäuser im Kolberger Land. Hamburg 2003.
[31] Basierend auf Angaben bei Dišlere, Inta; Ozola, Agrita: Muižas Lauku Kultūrvidē. Tukuma rajona muižas fotogrāfijās no Tukuma muzeja krājuma [Güter im ländlichen Kulturmilieu. Tuckumer Güter in Fotografien aus dem Bestand des Tu-

schädigten brandenburgischen Kreis Lebus betrug der Zerstörungsgrad unter den Herrenhäusern nur rund sieben Prozent.³²

---

ckumer Museums]. Tukuma muzejs 2002; Hein, Ants: Eesti mõisad. 250 fotot aastaist 1860–1939 [Estnische Herrenhäuser. 250 Ansichten aus den Jahren 1860–1939]. Tallinn 2002; Plaudis, Arvīds: Ceļvedis pa teiksmu pilīm. Vēsturiskas uzziņas, leģendas, ekskursijas [Führer zu Sagenschlössern. Historische Auskünfte, Legenden, Ausflüge]. Rīga 2004; Sakk, Ivar: Eesti mõisad [Estnische Herrenhäuser]. Tallinn 2002; Zarāns, Alberts: Neesam šķirami no savas zemes. 155 Latvijas pilis un muižas [Wir sind nicht trennbar von unserem Land. 155 lettische Schlösser und Güter]. Rīga 2003; Zilgalvis, Jānis: Daugavas Muižas 18.gs.–20.gs. sākums [Dünagüter 18.–Anfang 20. Jahrhundert]. Rīga 2002.
³² KA MOL, Nr. 731/2 und Nr. 1 C 731; darin Zusammenstellung aller Gutshäuser, Herrenhäuser und Schlösser, die durch die Bodenreform enteignet wurden (Gemeinde Kreis Lebus) o.J.

Revolutionen

Die Revolutionen 1905 und 1917 im russischen Zarenreich waren in den drei Ostseeprovinzen Estland, Livland und Kurland sowohl von sozialen wie nationalen Motiven getragen und richteten sich vor allem gegen die Deutschbalten und speziell die Gutsbesitzer unter ihnen; 1905 kam es jedoch auch zu kirchenfeindlichen Aktionen und 1917/18 zu Auseinandersetzungen zwischen besitzenden und landarmen Bauern.[1] Besonders groß war die Wirkung der Revolutionen jeweils im lettischen Raum, denn Riga verfügte als drittgrößte Industriestadt des Reiches über eine große Arbeiterschaft und die Sozialdemokraten waren hier gut organisiert.[2]

Für die Gutsanlagen und ihre Besitzer selbst hatten beide Ereignisse unterschiedliche Folgen: Während 1905 hauptsächlich Herrenhäuser geplündert, beschädigt oder gar niedergebrannt wurden, waren hingegen 1917/18 vorwiegend die Gutsbesitzer sowie andere Deutschbalten von Verhaftung und Deportation bedroht und zudem begann die Aufteilung der Güter. Während die Revolution von 1905 blutig niedergeschlagen wurde und danach der Wiederaufbau der zerstörten Güter begann, leitete die Revolution von 1917 bereits die spätere Unabhängigkeit Estland und Lettlands und die damit verbundene neue Agrargesetzgebung ein.

Für Esten und insbesondere Letten wurden die Ereignisse dieser Jahre und hauptsächlich die Revolution von 1905 Teil ihres nationalen Gründungsmythos,[3] mit dem auch die Formel „das Schloß – Nest der deut-

---

[1] Zu den grundlegenden Unterschieden zwischen den Revolutionen 1905 und 1917 in Lettland vgl. Ezergailis, Andrew: Bolshevik Revolution in Latvia. In: Die baltischen Provinzen Rußlands zwischen den Revolutionen von 1905 und 1917. Hrsg. von Andrew Ezergailis und Gert von Pistohlkors. Köln 1982, S. 265–286, hier S. 271f.

[2] Vgl. Wittram, Reinhard: Baltische Geschichte. Die Ostseelande Livland, Estland, Kurland 1180–1918. München 1954, S. 228.

[3] Vgl. Bömelburg, Hans-Jürgen: Tagungsbericht „Revolution(en) in Nordosteuropa". 07.10.2004–09.10.2004 in Lüneburg. In: H-Soz-u-Kult 08.11.2004. Hinweise auf Spuren der Revolution in der lettischen und estnischen Literatur bei Pijola, Sarmīte: Aspekte der lettischen Literatur von 1905. In: Ostseeprovinzen, Baltische Staaten und das Nationale. Hrsg. von Norbert Angermann, Michael Garleff und Wilhelm Lenz. Münster 2005, S. 321–342 und Hasselblatt, Cornelius: 1905 im estnischen Roman. In: Ebenda, S. 303–319.

schen Unterdrücker" vorerst verbunden blieb.[4] Gleichermaßen tief prägten sich diese traumatischen Erfahrungen[5] in das Gedächtnis der Deutschbalten ein und die Erinnerung daran förderte letztlich auch ihre Bereitschaft, 1939 mit Beginn der sowjetischen Besatzung der baltischen Staaten der Umsiedlung ins Deutsche Reich Folge zu leisten.

Russische Revolution von 1905

Das Jahr 1905 begann in Sankt Petersburg und Riga mit einem Generalstreik und einer Großdemonstration, die von Soldaten niedergeschlagen und aufgelöst wurden („Blutsonntag" von St. Petersburg am 9./22. Januar 1905). Aufgrund der geographischen Nähe griff der Aufstand schnell auf die baltischen Provinzen Estland, Livland und Kurland über und erfasste dort das flache Land. Hier richtete sich die Wut der streikenden Esten und Letten als Arbeiter und Angestellte auf den Gütern in erster Linie gegen die deutschbaltischen Gutsbesitzer. Ihre Aktionen blieben jedoch bis zum Spätsommer ohne ernste Folgen, obwohl bereits Flugblätter aus den Kreisen der Sozialdemokraten zum Kampf gegen die Gutsbesitzer sowie zur Zerstörung der Schlösser aufforderten[6] und in Liedern durchaus zu Gewalttaten aufgerufen wurde. Bei den Esten war das z.B. ein Lied mit dem Refrain „Mõisad põlevad, saksad surevad! Saksade omandus jääb meitele!" („Die Güter brennen, die Herren ster-

---

[4] Lancmanis, Imants: Das Kulturerbe in Lettland im 20. Jahrhundert: Realitäten und Rezeption. In: Das gemeinsame Kulturerbe im östlichen Europa: denkmalpflegerisches Engagement der Bundesregierung 1993–2003. Hrsg. vom Bundesinstitut für Kultur und Geschichte der Deutschen im östlichen Europa. Oldenburg 2004, S. 24–33, hier S. 24.
[5] Vgl. Lukas, Liina: Kulturelle Konflikte in Estland im Spiegel der öffentlichen Diskussionen zu Beginn des 20. Jahrhunderts. In: Europa der Regionen: Der Finnische Meerbusen. Esten, Deutsche und ihre Nachbarn. Hrsg. von Karsten Brüggemann. München 2007, S. 77–88. Beispiel einer literarischen Verarbeitung der Ereignisse im Jahr 1905 in einem livländischen Pastorat ist Freymann, Karl von: Der Tag des Volkes. München 1907.
[6] Vgl. Benz, Ernst: Die Revolution von 1905 in den Ostseeprozinzen Rußlands. Mainz 1989, S. 164.

ben! Das Eigentum der Herren wird unser!), das bis heute populär geblieben ist.[7]
Der Höhepunkt der Auseinandersetzungen lag schließlich in den knapp zwei Monaten zwischen dem von Zar Nikolaus II. (1868–1918) erlassenen „Oktobermanifest" und dem Beginn von Strafexpeditionen im Dezember. In dieser Zeit befand sich das flache Land weitgehend in der Gewalt von Aufständischen. Es kam zu Überfällen, Plünderungen, Brandschatzungen und Morden. Einige Gutsbesitzer verloren auf diese Weise ihr Leben und andere kämpften um Haus und Hof, aber viele flohen in die Städte oder sogar ins Ausland. Diese Flucht erfolgte zum Teil unter Mitnahme großer Geldsummen, was die russische Währung unter Druck brachte und unter den Deutschbalten nicht unumstritten war.[8] Blieben die Besitzer jedoch vor Ort, so waren sie unmittelbarer Bedrohung ausgesetzt, wie Ingeborg von Buxhoeveden (1920–1991) in ihren Erinnerungen über den Überfall auf das väterliche Gut Rahhola in der Nähe von Reval beschreibt:

„Nach Rahola [sic!] zu den Schulmanns kam eine Bande herein ... die alte Frau v. Schulmann und ihre Töchter Elsa und Kitty waren zu Hause. Schwarz vermummte Gestalten mit geschwärzten Gesichtern stürzten johlend, mit Schimpfen und wildem Triumphgeschrei ins Haus. Kitty – lang, schlank und aristokratisch – wagte es, ihnen entgegenzutreten. Da warf sich der eine auf sie, fasste ihren Hals mit beiden Händen und fing an, sie zu drosseln. Starr vor Schreck standen die anderen Damen da ...

---

[7] Ungern-Sternberg, Nils von: Erinnerungen an die Restgutzeit. In: Zwischen Reval und St. Petersburg. Erinnerungen von Estländern aus zwei Jahrhunderten. Hrsg. von Henning von Wistinghausen. Weißenhorn 1993, S. 388–395, hier S. 389. Bekannt wurde das Lied unter dem Titel „Mässajate laul" (Rebellenlied - Musik: Uno Naissoo/Text: Paul-Eerik Rummo) in dem estnischen Film „Viimne reliikvia" (Die letzte Reliquie) (1969).

[8] Vgl. Kusber, Jan: Krieg und Revolution in Rußland 1904–1906. Stuttgart 1997, S. 187ff.; Vgl. dazu auch die Kritik des Rechtsanwaltes Arthur Ernst Magnus' aus Mitau in einem Brief an den Historiker Theodor Schiemann in Berlin (02./15.01.1906). Abgedruckt bei: Pistohlkors, Gert von: Führende Schicht oder nationale Minderheit? Die Revolution 1905/06 und die Kennzeichnung der politischen Situation der deutschen Balten zwischen 1840 und 1906 in der zeitgenössischen deutsch-baltischen Geschichtsforschung. In: Zeitschrift für Ostforschung (1972) Nr. 4, S. 601–618, hier S. 606.

*sahen die vielen Hände, die nun wild und hastig in ihren Sachen wühlten, was sie nicht brauchen konnten, zerschmetterten – was ihnen gefiel, in Säcke stopften [...].*⁹

Hatten sich die Besitzer in Sicherheit gebracht, so blieben meist nur noch einzelne Hausangestellte auf den Gütern. Sie wurden zu Beteiligten und Zeugen der Vorgänge, waren dabei jedoch ebenfalls Gewalt ausgesetzt, wie Margarete Ast, die als Gärtnerin bei der Familie von Birkenstein im lettischen Behnen arbeitete, berichtet:

„*Den 16. Dezember nachmittags 2 Uhr erschienen im Schlosse 10 Revolutionäre und forderten von uns Waffen und durchsuchten unter der Schweizerin [Melkerin – H.F.] und meiner Führung zwei Stunden hindurch alle Zimmer. Bald darauf, abends 6 Uhr, fuhr ich von Behnen ab. [...] In derselben Nacht noch erschienen, wie mir Fräulein G. später von Behnen aus schrieb, 30 Revolutionäre im Schloß, gossen Benzin, Teer und Petroleum auf die Möbel in den Zimmern und steckten es in Brand. Die Schweizerin, welche in den Flammen umkommen sollte, durfte auf vieles Bitten der Dienerschaft sich vor Ausbruch des Brandes retten. Um das Schloß waren Wachen aufgestellt, die verhindern sollten, daß von herrschaftlichen Gegenständen [nichts – Streichung im Original, H.F.] etwas gerettet würde. Die Familie von B., die sich von Riga nach Berlin flüchtete, fuhr in derselben Nacht mit der Eisenbahn an dem brennenden Schlosse vorüber.*"¹⁰

Waren die Besitzer nicht geflohen, kam es durchaus auch zu heftigen Kämpfen zwischen Aufständischen und Gutsbesitzern, die zu ihrer Verteidigung teilweise auch eigene Milizen aufgestellt hatten.¹¹ Wie die Ereignisse auf dem lettischen Gut Stomersee¹² jedoch belegen, konnte ein

---

⁹ Buxhoeveden, Ingeborg von: Sommer und Winter. Lebenserinnerungen 1920–1953. Köln 1990, S. 18ff.
¹⁰ Ast, Margarete: Im Schlosse Behnen in Kurland zur Zeit der Revolution 1905. Im Selbstverlag der Verfasserin 1906, S. 8.
¹¹ Vgl. Kusber (wie Anm. 8), S. 81f.
¹² Das Schloß Stomersee ist eng mit dem Leben des italienischen Schriftstellers Giuseppe Tomasi di Lampedusa (1896–1957) verbunden. Der Autor des Romans „Der Leopard" über Niedergang des Adels und Aufstieg des Bürgertums in Sizilien im 19./20. Jahrhundert war mit Alexandra von Wolff-Stomersee (1894–1982), einer

solcher Einsatz die Zerstörung trotzdem nicht in jedem Fall verhindern: Die Familie von Wolff hatte sich zusammen mit den Besitzern umliegender Güter im Schloß verschanzt und das Gebäude befestigt. Mehrere Fenster waren teilweise zugemauert worden und ließen nur Schießscharten frei. Mehrfach griffen die Aufständischen – angeblich rund 5.000[13] – an, doch es gelang ihnen zunächst nicht, das Gebäude zu erobern. Erst als die Verteidiger geflohen waren und es keinen Widerstand mehr gab, wurde das Schloß bis auf die Grundmauern zerstört. Diese Maßnahme blieb jedoch auch unter den Angreifern umstritten.[14]

Abb. 4 Ansichten des im Winter 1905 ausgebrannten Schlosses Stomersee. Der Besitzer Boris von Wolff ließ es bis 1908 mit staatlicher Hilfe wieder aufbauen und es blieb auch nach der Bodenreform im Besitz der Familie. Ab 1945 befanden sich hier zunächst ein Landwirtschaftstechnikum und danach das Büro einer Sowchose. Seit 1998 sind Schloß und Park im Privatbesitz und werden rekonstruiert.

Nach offiziellen Angaben wurden in Estland und Lettland auf diese Weise über 550 Güter zerstört oder beschädigt, wie eine 1908 von der Duma eingesetzte Kommission feststellte: Die meisten Schäden gab es auf lettischer Seite, wo in Südlivland und Kurland 412 Gebäude betroffen waren, was 20 Prozent des Gesamtbestandes entspricht. In Estland, wo sich die Auseinandersetzungen auf die Umgebung von Reval beschränkten, wurden 161 Güter zerstört oder beschädigt, was 15 Prozent

---

der ersten Psychoanalytikerinnen Italiens, verheiratet und verbrachte in den dreißiger Jahren einige Sommermonate auf dem lettischen Gut.
[13] Vgl. Vegesack, Siegfried von: Die Baltische Tragödie. Heilbronn 1934, S. 278.
[14] Vgl. Zilgalvis, Jānis: Latvijas pērles [Lettlands Perlen]. Rīga 2000, S. 121ff.

des Gesamtbestandes entspricht.[15] Ein ähnliches Ausmaß an Zerstörung hatten in Estland zuvor nur die Bauernaufstände 1343 ausgelöst.[16] Verwüstet und zerstört wurden von den Aufständischen nicht nur die Herrenhäuser als Symbole sozialer und politischer Repression auf dem Lande, sondern aus Protest gegen eine zunehmende Kommerzialisierung auch landwirtschaftliche Veredelungsbetriebe wie Zuckerraffinerien und Brennereien.[17] Generell war diese Welle der Gewalt sicherlich nicht immer revolutionär begründet, konnte sich aber Bahn brechen in Zeiten einer sich auflösenden staatlichen und gesellschaftlichen Ordnung.

---

[15] Vgl. White, James D.: The 1905 Revolution in Russia's Baltic provinces. In: The Russian Revolution of 1905 – Centenary perspectives. Hrsg. von Jonathan D. Smele und Anthony Heywood. London 2005, S. 55–78, hier S. 72f.

[16] Die estnischen Bauernaufstände gegen den deutschen Orden gipfelten in der St. Georgsnacht (23.04.1343). Darauf nahmen im übrigen auch Gegner des estnischen EU-Beitritts Bezug, als sie sich in der „Jüriöö Liikumine" (Georgsnacht-Bewegung) zusammentaten. Vgl. Kirch, Aksel; Brökling, Iris: Der EU-Beitritt Estlands: Wirkungen, Erwartungen und Interessen. E-Publikation des Tallinner Institute for European Studies 02.07.1998, www.ies.ee/beitritt/beitritt.html (31.07.2008).

[17] Vgl. Benz (wie Anm. 6), S. 192–195.

Revolutionen

Abb. 5 Regionale Verteilung der niedergebrannten Herrenhäuser in Estland, Livland und Kurland 1905/06. Deutlich zu erkennen sind Schwerpunkte in der Nähe der beiden Hauptstädte Reval und Riga und der Hafenstadt Libau.

Die Niederschlagung der Unruhen erfolgte umgehend. Kaum daß die Demobilisierung der Soldaten aus dem Russisch-Japanischen Krieg erfolgt war, wurden Truppenverbände und Marinebataillons zu Strafexpeditionen nach Estland, Livland und Kurland geschickt.[18] In wenigen Monaten wurden mehr als 1.000 Menschen erschossen, viele verhaftet oder nach Sibirien verbannt sowie rund 300 Bauernhöfe niedergebrannt.[19] Einigen Anführern gelang die Flucht ins Ausland, darunter

---

[18] Vgl. Kusber (wie Anm. 8), S. 82–85.
[19] Vgl. Benz (wie Anm. 6), S. 286.

43

auch den späteren Präsidenten Lettlands, Kārlis Ulmanis (1877–1942),[20] und Estlands, Konstantin Päts (1874–1956).[21] Noch im Sommer 1906 regte sich jedoch Protest in Kurland: In Mitau mußten Soldaten mehrfach Denkmäler für getötete Aufständische beseitigen. Nahe Tuckum brannten Aufständische das Schloß Remten der Grafen Medem nieder und nahmen das umliegende Land in Besitz.[22] Erst durch die Agrarreform 1920, in deren Rahmen sie ein bevorzugtes Recht auf Land erhielten, erfuhren die Beteiligten an dem Aufruhr in Lettland schließlich eine offizielle Anerkennung.[23]

Diese Ereignisse stellten den Wendepunkt in der 700jährigen deutschbaltischen Geschichte dar, denn wie der Historiker Reinhard Wittram (1902–1973) schreibt, war doch „1905 und 1906 mehr in Frage gestellt worden [...] als die bürgerliche Sicherheit."[24] Vielmehr zeigten sich die Deutschbalten nun wirtschaftlich und politisch geschwächt, denn ihr Sieg beruhte auf dem Einsatz des russischen Militärs. Ihre Beziehungen zu Esten und Letten waren irreparabel zerbrochen. Der Bericht von Max von Sivers (1857–1919) aus Livland über seine Rückkehr auf den eigenen Hof nach der Niederschlagung der Unruhen, den er an den Historiker Theodor Schiemann (1847–1921) in Berlin schickte, spiegelt diese gegenseitige Abkehr:

---

[20] Kārlis Ulmanis floh ins amerikanische Exil (1906–1913). 1913 nach einem Amnestiegesetz zur Feier des 300. Geburtstages der Romanov-Dynastie kehrte er nach Lettland zurück. Er starb 1942 nach Deportation durch die sowjetische Regierung in einem Gefängnis im heutigen Turkmenistan. Vgl. www.president.lv (31.07.2008).
[21] Konstantin Päts wurde 1905 zum Tode verurteilt. Er floh zunächst in die Schweiz und nach Finnland (1906–1909). Danach stellte er sich freiwillig und wurde 1909 für neun Monate eingesperrt. 1940 wurde er deportiert und starb 1956 in der Psychiatrie in Tver. Vgl. www.president.ee (31.07.2008).
[22] Vgl. N.N.: New Revolt in Courland. In: The New York Times vom 26.07.1906; N.N.: Another Monument Appears. In: The New York Times vom 18.07.1906.
[23] Vgl. Kalniņš, Bruno: Die Konsolidierung des unabhängigen Lettland unter besonderer Berücksichtigung der Stellung und staatlichen Funktion der lettischen Sozialdemokratie. In: Von den baltischen Provinzen zu den baltischen Staaten. Beiträge zur Entstehungsgeschichte der Republiken Estland und Lettland 1918–1920. Hrsg. von Jürgen von Hehn, Hans von Rimscha, und Hellmuth Weiss. Marburg/Lahn 1977, S. 420–432, hier S. 430.
[24] Wittram, Reinhard: Drei Generationen Deutschland – Livland – Rußland 1830–1914. Erinnerungen und Lebensformen baltisch-deutscher Familien. Göttingen 1949, S. 316.

„Am 27. März [1906] war ich mit meinen beiden erwachsenen Kindern in Roemershof, der niedergebrannte Hof machte einen trostlosen, öden Eindruck. Dieses erschütterte mich jedoch nicht sonderlich, da ich ja nichts anderes erwartet hatte. Was mich aber tief demüthigte, war, daß ich so als ohnmächtiger Fremdling unter die ungestört auf meinem Hofe wohnenden Dienstleute treten musste, welche mich mit grinsenden Gesichtern beobachteten."[25]

In den folgenden Jahren setzte sich diese Abkehr der Nationalitäten von einander fort: Esten und Letten suchten zunehmend Arbeit in den Industriebetrieben der Städte, so daß der Arbeitskräftemangel auf dem Lande wuchs.[26] Unter den Deutschbalten gab es dagegen Pläne zur Ansiedlung von rund 20.000 deutschen Bauern und zur Aufteilung von rund 30 Gütern,[27] während man landwirtschaftliche Reformen zugunsten von Esten und Letten verweigerte. Außerdem wurden nun erstmals deutsche Vereine gegründet und wuchs das gegenseitige Interesse zwischen Deutschbalten und dem deutschen Kaiserreich. Dort hatten sowohl Konservative als auch Sozialdemokraten die Ereignisse des Herbstes 1905 aufmerksam verfolgt,[28] doch eine aktive Unterstützung konservativer Kreise für den Wiederaufbau blieb aus.[29] Die betroffenen Gutsbesitzer erhielten lediglich Entschädigungen aus der Feuerversicherung. Diese staatliche

---

[25] Zitiert bei Pistohlkors (wie Anm. 8), S. 607.

[26] Vgl. Pahlen, Arndt von der: Der landwirtschaftliche Betrieb auf dem Großgrundbesitz in Kurland bis zum Kriege 1914, seine Entwicklungsmöglichkeiten und das lettländische Agrargesetz. Dissertation. Albertus-Universität Königsberg i. Pr. 1923, S. 25f.

[27] Karl von Manteuffel und Max von Sivers verfolgten als Vorsitzende der Deutschen Vereine in Kurland und Livland Pläne zur Ansiedlung von Rußlanddeutschen. Erneut populär wurde diese Idee im Ersten Weltkrieg, konnte aber nicht mehr umgesetzt werden. Vgl. Manteuffel, Karl von: Meine Siedlungsarbeit in Kurland. Leipzig 1942.

[28] Vgl. Krupnikov, Peter: Lettland und die Letten im Spiegel deutscher und deutschbaltischer Publizistik 1895–1950. Hannover 1989, S. 103–106.

[29] Vgl. Pistohlkors, Gert von: Zielkonflikte deutschbaltischer Politik nach der revolutionären Krise von 1905: Zur Beurteilung der „Anleihaktion" der Livländischen Ritterschaft und der Stadt Riga in Berlin 1906/07. In: Die baltischen Provinzen Rußlands zwischen den Revolutionen von 1905 und 1917. Hrsg. von Andrew Ezergailis und Gert von Pistohlkors. Köln 1982, S. 125–153.

Förderung betrug bei einem Gesamtschaden von 11,5 Millionen Rubel insgesamt 2,2 Millionen Rubel.[30] Ungeachtet dieser Schwierigkeiten und nationalen Spannungen begann jedoch der tatkräftige Wiederaufbau der Güter. Ziel war die Restaurierung der zerstörten Herrenhäuser oder deren Rekonstruktion in vereinfachter Form. An diesen Arbeiten beteiligten sich neben deutschbaltischen Architekten wie Wilhelm Bockslaff (1858–1945) auch Architekten aus dem Deutschen Reich wie Paul Schultze-Naumburg (1869–1949). Bockslaff, der zuvor viele mittelalterliche Bauten erforscht hatte und nun beim Wiederaufbau konservatorisches Geschick bewies, profilierte sich als Vertreter des Neoklassizismus und war vor allem in Livland tätig. Als Vertreter des Heimatstils schuf Schultze-Naumburg sein bedeutendstes baltisches Werk in Kurland: der originalgetreue Wiederaufbau des Schlosses Katzdangen Dieses gehörte Karl von Manteuffel (*1872), dem Vorsitzenden des „Vereins der Deutschen in Kurland".[31] Zwischen Architekt und Auftraggeber scheint es eine gute Zusammenarbeit gegeben zu haben, denn bereits 1910 und damit vor Bauabschluß widmete Schultze-Naumburg ihm sein Werk „Das Schloß".[32] Stilistisch orientierte man sich beim Wiederaufbau der zerstörten Herrenhäuser an den frühklassizistischen Formen aus dem *Goldenen Zeitalter* der baltischen Gutshausarchitektur um 1800,[33] als sich das Baltikum endlich aus seiner Provinzialität befreit hatte, wie der estnische Kunsthistorikers Ju-

---

[30] Vgl. Dellingshausen, Eduard von: Im Dienste der Heimat. Stuttgart 1930, S. 125f.; Benz (wie Anm. 6), S. 260f., S. 276f.

[31] Vgl. Bruģis, Dainis: Architektur der Schlösser Lettlands um 1900. In: Architektur und bildende Kunst im Baltikum um 1900. Hrsg. von Elita Grosmane und Brigitte Hartel. Frankfurt/Main 1999, S. 75–91.

[32] „Das Schloß" (1910) erschien in der neunbändigen Reihe „Kulturarbeiten" (1901–1917). Schultze-Naumburg arbeitete in seinen Veröffentlichungen gerne mit der Methode von Beispiel und Gegenbeispiel, indem er in seinen Augen gelungene und mißlungene Bauwerke einander gegenüberstellte. Auch im Ausland erschienen entsprechende Publikationen wie die von der Gesellschaft für die Verschönerung Krakaus (z.B. Łuskina, Kraków 1910). Vgl. Leśniakowska, Marta: „Polski Dwór". Wzorce architektoniczne, mit, symbol [Das Polnische Gutshaus. Architektonisches Muster, Mythos, Symbol]. Warszawa 1996, S. 62.

[33] Vgl. Pirang, Heinz: Das Baltische Herrenhaus. III. Teil Die neuere Zeit seit 1850. Riga 1930, S. 7; Hein, Ants: Gutshäuserarchitektur in Estland. Ein Überblick nach der Inventarisierung 1976–1978. In: Homburger Gespräche (1984) Nr. 6, S. 179–202, hier S. 192f.

han Maiste (*1952) meint.[34] Eine vergleichbare Rückbesinnung auf traditionelle Bauformen wie Klassizismus oder Barock unter Ablehnung einer historistischen Formenvielfalt hat es ab 1915 bei dem Wiederaufbau der Gutsanlagen im kriegszerstörten Ostpreußen gegeben.[35]

Russische Revolution von 1917/18

Das Revolutionsjahr 1917 mit seinen Höhepunkten im Frühjahr und Herbst begann mit Demonstrationen und Streiks in Petrograd, die rasch zur Abdankung des Zaren und zur Bildung einer sozialdemokratischen Regierung führten (3./16. März 1917). Mit einem Staatsstreich im Oktober (25. Oktober/7. November 1917) folgte dann die Machtübernahme der Kommunisten, dennoch dauerten Kampfhandlungen bis 1920 an. Im Baltikum wurde in diesem Jahr indes der Grundstein für die Unabhängigkeit gelegt; im Frühjahr 1917 bereits erhielten die Esten eine gewisse Autonomie, während die Letten diese erst nach der Oktoberrevolution unter der Räteverwaltung erlangten.

In Riga und Reval begann das Jahr ebenfalls mit Streiks und Demonstrationen, die ihr Echo auch auf dem Lande fanden: Die Gutsarbeiter stritten dort für Lohnerhöhung, eine Verbesserung der Wohnbedingungen und Arbeitszeitverkürzung und es kam zur eigenmächtigen Übernahme von Gütern, unter denen sich auch von ihren Besitzern bereits verlassene Anlagen befanden. So streikten beispielsweise im April die Arbeiter auf dem Gut Randefer auf der estnischen Insel Ösel und verteilten dann Gutsland, Inventar und Saatgut unter 27 Personen.[36] Darüber hinaus wurden erste Gutsbesitzer und -pächter verhaftet und durchaus

---

[34] Vgl. Maiste, Juhan; Tuumalu, Tiit: Ka varemetes mõisad võivad olla ilusad [Auch ruinöse Herrenhäuser können schön sein]. In: Postimees [Postbote] vom 26.06.1996.
[35] Vgl. Salm, Jan: Odbudowa miast wschodniopruskich po I wojnie światowej. Zagadnienia architektoniczno-urbanistyczne [Wiederaufbau ostpreußischer Städte nach dem I. Weltkrieg. Architektonisch-urbanistische Fragen]. Olsztyn 2006, S. 75.
[36] Vgl. Ainson: Saare Maakonna militsja ülema telegramm Eestimaa Kubermangu Komissarile [Telegramm des Chefmilizionärs des Kreises Ösel an den Kommissar des Estnischen Gouvernements] vom 28.04./11.05.1917. Abgedruckt in: Suur Sotsialistlik Oktoobrirevolutsioon Eestis. Dokumentide ja materjalide kogumik [Große Sozialistische Oktoberrevolution in Estland. Dokumenten- und Materialiensammlung]. Tallinn 1957, S. 138–139.

spielte dabei Rache für die Niederschlagung der Revolution von 1905 eine Rolle.[37] Insgesamt jedoch blieb die Landbevölkerung bis zum Spätsommer und der Einbringung der Ernte zurückhaltend und so gelang in Livland bis zum Sommer 1917 nur die Übernahme von 36 aus 418 Gütern, obwohl die Zahl der bestreikten Güter sehr viel höher lag.[38]

Das änderte sich erst mit dem auf dem II. gesamtrussischen Sowjetkongreß erlassenen Bodendekret (26. Oktober/8. November 1917), das die entschädigungslose Enteignung der Großgrundbesitzer und die Verteilung des Bodens an Bauern und Arbeiter festlegte. Außerdem wurden Beschädigungen des konfiszierten Besitzes unter Strafe gestellt.[39] Die Kommunisten in Estland und Lettland blieben zwar Gegner der in dieser Verordnung enthaltenen Forderung nach Aufteilung des Bodens, hatten sie sich doch immer gegen die mit einer „bürgerlichen" Agrarreform verbundene Schaffung eines Kleinbauerntums ausgesprochen und vielmehr die Gründung von Großbetrieben gefordert,[40] doch begannen sie trotzdem eine Kampagne gegen Gutsbesitzer und Großbauern.

Die estnischen Kommunisten setzten dabei auf Parteigenossen aus der Stadt, die für die Weihnachtstage aufs Land fahren wollten. Als Vorbereitung bot man ihnen sogar kurze „Gutsübernahmekurse" an.[41] Begleitet

---

[37] Vgl. Ainson: Talupoegade ja sojaväelaste väljaastumised mõisnike ning vana võimu esindajate vastu Saaremal. Saare maakonna militsa ülema ettekanne Eestimaa Kubermangu Komissarile [Kundgebung von Bauern und Soldaten gegen Gutsbesitzer und Vertreter der alten Macht auf Ösel. Meldung des Chefmilizionärs des Kreises Ösel an den Kommissar des Estnischen Gouvernements] vom 21.04./04.05.1917. Abgedruckt in: Ebenda, S. 129.

[38] Vgl. Ezergailis, Andrew: The 1917 Revolution in Latvia. New York/London 1974, S. 202f.

[39] Vgl. Langer, Claus-Dirk: Die ländlichen Schlösser und Herrenhäuser in den Braunkohleabbaugebieten des Bezirkes Cottbus. Band 1: Die ländlichen Schlösser und Herrenhäuser im Bearbeitungsgebiet. Dissertation. TU Dresden 1989, S. 249.

[40] Vgl. Rosenberg, Tiit: Eesti mõisate ajalooline ülevaade [Historische Übersicht über estnische Güter]. In: Eesti mõisad [Estnische Güter]. Hrsg. von Tiiu Oja. Tallinn 1994, S. 7–55, hier S. 39.

[41] N.N.: VSDT(b)P Eestimaa Komitee Büroo üleskutse maale sõitvatele partei liikmetele mõisate ülevõtmise ja nõukogude valimiste läbiviimise küsimuses [Aufruf des Estnischen Komiteebüros der Russischen Sozialdemokratischen (bolschewistischen) Arbeiterpartei an die aufs Land fahrenden Parteigenossen in der Frage der Güterübernahme und der Durchführung von Rätewahlen]. In: Tööline [Arbeiter] Nr. 119 vom 02./15.12.1917. Abgedruckt in: Suur Sotsialistlik Oktoobrirevolutsioon

wurde diese Maßnahme auch von Kommandos aus Rotgardisten und Soldaten.[42] Auf mehreren Gütern fanden danach Arbeiterversammlungen statt, die folglich nicht immer auf deren Eigeninitiative beruhten. Die Tagesordnung umfasste dabei meist nur wenige Punkte, zu denen das Verlesen des Bodendekrets zusammen mit Erklärungen des Estnischen Arbeiter- und Soldatenrats oder der lettischen Ratsvertretung Iskolat, die Übernahme des Gutes und die Durchführung von Wahlen für Gremien gehörten. Dieser Vorgang erfolgte meist geordnet, wie es in einem Artikel in der estnischen Zeitung „Maatamees" (Landloser Bauer) über das südlich von Reval gelegene Gut Waldau heißt:

„Als erstes wurde das Gutsbüro mit den Büchern übernommen und der Kassenbetrag festgestellt. Dann wurden die Tiere und das Inventar übernommen, z.B. Pferde, Rinder, Schweine, Fahrzeuge, Landwirtschaftsgeräte und Maschinen, Getreide, Heu, Brennholz und Reisig, die Brennerei mit Einrichtung, die Dampfmühle, die Meierei, die Windmühle, verschiedene Arbeitsgeräte. Die Übernahme wurde ordentlich protokolliert und von den Empfängern unterschrieben."[43]

Anders als 1905 kam es nicht zur mutwilligen Zerstörung der Güter, lediglich der Rückzug der russischen Armee vor deutschen Truppen führte zu Verwüstungen.[44] Bis zum Beginn der deutschen Besatzung im Januar/Februar 1918 gelang so die Übernahme von 75 Prozent der Güter

---

Eestis. Dokumentide ja materjalide kogumik [Große Sozialistische Oktoberrevolution in Estland. Dokumenten- und Materialiensammlung]. Tallinn 1957, S. 480–481.

[42] Vgl. N.N.: Tallinna Eesti Polgu södureist ja Punakaartlastest koosnevate relvastatud väesalkade saatmine abiks maatöörahvale mõisate ülevötmisel [Entsendung einer bewaffneten Abteilung des aus Soldaten und Rotgardisten bestehenden Estnischen Regiments aus Reval zur Unterstützung des Landarbeitervolks bei der Übernahme der Güter]. In: Maatamees [Landloser Bauer] Nr. 62 vom 12./25.12.1917. Abgedruckt in: Ebenda, S. 517–518.

[43] N.N.: Valtu Mõisa (Rapla Vald, Harjumaa) ülevötmine [Übernahme des Gutes Waldau (Gemeinde Rappel, Harrien)]. In: Maatamees [Landloser Bauer] Nr. 58 vom 02./15.12.1917. Abgedruckt in: Ebenda, S. 466–467.

[44] Über diese Ereignisse in Lettland 1917 berichtete auch der amerikanische Journalist John Reed (1887–1920). Vgl. Ezergailis, Andrew: The Latvian Impact on the Bolshevik Revolution the First Phase: September 1917 to April 1918. New York 1983, S. 51–55.

in Livland,⁴⁵ was mit der Gründung von mindestens 230 Kolchosen einherging,⁴⁶ und 80 Prozent der Güter in Estland, wo lediglich viele kleinere Güter und Teile des Kirchenbesitzes unangetastet blieben.⁴⁷ Die letzten Güter wurden in Estland noch Ende Januar 1918 übernommen.⁴⁸

Die Gutsbesitzer reagierten sehr unterschiedlich auf die Forderungen der Arbeiter: Einige waren bei der Übernahme nicht anwesend oder akzeptierten die Forderungen ohne Widerstand und waren in Einzelfällen sogar froh, die wirtschaftliche Belastung auf diese Weise abgegeben zu haben.⁴⁹ Andere versuchten den Vorgängen entgegenzuwirken, indem sie eigenmächtig Agrarprodukte und anderen Gutsbesitz verkauften oder versteckten,⁵⁰ in Konkurrenz zur Versammlung der Gutsarbeiter ein eigenes Komitee zur Übernahme des Gutes aufstellten⁵¹ oder aber Soldaten zur Hilfe gegen die Aufständischen riefen.⁵²

---

⁴⁵ Vgl. Ezergailis (wie Anm. 38), S. 202f.

⁴⁶ Vgl. Strods, Heinrihs: Drei Alternativen der Staatlichkeit Lettlands in den Jahren 1917–1920. In: Journal of Baltic Studies (1994) Nr. 2, S. 174–182, hier S. 177f.

⁴⁷ Vgl. Rosenberg (wie Anm. 40), S. 39.

⁴⁸ Vgl. Karu, J. P.: Holstre Valla Töörahva Nõukogu Täitevkomitee ettekanne Viljandi Maakonna Töörahva Nõukogu Täitevkomiteele Mõisate ülevõtmise lõpuleviimise kohta [Meldung des Exekutivkomitees des Arbeiterrats der Gemeinde Holstfershof an das Exekutivkomitee des Arbeiterrats des Landkreises Fellin bezüglich Vollendung der Güterübernahme] vom 25.01./07.02.1918. Abgedruckt in: Suur Sotsialistlik Oktoobrirevolutsioon Eestis. Dokumentide ja materjalide kogumik [Große Sozialistische Oktoberrevolution in Estland. Dokumenten- und Materialiensammlung]. Tallinn 1957, S. 656.

⁴⁹ Vgl. N.N.: Mõisate ülevõtmine Võhmuta Vallas (Järvamaa) [Übernahme von Gütern in der Gemeinde Wechmuth (Jerwen)]. In: Maatamees [Landloser Bauer] Nr. 63 vom 14./27.12.1917. Abgedruckt in: Ebenda, S. 476–477.

⁵⁰ Vgl. Anvelt; Kingisepp; Kärstner: Eesti töörahva ja sõjaväelaste nõukogu täitevkomitee otsus mõisnike pangaarvete üle kontrolli kehtestamise kohta [Beschluß des Exekutivkomitees des Estnischen Arbeiter- und Soldatenrats bezüglich Einführung einer Kontrolle der Bankkonten von Gutsbesitzern]. In: Edasi [Vorwärts] Nr. 20 vom 12./25.12.1917. Abgedruckt in: Ebenda, S. 502; N.N.: Harjumaa mõisnike poolt ebaseaduslikult müügile toodud toiduainete konfiskeerimine [Konfiszierung der von Harriens Gutsbesitzern illegal in den Verkauf gebrachten Lebensmittel]. In: Maatamees [Landloser Bauer] Nr. 60 vom 07./20.12.1917. Abgedruckt in: Ebenda, S. 511.

⁵¹ Vgl. Võrk/Arenschild: Pruuna Mõisa (Lehtse Vald, Järvamaa) andmine mõisatööliste vanemate nõukogu kontrolli alla [Übergabe des Gutes Tois (Gemeinde Lechts,

Dramatischer als der Verlust des Eigentums infolge von Gutsbesetzungen wog für die Deutschbalten in diesem Jahr jedoch die Gefahr einer plötzlichen Verhaftung und der Deportation nach Sibirien.[53] Für die meisten Deutschbalten waren daher die Monate vor Beginn der deutschen Besatzung eine Zeit großer Sorgen, wie die Schriftstellerin Theophile von Bodisco (1873–1944) in ihren Erinnerungen schreibt: „Was würde aus dem Baltikum werden? 1905 war immerhin noch ein Halt gewesen, es gab noch einen Kaiser, eine Regierung. Jetzt ging alles durcheinander."[54] Erst mit dem deutsch-russischen Friedensvertrag im März 1918 wurden die Deutschbalten zumindest vorübergehend wieder in ihre Rechte gesetzt.

Während der erneuten kommunistischen (Teil-)Besetzung Estlands und Livlands nach dem begonnenen Rückzug der Deutschen im Winter 1918 sowie mit Ausrufung einer estnischen und einer lettischen Sowjetrepublik im November 1918 und Januar 1919 wurde die Politik des Revolutionsjahres allerdings fortgesetzt. Erneut begannen Verfolgung und Verhaftung der verbliebenen Deutschbalten, die mit einer besonderen Brutalität in Dorpat und Riga durchgeführt wurden.[55]

Eine weitere Umgestaltung der Agrarverhältnisse gelang jedoch nur unvollständig. Zumindest in Estland reichte die rund sechswöchige Regierungszeit der Kommunisten für grundlegende politische Veränderungen nicht aus.[56] In Lettland dagegen, wo Teile Kurlands weiterhin von

---

Jerwen) in die Kontrolle des Gutsarbeiterältestenrates] vom 01./14.12.1917. Abgedruckt in: Ebenda, S. 478–479.
[52] Vgl. N.N. (wie Anm. 49), S. 476–477.
[53] Vgl. Blanckenhagen, Herbert von: Am Rande der Weltgeschichte. Erinnerungen aus Alt-Livland. Göttingen 1966, S. 150ff., S. 190.
[54] Bodisco, Theophile von: Versunkene Welten. Erinnerungen einer estländischen Dame. Hrsg. von Henning von Wistinghausen. Weißenhorn 1997, S. 312.
[55] Vgl. Rauch, Georg von: Die bolschewistischen Staatsgründungen im baltischen Raum und die sowjetische Politik. In: Von den baltischen Provinzen zu den baltischen Staaten. Beiträge zur Entstehungsgeschichte der Republiken Estland und Lettland 1918–1920. Hrsg. von Jürgen von Hehn, Hans Rimscha und Hellmuth Weiss. Marburg/Lahn 1977, S. 44–69, hier S. 59; Vgl. auch die Erinnerungsliteratur der Deutschbalten zur „Bolschewikenzeit" in Kur- und Livland.
[56] Vgl. Estland in den Anfängen seiner Selbständigkeit. Die Tagebuchaufzeichnungen des dänischen Generalkonsuls in Reval Jens Christian Johansen 13.12.1918–29.5.1919. Hrsg. von Kalervo Hovi. Turku 1976. Jens Christian Johansen berichtet

deutschen Truppen besetzt waren, kam es bis Mitte 1919 in der rund fünf Monate dauernden Regierungszeit der Kommunisten erneut zur Aufteilung von Gütern in Livland und hier vor allem in den nordwestlichen Kreisen Wolmar, Walk und Wenden.[57]

Auf diese Weise wurden bereits vor der Unabhängigkeit Estlands und Lettlands vollendete Tatsachen geschaffen, denn nach dem Sieg über die Kommunisten wurden die Besitzverhältnisse aus der Vorkriegszeit nicht wiederhergestellt. Zum einen erhielt die Sicherstellung der Versorgung Vorrang vor weiteren Agrarexperimenten und zum anderen fehlte angesichts einer grundlegenden Übereinkunft unter estnischen und lettischen Politikern über die Notwendigkeit einer Bodenreform letztlich der politische Wille dazu. So begann etwa in Estland aufgrund von Verordnungen der vom späteren Staatsoberhaupt Konstantin Päts geführten Provisorischen Regierung die offizielle Übernahme von Gütern bereits im November 1918 und damit fast ein Jahr vor Inkrafttreten der Agrarreform.[58] Die Enteignung und Aufteilung der Güter wurde in Estland erst am 10. Oktober 1919 und in Lettland am 16. September 1920 rechtsgültig.

---

darin auch über die Agrarreformen, für die er sich als Landwirtschaftsexperte besonders interessierte.
[57] Vgl. Köhnen, Heinrich: Die baltische Agrarfrage und die agrarpolitischen Reformversuche im Baltikum unter besonderer Berücksichtigung der Agrarreform Estlands und Lettlands. Dissertation. Albert-Ludwigs-Universität Freiburg i. Br. 1922, S. 108f.
[58] Vgl. Fahle, Werner: Die Agrarreform der Republik Estland. Dissertation. Universität Bern 1922, S. 55ff., S. 69.

Reformen und Gesetze

Im Zusammenhang mit der Entstehung moderner Nationalstaaten in Mittelosteuropa erfolgte dort nach dem Ende des Ersten Weltkrieges die Durchführung von Bodenreformen. Das Ziel war die Stärkung klein- und mittelbäuerlicher Strukturen, um auf diese Weise die neu gegründeten Staaten zu konsolidieren.[1] Mit dem Zweiten Weltkrieg wurden dann Agrarreformen, d.h. Bodenreformen und Kollektivierung, in allen sowjetisch besetzten Ländern durchgeführt, um auf diese Weise und insbesondere durch die Kollektivierung die kommunistische Macht in der ländlichen Gesellschaft durchzusetzen.

Bei den Agrarreformen handelte es sich um komplexe Maßnahmen, die mit wirtschaftlichen, sozialen und politischen Veränderungen verbunden waren. Das waren einerseits Reaktionen auf die Bedingungen einer Nachkriegsgesellschaft und andererseits dienten sie regierenden Kräften zur Durchsetzung und Festigung ihrer Macht. Dazu zählt auch, daß dieser Prozeß mit gewaltsamen Repressionen verbunden war. Weitere, durchaus auch pragmatische Erwägungen spielten ebenfalls eine Rolle: die Sicherung der Ernährung, die Integration einzelner sozialer Gruppen, die Bekämpfung der Binnenmigration oder die Förderung der demographischen Entwicklung. Die Agrarreformen waren damit Bestandteil einer Modernisierung von Wirtschaft und Gesellschaft, deren Ziel die Verbesserung und damit explizit die Angleichung der Lebensverhältnisse in Stadt und Land war.

Die Agrarreformen und die damit verbundene Enteignung des Großgrundbesitzes veränderten die Siedlungsstruktur sowie Bedeutung und Funktion der Güter. Insbesondere die Herrenhäuser verloren ihre traditionellen Aufgaben, jedoch blieben mit der Kollektivierung zumindest Funktionen der Güter als landwirtschaftliche Zentren erhalten.

---

[1] Vgl. Roszkowski, Wojciech: Land Reforms in East Central Europe after World War One. Warszawa 1995.

Bodenreformen in der Zwischenkriegszeit

Die agrarwirtschaftlichen Reformen der Zwischenkriegszeit waren unterschiedlich radikal: Bei dem Reichssiedlungsgesetz 1919 in Deutschland handelt es sich nur in Ansätzen um eine Bodenreformmaßnahme und die Güter blieben hier abgesehen von der Aufsiedlung verschuldeter Betriebe bis zur Bodenreform 1945 in der Mehrzahl bestehen.[2] In Polen ermöglichte das Bodenreformgesetz von 1920 zwar eine Beschneidung der Güter gegen Entschädigung, doch begann eine Umsetzung dieser Bestimmungen tatsächlich erst ab 1925.[3] Parzelliert wurde nun auch deutsche Güter auf polnischem Boden.[4]

In Estland und Lettland dagegen erfolgte mit den Bodenreformgesetzen 1919 und 1920 die entschädigungslose Enteignung des gesamten Großgrundbesitzes. Die Reformen fielen hier am radikalsten aus aufgrund der Nähe zu den revolutionären Ereignissen in Rußland und der mit der Bodenreform eng verbundenen Nationalitätenproblematik. Hinzu kam, daß die Verhandlungen über die estnische Bodenreform zeitgleich zu der Schlacht im livländischen Wenden gegen deutschbaltische Landwehr und deutsche Freikorps stattfanden und gemäßigte Vorschläge un-

---

[2] Vgl. Koinzer, Thomas: Wohnen nach dem Krieg – Wohnungsfrage und Wohnungspolitik und der Erste Weltkrieg in Deutschland und Großbritannien (1914–1932). Berlin 2002, S. 288f.; Frank, Alexandra: Die Entwicklung der ostelbischen Gutswirtschaften im Deutschen Kaiserreich und in den Anfangsjahren der Weimarer Republik. Weiden 1994, S. 5.
[3] Vgl. Ludwig, Käte: Die polnische Agrarreform unter der Einwirkung der Agrarkrise. Dissertation. Thüringische Landesuniversität Jena 1934, S. 25f.; Matwiejew, Aleksander: Die Agrarreform Polens im XX. Jahrhundert. Dissertation. Universität Bern 1948, S. 73–94.
[4] Vgl. Matelski, Dariusz: Polityka Repolonizacji Wielkopolski w Latach II Rzeczypospolitej [Politik der Repolonisierung Großpolens in der Zeit der Zweiten Republik]. In: Studia Historica Slavo-Germanica (1995/1996), S. 47–82, hier S. 51–57. Persönlicher Bericht über die Parzellierung eines Gutes bei Goerdler, Oda: Leben auf Grenzgut T. Erinnerungen an das Grenzgebiet zwischen Ostpreußen und Polen. Lüneburg 1983, S. 36f. Darstellung weiterer Beispiele bei Wiese, Willy: Die polnische Bodenbesitzpolitik: Untersuchungen auf dem Gebiet der Agrarreform und der landwirtschaftlichen Organisation in Polen während der Jahre 1919 bis 1926. Dissertation. Friedrich-Wilhelms-Universität Berlin 1928, S. 61ff. und Pierzynowska, Gertruda: Dwory, parki i folwarki Kociewia i Kaszub [Kaschubiens und Kotschewies Güter, Parks und Vorwerke]. Tczew 1998.

ter diesen Umständen keine Mehrheit fanden. Gerade die Radikalität der baltischen Reformen machte diese im Deutschen Reich bereits in der Zwischenkriegszeit zum Thema vieler Publikationen und insbesondere juristischer Arbeiten. Aufgrund familiärer Verbindungen zwischen baltischen und westeuropäischen Adelsfamilien kamen jedoch auch aus Ländern wie Frankreich Proteste gegen die Enteignungen.[5]

Bodenreformen in Estland und Lettland

In Estland und Lettland befand sich über die Hälfte des Bodens im Besitz von Großgrundbesitzern, von denen die meisten Deutschbalten waren. Die durchschnittliche Größe ihrer Güter betrug mehr als 2.000 Hektar.[6] Zwar hatten landwirtschaftliche Reformen im 19. Jahrhunderts die Zahl landbesitzender Bauern durchaus erhöht, bis zu zwei Drittel der Bevölkerung waren jedoch landlose und landarme Bauern geblieben.[7] Mit dem Erlaß der Agrargesetze am 10. Oktober 1919 in Estland und am 16. September 1920 in Lettland sollte sich das ändern. Ein bis zwei Fünftel der ehemaligen Gutsbesitzer betrieben danach weiterhin ein sogenanntes Restgut.[8]

In beiden baltischen Staaten erfolgte die Enteignung des gesamten Großgrundbesitzes einschließlich des Inventars. Lediglich das für das Führen einer kleinen Wirtschaft notwendige Material konnte im Besitz der ehemaligen Gutsbesitzer bleiben. Teilweise wurde auch kleinerer Privatbesitz enteignet oder gegen eine lediglich geringe Entschädigung

---

[5] Vgl. Vilks, Sophie: La Lettonie independante dans l'Europe de l'entre-deux-guerres 1917–1939. Paris 2001, S. 191–209.
[6] Vgl. Lipschütz, Paul: Agrarfrage und Agrarreform in Lettland. Dissertation. Universität Frankfurt am Main 1923, S. 57; Schönemann, Adolf: Die Agrarreform in Estland. Dissertation. Albertus-Universität Königsberg i. Pr. 1923, S. 17f.
[7] Vgl. Plakans, Andrejs: The Social History of Agrarian Reform in Latvia. In: Proc. Estonian Acad. Sci. Humanities and Social Science (1994) Nr. 3, S. 320–325, hier S. 320; Rosenberg, Tiit: Agrarfrage und Agrarreform in Estland 1919: Ursachen, Voraussetzungen und Folgen. In: Ebenda, S. 326–335, hier S. 327.
[8] Vgl. Lüth, Ulrich: Die lettländische Landwirtschaft vor und nach dem Weltkriege mit besonderer Berücksichtigung Liv- und Kurlands. Dissertation. Schlesische Friedrich-Wilhelms-Universität Breslau 1929, S. 22; Schönemann (wie Anm. 6), S. 134f.

übernommen.⁹ Verstaatlicht wurden darüber hinaus Gutswälder und Wirtschaftsbetriebe wie Brennereien, Sägewerke und Mühlen. Ausgenommen von einer Enteignung waren lediglich Güter für wohltätige, öffentliche oder wissenschaftliche Zwecke, dazu zählten auch Spezialbetriebe in der Vieh- und Saatzucht.¹⁰ Die Ländereien bildeten einen Bodenfonds, aus dem Neubauernstellen gewonnen wurden, die bevorzugt an Teilnehmer am Kampf um die Unabhängigkeit und deren Familien gegeben wurden.¹¹ Da gleichwohl die Regelung vieler Fragen im Zusammenhang mit der Bodenreform von der Zustimmung örtlicher Komitees und Gemeindeverwaltungen abhing, blieben Willkürakte bei Enteignung und Vergabe nicht ausgeschlossen.

Heftige Diskussionen gab es in den Verfassungsgebenden Versammlungen beider Länder über Ansprüche auf Restgüter und Entschädigungen. So wurde den ehemaligen Gutsbesitzern in Lettland das Führen eines 50 Hektar großen Restgutes erlaubt, allerdings sollte dieses nur in Ausnahmefällen das Gutszentrum mit dem Herrenhaus umfassen.¹² In Estland dagegen wurde der Anspruch auf ein Restgut erst 1925 mit einem Gesetz abschließend geregelt.¹³ Eine Entscheidung über Entschädigungszahlungen wurde in Estland und Lettland vorerst ausgesetzt. Erst 1926 erfolgte in Estland per Gesetz die Festlegung einer geringen Entschädigungssumme.¹⁴ In Lettland war hingegen zwei Jahre zuvor eine Entschädigungszahlung endgültig abgelehnt worden.¹⁵

Unter diesen Umständen veränderte sich die Nutzung der Herrenhäuser: Nur wenige blieben im Privatbesitz, da sie von den Deutschbalten

---

⁹ Vgl. Weller, Arthur: Die Agrarreform in Estland in juristischer Beleuchtung. Berlin 1922, S. 7f.; Darlegung einiger Beispiele (u.a. Gut Lechts) bei Bernmann, Oskar: Die Agrarfrage in Estland. Berlin 1920, S. 55.

¹⁰ Vgl. Lipschütz (wie Anm. 6), S. 104f.; Schönemann (wie Anm. 6), S. 31f.

¹¹ Vgl. Krause, Hermann: Die Agrarreformen in Lettland und Estland. Berlin 1927, S. 34.

¹² Vgl. Köhnen, Heinrich: Die baltische Agrarfrage und die agrarpolitischen Reformversuche im Baltikum unter besonderer Berücksichtigung der Agrarreform Estlands und Lettlands. Dissertation. Albert-Ludwigs-Universität Freiburg i. Br. 1922, S. 153.

¹³ Vgl. Krause (wie Anm. 11), S. 27.

¹⁴ Vgl. Schmidt, Alexander: Geschichte des Baltikums. München 1992, S. 254.

¹⁵ Einen kritischen Bericht zum Verhalten der deutschen Ritterschaftsvertreter in der Abstimmungsfrage gibt Rosenberg, Eduard von: Für Deutschtum und Fortschritt in Lettland. Erinnerungen und Betrachtungen. Riga 1928, S. 124–130.

auch durch Vermietung an Pensionsgäste[16] gehalten werden konnten oder durch Verkauf in den Besitz von Mitgliedern der neuen Elite des Landes gelangten.[17] Andere wurden von Neubauern „unwillkürlich rücksichtslos"[18] zusammen mit weiteren Gutsgebäuden als Wohn- und Wirtschaftsgebäude genutzt.[19] Doch war diese Lösung auch bei ihnen im grunde recht unbeliebt, wie aus einem Bericht in der lettischen Zeitschrift „Brihwa Seme" (Freie Erde) hervorgeht: „[...] wir erleben wunderliche Dinge: einen Jungwirt entfernen wir aus irgend einem Beihof oder Gesinde um dort dem früheren Besitzer sein Restgut anzuweisen, obwohl der Jungwirt gerne dort bleiben möchte – und die Gutsgebäude stehen ungenutzt da."[20] Die Restgutbetreiber lebten und arbeiteten unterdessen unter entsprechend ungewohnten Bedingungen, wie ein Leserbriefschreiber in der „Rigaschen Rundschau" am 28. April 1927 beklagte, der unter dem Titel „Blick in ein kurisches Restgut" verbittert von großer Einsamkeit und finanzieller Not berichtet und über Knechtsarbeit, Verarmen und „Verbauern" klagt.[21] Sogar Adolf Damaschke (1865–1935), Führer der Bodenreformbewegung im Deutschen Reich, kritisierte die lettische Agrarreform als sinnlose Vernichtung von Werten sowie als Unrecht gegen Menschen und erwartete schwere Schäden für den lettischen Staat.[22] Trotz dieser schwierigen Ausgangslage entwickelten sich

---

[16] Beispielhaft dazu die Berichte über Gäste auf Gut Kumna in Estland und Gut Spāre in Kurland bei Mothander, Carl A.: Barone, Bauern und Bolschewiken in Estland. Weißenhorn 2005, S. 104–111 und Bredow, Max-Wichard von: Spahren ein Gut in Kurland. Das Baltikum im Spannungsfeld zwischen Nord-, Mittel- und Osteuropa. Burgdorf-Heeßel 1991, S. 437, S. 458.

[17] Beispielsweise verkaufte 1922 der estnische Staat das Gut von Arthur von Hunnius an den Direktor der Milchgenossenschaft „Estonia" und an einen Oberst. Vgl. Pistohlkors, Gert von: Führende Schicht oder nationale Minderheit? Die Revolution 1905/06 und die Kennzeichnung der politischen Situation der deutschen Balten zwischen 1840 und 1906 in der zeitgenössischen deutsch-baltischen Geschichtsforschung. In: Zeitschrift für Ostforschung (1972) Nr. 4, S. 601–618, hier S. 617.

[18] Fromme, Ernst: Die Republik Estland und das Privateigentum. Berlin 1922, S. 15f.

[19] Vgl. Thelen, Hermann: Die lettländische Agrarreform. Dissertation. Albertus-Universität Königsberg i. Pr. 1929, S. 65f.; Schönemann (wie Anm. 6), S. 55ff.

[20] Zitiert bei Köhnen (wie Anm. 12), S. 125.

[21] Zitiert bei Rosenberg (wie Anm. 15), S. 136f.

[22] Vgl. Köhnen (wie Anm. 12), S. 164f.

jedoch sowohl Estland wie Lettland in der Zwischenkriegszeit zu erfolgreichen agrarexportierenden Ländern.[23]

Reformen nach dem Zweiten Weltkrieg

Mit der sowjetischen Besatzung im und nach dem Zweiten Weltkrieg war die Durchführung einer Bodenreform verbunden, der in unterschiedlich kurzer Zeit die Kollektivierung und damit die Gründung von Genossenschaften folgte. Erstmals durchgeführt wurden diese Maßnahmen 1940/41 im Baltikum sowie im östlichen Teil Polens. Mit dem erneuten Vormarsch der Roten Armee waren dann 1944/45 weitere Reformen auf den sowjetisch besetzten Gebieten verbunden. Abgesehen vom sowjetischen Modell beruhten diese zum Teil auch auf regionalen Entwicklungen der Vorkriegszeit.

Die Bodenreformen richteten sich in erster Linie gegen den Großgrundbesitz mit Betrieben von mehr als 100 Hektar Fläche sowie Nationalsozialisten, Kollaborateure und deutsche Staatsbürger im allgemeinen, doch erfolgten auch Repressionen gegen Großbauern mit einem geringeren Besitz. In Estland und Lettland konnten sich diese Reformen nach der Umsiedlung der Deutschbalten 1939 und den Agrarreformen der Zwischenkriegszeit ohnehin nur noch gegen Bauern richten. Das Ziel der Bodenreform war die Schaffung kleinbäuerlicher Strukturen mit Höfen von 5 bis 15 Hektar Größe. In Polen und der SBZ/DDR gehörten zu den Profiteuren der Reform auch Flüchtlinge und Vertriebene, so daß die Reform hier zusätzlich eine sozialrevolutionäre Bedeutung erhielt.

Zwei Jahre nach Kriegsende begannen in den baltischen Republiken und in Polen bereits Vorbereitungen auf die Kollektivierung, während in der SBZ noch die Bodenreform durchgeführt wurde. Die Ergebnisse der landwirtschaftlichen Reformen waren auch deswegen sehr unterschiedlich: Bereits 1949 wurde in den baltischen Republiken die Kollektivierung mit Hilfe von Massendeportationen der ländlichen Bevölkerung nach Sibirien abgeschlossen. Auch in Polen wurden Repressionen gegen Bauern eingesetzt, um sie so zum Eintritt in Genossenschaften zu zwingen, doch im Gegensatz sowohl zu den baltischen Republiken wie zur SBZ/DDR gab hier die neue Parteiführung unter Władysław Gomułka

---

[23] Vgl. Kõll, Anu-Mai: Peasants on the world market: agricultural experience of independent Estonia 1919–1939. Stockholm 1994, S. 59–87.

(1905–1982) die Kollektivierung nach den Unruhen im Sommer und Herbst 1956 wieder auf. In der DDR dagegen wurden die ersten Genossenschaften erst 1952 gegründet und der offizielle Abschluß der Kollektivierung gelang erst 1960 mit Hilfe von Zwangsmaßnahmen im „sozialistischen Frühling".

Für die Nutzung der Güter und Herrenhäuser hatte das entsprechend unterschiedliche Folgen: Die Kollektivierung begünstigte durch Großbetriebe die weitere Nutzung der Gutsgebäude für wirtschaftliche Zwecke und die dauerhafte Umnutzung der Herrenhäuser für Wohn- und Verwaltungsaufgaben. Dagegen machten die Bodenreform und damit die Schaffung von Kleinbauerntum die Errichtung kleinerer Wohn- und Wirtschaftsgebäude erforderlich. Die vorhandenen Gutsbauten wurden unter diesen Umständen nur zeitlich begrenzt für Wohn- sowie Wirtschaftszwecke gebraucht und ihr Leerstand oder gar der Abbruch waren die Folgen.

Bodenreform und Kollektivierung in Estland und Lettland

Die Bodenreform 1940 hatte die Enteignung aller Höfe mit mehr als 30 Hektar landwirtschaftlicher Nutzfläche zur Folge.[24] Dieses Ergebnis blieb auch während der deutschen Besatzung des Baltikums bestehen.[25] Nach dem erneuten sowjetischen Einmarsch 1944 wurde die Enteignungsgrenze in einem zweiten Gesetz weiter herabgesetzt und zeitgleich begann eine Kampagne gegen sogenannte Kulaken, die 1949 in der Deportation mehrerer tausend Menschen gipfelte.[26] Bereits im Mai 1949

---

[24] Vgl. Feest, David: Zwangskollektivierung im Baltikum: die Sowjetisierung des estnischen Dorfes 1944–1953. Köln 2007, S. 119; Spekke, Arnolds: History of Latvia – An Outline. Stockholm 1951, S. 390.

[25] Eine Reprivatisierung hätte im Widerspruch zu Hitlers Eindeutschungsplänen für das Baltikum sowie den Erfordernissen der deutschen Kriegswirtschaft gestanden. Nur unter dem Eindruck des sowjetischen Vormarsches erfolgte in Estland die Rückgabe einiger Hofstellen, um die Loyalität der dortigen Bauern gegenüber den deutschen Besatzern zu festigen. Insgesamt wurden hier aber nur zwölf Prozent der Höfe zurückgegeben. Vgl. Feest (wie Anm. 24), S. 109f.

[26] Der Prozeß der Identifikation, Exklusion und Vertreibung der „Kulaken" beschäftigte 1944 bis 1949 den ganzen Verwaltungsapparat der beiden Sowjetrepubliken. Zwischen dem 25. und 29. März wurden mehr als 42.000 Letten (1,8 Prozent der Gesamtbevölkerung) und mehr als 20.000 Esten (2,5 Prozent der Gesamtbevölke-

waren schließlich rund 80 Prozent der lettischen und 69 Prozent der estnischen Höfe (1. Juli 1950 ca. 90 Prozent) zu Kolchosen zusammengeschlossen.[27] Damit richtete sich dieses am 7. September 1944 in der Lettischen SSR und am 17. September 1944 in der Estnischen SSR erlassene Gesetz eindeutig gegen die einheimischen Bauern.

Die Nutzung der Güter und Herrenhäuser veränderte sich entsprechend: Privat genutzte Objekte gab es nicht mehr, aber soziale und kulturelle Einrichtungen der Zwischenkriegszeit blieben durchaus bestehen und mit der Modernisierung der Dörfer kamen neue Funktionen hinzu. Trotz Parzellierung waren zudem noch Staatsgüter (Sowchosen) vorhanden, bei denen es sich in den meisten Fällen um die Staatsgüter der Zwischenkriegszeit handelte.[28] Demgegenüber waren die Maschinen-Traktoren-Stationen, in denen Landmaschinen für die Neubauern und die Kolchosen zur Verfügung gestellt wurden, zunächst häufig auf den nach der Bodenreform 1919/20 gebildeten Restgütern eingerichtet worden.[29] Zentren der Genossenschaften (Kolchosen) waren in Estland jedoch vor allem die ehemaligen Höfe der Großbauern.[30]

Bodenreform und Kollektivierung in Polen

Die Vorlage für die Bodenreform in Polen hatte am 22. Juli 1944 das von der Sowjetunion geförderte „Lubliner-Komitee" (Polnisches Komitee der Nationalen Befreiung (PKWN)) mit seinem Manifest über die künftige Gestaltung des Staates abgegeben. In Kraft trat das Bodenreformgesetz dann am 6. September desselben Jahres.[31] Mit der Grenzver-

---

rung) deportiert. Vgl. Kõll, Anu-Mai: Tender Wolves. Identification and Persecution of Kulaks in Viljandimaa 1940–1949. In: The Sovietization of the Baltic States 1940–1956. Hrsg. von Olaf Mertelsmann. Tartu 2003, S. 127–149, hier S. 134f.
[27] Vgl. Feest (wie Anm. 24), S. 391.
[28] Vgl. Ebenda, S. 241–243.
[29] Vgl. Ebenda, S. 225f.
[30] Vgl. Beispiele bei Pärdi, Heiki: Eesti taluhäärberid [Estnische Großbauernhäuser]. Tallinn 2005.
[31] Vgl. Matwiejew (wie Anm. 3), S. 113. Bereits 1939–1941 waren während der sowjetischen Besatzung Ostpolens rund 6.500 Güter mit einer Größe von rund 4.800.000 Hektar für eine kollektive Bewirtschaftung herangezogen worden und die Besitzer deportiert worden. Vgl. Janicki, Tadeusz: Polnische Großgrundbesitzer während des 2. Weltkrieges 1939–1945. In: Adel und Junkertum im 19. und 20.

schiebung und der damit verbundenen Aus- und Ansiedlung wurde die Gesetzgebung jedoch mehrfach modifiziert. Insbesondere gab es Anpassungen an die Gegebenheiten in den ehemals deutschen Gebieten. Dieser Prozeß war geprägt von einer Rivalität zwischen dem Landwirtschaftsministerium und dem Ministerium für die „Wiedergewonnenen Gebiete".[32]

Herangezogen zur Bildung eines Bodenfonds mit dem Ziel, neue Wirtschaften einzurichten und bestehende zu vergrößern, wurde vor allem der Besitz von Staatsbürgern des Deutschen Reiches, polnischen Staatsbürgern deutscher Herkunft sowie wegen Hochverrats verurteilter Personen. Abhängig von der Größe der landwirtschaftlichen Nutzfläche der Güter konnten darüber hinaus Flächen ab 50 oder 100 Hektar enteignet werden.[33] Die Grundlage für die Bewirtschaftung der polnischen West- und Nordgebiete wurde hingegen erst zwei Jahre später gelegt. In dem betreffenden Dekret des Ministerrats wurden alle Flächen für Besiedlung und landwirtschaftliche Nutzung bestimmt und die dazugehörenden Immobilien verstaatlicht, ausgenommen derjenigen Gebäude und Flächen, die sich inzwischen im Privatbesitz befanden.[34] Ein Problem, was es vorrangig zu lösen galt, war die Bewirtschaftung der ehemaligen deutschen Güter, die in der Mehrzahl aufgrund fehlenden Inventars und mangelnden Interesses der Siedler nicht parzelliert werden konnten und entsprechend brach lagen; teilweise arbeiteten hier bis zu ihrer Ausweisung 1946/47 nur noch deutsche Staatsangehörige.[35] Bereits im März 1945 war jedoch geregelt worden, daß sich gesellschaftliche, kulturelle

---

Jahrhundert. Biographische Studien zu ihrer politischen, ökonomischen und sozialen Entwicklung. Hrsg. von Jürgen Laubner. Halle (Saale) 1990, S. 79–82, hier S. 80.
[32] Vgl. Matwiejew (wie Anm. 3), S. 127.
[33] Dekret Polskiego Komitetu Wyzwolenia Narodowego z dnia 6 września 1944r. o przeprowadzeniu reformy rolnej [Dekret des Polnischen Komitees der Nationalen Befreiung vom 06.09.1944 zur Durchführung einer Landwirtschaftsreform]. In: Dziennik Ustaw [Gesetzblatt] (1944) Nr. 4, Pos. 17, Art. 2.
[34] Dekret z dnia 6 września 1946r. o ustroju rolnym i osadnictwie na obszarze Ziem Odzyskanych i byłego Wolnego Miasta Gdańska [Dekret vom 06.09.1946 zur Form der Landwirtschaft und Besiedlung der Wiedergewonnenen Gebiet und der ehemaligen Freistadt Danzig]. In: Dziennik Ustaw [Gesetzblatt] (1946) Nr. 49, Pos. 279, Art. 1, Art. 4, Art. 5, Art. 6.
[35] Vgl. Matwiejew (wie Anm. 3), S. 123f.

und karitative Einrichtungen und Organisationen um die Verwaltung und Nutzung verlassener Güter bewerben konnten.[36] Im Dekret von 1946 zur Besiedlung der „Wiedergewonnenen Gebiete" wurde dann die Förderung von Genossenschaften zur Parzellierung und Besiedlung der ehemaligen deutschen Gutsanlagen ermöglicht sowie die Verwendung von Flächen und Immobilien für öffentliche Aufgaben festgelegt.[37]

Faktisch blieb jedoch die Mehrzahl der ehemals deutschen Güter im direkten Besitz des Staates. Daran änderte auch das 1956 von Władysław Gomułka eingeleitete Ende der Kollektivierung nichts. Während danach die Zahl der Produktionsgenossenschaften sank, blieb die der Staatsgüter insbesondere in den West- und Nordgebieten weiterhin überdurchschnittlich hoch.[38] Die Herrenhäuser dienten in diesen Fällen meist als Arbeiterunterkünfte und übernahmen darüber hinaus Aufgaben im Rahmen einer Modernisierung der Dörfer.

Bodenreform und Kollektivierung in der SBZ/DDR

In der SBZ verabschiedete die Führung der Kommunistischen Partei Deutschlands (KPD) am 22./23. August 1945 die Bodenreformdirektive,[39] auf deren Grundlage zwischen dem 3. und 10. September 1945 die Präsidien der Länder- und Provinzialverwaltungen entsprechende Verordnungen für die Durchführung der Bodenreform erließen. Den Anfang machten die Provinzen Sachsen und Sachsen-Anhalt am 3. September, es folgte Mecklenburg-Vorpommern am 5. September, danach kam die

---

[36] Dekret z dnia 2 marca 1945r. o majątkach opuszczonych i porzuconych [Dekret vom 06.03.1945 zu verlassenen und vernachlässigten Gütern]. In: Dziennik Ustaw [Gesetzblatt] (1945) Nr. 9, Pos. 45, Art. 13.
[37] Dekret Polskiego Komitetu Wyzwolenia Narodowego z dnia 6 września 1944r. o przeprowadzeniu reformy rolnej [Dekret des Polnischen Komitees der Nationalen Befreiung vom 06.09.1944 zur Durchführung einer Landwirtschaftsreform]. In: Dziennik Ustaw [Gesetzblatt] (1944) Nr. 4, Pos. 17, Art. 7, Art. 8.
[38] Vgl. Barczyk, Georg: Die Organisation der landwirtschaftlichen Betriebe in Polen und den deutschen Ostgebieten, ihre Umgestaltung nach 1956 und die Auswirkung auf die Produktion. Gießen 1962, S. 90.
[39] Vgl. Bauerkämper, Arnd: Die Neubauern in der SBZ/DDR 1945–1952. Bodenreform und politisch induzierter Wandel der ländlichen Gesellschaft. In: Die Grenzen der Diktatur. Staat und Gesellschaft in der DDR. Hrsg. von Richard Bessel und Ralph Jessen. Göttingen 1996, S. 108–136, hier S. 113.

Provinz Mark Brandenburg am 6. September und schließlich nahm das Land Thüringen die Verordnung am 10. September 1945 an. Entschädigungslos enteignet wurden danach der Grundbesitz aller Personen, die als aktive Mitglieder der NSDAP galten oder als Kriegsverbrecher eingestuft wurden, und alle Ländereien von Guts- und Großgrundbesitzern mit einem Besitz von mehr als 100 Hektar.[40] Ausnahmeregelungen für „anerkannte Antifaschisten" konnten zwar in Einzelfällen vor Ort erwirkt werden, doch wurden letztlich alle enteigneten Gutsbesitzer und ihre Familien ausgewiesen. Bereits im November 1945 waren Gutsbesitzer, die als Kriegsverbrecher oder aktive Nationalsozialisten galten, in einem Lager auf Rügen inhaftiert worden.[41]

Mehr als ein Drittel der landwirtschaftlichen Nutzfläche wurde in der SBZ enteignet, in der Provinz (seit 1947: Land) Brandenburg waren es 38 Prozent und in Mecklenburg-Vorpommern (seit 1947: Mecklenburg) sogar 52 Prozent.[42] Daraus entstanden rund 550 Volkseigene Güter (VEG), die in ihrer Struktur größtenteils auf ehemalige Güter zurückgingen, und Kleinbetriebe.[43]

Mit Beginn der Kollektivierung nutzten teilweise auch Genossenschaften die ehemaligen Güte. Anders als im Baltikum und Polen blieb jedoch die landwirtschaftliche Tradition der Güter weniger stark ausgeprägt. Nur eine Minderheit der in den Herrenhäusern untergebrachten Flüchtlinge und Vertriebenen gehörte hier zu den Neubauern[44] und entsprechend gab es nur geringe Berührungspunkte zwischen der Nutzung der Wirtschaftsgebäude und des Herrenhauses. Außerdem wurden durch

---

[40] Vgl. Wehnert, Detlef: Verordnungen zur Bodenreform 1945/46: Dokumentation. Dresden 1995.

[41] Vgl. Bauerkämper, Arnd: Der verlorene Antifaschismus. Die Enteignung der Gutsbesitzer und der Umgang mit dem 20. Juli 1944 bei der Bodenreform in der Sowjetischen Besatzungszone. In: Zeitschrift für Geschichtswissenschaft (1994) Nr. 7, S. 623–634, hier S. 630ff.

[42] Vgl. Bauerkämper (wie Anm. 39), S. 109.

[43] Vgl. Mahlich, Wolfgang: Die Herausbildung der Landwirtschaftlichen Produktionsgenossenschaften in der DDR, dargestellt an der Entwicklung des Kreises Haldensleben, Bezirk Magdeburg (1952 bis 1960). Dissertation. Humboldt-Universität Berlin 1999, S. 64.

[44] Vgl. Schwartz, Michael: Vertriebene und „Umsiedlerpolitik". Integrationskonflikte in den deutschen Nachkriegs-Gesellschaften und die Assimilationsstrategien in der SBZ/DDR 1945–1961. München 2004, S. 769f.

Abriß von Gutsgebäuden auf Grundlage des Befehls Nr. 209 der Sowjetischen Militäradministration in Deutschland (SMAD) zwischen 1947 und 1952 sowohl Herrenhäuser wie Wirtschaftsgebäude entfernt, die mit Beginn der Kollektivierung und der damit verbundenen Notwendigkeit großer Wirtschaftsgebäude fehlten.

Abb. 6 Nach Enteignung der Familie von Burgsdorff begann in Markendorf bei Frankfurt (Oder) am 10. Oktober 1945 die Verteilung des Bodens. Bis zur Fertigstellung ihrer Häuser im Jahr 1949 wohnten 15 Flüchtlingsfamilien im barocken Herrenhaus, das in den letzten Kriegstagen beschädigt worden war und 1950 abgerissen wurde.

Leerstand, Verfall und Abbruch

Die Enteignung der Güter und die Flucht oder Vertreibung der Besitzer markiert einen Wendepunkt in den sozialen und wirtschaftlichen Verhältnissen. Die Umnutzung der Güter, ihr Leerstand, Verfall oder Abbruch begannen. Darüber hinaus führten Ausfuhr, Plünderung oder Zerstörung zur Verstreuung und Vernichtung sowohl kultureller Werte wie einfachen Gebrauchsinventars.

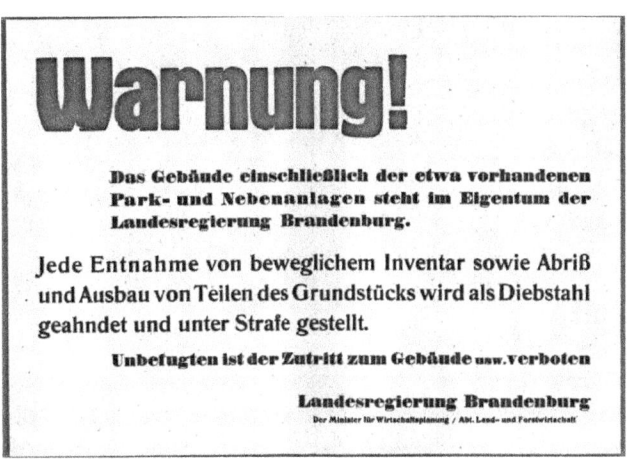

Abb. 7 Warnung am Schloß Neuhardenberg (Brandenburg) (1947/48).

Dieser Verlust an Gegenständen und Gebäuden behinderte einerseits konkret den Wiederaufbau insbesondere der Landwirtschaft und bedeutete andererseits einen Verlust für das kulturelle Gedächtnis. Dazu gehören auch die Ausfuhr von Kunstwerken bei der Aussiedlung der Deutschbalten, die damit für die estnische und lettische Kultur verloren gingen,[1] und das Vergessen der historischen Gutsbezeichnungen durch Gründung neuer Betriebe.

---

[1] Vgl. Lõugas, Anne: Baltisaska kunstivarade küsimusi [Fragen deutschbaltischer Kunstschätze]. In: Umsiedlung 60: Baltisakslaste organiseeritud lahkumine Eestist. 24. novembril 1999 Tallinna Linnaarhiivis toimunud konverentsi ettekanded [Umsiedlung 60: Organisierte Ausreise der Deutschbalten aus Estland. Vorträge der am 24.11.1999 im Tallinner Stadtarchiv veranstalteten Konferenz]. Hrsg. von Sirje Ki-

Zerstörung der Herrenhäuser

Abb. 8 Lettisch-russischer Wegweiser zu den Kolchosen „Strom", „Sieg", „Rodung", „Neuer Weg", „Feld", „Kommunarde", „Arbeit", „Fundament", „Strahl", „Roter Banner", „Neuer Morgen" und „Lenins Weg" in Livland.

Leerstand

Betroffen vom Leerstand waren neben den Herrenhäusern auch die Wirtschaftsgebäude. Erstere verloren ihre traditionelle Funktion bereits mit dem Zeitpunkt der Enteignung, während letztere erst mit dem Beginn einer verstärkten landwirtschaftlichen Technisierung, veränderter Betriebsstrukturen und Arbeitsmethoden zunehmend funktionslos wurden.[2] Im Gegensatz zu den historischen Wirtschaftsgebäuden, die danach meist leer standen und abgebrochen wurden, übernahmen jedoch Herrenhäuser weitestgehend andere Funktionen. Nur in der DDR wurden funktionslose Gutsgebäude noch in den siebziger Jahren vermehrt zur Lösung der Wohnungsnot herangezogen.[3] Die Suche nach angemessenen Nutzungsformen, um Leerstand sowie Verfall der Herrenhäuser zu

---

vimäe. Tallinn 2000, S. 93–108, hier S. 105f.
[2] In der DDR hatte der Architekt Till Lammert diese Entwicklung 1958 in seiner Dissertation analysiert. Vgl. Dix, Andreas: „Freies Land". Siedlungsplanung im ländlichen Raum der SBZ und frühen DDR 1945–1955. Köln 2002, S. 332.
[3] Vgl. Bierwisch, Dieter; Niemke, Walter: Rationelle Nutzung der Dorfsubstanz. Anregungen zur effektiven Nutzung der Bausubstanz in ländlichen Siedlungen. Berlin 1972.

beenden und insbesondere ihrer Rolle als Kulturdenkmale gerecht zu werden, begann erst in den sechziger und siebziger Jahren. Veränderungen der landwirtschaftlichen Struktur, wachsende Investitionen in Neubauten und die Abnahme der Landbevölkerung ließen bis 1990 15 bis 20 Prozent der Herrenhäuser leer stehen, doch gab es auch Regionen wie den Kaliningrader Oblast, wo bereits annähernd zwei Drittel der Objekte ungenutzt blieben.

Verfall

Der Verfall betraf nicht nur die leerstehenden Gutsgebäude, sondern bedrohte auch unsachgemäß und achtlos genutzte Objekte, bei denen sich die Nutzung auf die Ausnutzung des materiellen Gebrauchswertes reduzierte. Dazu zählten die von der Roten Armee genutzten Güter, die Mehrzwecknutzung oder auch die Nutzung der Herrenhäuser als Viehställe und Lagerräume. Dieser Vorgang fand jedoch durchaus auf Grundlage ordentlicher Pachtverträge statt. Im brandenburgischen Kreis Lebus existierten derartige Verträge mit der Hauptgenossenschaft Kurmark eGmbH, der Nachfolgerin der Handelsgesellschaft Raiffeisenscher Genossenschaften, u.a. für das Schloß Gusow,[4] und in Polen gab das Ministerium für Kunst und Kultur 1953 eine Liste von 15 Denkmalobjekten in den Westgebieten heraus, die als geeignet angesehen wurden für die Lagerung von Getreide. Dazu zählten Burgen, Klöster, Kirchen, Schlösser und Herrenhäuser in den Wojewodschaften Koszalin, Oppeln und Zielona Góra.[5]

Begünstigt wurden Leerstand und Verfall der Gutsanlagen zudem durch ungeklärte oder komplizierte Eigentumsverhältnisse, Desinteresse, eine negative demographische Entwicklung, Landflucht und einseitige Investitionen in die Errichtung von Neubauten. Beispiele dafür gibt es

---

[4] KA MOL, Nr. 4861 und BLHA, Rep. 204A, Nr. 2432; darin Pachtunterlagen zu Gusow.
[5] Vgl. Rutowska, Maria: Elementy polityki wobec niemieckiej spuścizny kulturowej na Ziemiach Zachodnich (1945–1950) [Elemente der Politik gegenüber dem deutschen Kulturerbe in den Westgebieten (1945–1950)]. In: Wspólne dziedzictwo? Ze studiów nad stosunkiem do spuścizny kulturowej na Ziemiach Zachodnich i Północnych [Gemeinsames Erbe? Aus Studien über das Verhältnis zum Kulturnachlaß in den West- und Nordgebieten]. Hrsg. von Zbigniew Mazur. Poznań 2000, S. 167–200, hier S. 177.

genügend. Nüchtern bilanzierend beschreibt der Architekt und Denkmalschützer Andrzej Gaczoł in einem Artikel für die Zeitschrift „Spotkania z Zabytkami" (Begegnungen mit Denkmalen) einen derartigen Verfall am Beispiel des Schlosses Pławowice in der Nähe Krakaus. Dieses war bei Kriegsende vom Besitzer, dem Dichter Ludwik Hieronim Morstin (1886–1966), dem polnischen Schriftstellerverband gestiftet worden. Trotz konservatorischer Interventionen sowie Ideen für Nutzung und Erhalt verfiel das Gebäude innerhalb von 42 Jahren, wie Gaczoł festhält.[6] Nach 1990 fand es zwar einen neuen Besitzer, der in den Erhalt investierte, doch häufiger endete der Verfall im endgültigen Abbruch, wie es auch im sachlichen Ton gehaltene Einzeldokumentationen der Konservatoren belegen:

Registrierungskarte für das Herrenhaus in Pieski (Wojewodschaft Lebus):[7]

Art des Denkmalobjekts	Herrenhaus in Pieski – I. Hälfte des XIX. Jh.		
Nutzung in vorherigen Jahren	Bis 1955 – Umsiedler- und Arbeiterwohnungen		
Heutige Nutzung (1967 – H.F.)	Zur Zeit nicht bewohnt		
Geeignet zum Wohnen?	Nicht geeignet		
Datum, Art und Grad der Zerstörungen und des Wiederaufbaus			
Datum	Beschreibung	Zerstörung in %	Wiederaufbau in %
XII 1945	Kleine Beschädigungen des Daches	5%	0
	Bis 55 bewohnt, dann verlassen und verfallen	80%	0
1959	Heutiger Zustand	90%	0
1967	Im Abriss		
1971	Abgerissen		

---

[6] Gaczoł, Andrzej: Czterdziesci dwa lata ... (bez komentarza) [Zweiundvierzig Jahre ... (ohne Kommentar)]. In: Spotkania z Zabytkami [Begegnungen mit Denkmalen] (1987) Nr. 6, S. 12–14.
[7] Wojewódzki Urząd Ochrony Zabytków w Zielonej Górze. Delegatura w Gorzowie Wlkp. [Wojewodschaftsamt für Denkmalschutz in Grünberg. Dienststelle Landsberg/Warthe]; Karta ewidencyjna dla pałacu w Pieskach [Registrierungskarte für das Schloß in Pieske], Nr. 1a.

Anschaulich beschrieben wird ein derartiger Niedergang am Beispiel des Staatsgutes Woryny in der Wojewodschaft Allenstein:

„Pflegearbeiten im Park wurden beendet, was zur Überwucherung der Alleen, zum Verschwinden der Blumen, zur Versumpfung der Flächen, zum Gedeihen der Selbstaussäer führte [...]. Man zerstörte das Sprungbrett, die Parkskulpturen und die Reste davon versenkte man im Weiher. Es faulten die nicht ausgetauschten Bassinrandbefestigungen, es löste sich ein Teil des Deiches auf, der das Bassin vom Rest des Weihers trennte. Ca. 1950 brannte ein Teil der ehemaligen Vorwerksbauten. Ca. 1960 gingen die gemauerte Reithalle und der in der Nähe gelegene 20 Meter hohe hölzerne Uhrturm kaputt. Zerstört wurden der historische Uhrmechanismus und zwei Glocken. Die Fundamente des Herrenhauses begannen sich zu setzen, eine nicht ausgebesserte Dacheindeckung ließ das Wasser durch. Als man die Dachziegel herunternahm, waren die Mauern mit schlecht gebrannten Ziegeln ausgeführt, die schnell zerrannen. Ca. 1976 zerbröselten die Mauern, aus dem Schloß wurde lediglich ein tönerner Hügel, welcher mit der Zeit mit Selbstsaussäern erblühte. Zerstört wurden auch andere Vorwerksbauten. Nach und nach wurden sie abgetragen, um Ziegel zu gewinnen. Der endgültige Abriß erfolgte 1980."[8]

Abbruch als Form des Bildersturms

Der Abbruch betraf sowohl Herrenhäuser wie Wirtschaftsgebäude. Im Gegensatz zu dem durch Nachlässigkeit, Desinteresse und Unentschiedenheit vorangetriebenen Verfall der Gutsanlagen, der einer langsamen „stillen Zerstörung" glich, war der Abbruch ein einmaliger, zielgerichteter Vorgang. Er war in erster Linie praktisch motiviert und diente der

---

[8] Zitiert bei Knercer, Wiktor: Losy założeń pałacowo-parkowych i dworsko-parkowych na terenie województwa olsztyńskiego [Schicksale von Schloß- und Gutsparkanlagen auf dem Gebiet der Wojewodschaft Allenstein]. In: Wspólne dziedzictwo? Ze studiów nad stosunkiem do spuścizny kulturowej na Ziemiach Zachodnich i Północnych [Gemeinsames Erbe? Aus Studien über das Verhältnis zum Kulturnachlaß in den West- und Nordgebieten]. Hrsg. von Zbigniew Mazur. Poznań 2000, S. 267–287, hier S. 282f.

Beräumung von Trümmern und aus der Not heraus zur Gewinnung von Baumaterialien. Das gilt auch noch für ein Förderprogramm des Landes Mecklenburg-Vorpommern in den neunziger Jahren, in dessen Rahmen angesichts der großen Zahl leerstehender und verfallender Bauten vor allem historische Wirtschaftsgebäude, aber auch Gutshäuser abgetragen worden sind.[9]

In den vierziger und fünfziger Jahren lagen derartige Absichten zwei Rechtsakten in Deutschland und Polen zugrunde, die den Abbruch von Gütern legitimierten. Dabei handelt es sich um den 1947 von der Sowjetischen Militäradministration in Deutschland (SMAD) erlassenen Befehl Nr. 209, der den Abbruch von Gutsanlagen zur Gewinnung von Baumaterialien für Neubauernhöfe gestattete, und um den 1955 gefällten Beschluß Nr. 666 des polnischen Regierungspräsidiums zur Beseitigung von Kriegsschäden und über die Verwendung des Schuttes als Baumaterial. Besonders betroffen waren davon jeweils Bauwerke, die nach 1880 errichtet oder stark überformt worden waren. Das betraf mindestens ein Drittel der Herrenhäuser, die in den „goldenen Jahrzehnten" der Landwirtschaft in der Mitte des 19. Jahrhunderts gebaut worden waren. Diese eklektizistischen Bauten des Historismus waren nach damaligem Verständnis nicht denkmalwürdig[10] und galten außerdem in Polen zusammen mit der Backsteinarchitektur als „deutsche" Baukunst und damit als fremd, da lediglich die Gotik als „polnischer" Baustil und damit als Beleg für die Herrschaft der Piastenkönige in den polnischen Westgebieten

---

[9] Vgl. Dollen, Busso von der: Der Geschichtslosigkeit entgegen – Abbruchprogramm für Gutshäuser mit öffentlichen Mitteln in Mecklenburg-Vorpommern?. In: Burgen und Schlösser (1995) Nr. 2, S. 124–125; Landesregierung Mecklenburg-Vorpommerns zur Anfrage von Heide-Marlis Lautenschläger (PDS) (26.09.1995), www.landtag-mv.de/dokumentenarchiv/drucksachen/2_Wahlperiode/D02-0000/D02-0810.pdf (31.07.2008).

[10] Diese Ablehnung galt auch für Westdeutschland. Vgl. zum Thema Entstuckung der Wilhelminischen Architektur Hiller von Gaertringen, Hans Georg: Sturm auf das Stadtbild: on the treatment of Wilhelmian architectural decoration in the twentieth century. In: Iconoclasm: contested objects, contested terms. Hrsg. von Stacy Boldrick und Richard Clay. Aldershot 2007, S. 292–326. Der Architekturhistoriker Goerd Peschken stellt angesichts dieser Ablehnung die Frage nach dem Ausmaß des „Selbsthasses" im deutschen Bürgertum. Peschken, Goerd: Zu den Herrenhäusern des Historismus und der Reformzeit. Eine sozialgeschichtliche Architekturbetrachtung. In: Schlösser und Gärten der Mark. Festgabe für Sibylle Badstübner-Gröger. Hrsg. von Markus Jager. Berlin 2006, S. 81–88, hier S. 81.

galt. Im Gegensatz dazu kam es hingegen kaum zu ideologisch motivierter Zerstörung deutschbaltischen Kulturerbes. Eine Ausnahme stellte in der Lettischen SSR lediglich der 1948 erfolgte Abbruch des beschädigten und unter Denkmalschutz stehenden Schwarzhäupterhauses in Riga, dem ehemaligen Versammlungshaus unverheirateter Kaufleute in den Hansestädten des Baltikums, dar.[11]

Bei dem Abbruch der Gutsanlagen handelt es sich jedoch nicht nur um praktisch motivierte Vorgänge, sondern vielmehr in gleichem Maße um eine ikonoklastische Politik, denn die so gewonnenen Baumaterialien ließen sich bekannter Maßen aufgrund mangelnder Qualität nicht vollständig wieder verwenden, waren letztlich teurer als neuwertige Baustoffe oder verloren ihre Qualität aufgrund von Nachlässigkeit bei ihrer Gewinnung.[12] Im Kern zielte daher die Zerstörung der Herrenhäuser auf deren „Bedeutungsschleifung"[13] und kann gar als Ausdruck eines „historische[n] Strafvollzug[s]"[14] gewertet werden. Dabei handelte es sich sowohl um einen Traditionsbruch als auch eine Neuschöpfung der Geschichte durch eine Veränderung von Zeichen und Zeichensystem.

---

[11] Vgl. Kodres, Krista: Restaurierung und das Problem der nationalen Identität. Paradoxa der sowjetischen Kulturpolitik in Estland. In: Das Denkmal im nördlichen Ostmitteleuropa im 20. Jahrhundert. Politischer Kontext und nationale Funktion. Nord Ost Archiv (1997) Nr. 1, S. 241–272, hier S. 247; Pētersons, Richards: Kultūras pieminekļu aizsardzība Latvijas PSR padomju okupācijas laikā 1944–1953. gadā: aizsardzības darba organizācija un pieminekļu saraksti [Kulturdenkmalschutz während der sowjetischen Besatzung der Lettischen SSR 1944–1953: Organisation der Schutzarbeit und Denkmallisten]. In: Okupācijas režīmi Latvijā 1940.–1959. gadā [Besatzungsregime in Lettland 1940–1959]. Hrsg. von der Latvijas Vēsturnieku komisija [Lettische Historikerkommission]. Rīga 2004, S. 554–575, hier S. 564.
[12] BLHA, Rep. 204A, Nr. 2350; darin Schlussbericht der Sonderkommission Spiller/Hennig zur Aktion Herrenhäuser Befehl 209 aus der Abt. Finanz- und Steuerwesens an die Abt. Wiederaufbau im Ministerium der Finanzen (28.10.1947).
[13] Czech, Hans-Jörg: Schleifung und Rekonstruktion – Ansätze zur Definition eines Phänomens der neuzeitlichen Kulturgeschichte. In: Die Schleifung. Zerstörung und Wiederaufbau historischer Bauten in Deutschland und Polen. Hrsg. von Dieter Bingen und Hans-Martin Hinz. Wiesbaden 2005, S. 208–219, hier S. 213.
[14] Kruft, Hanno-Walter: Rekonstruktion als Restauration? Zum Wiederaufbau zerstörter Architektur. In: Kunstchronik (1993) Nr. 10, S. 582–589, hier S. 583.

Grundsätzlich gilt, daß Prozessualisierung und Wandel zu den wesentlichen Konstituenten von Bauwerken gehören. Sie haben demnach auch keine symbolische Bedeutung an sich, sondern erlangen und verändern diese diskursiv: „Gebäude sind nicht politisch, werden aber politisiert durch die Art und Weise, wie sie gebaut, betrachtet und zerstört werden."[15] Entsprechend sind sie verschiedenen Formen der „Zeichensetzung" ausgesetzt. Der Kunsthistoriker Martin Warnke beschreibt diesen Umgang mit Symbolen jeglicher Herrschaftssysteme folgendermaßen: „Sieger beseitigen sie, usurpieren sie oder setzen neue, Unterlegene verletzen oder fragmentieren sie – 'zeichnen' sie."[16] Für die Herrenhäuser, die nun als Symbole sozialer und politischer Repression auf dem Lande sowie als Symbole preußischer oder deutscher Kriegstreiberei gesehen wurden, gilt dies im Ergebnis ebenfalls, da es sowohl Totalabbrüche wie Teilzerstörungen gab. Die Zuordnung in Taten von Siegern und Verlierern gemäß einem Ikonoklasmus „von oben" und einem „von unten" bleibt jedoch zu schematisch.[17] Vielmehr gilt, daß derartige Vorgänge prinzipiell besonders effektiv von Obrigkeit und Staat umgesetzt werden, auch wenn sich „amorphe Menschenmassen" oder lediglich einzelne soziale Gruppen daran beteiligen.[18]

Im Ergebnis entstanden beim Abbruch der Herrenhäuser entweder „Löcher in Dörfern",[19] da der gewonnene Raum nur selten mit Neubauten gefüllt wurde, oder mutilierte Gebäude. Beide erinnern zum Teil noch heute an diese Form des „Denkmalsturzes".[20] Demnach ging es bei diesen Abbrüchen letztlich um den Akt der Zerstörung und nicht um die Schaffung neuer Zeichen im Sinne eines Ikonoklasmus „von oben" nach

---

[15] Bevan, Robert: The Destruction of Memory. Architecture at War. London 2006, S. 12; Vgl. Anmerkungen zu dem Philosophen Nelson Goodman bei Hirst, Paul: Space and Power. Politics, War and Architecture. Cambridge 2005, S. 190f.
[16] Warnke, Martin: Bilderstürme. In: Bildersturm. Die Zerstörung des Kunstwerks. Hrsg. von Martin Warnke. Frankfurt/Main 1988, S. 7–13, hier S. 9f.
[17] Ebenda, S. 11.
[18] Speitkamp, Winfried: Denkmalsturz und Symbolkonflikt in der modernen Geschichte. In: Denkmalsturz: Zur Konfliktgeschichte politischer Symbole. Hrsg. von Winfried Speitkamp. Göttingen 1997, S. 5–21, hier S. 18.
[19] Vgl. Smithson, Alison; Smithson, Peter: Holes in Cities (1953–1988). In: The Charged Void: Urbanism. Hrsg. von Alison und Peter Smithson. New York 2005, S. 171–225, hier S. 172.
[20] Speitkamp (wie Anm. 19), S. 12ff.

Warnke. Nur in wenigen Fällen entstanden an Stelle der abgerissenen Gebäude Parkanlagen, angesichts derer die Mahnung „Mißtraut den Grünanlagen" des Berliner Feuilletonisten Heinz Knobloch, die er ursprünglich auf verschwundene Zeichen jüdischer Kultur bezog, eine neue Bedeutung erhält.[21] In dieser Ablehnung der Herrenhausarchitektur zeichneten sich besonders die Machthaber in der SBZ aus, während die Beschädigung und Zerstörung der Güter in Polen im Rahmen einer allgemeinen Auseinandersetzung mit deutscher Kultur stattfand und weniger gezielt gegen Herrschaftsarchitektur gerichtet war.[22]

Abb. 9 Ehemaliger Standort des Gutshofes in Alt-Tucheband (Brandenburg). Das Herrenhaus der Familie Schmelzer und die Gutsgebäude wurden abgebrochen. Der angrenzende Park ist aufgesiedelt worden. Heute erinnern nur noch die Torpfosten im Norden und Süden der Parkstraße an das alte Gutsgelände.

Eine bilderstürmerische Politik ist generell Zeichen einer Umbruchsituation und damit Ausdruck eines gegenständlichen Bedeutungswandels. Die Auseinandersetzung um das „unbequeme Erbe" (Schlenker) war demnach heftig in den ersten Nachkriegsjahren, als sich der Aufbau einer neuen politischen Ordnung mit einer nihilistischen Haltung gegen-

---

[21] Knobloch, Heinz: Mißtraut den Grünanlagen!. Berlin 1996.
[22] Vgl. dazu u.a. Linek, Bernard: Polityka Antyniemiecka na Górnym Śląsku w latach 1945–1950 [Antideutsche Politik in Oberschlesien in den Jahren 1945–1950]. Opole 2000, S. 235–245.

über vergangenen Werten verband. Der erste Präsident der Provinzialveraltung Brandenburg, Dr. Karl Steinhoff (SPD) (1892–1981), forderte entsprechend auf dem ersten Provinzkongreß der gegenseitigen Bauernhilfe am 16. März 1946 in Potsdam: „Wir werden Deutschland ein neues Gesicht geben. Das werden wir nicht mit schönen Worten tun können, auch nicht mit Formalitäten. Wer ein neues Gesicht geben will, muß schon Hammer und Meißel in die Hand nehmen, um das zu bewerkstelligen."[23] Auch wenn er damit nicht zu einem Abriß historischer Bausubstanz aufforderte, wird dieser doch durch den Verweis auf die aktive Verwendung von Werkzeugen durchaus impliziert. Diese Entwicklung gipfelte sowohl in Polen als auch in der SBZ in den Jahren 1947/48, als in beiden Ländern parteipolitische Machtkämpfe unter Einfluß der Stalinisten geführt wurden. Die Zerstörung dauerte jedoch bis in die fünfziger Jahre an, denn Umwälzungen erfolgen in Wellen.[24]

SMAD-Befehl Nr. 209 und Machtausbau der SED

Der Befehl Nr. 209 der Sowjetischen Militäradministration in Deutschland (SMAD) „Über Maßnahmen zum wirtschaftlichen Aufbau der Neubauernwirtschaften" wurde am 9. September 1947 in Abstimmung mit der Sozialistischen Einheitspartei Deutschlands (SED) erlassen und von dieser auf ihrem II. Parteitag (20.–24. September 1947) mit der Ankündigung eines „Neubauernbauprogramms" bekannt gegeben.[25] Das Ziel war der Bau von mindestens 37.000 Häusern bis Ende 1948, von denen 12.000 in Mecklenburg, 10.000 in Brandenburg, 7.000 in Sachsen-Anhalt, 5.000 in Sachsen und 3.000 in Thüringen entstehen sollten. Angesichts des Mangels an Baumaterialien gestattet der Befehl, „ungehindert Baumaterial aus zerstörten Rüstungsfabriken und Anlagen, Gebäuden ehemaliger Güter und Haustrümmern zu entnehmen." Diese ver-

---

[23] Abgedruckt in: Dokumente zur demokratischen Bodenreform im Land Brandenburg. Hrsg. von Fritz Reinert. Potsdam 1966, S. 7.
[24] Vgl. Groys, Boris; Zekri, Sonja: Die zweite Welle. Ein Interview mit dem russischen Philosophen Boris Groys über den osteuropäischen Denkmalstreit, proletarische Ästhetik und den guten Stalin. In: Süddeutsche Zeitung (2007) Nr. 108 vom 11.05.2007, S. 13.
[25] Vgl. Bauerkämper, Arnd: Das Neubauernprogramm im Land Brandenburg. Voraussetzungen, Entwicklung und Auswirkungen 1947–1952. In: Jahrbuch für brandenburgische Landesgeschichte (1994) Nr. 45, S. 182–202, hier S. 189.

gleichsweise kurze Anordnung schuf die Voraussetzung für den vollständigen Abriß von Gutsanlagen, der in weiteren Verordnungen und Ausführungsbestimmungen auf regionaler Ebene präzisiert wurde. Die Umsetzung dieses Bauprogramms führte zu einer einseitigen Konzentration der knappen Ressourcen im Bauwesen auf dem Land[26] und veränderte insbesondere die Gutsdörfer, in denen die meisten Neubauten entstanden.[27]

Unter Beteiligung von Lokalpolitikern, Denkmalschützern, Kulturfunktionären, verschiedenen Verwaltungseinheiten, der Vereinigung der gegenseitigen Bauernhilfe (VdgB), der SED und der SMAD begann mit Erlaß des Befehls eine hitzige Auseinandersetzung um Erhalt und Abbruch der Herrenhäuser, denn der Abrissbefehl galt sowohl für geschützte wie ungeschützte und genutzte wie ungenutzte Objekte. Die Befürworter eines Abrissprogramms waren dabei in ihren Äußerungen nicht zimperlich und entwerteten sogar mit Bezeichnungen aus dem Bereich der Schädlingsbekämpfung ihre Gegner. Darin zeichnete sich besonders Ernst Busse (1897–1952) aus, Vizepräsident der Deutschen Zentralverwaltung für Land- und Forstwirtschaft und Vorsitzender der thüringischen Landesbodenkommission, der von „Austilgung" der Herrenhäuser und Gutshöfe sprach und diese auch als „Niststätten" des Feudalismus bezeichnete.[28] Damit wird deutlich, daß es bei diesem Programm um mehr ging, als um die Gewinnung von Baumaterial. Zudem hatte die wirtschaftliche und politische Bedeutung der Junker, d.h. der adligen Großgrundbesitzer, seit Mitte des 19. Jahrhunderts abgenommen und war damit bereits vor dem Zweiten Weltkrieg schwächer gewesen, als diese Attacken gegen die sichtbaren Spuren ihres Wirkens vermuten las-

---

[26] Vgl. Bauerkämper, Arnd: Die Neubauern in der SBZ/DDR 1945–1952. Bodenreform und politisch induzierten Wandel der ländlichen Gesellschaft. In: Die Grenzen der Diktatur. Staat und Gesellschaft in der DDR. Hrsg. von Richard Bessel und Ralph Jessen. Göttingen 1996, S. 108–136, hier S. 122.

[27] Vgl. Dix (wie Anm. 2), S. 263.

[28] Vgl. Happe, Barbara: Zwischen Sowjetischer Militäradministration und Denkmalschutz. Der Abriß von Schlössern und Gutshöfen 1947–1949 im Zuge der Bodenreform im Landkreis Jena-Stadtroda (Thüringen). In: Zeitschrift des Vereins für thüringische Geschichte (2001) Nr. 55, S. 285–315, hier S. 285; Schwartz, Michael: Vertriebene und „Umsiedlerpolitik". Integrationskonflikte in den deutschen Nachkriegs-Gesellschaften und die Assimilationsstrategien in der SBZ/DDR 1945–1961. München 2004, S. 788.

sen.²⁹ Unter den von der Bodenreform Betroffenen waren daher auch nur 30 Prozent Adlige gewesen.³⁰
Zeitgleich zur Bekanntgabe des „Neubauernbauprogramms" und der damit zusammenhängenden Kampagne gegen Symbole gutsherrschaftlicher Macht begann auf dem II. Parteitag 1947 die Machtsicherung der SED. Dazu gehörten die Umwandlung der Partei in eine Kaderpartei unter Durchführung einer Parteisäuberung und der Aufbau einer zentral geleiteten Planwirtschaft.³¹ Diese Ereignisse kulminierten in dem Jahr 1948 und damit dem Jubiläumsjahr der für das Selbstverständnis der Kommunisten konstitutiven Revolution von 1848, als deren Vollenderin sich die SED verstand. Das Zentralsekretariat der Partei erklärte daher im März 1948 in einem Rundschreiben an die Landesvorstände:

*„Die Partei muß es als ihre Aufgabe betrachten, den beschleunigten Abriß der Junkersitze durchzuführen [...] der Abriß darf nicht nur unter dem Gesichtspunkt betrachtet werden, Baumaterialien für Neubauernsiedlungen zu gewinnen, viel wichtiger ist, soweit als möglich die Spuren der Junkerherrschaft auf dem Dorfe zu vernichten."*³²

Aus praktischen ebenso wie ideologischen Gründen wurde dieses Bauprogramm von mehreren „Solidaritätsaktionen" begleitet, die vielfach unter dem Motto „Wir bauen auf!" standen.

---

²⁹ Vgl. Malinowski, Stefan: Vom König zum Führer. Deutscher Adel und Nationalsozialismus. Frankfurt/Main 2004, S. 282–292. Regionale Studien zu der Entwicklung in Pommern und Brandenburg bei Buchsteiner, Ilona: Großgrundbesitz in Pommern 1871–1914. Ökonomische, soziale und politische Transformation der Großgrundbesitzer. Berlin 1993, S. 112–194 und Schiller, René: Vom Rittergut zum Großgrundbesitz: ökonomische und soziale Transformationsprozesse der ländlichen Eliten in Brandenburg im 19. Jahrhundert. Berlin 2003, S. 435–497.
³⁰ Vgl. Nelson, Arvid: Cold War Ecology. Forests, Farms, and People in the East German Landscape 1945–1989. Yale University 2005, S. 61.
³¹ Vgl. Urban, Karl; Reinert, Fritz: Die Rolle von Partei und Staat bei der Durchführung und Festigung der demokratischen Bodenreform. Potsdam-Babelsberg 1978, S. 34f.; Malycha, Andreas: Die SED: Geschichte ihrer Stalinisierung 1946–1953. Paderborn 2000, S. 263–270.
³² Zitiert bei Bauerkämper (wie Anm. 26), S. 197.

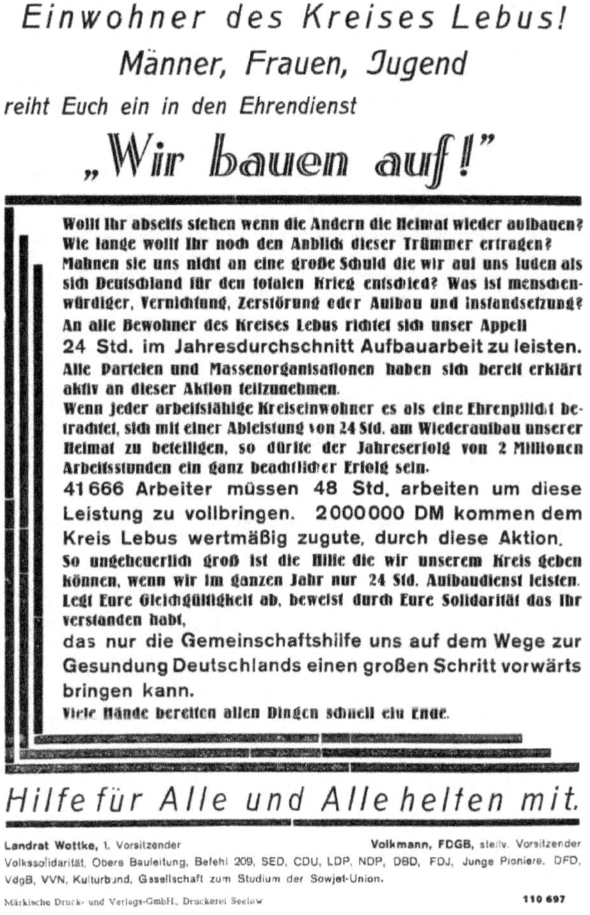

Leerstand, Verfall und Abbruch

Einwohner des Kreises Lebus!
Männer, Frauen, Jugend
reiht Euch ein in den Ehrendienst

„Wir bauen auf!"

Wollt Ihr abseits stehen wenn die Andern die Heimat wieder aufbauen?
Wie lange wollt Ihr noch den Anblick dieser Trümmer ertragen?
Mahnen sie uns nicht an eine große Schuld die wir auf uns luden als sich Deutschland für den totalen Krieg entschied? Was ist menschenwürdiger, Vernichtung, Zerstörung oder Aufbau und Instandsetzung?
An alle Bewohner des Kreises Lebus richtet sich unser Appell
24 Std. im Jahresdurchschnitt Aufbauarbeit zu leisten.
Alle Parteien und Massenorganisationen haben sich bereit erklärt aktiv an dieser Aktion teilzunehmen.
Wenn jeder arbeitsfähige Kreiseinwohner es als eine Ehrenpflicht betrachtet, sich mit einer Ableistung von 24 Std. am Wiederaufbau unserer Heimat zu beteiligen, so dürfte der Jahreserfolg von 2 Millionen Arbeitsstunden ein ganz beachtlicher Erfolg sein.
41666 Arbeiter müssen 48 Std. arbeiten um diese Leistung zu vollbringen. 2000000 DM kommen dem Kreis Lebus wertmäßig zugute, durch diese Aktion.
So ungeheuerlich groß ist die Hilfe die wir unserem Kreis geben können, wenn wir im ganzen Jahr nur 24 Std. Aufbaudienst leisten.
Legt Eure Gleichgültigkeit ab, beweist durch Eure Solidarität das Ihr verstanden habt,
das nur die Gemeinschaftshilfe uns auf dem Wege zur Gesundung Deutschlands einen großen Schritt vorwärts bringen kann.
Viele Hände bereiten allen Dingen schnell ein Ende.

Hilfe für Alle und Alle helfen mit.

Landrat Wottke, 1. Vorsitzender   Volkmann, FDGB, stellv. Vorsitzender
Volkssolidarität, Obere Bauleitung, Befehl 209, SED, CDU, LDP, NDP, DBD, FDJ, Junge Pioniere, DFD, VdgB, VVN, Kulturbund, Gesellschaft zum Studium der Sowjet-Union.

Märkische Druck- und Verlags-GmbH, Druckerei Seelow   110 697

Abb. 10 Aufruf „Wir bauen auf!" im Kreis Lebus (1948).

Die Mehrzahl der Gutsabbrüche erfolgte demnach im Jahr 1948: Die Zahlen der zum Abbruch vorgesehen Gutsgebäude waren in Mecklenburg (über 8.000) und Sachsen-Anhalt (über 5.800) am höchsten. Darunter befanden sich 497 beziehungsweise 180 Herrenhäuser, was einer

Quote von rund 30 beziehungsweise zehn Prozent entsprach.[33] Für Brandenburg als preußischem Kernland waren jedoch im Vergleich dazu die meisten Herrenhäuser zum Abriß vorgesehen; von den registrierten 779 Wohngebäuden sollten 643 abgebrochen werden, was einer Quote von 82 Prozent entsprach.[34] Wie die Länderkonservatoren im März 1948 bei einem Erfahrungsaustausch in der Zentralverwaltung für Volksbildung in Berlin feststellten, gab es offenbar nur in den Ländern Sachsen-Anhalt und Thüringen verhältnismäßig gute Regelungen mit der jeweiligen Oberbauleitung 209, die den Erhalt der Herrenhäuser erleichterten.[35] Die Zahl der tatsächlich durchgeführten Abbrüche sowie die der errichteten Neubauernhäuser blieb jedoch trotz des von SED und SMAD ausgeübten Drucks vergleichsweise niedrig; insgesamt sind aber bis zu 1.500 Wohngebäude enteigneter Güter abgebrochen worden.[36] Im Land Brandenburg entsprach das einem Verlust von bis zu 15 Prozent, doch liegt die Zahl der abgebrochenen Wirtschaftsgebäude deutlich höher. Vergleichbar hoch sind die Zahlen in den anderen Ländern.[37]

Unabhängig von den eher mageren Erfolgen wurde das Neubauernbauprogramm bereits 1949/50 wieder eingestellt, da bereits das Bauprogramm für Maschinen-Ausleih-Stationen und andere Einrichtungen der späteren Landwirtschaftlichen Produktionsgenossenschaften begann. Konkret waren daher die für die Durchführung der Bodenreform zuständigen Landeskommissionen verpflichtet, bis zum 31. Mai 1949 die endgültige Auswahl der für den Abbruch vorgesehenen Guts- und Rüstungsanlagen zu treffen, so daß die dafür freigegebenen Objekte bis zum 30. August desselben Jahres abgerissen werden konnten.[38]

Der Befehl Nr. 209 blieb jedoch weiterhin in Kraft und wurde im Land Brandenburg erst 1952 mit einem lapidaren Rundschreiben des Landwirtschaftsministeriums eingestellt: „Den zahlreichen Wünschen

---

[33] Vgl. Schwartz (wie Anm. 29), S. 739.
[34] Vgl. Nehrig, Christel: Bodenreform und Eigentumsfragen im Zusammenhang mit Denkmalen auf dem Lande. In: Brandenburgische Denkmalpflege (1995) Nr. 1, S. 103–111, hier S. 110.
[35] Vgl. Stahl, Andreas: Die Denkmalpflege und der Befehl 209 in Sachsen-Anhalt. In: Denkmalpflege in Sachsen-Anhalt (1997) Nr. 2, S. 163–169, hier S. 167.
[36] Vgl. Schwartz (wie Anm. 29), S. 795.
[37] Vgl. Nehrig (wie Anm. 35), S. 111.
[38] Vgl. Bauarbeiter und Bodenreformbauprogramm. Hrsg. von der Industriegewerkschaft Bau. Berlin 1949, S. 11.

der werktätigen Bauern entsprechend, ist ab sofort das Abbrechen von Gebäuden, welche aus dem Bodenfonds stammen, verboten."[39] Das Schreiben entstand einen Tag vor Beginn der II. Parteikonferenz der SED, auf der der Beschluß zur Kollektivierung der Landwirtschaft fiel. Die Errichtung von Neubauernhäusern wurde danach nicht mehr gefördert. Zeitgleich wurde erstmals eine gesetzliche Grundlage für den Denkmalschutz in der DDR gelegt, in deren Einleitung festgestellt wurde, daß sich die Bürger „gegen alle Versuche böswilliger oder fahrlässiger Zerstörung von Kulturdenkmalen mit der Strenge des Gesetzes" wenden.[40] Im Land Mecklenburg war sogar bereits 1951 auf Anregung des Landesamtes für Denkmalpflege ein Ministerratsbeschluß über Schutz und Erhalt von 21 ausgewählten Herrenhäusern erlassen worden.[41] Erst mit zunehmendem Leerstand der Herrenhäuser kam es schließlich seit Beginn der siebziger Jahre erneut zu Abbrüchen.

Beschluß Nr. 666 des Polnischen Regierungspräsidiums und Polonisierung der West- und Nordgebiete

Der Beschluß Nr. 666 des Polnischen Ministerrates wurde am 20. August 1955 erlassen und zielte auf die Beseitigung der letzten Kriegszerstörungen in Stadt und Land bis Ende 1960 sowie die wirtschaftliche Verwendung der gewonnenen Baustoffe. Demnach waren diejenigen Gebäude zur Demontage freigegeben, deren Wiederaufbau in diesem Zeitraum nicht geplant war oder deren Denkmalwürdigkeit nicht feststand. Lediglich für die von der Armee genutzten Objekte mußten zusätzliche Genehmigungen für einen Abbruch eingeholt werden.[42] Dieser Beschluß war vorerst der letzte in einer Reihe von Dekreten, die der

---

[39] Zitiert bei Nehrig (wie Anm. 35), S. 110.
[40] Verordnung zur Erhaltung und Pflege der nationalen Kulturdenkmale. In: Gesetzblatt der Deutschen Demokratischen Republik (1952) Nr. 84, S. 514–515, hier S. 514.
[41] Vgl. Bock, Sabine: Gutsanlagen und Herrenhäuser: Betrachtungen zu den historischen Kulturlandschaften Mecklenburg und Vorpommern. Schwerin 2001, S. 35.
[42] Uchwała nr 666 Prezydium Rządu z dnia 20 sierpnia 1955r. w sprawie planowej akcji usunięcia pozostałości zniszczeń wojennych w miastach i osiedlach [Beschluß Nr. 666 des Regierungspräsidiums vom 20.08.1955 zur Planungsaktion für die Entfernung der restlichen Kriegszerstörung in Städten und Siedlungen]. In: Monitor Polski [Amtsblatt] (1955) Nr. 92, Pos. 1189.

Behebung von Kriegsschäden und dem Wiederaufbau gewidmet waren und sich vor allem auf den städtischen Raum bezogen. Eine Ausnahme stellte die 1947 vom Minister für die „Wiedergewonnenen Gebiete" erlassene Verordnung über die Verwendung des durch Abbruch gewonnenen Baumaterials in Städten und Dörfern dar, als dessen Ergänzung der Beschluß Nr. 666 acht Jahre später gesehen werden kann.[43]

Beide Anordnungen schufen die rechtliche Grundlage für den Abbruch historischer Bauwerke, die die in der ökonomischen Mangelsituation bereits stattfindende Wiederverwertung beschädigter und intakter Objekte legitimierte. Diese erfolgte in den West- und Nordgebieten im Rahmen der ideologischen Programmatik einer „Entgermanisierung" oder „Repolonisierung". Handlungen basierend auf der Verordnung von 1947 wurden entsprechend als „Aktion Wiedergewinnung" (Akcja odzyskowa) bezeichnet. Sie hatten sowohl die Gewinnung von Baumaterialien, wie gotischen Ziegeln oder Dachsteinen, die für den Wiederaufbau der Städte wie Warschau, Danzig und Breslau bestimmt waren,[44] als auch die „Repolonisierung" dieser Gebiete, wie sie der Programmatik des polnischen „Westgedankens" entsprach, zum Ziel.[45] Nach Erlaß des Beschlusses Nr. 666 befürchteten daher Denkmalpfleger und Kunsthistoriker mit Recht eine neuerliche „Wiedergewinnungsaktion".[46] Entsprechend forderten sie in einem 1957 in der Zeitschrift „Ochrona Zabytków" (Denkmalschutz) veröffentlichten Rapport dessen Ergänzung, um einen Mißbrauch der Regelungen zu verhindern und den Schutz von Denkmalobjekten zu verbessern. Dieser Bericht war auf Antrag der Sejmkommission für Volksbildung, Kultur und Wissenschaft in der Zentralverwaltung für Museen und Denkmalschutz des Ministeriums für Kunst und Kultur erarbeitet worden, blieb jedoch folgenlos.[47]

---

[43] Vgl. Pruszyński, Jan: Ochrona zabytków w Polsce. Geneza, organizacja, prawo [Denkmalschutz in Polen. Entstehung, Organisation, Recht]. Warszawa 1989, S. 175.
[44] Vgl. Rutowska (wie Anm. 5), S. 177.
[45] Zu „Westforschung" als wissenschaftlichen Diskurs und „Westarbeit" als propagandistische Tätigkeit vgl. Hackmann, Jörg: Strukturen und Institutionen der polnischen Westforschung (1918–1960). In: Zeitschrift für Ostmitteleuropaforschung (2001) Nr. 2, S. 230–255.
[46] Vgl. Pruszyński (wie Anm. 44), S. 178.
[47] Vgl. Redakcja: 1956, 1972, 1980 ... [Redaktion: 1956, 1972, 1980 ...]. In: Spotkania z Zabytkami [Begegnungen mit Denkmalen] (1982) Nr. 8, S. 2–9, hier S. 2f.

Im Gegensatz zu dem SMAD-Befehl Nr. 209 richteten sich die polnischen Verordnungen zum Abbruch und Wiederaufbau nicht explizit gegen Herrenhäuser, sondern vielmehr gegen ländliche und städtische Ruinen auf dem gesamten polnischen Staatsgebiet. Die West- und Nordgebiete waren davon jedoch in besonderem Maße betroffen: Einerseits war hier das Ausmaß der zu beseitigenden Kriegszerstörungen etwas höher als in Zentralpolen. Denn gemäß der 1946 angefertigten Zusammenstellung der Kriegsschäden betrug der Verlust in den West- und Nordgebieten bis zu 60 Prozent, lag aber durchschnittlich bei 40 Prozent, was den Landesdurchschnitt um rund drei Prozentpunkte übertraf.[48] Andererseits nahmen die polnischen Bewohner die Architektur dieser Gebiete als fremd und nach Kriegs- und Besatzungsjahren zudem als feindlich wahr.[49] In dem 1957 veröffentlichten Rapport der Denkmalpfleger und Kunsthistoriker wird daher im Zusammenhang mit den Abbrüchen wiederholt auf die Gefährdung mehrerer größtenteils nicht kriegszerstörter Städte vor allem in Schlesien hingewiesen.[50]

Auch unter Vertretern der Denkmalpflege sowie in den für den Wiederaufbau zuständigen Verwaltungsstellen gab es jedoch Auseinandersetzungen nicht nur über den Umgang mit der „deutschen" Baukultur, die aus Gründen der „Klassenfeindlichkeit" oder der „Deutschen- oder Preußenfeindlichkeit" breiter Ablehnung ausgesetzt war, sondern über den Erhalt feudaler Bauten im allgemeinen. Der Minister für Wiederaufbau, Michał Kaczorowski (1897–1975), forderte 1947 die Beseitigung der „uns fremden Relikte der deutschen Kultur" beim Wiederaufbau der West- und Nordgebiete.[51] Auch der Kunsthistoriker Stanisław Lorentz teilte die Meinung, daß „kein Grund bestehe, die Denkmäler des deutschen Hochmuts zu bedauern, noch Pflicht, sie zu schützen."[52] Etwas gemäßigter und pragmatischer waren hingegen die Ansichten des Konservators der Wojewodschaft Allenstein, Zbigniew Rewski. Er rief zwar

---

[48] Vgl. Rutowska (wie Anm. 5), S. 197f.
[49] Vgl. Labuda, Adam S.: Das deutsche Kunsterbe in Polen. Ansichten, Gemeinplätze und Meinungen nach dem Zweiten Weltkrieg. In: Deutschland und seine Nachbarn. Forum für Kultur und Politik (1997) Nr. 20, S. 5–23, hier S. 6.
[50] Vgl. Redakcja (wie Anm. 48), S. 2f.
[51] Vgl. Thum, Gregor: Die fremde Stadt. Breslau 1945. Berlin 2003, S. 476.
[52] Zitiert bei Kowalski, Władysław: Likwidacja skutków II wojny światowej w dziedzinie kultury [Beseitigung von Folgen des Zweiten Weltkrieges im Kulturbereich]. Warszawa 1994, S. 135f.

1948 auf einer landesweiten Konferenz der Denkmalschützer in seinem gleichnamigen Referat zu einer „Entpreußung der Architektur der Westgebiete" auf, was sich speziell auf die Bauwerke des Historismus bezog, doch empfahl er lediglich die Beseitigung von Spitzen und Türmen. Einen kompletten Abbruch hielt er für undurchführbar und regte daher an, die preußisch anmutenden Backsteinfassaden zu lackieren oder zu bepflanzen, da eine Verputzung zu teuer wäre.[53] Ähnlich wie eine große Anzahl der Denkmalschützer forderte die Kunsthistorikerin Janina Orynżyna vielmehr eine Auslese der zu erhaltenden Denkmale. Lediglich die „eng mit polnischem Brauchtum zusammenhängenden Denkmäler, d.h. sowohl unter dem Gesichtspunkt der Klasse (Herrenhäuser, Landsitze), als auch unter dem der Nation (orthodoxe Holzkirchen, Kolonistengebäude),"[54] galten als erhaltenswert. Eine Kulturaktivistin wurde noch deutlicher: „Mich freut es, meine Genossen, daß die deutschen Schlösser abgerissen werden, weil die Bourgeoisie auf diese Art und Weise zugrunde geht."[55] und ein Journalist der angesehenen Zeitschrift „Życie Literackie" (Literarisches Leben) äußerte sein Verständnis für die Zerstörung der barocken Schloßanlage in Żagań, da es sich dabei doch lediglich um eine „germanische, düstere [...] und aus hunderten Sälen, Salons und Sälchen bestehende [...] preußische Bruchbude" handele, deren Denkmalwürdigkeit strittig sei und daher „heutzutage nur den Wert der Abbruchziegelsteine darstellt."[56]

Die Kapazitäten der Denkmalpflege reichten angesichts dieser weitgehend ablehnenden Haltung nicht aus für einen angemessenen Schutz der bedrohten Bauwerke und eine Kontrolle der Massenaktionen. Zwar hatte der Minister für Kultur und Kunst noch vor Bekanntgabe des Beschlusses Nr. 666 eine Sicherung der denkmalwürdigen Bauten angeordnet, doch konnte diese Aufgabe trotz verschiedener Fördermaßnah-

---

[53] Vgl. Thum (wie Anm. 51), S. 476.
[54] Zitiert bei Labuda (wie Annm. 50), S. 8.
[55] Zitiert bei Gruszecki, Andrzej: Ratujemy zabytki [Wir retten die Denkmale]. In: Ochrona zabytków [Denkmalschutz] (1957) Nr. 1, S. 1–16, hier S. 16.
[56] Zitiert bei Jasiński, Janusz: Polska wobec dziedzictwa historycznego Prus Wschodnich po 1945r. [Polen gegenüber dem historischen Erbe Ostpreußens nach 1945]. In: Wspólne dziedzictwo? Ze studiów nad stosunkiem do spuścizny kulturowej na Ziemiach Zachodnich i Północnych [Gemeinsames Erbe? Aus Studien über das Verhältnis zum Kulturnachlaß in den West- und Nordgebieten]. Hrsg. von Zbigniew Mazur. Poznań 2000, S. 19–58, hier S. 41.

men nicht erfüllt werden. Weder die Einrichtung einer als „Gruppe 666" bezeichneten Spezialabteilung für die Sicherung der historischen Bausubstanz bei der „Zentralverwaltung für Museen und Denkmalschutz", die vor Ort Dokumentationen von kleinen aus Architekten und Kunsthistorikern bestehenden Gruppen durchführen ließ,[57] noch die Erhöhung der finanziellen Mittel waren ausreichend für den Schutz der vom Abbruch bedrohten Bauwerke.[58] Insgesamt hatten 1955 34 Millionen Złoty für Sicherung, Erhalt und Wiederaufbau historischer Bauwerke zur Verfügung gestanden, doch das entsprach lediglich rund sechs Prozent der erforderlichen Summe, und nur sechs Millionen Złoty davon waren überhaupt für die West- und Nordgebiete gedacht gewesen.

In der Bilanz war daher der Verlust an historischer Bausubstanz im ersten Nachkriegsjahrzehnt insgesamt enorm und war trotz einer Konzentration der Abbrüche auf den städtischen Raum auch unter den Herrenhäusern höher als nach der vergleichbaren Aktion in der SBZ. Die „Kommission für Bewahrung, Wiederaufbau und Nutzung von Denkmalobjekten" (Komisja ds. zabezpieczenia, odbudowy i użytkowania obiektów zabytkowych), welche der Vizeminister für Kultur und Kunst, Tadeusz Zaorski (*1917), leitete, stellte 1957 in einem Bericht fest, daß von den bei Kriegsende in den West- und Nordgebieten unbeschädigt erhaltenen 7.736 Denkmalobjekten in der Zwischenzeit annähernd 30 Prozent verschwunden waren.[59] Hinsichtlich des Verlustes an Feudalbauten in dieser Region werden heute sogar noch höhere Zahlen zugrunde gelegt; es wird geschätzt, daß bereits 1957 infolge von Zerstörung, Plünderung und Verfall bis zu 40 Prozent der Herrenhäuser nicht mehr existierten.[60]

Der radikale Bildersturm der Nachkriegsjahre war jedoch nicht von Dauer, denn auch in der Denkmalpflege wirkten sich die Ereignisse des

---

[57] Vgl. Saski, Krzysztof: Usuwanie śladów zniszczeń wojennych [Beseitigung von Spuren der Kriegszerstörungen]. In: Ochrona Zabytków [Denkmalschutz] (1956) Nr. 1/2, S. 117–119, hier S. 117.
[58] Vgl. Krzyżaniak, Irma: Giną Zabytki w województwie zielonogórskim [Denkmale verschwinden in der Wojewodschaft Grünberg]. In: Przegląd Zachodni [Westliche Umschau] (1957) Nr. 4, S. 473–475, hier S. 475.
[59] Vgl. Rutowska (wie Anm. 5), S. 198f.
[60] Vgl. Kołaczek, Jarosław: Raport o rezydencjach [Bericht über Residenzen]. In: Spotkania z Zabytkami [Begegnungen mit Denkmalen] (1997) Nr. 2, S. 19–22, hier S. 20.

Jahrs 1956 positiv aus: Im Gegensatz zu der DDR oder der Sowjetunion begann nun mit der Übernahme des Parteivorsitzes durch den als Nationalkommunisten geltenden Władysław Gomułka vielmehr eine öffentliche Auseinandersetzung um die bisherige Zerstörung historischer Baukultur.[61] Diese betraf jedoch in erster Linie die (Kriegs-)Zerstörung polnischer Kulturdenkmale, wie die Zerstörung Gnesens, den Verlust der Herrenhäuser im südlichen Kleinpolen oder den Abbruch orthodoxer Kirchengebäude im Osten des Landes, und weniger die von Gomułka als Minister für die „Wiedergewonnenen Gebiete" verantworteten Abbrüche in den West- und Nordgebieten.[62] Bemühungen um einen Erhalt des „deutschen" Kulturerbes blieben vielmehr auch weiterhin dem Vorwurf des Revisionismus ausgesetzt. Trotzdem gab es in dieser Zeit des politischen Tauwetters durchaus einzelne kritische Berichte über den Verfall von Gutsanlagen im Zusammenhang mit ihrer Umnutzung durch Produktionsgenossenschaften und Staatsgüter, wie ein 1958 in der Zeitung „Robotnik rolny" (Landarbeiter) erschienener Artikel über verfallende Schlösser in Schlesien belegt.[63] Offizielle endete die Phase der Abbrüche schließlich mit Erlaß des Denkmalschutzgesetzes 1962.

---

[61] Diese Debatte wurde in der Tagespresse und in Fachzeitschriften wie „Ochrona Zabytków" (Denkmalschutz) geführt. Angaben zu einzelnen Artikeln bei Thum (wie Anm. 51), S. 595.
[62] Vgl. Labuda (wie Anm. 50), S. 14ff.
[63] Ein Hinweis auf den polnischen Artikel erschien 1959 in Deutschland. N.N.: Schlesiens Schlösser verfallen. In: Deutsches Adelsarchiv (1959) Nr. 5, S. 85.

Bilanz der Zerstörung

Die Gutsanlagen wurden durch Kriege und Bilderstürmerei beschädigt oder zerstört. Die Folgen insbesondere für die Herrenhäuser waren sehr unterschiedlich: Ihre Zerstörung aufgrund von Kriegen, d.h. aufgrund von Stellungskampf oder der Strategie der „verbrannten Erde", betrug in einzelnen Regionen mehr als ein Viertel, lag aber im Durchschnitt bei weniger als zehn Prozent. Ihre Zerstörung durch Bilderstürmerei, d.h. infolge von Revolutionen, Agrarreformen und Nationalisierung, betrug dagegen durchschnittlich 15 bis 30 Prozent. Am höchsten waren die entsprechenden Verluste jeweils im Baltikum sowie in den polnischen West- und Nordgebieten, wo sich die ideologische Auseinandersetzung um diese Form des kulturellen Erbes mit nationalen Motiven verband. Die Folgen mutwilliger Zerstörung waren demnach weitreichender als die der eher zufälligen. Unberücksichtigt bleiben in diesem Zusammenhang jedoch die Zerstörung der Wirtschaftsgebäude sowie weitere Schädigungen und Abgänge bis 1990. Direkt nach dem Zweiten Weltkrieg sowie nach Abschwächung des revolutionären Elans standen demnach ausreichend Bauten zur weiteren Nutzung sowie für den Neuaufbau der wirtschaftlichen, sozialen, kulturellen und politischen Ordnung zur Verfügung.

Umnutzung der Herrenhäuser

Das, was Du siehst – ist Deins.
Für Dich sind heute Museen, Bibliotheken, Theater, Fabriken, Schulen,
Kulturhäuser offen,
welche sich häufig in den ehemaligen Palästen der Magnaten befinden.
Tadeusz Podgórski (1953)[1]

Die Umnutzung von Schlössern begann mit der Entfeudalisierungskampagne während der Französischen Revolution[2] und wurde im 19. Jahrhundert mit fortschreitender Demokratisierung des öffentlichen Lebens forciert. Zu den neuen Nutzungsformen von Schlössern und Burgen auch im deutschsprachigen Raum gehörten nun Behörden, Kasernen, Lazarette, Heime, Anstalten, Gefängnisse, Manufakturen oder Fabriken. Das waren Funktionen, in denen sich politische, wirtschaftliche und soziale Veränderungen wie der Aufbau moderner Verwaltungsorgane, die Abschaffung von Leibesstrafen, die Einführung der Anstaltspsychiatrie und der Beginn der Industrialisierung widerspiegelten.[3] Mit der Abschaffung der Monarchie im 20. Jahrhundert fand diese Entwicklung ihre Fortsetzung und führte beispielsweise in Deutschland dazu, daß die Schlösser der preußischen Könige unter staatlicher Verwaltung stehen und als „Museumsschlösser" der Öffentlichkeit zugänglich sind.[4] Diese Nutzungsänderungen betrafen in erster Linie städtische und stadtnahe Schlösser und Burgen. Die Umnutzung der ländlichen Herrenhäuser und Gutsanlagen begann hingegen in vollem Umfang erst im Verlauf des 20. Jahrhunderts als Reaktion auf eine akute Mangelsituation infolge von

---

[1] Podgórski, Tadeusz: Wycieczki chłopskie zwiedzają budowle socjalizmu [Bauernexkursionen besichtigen Bauten des Sozialismus]. Warszawa 1953, S. 5.
[2] Vgl. Lottes, Günther: Damnatio historiae. Über den Versuch einer Befreiung von der Geschichte in der Französischen Revolution. In: Denkmalsturz: Zur Konfliktgeschichte politischer Symbole. Hrsg. von Winfried Speitkamp. Göttingen 1997, S. 22–48, hier S. 35ff.
[3] Vgl. Sommerfeld, Christa: Die Revitalisierung von Schlössern und Herrenhäusern durch Umnutzung. Planerisch dargestellt am Dreiflügelbau des Barock, unter besonderer Berücksichtigung der äußeren architektonischen Vorgaben. Hannover 1985, S. 25; Briggs, Martin S.: Goths and Vandals. A Study of the Destruction, Neglect and Preservation of Historical Buildings in England. London 1952, S. 40f.
[4] Stiftung „Preußische Schlösser und Gärten in Berlin und Brandenburg", www.spsg.de (31.07.2008).

Flucht, Vertreibung und Krieg sowie als Folge von Enteignung und Bodenreform. Dieser Umnutzungsprozeß war gleichzeitig eng verbunden mit der Modernisierung des ländlichen Raums, dessen Ziel die Verbesserung der Lebensverhältnisse und deren Angeleichung an städtisches Niveau war, um der anhaltenden Landflucht Einhalt gebieten zu können. Dazu gehörte auch die Ein- und Errichtung neuer Versorgungs-, Verwaltungs-, Wirtschafts- und Wohngebäude und diese Veränderung der Dörfer spiegelte sich entsprechend auch in den neuen Nutzungsformen der Herrenhäuser wider, zu denen pädagogische, soziale und administrative Einrichtungen ebenso wie Wohnungen gehörten. Im ländlichen Bauwesen verband sich folglich nach dem Ende des Zweiten Weltkrieges die Bewältigung des Zusammenbruchs mit dem Versuch einer systematischen Neugestaltung aller Lebensbereiche.

Grundsätzlich entscheidend für die Umnutzung der Herrenhäuser sind drei Faktoren: die technische und ökonomische Nutzungsdauer[5] sowie die Zeichenhaftigkeit der Bauwerke. Unter technischen Gesichtspunkten ist den Herrenhäusern dank ihrer massiven Bauweise eine lange Nutzungsdauer gegeben. Das gilt nach deren Enteignung im Prinzip auch für die verschiedenen Formen der Umnutzung. Diese basieren einerseits auf der vielschichtigen Symbolkraft der Herrenhäuser und hängen andererseits jedoch ab von differenzierten Nutzeranforderungen.

Zwei Umnutzungsphasen und drei Umnutzungsstrategien lassen sich folglich unterscheiden: Nach der Enteignung gab es zunächst eine Phase der Neugestaltung, bis in den siebziger Jahren eine grundlegende Veränderung in der Bewertung historischer Bausubstanz im allgemeinen und der Herrenhäuser im besonderen begann. Diese Neubewertung war verbunden mit der wissenschaftlichen Erforschung feudaler Architektur sowie der Suche nach neuen, angemessenen Umnutzungsformen.

Im Prinzip unabhängig von diesen zeitlichen Eingrenzungen lassen sich vom Ansatz her drei Umnutzungsstrategien unterscheiden, die sich jedoch zum Teil überschneiden oder ergänzen. Damit verbunden waren im Ergebnis jeweils unterschiedliche Grade der Zugänglichkeit und damit auch der Möglichkeit einer kulturellen Aneignung unter Wahrung oder Brechung der traditionellen Funktionen der Herrenhäuser:

---

[5] Vgl. Isenhöfer, Björn; Väth, Arno: Lebenszyklus von Immobilien. In: Immobilienökonomie. Betriebswirtschaftliche Grundlagen. Hrsg. von Karl-Werner Schulte. München 1998, S. 141–148, hier S. 143.

Erstens gab es die Form der ideologischen Um- und Aufwertung der Herrenhäuser durch eine zweckmäßige Umnutzung für das Gemeinwohl in Verbindung mit einer moralischen Bewertung der Vorgänge. Dazu zählte die Einrichtung von Sozial- und Erholungsheimen, Bildungseinrichtungen und Kulturhäusern. Dabei handelte es sich jedoch teilweise lediglich um symbolische Politik, da sich die tatsächlichen Lebens- und Arbeitsverhältnisse in den so gewonnen Einrichtungen nicht an den eigentlichen Bedürfnissen der Nutzer orientierten und daher mangelhaft blieben.

Zweitens gab es die temporäre Umnutzung. In diesem Fall sollten die Herrenhäuser lediglich bis zur Errichtung von Neubauten bestimmte Funktionen übernehmen. Anerkennung fand in diesem Fall nur der materielle und funktionale Wert der Bauwerke. Beispiele dafür sind die Nutzung der Herrenhäuser als Massenunterkünfte oder Schlichtwohnungen, ihre Mehrzwecknutzung für Verwaltung und Versorgung sowie die fortgesetzte Nutzung der Wirtschaftsgebäude für den Agrarbetrieb. Im Ergebnis war diese Form der Umnutzung meist mit der Vernachlässigung und dem Verfall der Bausubstanz verbunden. Wenn jedoch diese Provisorien aus wirtschaftlichen Gründen zu Dauerlösungen wurden, das gilt insbesondere für die Wohnnutzung, handelte es sich dabei im Ergebnis ebenfalls um eine umwertende Nutzungsform.

Drittens gab es die Umnutzung von Herrenhäusern unter Verweis auf ihre traditionellen Funktionen als Orte der Macht und der Repräsentation. Einerseits zählte dazu ihre Nutzung als sowjetische Kommandanturen oder in gewissem Maße durch Gemeinderäte. Andererseits zählten dazu die wenigen Fälle der Umnutzung als Gästehäuser oder Sommerresidenzen insbesondere im stadtnahen Raum oder in exklusiven Jagdgebieten. Das gilt in der Zwischenkriegszeit beispielsweise für die Sommerresidenz des estnischen Staatspräsidenten im Schloß Toila-Oru. Nach 1945 erhielten dann in Polen während der Amtszeit von Edward Gierek einige Schlösser in der Umgebung von Warschau neue Funktionen als exklusive Erholungsorte und Repräsentationsbauten.[6] In der DDR nutzte unterdessen das Ministerium für Staatssicherheit unter Erich Mielke das brandenburgische Schloß Dammsmühle aus dem Besitz Har-

---

[6] Vgl. Jaroszewski, Tadeusz S.; Baraniewski, Waldemar: Pałace i dwory w okolicach Warszawy [Schlösser und Güter in der Umgebung Warschaus]. Warszawa 1992, S. 220.

ry Goodwin Harts, vor dem Zweiten Weltkrieg Direktor des Konzerns Unilever, als Jagdschloß[7] und wohnte beispielsweise das SED-Politbüromitglied Werner Krolikowski in einem Jagdschlösschen aus dem Besitz der Familie von Arnim in der Uckermark.

Eine besondere Bedeutung hatte in jedem Fall der Versuch der symbolischen Umwertung der Herrenhäuser, da er als Ausdruck von gezielter Aneignung der Herrenhauskultur für eine andere Gesellschaftsform zu werten ist. Im Ergebnis war jedoch unabhängig von der Umnutzungsstrategie die Vernachlässigung und damit meist der Verfall der historischen Bausubstanz weit verbreitet.

Die Reaktionen auf Umnutzung und Zerstörung der Herrenhäuser waren zwar unterschiedlich, denn wie Martin Warnke schreibt: „Zerstörung gerät den Siegern zum Privileg, den Unterlegenen zum Sakrileg."[8], doch die Reaktionsmuster ähnelten sich unabhängig von nationalen Eigenheiten: Je nach dem wie groß die persönliche Betroffenheit, die Überzeugung der enteigneten Besitzer von der eigenen Bedeutung als Kulturträger und das kulturelle Interesse überhaupt gewesen sind, spiegelte die Kritik an diesen Vorgängen zumeist Unverständnis, Verbitterung, Wehmut oder Bedauern und nur in selten Fällen auch eine ironische Distanziertheit wider. Abgesehen von denjenigen, die durch die Enteignung persönlich betroffen waren oder die als Kunsthistoriker und Denkmalpfleger für den Erhalt der Kunst- und Kulturwerte argumentierten, äußerten sich jeweils nur wenige Zeitgenossen kritisch zu Umnutzung, Vernachlässigung, Verfall und Zerstörung der historischen Bauten und insbesondere der Herrenhäuser. Allerdings wurde diese Kritik seit Beginn der siebziger Jahre generell stärker und in Polen hatten sich zuvor bereits im Protestjahr 1956 erste kritische Stimmen zum Verlust an historischer Bausubstanz in den vergangenen Aufbaujahren geäußert.

Diese unterschiedlichen Tendenzen zeigten sich bereits in den 1920 Jahren angesichts der Bodenreform in den baltischen Republiken: Abgesehen von den durch die Vorgänge betroffenen Deutschbalten, äußerten nur wenige estnische oder lettische Kulturinteressierte ihre

---

[7] Vgl. Zuchold, Gerd-H.: Schlösser und Herrenhäuser. Baugeschichte und Familienhistorie zu Theodor Fontanes „Wanderungen durch die Mark Brandenburg". Frankfurt (Oder) 1998, S. 43f.
[8] Warnke, Martin: Bilderstürme. In: Bildersturm. Die Zerstörung des Kunstwerks. Hrsg. von Martin Warnke. Frankfurt/Main 1988, S. 7–13, hier S. 11.

Kritik an dem beginnenden Leerstand und Verfall der Herrenhäuser. Dazu zählte der estnische Künstler Kristjan Raud (1865–1943).[9] Die sich als Kulturträger verstehenden Deutschen und Deutschbalten waren hingegen verbittert und voller Wehmut angesichts des Verlusts. Sie unterstellten den Verantwortlichen Absicht und damit auch eine gewisse Genugtuung, die „alten Zwingburgen in Schutt verfallen zu sehen."[10] Der Historiker Alexander Demandt bezeichnete später in seiner Forschung zum Vandalismus einen derartigen Vorgang als eine Kulturpolitik, die auf die bewußte Demütigung des „Gegners" zielte.[11]

Eine Ausnahme stellen daher die Ansichten des schwedischen Journalisten Carl A. Mothander (1886–1965) dar, der mit einer Deutschbaltin verheiratet war und einige Jahre in Estland lebte. In seinem erstmals 1943 veröffentlichten Bericht über „Barone, Bauern und Bolschewiken in Estland" bezeichnete er diese „modernen Ruinen des Baltikums" durchaus fasziniert als „mein versunkenes Atlantis" und sah in ihnen das Interessanteste, was „Estland einem kultivierten Fremden mit Blick und Herz für Vergangenes" zu bieten hatte.[12] Ein derartiger Blick auf die in Zerstörung und Umnutzung der Herrenhäuser liegende Neu- und Einzigartigkeit ist jedoch auch danach eine Ausnahme geblieben, selbst wenn der eine oder andere Kritiker auf bemerkenswerte Ergebnisse „staunenswerter Unkultur"[13] verwies und heute ein Wissenschaftler wie der

---

[9] Raud, Kristjan: Ülevõetud mõisate ja nende ümbruse kultuuriline väärtus [Kultureller Wert der übernommenen Güter und ihrer Umgebung]. In: Päevaleht [Tagesblatt] vom 25.10.1920.

[10] Lüth, Ulrich: Die lettländische Landwirtschaft vor und nach dem Weltkriege mit besonderer Berücksichtigung Liv- und Kurlands. Dissertation. Schlesische Friedrich-Wilhelms-Universität Breslau 1929, S. 45f.

[11] Demandt, Alexander: Vandalismus. Gewalt gegen Kultur. Berlin 1997, S. 53; Hinweise auf Unterschiede bei kultureller Aufwertung von Nutzbauten und entsprechender Abwertung „wertvoller" Bauwerke durch Umnutzung bei Sommerfeld, Christa: Die Revitalisierung von Schlössern und Herrenhäusern durch Umnutzung. Planerisch dargestellt am Dreiflügelbau des Barock, unter besonderer Berücksichtigung der äußeren architektonischen Vorgaben. Hannover 1985, S. 13.

[12] Mothander, Carl A.: Barone, Bauern und Bolschewiken in Estland. Weißenhorn 2005, S. 91, S. 104.

[13] Basche, Rudolf: Mehr Pflege unseren Dörfern. In: Märkische Heimat (1961) Nr. 1, S. 73–80, hier S. 77f.

estnische Kunsthistoriker Juhan Maiste den verfallenden Herrenhäusern und Herrenhausruinen seiner Heimat eine große Bedeutung beimißt.[14]

Es bleibt die Frage, die sich der ostdeutsche Architekturkritiker Wolfgang Kil nach der deutschen Wiedervereinigung angesichts der weder ästhetisch noch funktional überzeugenden Ergebnisse der Umnutzung historischer Bausubstanz in der DDR stellte: „Wo blieb die Souveränität, sich auf Dauer und also kulturell gleichrangig in den angeeigneten Hinterlassenschaften einzurichten?"[15]

---

[14] Vgl. Maiste, Juhan; Tuumalu, Tiit: Ka varemetes mõisad võivad olla ilusad [Auch ruinöse Herrenhäuser können schön sein]. In: Postimees [Postbote] vom 26.06.1996; Maiste, Juhan; Parts, Triin: Või on sul munad mütsi sees, et müts ei võtab maha ... [Wenn Du Eier in der Mütze hast, nimm die Mütze nicht herunter ...]. In: Postimees [Postbote] vom 03.07.1998.

[15] Kil, Wolfgang: Ach Brandenburg – Bilderreise durch eine ungewisse Gegenwart. In: Fotografie und Gedächtnis: Brandenburg. Eine Bilddokumentation. Hrsg. von Diethart Kerbs und Sophie Schleußner. Berlin 1997, S. 11–15, hier S. 12.

Verschiedene Formen der Umnutzung

Die mehr als 10.000 Gutsanlagen im ostelbischen Raum wurden nach ihrer Enteignung im 20. Jahrhundert auf unterschiedliche Art und Weise genutzt. Dazu zählten Kindergärten, Schulen und Forschungseinrichtungen, Heime und Internate, Krankenhäuser und Lazarette, Hotels und Gaststätten sowie Verwaltungs- und Handelseinrichtungen. Diese hat es in unterschiedlicher Verteilung und mit einer gewissen Variabilität in allen Ländern und Regionen gegeben.

Es hat jedoch auch einige ländertypische Umnutzungsformen gegeben, was bei Auswertung deutscher,[1] polnischer,[2] estnischer, lettischer[3]

---

[1] Angaben für die SBZ/DDR beruhen auf Auswertung von: BLHA, Rep. 205A, Nr. 806; darin Bericht über die Durchführung der Anordnung bezüglich des Abrisses der Schlösser und Gutshäuser im Land Brandenburg (26.05.1948); BLHA, Rep. 205A, Nr. 806; darin Brief der Deutschen Verwaltung für Volksbildung in der sowjetischen Besatzungszone an die Landesregierung Potsdam/Volksbildungsministerium in Potsdam. Betr.: Sicherung von Burgen und Schlössern in Bodenreform (02.08.1948); KA MOL, Nr. 731/2 und Nr. 1 C 731; darin Zusammenstellung aller Gutshäuser, Herrenhäuser und Schlösser, die durch die Bodenreform enteignet wurden (Gemeinde Kreis Lebus) o.J.,; Albrecht, Gertrud; Albrecht, Wolfgang: Schlösser, Herrensitze und Gutshäuser in den Mantelkreisen des festländischen Vorpommern: siedlungsstrukturelle Relikte und/oder touristische Ressourcen?. In: Greifswalder Beiträge zur Regional-, Freizeit- u. Tourismusforschung (2005) Nr. 16, S. 118–162; Die Herrenhäuser des Havellandes. Eine Dokumentation ihrer Geschichte bis in die Gegenwart. Hrsg. von Almut Andreae und Udo Geiseler. Berlin 2001; Langer, Claus-Dirk: Die ländlichen Schlösser und Herrenhäuser in den Braunkohleabbaugebieten des Bezirkes Cottbus. Band 1: Die ländlichen Schlösser und Herrenhäuser im Bearbeitungsgebiet. Dissertation. TU Dresden 1989; Herrenhäuser in Brandenburg und der Niederlausitz. Kommentierte Neuausgabe des Ansichtenwerks von Alexander Duncker (1857–1883). Hrsg. von Peter-Michael Hahn und Hellmut Lorenz. Berlin 2000; Mahlich, Wolfgang: Die Herausbildung der Landwirtschaftlichen Produktionsgenossenschaften in der DDR, dargestellt an der Entwicklung des Kreises Haldensleben, Bezirk Magdeburg (1952 bis 1960). Dissertation. Humboldt-Universität Berlin 1999; Meyer, Nils: Erhalt durch Wandel. Umgang mit Denkmalen als Sinnstiftungsprozess am Beispiel der Schlösser und Herrensitze in Brandenburg. Dissertation. TU Dresden 2006; Resch, St.: Nutzung wertvoller Bausubstanz – Analyse der Gutshäuser und Schlösser im Bezirk Neubrandenburg. In: Wissenschaftlich-technische Information/Ausgabe B (1986) Nr. 10, S. 13–15; Seifert, Jürgen: Untersuchungen zur Nutzung von Baudenkmalen als Beherbergungseinrichtungen – unter besonderer Berücksichtigung der Beherbergung für Erholung und

Tourismus. Dissertation. TU Dresden 1973/4; Statistisches Jahrbuch der Deutschen Demokratischen Republik 1990. Hrsg. vom Statistisches Amt der DDR. Berlin 1990.
² Angaben für Polen beruhen auf Auswertung von: Eulenburg, Adelheid; Engels, Hans: Ostpreußische Gutshäuser in Polen. Gegenwart und Erinnerung. München 1992; Jackiewicz-Garniec, Małgorzata; Garniec, Mirosław: Schlösser und Gutshäuser im ehemaligen Ostpreußen. Olsztyn 2001; Jaroszewski, Tadeusz S.; Baraniewski, Waldemar: Pałace i dwory w okolicach Warszawy [Schlösser und Güter in der Umgebung Warschaus]. Warszawa 1992; Jaroszewski, Tadeusz S.; Baraniewski, Waldemar: Po pałacach i dworach Mazowsza [Über Schlösser und Güter in Masowien]. Warszawa 1996; Klewitz, Andreas von: Schlösser und Herrenhäuser im niederschlesischen Kreis Strehlen/Strzelin. Ein gefährdetes europäisches Kulturerbe. Limburg an der Lahn 2002; Kowalski, Stanisław: Zabytki Środkowego Nadodrza: Katalog Architektury i Urbanistyki [Denkmale der Mittleren Oder: Architektur- und Urbanistikkatalog]. Zielona Góra 1976; Ders.: Zabytki Województwa Zielonogórskiego [Denkmale der Woj. Grünberg]. Zielona Góra 1987; Omilanowska, Małgorzata: Polska – pałace i dwory [Polen – Schlösser und Güter]. Warszawa 2004; Pierzynowska, Gertruda: Dwory, parki i folwarki Kociewia i Kaszub [Kaschubiens und Kotschewies Güter, Parks und Vorwerke]. Tczew 1998; Samusik, Katarzyna; Samusik, Jerzy: Pałace i dwory Białostocczyzny [Bialystoker Schlösser und Güter]. Białystok 1998; Sarnik-Konieczna, Maria: Kupic, nie kupic [Kaufen, nicht kaufen]. In: Spotkania z Zabytkami [Begegnungen mit Denkmalen] (2000) Nr. 11, S. 15–17; Wilke, Eberhard: Güter und Gutshäuser im Kolberger Land. Hamburg 2003.
³ Angaben für Estland und Lettland beruhen auf Auswertung von: Dišlere, Inta; Ozola, Agrita: Muižas Lauku Kultūrvidē. Tukuma rajona muižas fotogrāfijās no Tukuma muzeja krājuma [Güter im ländlichen Kulturmilieu. Tuckumer Güter in Fotografien aus dem Bestand des Tuckumer Museums]. Tukuma muzejs 2002; Hein, Ants: Eesti mõisad. 250 fotot aastaist 1860–1939 [Estnische Herrenhäuser. 250 Ansichten aus den Jahren 1860–1939]. Tallinn 2002; Janele, Ilze: Daži apsvē-rumi par vecajiem lauku parkiem un perspektīvajiem ciematiem [Einige Erwägungen zu den alten Landschaftsparks und den Perspektivsiedlungen]. In: Pilsetu attistiba un arhitektura Latvijas PSR [Stadtentwicklung und Architektur in der Lettischen SSR]. Hrsg. von Oļģerts Buka. Rīga 1974, S. 208–209; Latvijas PSR Kulturas Ministrija [Kulturministerium der Lettischen SSR]: Latvijas PSR vestures un kulturas piemineklu saraksts [Liste der Geschichts- und Kulturdenkmale der Lettischen SSR]. Rīga 1969; Dies.: Latvijas PSR vestures un kulturas piemineklu saraksts [Liste der Geschichts- und Kulturdenkmale der Lettischen SSR]. Rīga 1984; Plaudis, Arvīds: Ceļvedis pa teiksmu pilīm. Vēsturiskas uzziņas, leģendas, ekskursijas [Führer zu Sagenschlössern. Historische Auskünfte, Legenden, Ausflüge]. Rīga 2004; Sakk, Ivar: Eesti mõisad [Estnische Herrenhäuser]. Tallinn 2002; Zarāns, Alberts: Neesam šķirami no savas zemes. 155 Latvijas pils un muižas [Wir sind nicht trennbar von

und russischer[4] Angaben auffällt. In SBZ/ DDR war das die Wohnnutzung, die auf der Aufnahme hunderttausender Flüchtlinge nach dem Ende des Zweiten Weltkrieges beruhte. In Polen ist das die Nutzung durch landwirtschaftliche Staatsbetriebe gewesen, die mit der Besiedlung und Bewirtschaftung der „Wiedergewonnenen Gebiete" begann. In den Republiken Estland und Lettland war das die Nutzung für Schulen, die eng mit der Errichtung nationaler Bildungssysteme nach dem Ende des Ersten Weltkrieges verbunden ist. Eine besondere und schwer zu erfassende Funktion hatten zudem die gleichzeitig für verschiedene Zwecke genutzten Herrenhäuser inne, die als zentral gelegene und multifunktionale Gebäude am historischen Ort eine besondere Rolle in den neuen Dörfern spielten und die es weniger im Kaliningrader Oblast und in den baltischen Republiken als in der SBZ/DDR und Polen gegeben hat. Bis 1990 wurden daher gerade in diesen beiden Ländern Herrenhäuser sehr stark ausgenutzt und damit auch übernutzt. Demgegenüber ist die Herrenhauslandschaft im Kaliningrader Oblast aufgrund der Wüstfallung hunderter Dörfer vor allem von Verfall und Abbau geprägt.

Wohnnutzung

Die Wohnnutzung der ostelbischen Herrenhäuser knüpfte im Prinzip an die traditionelle Nutzung dieser Gebäude an, doch brach sie in der Praxis damit, da es sich im Ergebnis um Massenunterkünfte oder Schlichtwohnungen handelte. Diese waren infolge von Flucht und Vertreibung während und nach dem Ende des Zweiten Weltkrieges entstanden und entsprechend verbreitet in den davon betroffenen Ländern. Dazu zählte neben der SBZ/DDR und Polen im übrigen auch die Bundesrepublik Deutschland,[5] während dagegen in den baltischen Republiken diese Nut-

---

unserem Land. 155 lettische Schlösser und Güter]. Rīga 2003; Zilgalvis, Jānis: Daugavas Muižas 18.gs.–20.gs. sākums [Dünagüter 18.–Anfang 20. Jahrhundert]. Rīga 2002; Zimmermann-Schulze, Kirsten: Ländliche Siedlungen in Estland. Deutschbaltische Güter und die historisch-agrarische Kulturlandschaft. Stuttgart 2004.
[4] Angaben für den Kaliningrader Oblast beruhen auf Auswertung von: Bachtin, A.P.: Usad'by na territorii Kaloblasti inf. na 2001g [Güter im Gebiet des Kaliningrader Oblasts]. Manuskript. Kaliningrad 2001.
[5] Vgl. Bericht über Bemühungen des schleswig-holsteinischen Landeskonservators um die Freihaltung der Herrenhäuser von der Belegung durch Flüchtlinge bei

zungsform verhältnismäßig wenig verbreitet geblieben ist. In den polnischen West- und Nordgebieten war die Wohnnutzung der Herrenhäuser eng mit den landwirtschaftlichen Staatsbetrieben verbunden, da hier in den meisten Fällen deren Arbeiter mit ihren Familien wohnten und das zum Teil auch heute noch tun. In der SBZ/DDR blieb diese Nutzungsform indessen weitgehend unabhängig von einer Verbindung der Bewohner zur Landwirtschaft, da weniger als zehn Prozent der Vertriebenen überhaupt Neubauern wurden.[6] Bis heute ist hier jedoch die Wohnnutzung die am meisten verbreitete Nutzungsform geblieben, auch wenn im Zusammenhang mit dem demographischen Wandel und der Abwanderungsbewegung aus dem ländlichen Raum gilt, daß das Interesse an Mietwohnungen in Herrenhäusern sinkt. Im Gegensatz zu Westeuropa, wo bereits seit mehreren Jahren moderne oder gar exklusive Wohnformen in Herrenhäusern bestehen,[7] ist diese Entwicklung jedoch im ostelbischen Raum erst seit gut 15 Jahren möglich.[8] Als eine Abwandlung zählt dazu auch die Einrichtung von Ferienwohnungen.[9]

Lafrenz, Deert: Zur Problematik der Erhaltung von Gutsanlagen in Schleswig-Holstein aus der Sicht der Denkmalpflege. In: Gutsanlagen des 16. bis 19. Jahrhunderts im Ostseeraum – Geschichte und Gegenwart (Sankelmark 11.–14.09.1989). Hrsg. von ICOMOS. München 1990, S. 18–24, hier S. 21. Weitere Beispiele in West- und Süddeutschland sind das Ludwigsburger Jagdschloß Favorite (Wohnungen für Sozialschwache), das Schloß Pfedelbach bei Öhringen (Massenquartier und Asozialenasyl) und das Schloß Gelsdorf. Vgl. Sommerfeld, Christa: Die Revitalisierung von Schlössern und Herrenhäusern durch Umnutzung. Planerisch dargestellt am Dreiflügelbau des Barock, unter besonderer Berücksichtigung der äußeren architektonischen Vorgaben. Hannover 1985, S. 25. Die Architektin Christa Sommerfeld hat im Rahmen ihrer Dissertation den Umbau des Schlosses Gelsdorf begleitet.

[6] Vgl. Schwartz, Michael: Vertriebene und „Umsiedlerpolitik". Integrationskonflikte in den deutschen Nachkriegs-Gesellschaften und die Assimilationsstrategien in der SBZ/DDR 1945–1961. München 2004, S. 69f.

[7] Ein deutsches Beispiel ist das Schloß Possenhofen am Starnberger See, das in mehrere luxuriöse Eigentumswohnungen geteilt wurde. Ein Beispiel in England ist das von Malcolm Leverington für Kit Martin umgestaltete Landhaus Hasells Hall in Bedforshire, das zu einem Prototyp für die Konversion von Landhäusern wurde. Vgl. Latham, Derek: Creative Re-use of Buildings. Donhead 2000, Bd. 2, S. 57f.

[8] In Brandenburg gehören dazu die modernen Wohnungen im Schloß Wiesenburg. www.schloss-wiesenburg.de (31.07.2008).

[9] Vgl. Rathje, Frank: Umnutzungsvorgänge in der Gutslandschaft von Schleswig-Holstein und Mecklenburg-Vorpommern. Eine Bilanz unter der besonderen Berücksichtigung des Tourismus. Kiel 2004, S. 146–159.

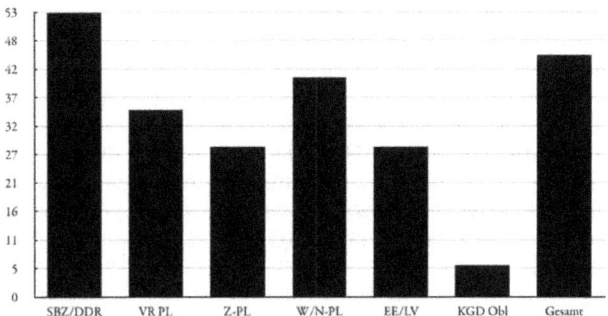

Abb. 11 Prozentanteil der der nach ihrer Enteignung im 20. Jahrhundert als Mehrfamilienhäuser genutzten Herrenhäuser in der SBZ/DDR, Polen (Zentralpolen, West- und Nordgebiete), den Republiken Estland und Lettland und dem Kaliningrader Oblast.

Im Durchschnitt wurden 45 Prozent der ostelbischen Herrenhäuser als Mehrfamilienhäuser genutzt, doch gab es erhebliche regionale Unterschiede: Während in der SBZ/DDR regional bis zu 90 Prozent[10] und durchschnittlich 53 Prozent der Herrenhäuser als Wohnhäuser genutzt wurden, lag der entsprechende Wert für Polen bei rund 35 Prozent. Nur in den West- und Nordgebieten war der Anteil der so genutzten Objekte mit 41 Prozent etwas höher. Hier dienten die Herrenhäuser aufgrund ihrer großen Kubatur als Mehrfamilienhäuser. Allerdings gab es eine polnische Besonderheit: Mit dem Beschluß Nr. 179 des Ministerrats vom 8. Dezember 1978 über die Nutzbarmachung von Denkmalobjekten war der private Denkmalbesitz auch für die eigene Wohnnutzung ermöglicht worden.[11]

In den baltischen Republiken war zwar der Beginn der Bodenreformen in den zwanziger Jahren ebenfalls mit beengten Wohnverhältnissen

---

[10] Vgl. Resch (wie Anm. 1), S. 14; Bock, Sabine: Herrenhäuser auf der Insel Rügen. In: Pommern – Zeitschrift für Kultur und Geschichte (2003) Nr. 41, S. 28–37, hier S. 37.

[11] Uchwała nr 179 Rady Ministrów z dnia 8 grudnia 1978r. w sprawie wykorzystania zabytków nieruchomych na cele użytkowe [Beschluß des Ministerrats Nr. 179 vom 08.12.1978 bezüglich der Verwendung von Denkmalimmobilien für Nutzungsziele]. In: Monitor Polski [Amtsblatt] (1978) Nr. 37, Pos. 142.

der Neubauern in Herrenhäusern oder Wirtschaftsgebäuden verbunden gewesen,[12] doch dienten letztlich im Durchschnitt nur rund 28 Prozent der Herrenhäuser Wohnzwecken. Am geringsten war der Anteil der so genutzten Herrenhäuser mit lediglich sechs Prozent in der Region Kaliningrad, wo aufgrund der Kriegszerstörungen das Wohnangebot begrenzt war und die Nachkriegsbesiedlung insgesamt geringer blieb.

Wissenschaftlich sind die Herrenhäuser und die unterschiedlichen Wohnformen in Standardwerken zum Wohnen, wie in der mehrbändigen „Geschichte des Wohnens" (Hrsg. Wüstenrot Stiftung), bislang kaum behandelt worden. Hinsichtlich der Nutzung als Massenunterkünfte oder Schlichtwohnungen können jedoch Ergebnisse der Dissertation von Hans Helbing, in der er anhand von Interviews die Wohnsituation in Altbauten in der DDR erforschte, angewandt werden. Forschungen zur Wohnweise auf den Dörfern nach 1945 hat es beispielsweise in der DDR gegeben, doch ist das Material dieses Projektes verschollen.[13]

Landwirtschaftliche Nutzung

Die landwirtschaftliche Nutzung der Güter fand ihre Fortsetzung auch nach der Enteignung. Dazu gehörten Genossenschaften, Staatsbetriebe, Maschinen-Ausleih- oder Maschinen-Traktoren-Stationen (MAS/MTS) sowie landwirtschaftliche Bildungs- und Forschungseinrichtungen. Besonders eng war jedoch die formale Kontinuität zu dem traditionellen Gutsbetrieb bei den neuen Staatsbetrieben. Estnische und lettische Historiker wiesen in ihrer Kritik an der Kollektivierung gar darauf hin, daß Kolchosen und Sowchosen die aus der Gutswirtschaft bekannte Abhängigkeit und Ausbeutung fortführten.[14] Im Gegensatz zu den Genossen-

---

[12] Vgl. Köhnen, Heinrich: Die baltische Agrarfrage und die agrarpolitischen Reformversuche im Baltikum unter besonderer Berücksichtigung der Agrarreform Estlands und Lettlands. Dissertation. Albert-Ludwigs-Universität Freiburg i. Br. 1922, hier S. 135f.

[13] Das Projekt wurde gestoppt, obwohl 1967 bereits 45 Analysen von insgesamt 75 zu untersuchenden Dörfern vorlagen. Die einzige Publikation aus diesem Projekt ist der Bericht über den Forschungsstand durch Ute Mohrmann in Bad Saarow 1967. Vgl. Schier, Barbara: Alltagsleben im „sozialistischen Dorf". Merxleben und seine LPG im Spannungsfeld der SED-Agrarpolitik 1945–1990. Münster 2001, S. 32f.

[14] Vgl. u.a. Abrahams, Ray; Kahk, Juhan: Barons and Farmers. Continuity and Transformation in rural Estonia (1816–1994). University of Göteborg, Faculty of

schaften, die auch auf Basis von Großbauernhöfen errichtet wurden, existierten die staatlichen Landwirtschaftsbetriebe fast ausschließlich in den traditionellen Gutsstrukturen. Die Herrenhäuser behielten unter diesen Umständen bis auf weiteres ihre Funktion als Wohn- und Verwaltungsgebäude, indem hier Wohnräume für die Arbeiter und/oder Büros für die Verwaltung entstanden. Nur die Betriebsleiter wohnten nie im Herrenhaus sondern in eigenen Häusern, obwohl sie mit ihrem wachsenden Einfluß gegenüber den gewählten Volksvertretern im Dorf eine Machtposition ähnlich der von Gutsherren innehatten. Mit der Zeit übernahmen die Herrenhäuser im Besitz der Landwirtschaftsbetriebe aber auch Aufgaben außerhalb der wirtschaftlichen Betriebsabläufe, indem dort Kindergärten, Speisesäle oder Kultur- und Sozialräume für die Arbeiterinnen und Arbeiter geschaffen wurden.

Bezüglich der landwirtschaftlichen Struktur entwickelten sich erhebliche regionale Unterschiede innerhalb des ostelbischen Raums: Während in Polen und hier vor allem in den West- und Nordgebieten die Zahl der Staatsbetriebe überwog, wurden die DDR, die baltischen Republiken und der Kaliningrader Oblast von Genossenschaften geprägt.

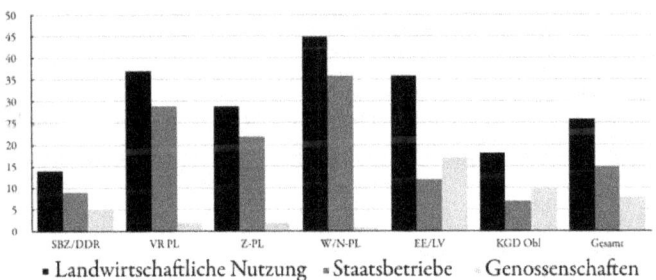

Abb. 12 Prozentanteil der nach ihrer Enteignung im 20. Jahrhundert für landwirtschaftliche Zwecke genutzten Herrenhäuser beziehungsweise der sich im Besitz von Staatsbetrieben und Genossenschaften befindlichen Gutsanlagen in der SBZ/DDR, Polen (Zentralpolen, West- und Nordgebiete), den Republiken Estland und Lettland und dem Kaliningrader Oblast. Erfasst wurden VEG und LPG in der SBZ/DDR, PGR und RSP in Polen sowie Sowchosen und Kolchosen in Estland, Lettland und dem Kaliningrader Oblast.

Arts/Inter-European Research. Göteborg 1994; Nove, Alec: The Soviet Economic System. London 1977, hier S. 121.

Im Durchschnitt wurden 26 Prozent der ostelbischen Güter weiterhin durch landwirtschaftliche Einrichtungen genutzt, doch gab es erhebliche regionale Unterschiede: Rund 14 Prozent der Herrenhäuser waren in der DDR mit einer landwirtschaftlichen Nutzung verbunden. Der Anteil der Landwirtschaftlichen Produktionsgenossenschaften (LPG) und der Volkseigenen Güter (VEG) betrug jeweils weniger als zehn Prozent. In der DDR war die Fortführung einer landwirtschaftlichen Tradition grundsätzlich eingeschränkt gewesen durch die Aufnahme einer großen Zahl an Vertriebenen, von denen nur eine Minderheit zu den Neubauern gehörte, sowie durch den SMAD-Befehl Nr. 209, auf dessen Basis viele Nutzbauten abgebrochen worden waren. Vergleichbare Tendenzen wiesen auch der Kaliningrader Oblast und die baltischen Republiken auf. Im Kaliningrader Oblast waren bei einem hohen Zerstörungsgrad und bei geringerer Nachkriegsbesiedlung durchschnittlich rund 18 Prozent der Herrenhäuser mit einer landwirtschaftlichen Nutzung verbunden, von denen rund sieben Prozent zu Staatsgütern und zehn Prozent zu Genossenschaften gehörten. In den baltischen Republiken waren durchschnittlich 36 Prozent der Güter im Besitz landwirtschaftlicher Einrichtungen und Betriebe, dabei übertraf trotz der zunehmenden Zentralisierung der Genossenschaften der Anteil der Kolchosen im Durchschnitt weiterhin den der Sowchosen.

Ganz im Gegensatz dazu stand jedoch die Entwicklung der Landwirtschaft in Polen, wo der Anteil der Genossenschaften (Rolnicza Spółdzielnia Produkcyjna (RSP)) aufgrund ihrer 1956 erfolgten Auflösung sehr gering blieb. Ähnlich wie in den baltischen Republiken wurde jedoch auch in Polen mehr als ein Drittel der Güter weiterhin landwirtschaftlich genutzt. Annähernd 29 Prozent davon befanden sich aber im Besitz staatlicher Landwirtschaftsbetriebe (Państwowe Gospodarstwo Rolne (PGR)) und lediglich zwei Prozent im Besitz von Genossenschaften. In den polnischen West- und Nordgebieten lag der Anteil der landwirtschaftlich genutzten Güter mit durchschnittlich 45 Prozent sogar noch höher als im Landesdurchschnitt und auch der Anteil der PGR war mit rund 36 Prozent entsprechend höher.

Zum Teil gilt jedoch, daß die Gebäude zwar *de jure* landwirtschaftlichen Betrieben gehörten, aber letztlich für Aufgaben des Gemeinwohls, gar nicht oder nur unangemessen genutzt wurden, so wie es auch bei der

Inventarisierung der estnischen Gutsanlagen in den siebziger Jahren[15] oder bei der Auflösung der landwirtschaftlichen Betriebe in Polen zu Beginn der neunziger Jahre[16] offenbar wurde. Das betraf in besonderem Maße die historischen Wirtschaftsgebäude, die für eine mechanisierte Landwirtschaft mit Massentierhaltung unbrauchbar geworden waren. Insgesamt war zudem die Zahl der landwirtschaftlichen Betriebe ebenso wie die Zahl der in der Landwirtschaft Beschäftigten bis 1990 gesunken, während die zu den Betrieben gehörende Fläche jeweils gewachsen war.

Schulnutzung

Die Nutzung der Herrenhäuser für Bildungseinrichtungen war im Gegensatz zu der des Wohnens oder als landwirtschaftlichen Betrieb, die im Prinzip Varianten der traditionellen Nutzungsform darstellen, etwas Neues, auch wenn bereits im 19. Jahrhundert Lehranstalten in städtischen oder stadtnahen Schlössern eingerichtet worden waren und nach 1789 selbst für das Schloß Versailles eine solche Nutzung diskutiert wurde.[17] Im Gegensatz zu den in Herrenhäusern untergebrachten (Privat-)schulen im angelsächsischen Raum, handelte es sich bei denjenigen im ostelbischen Raum um öffentliche Schulen. Darin spiegelten sich die Bemühungen sowohl um nationale als auch um moderne Bildungssysteme wider.

Für die Nutzung von Herrenhäusern zu diesem Zweck gab es mehrere Gründe:

Erstens zielte diese Form der Nutzung auf einen Imagewandel für diese Objekte, denn die Nutzung für Bildungseinrichtungen zielte auf eine Verbesserung der Lebenssituation der Bevölkerung und war damit eine Investition in die Zukunftsfähigkeit des Staates. Die Herrenhausschulen

---

[15] Vgl. Hein, Ants: Die Situation der Gutshöfe in Estland am Beispiel des Nationalparks Lahemaa. In Gutsanlagen des 16. bis 19. Jahrhunderts im Ostseeraum – Geschichte und Gegenwart (Sankelmark 11.–14.09.1989). Hrsg. von ICOMOS. München 1990, S. 60–65, hier S. 65.
[16] Vgl. Sarnik-Konieczna (wie Anm. 2), S. 15.
[17] Vgl. Lottes, Günther: Damnatio historiae. Über den Versuch einer Befreiung von der Geschichte in der Französischen Revolution. In: Denkmalsturz: Zur Konfliktgeschichte politischer Symbole. Hrsg. von Winfried Speitkamp. Göttingen 1997, S. 22–48, hier S. 36f.

stellen demnach den Versuch einer offiziellen Aneignung dieses Erbes für eine neue Gesellschaft dar.

Zweitens boten sich die Herrenhäuser zusammen mit den Gutsgebäuden durch Größe und Lage für eine moderne Schulnutzung an. Sie verfügten im Gegensatz zu den in der Mehrzahl einklassigen Dorfschulen, wo Schüler von der ersten bis zur achten Klasse gleichzeitig und in einem Raum von nur einem Lehrer unterrichtet wurden, über den erforderlichen Platz für mehrzügige Schulen mit Klassenzimmern, Facharbeitsräumen, Turnhallen und Speiseräumen und boten zumeist Raum für Wohnungen von Angestellten und Lehrern oder gar für Internate. Der Park konnte dann als Schulhof, Sportplatz oder Schulgarten genutzt werden. Darüber hinaus versprachen ihre zentrale aber meist etwas abseitige Lage sowohl eine bequeme Zugänglichkeit als auch eine gewisse Verkehrssicherheit. Die alten Schulgebäude konnten danach als Kindergärten und -krippen Verwendung finden, deren Erforderlichkeit wiederum Ausdruck für die sich ändernden Lebensverhältnisse im ländlichen Raum war.

Drittens waren die Herrenhäuser eine günstige und schnelle Alternative zu Neubauten. Sie boten demnach eine Lösung, um wie im Fall der SBZ, wo sich die Schülerzahlen aufgrund der Aufnahme von Flüchtlingen und Vertriebenen um 50 Prozent erhöht hatten,[18] auf einen plötzlichen Bedarf nach größeren Schulen angemessen reagieren zu können, oder wie im Fall der baltischen Republiken in kurzer Zeit ein eigenes Schulsystem zu realisieren.

Im Durchschnitt wurden 23 Prozent der Herrenhäuser im gesamten ostelbischen Raum als Bildungseinrichtungen genutzt und das entsprach in etwa den durchschnittlichen Werten für die DDR und Polen, doch gab es regionale Unterschiede:

---

[18] Geißler, Gert: Geschichte des Schulwesens in der Sowjetischen Besatzungszone und in der Deutschen Demokratischen Republik 1945 bis 1962. Frankfurt/Main 2000, S. 64.

Verschiedene Formen der Umnutzung

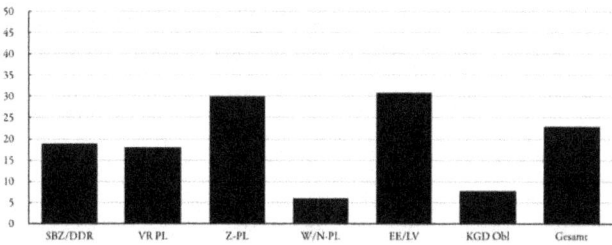

Abb. 13 Prozentanteil der nach ihrer Enteignung im 20. Jahrhundert als Schulen genutzten Herrenhäuser in der SBZ/DDR, Polen (Zentralpolen, West- und Nordgebiete), den Republiken Estland und Lettland und dem Kaliningrader Oblast.

In der DDR betrug der Anteil der Schulen unter den denkmalgeschützten Herrenhäusern in Brandenburg 33 Prozent und war damit höher als im Landesdurchschnitt. Das kann daran gelegen haben, daß eine angemessene Nutzung gerade der unter Schutz stehenden Gebäude angestrebt oder aber durch diese Form der Nutzung der Erhalt der Gebäude besser gesichert und ein Eintrag ins Denkmalregister erst möglich wurde. In Polen gab es hingegen Unterschiede zwischen Zentralpolen und den West- und Nordgebieten. Während in der Region um Warschau herum fast ein Drittel der Herrenhäuser für Bildungseinrichtungen genutzt wurde, betrug deren Anteil in den polnischen West- und Nordgebieten weniger als zehn Prozent. Gründe dafür waren einerseits, daß in den ehemals deutschen Dörfern bereits Schulgebäude existierten, die für eine weitere Nutzung prinzipiell bereit standen, und andererseits, daß die Nachkriegsbesiedlung relativ dünn blieb und entsprechend weniger Schulen gebraucht wurden. Allerdings gilt, daß sich wiederum ein Mangel an Schulen und angemessenen Unterrichtsräumen negativ auf den Besiedlungsprozeß ausgewirkt hatte.[19] Ähnliche Gründe liegen für die niedrige Zahl der so genutzten Herrenhäuser im Kaliningrader Oblast vor.

Anders verlief dagegen die Entwicklung in den baltischen Republiken, wo knapp ein Drittel der Herrenhäuser zu Bildungseinrichtungen wurde. Da diese Schulen hier zudem in enger Verbindung stehen zu der Phase

---

[19] Angaben zu den Verhältnissen in der Wojewodschaft Zielona Góra in: Polnische Verwaltungsarbeit in den deutschen Ostgebieten 1945–1955. Marburg/Lahn 1960, S. 131.

der ersten nationalen Unabhängigkeit zu Beginn des 20. Jahrhunderts, konnte sich aus dieser Form der Umnutzung bis heute eine eigene und positiv bewertete Tradition entwickeln.

Soziale Nutzung

Die Nutzung für soziale Einrichtungen stand ähnlich wie die für Schulen im Gegensatz zur traditionellen Nutzungsform der Güter, auch wenn bereits im 19. Jahrhundert Krankenhäuser oder psychiatrische Anstalten in Schlössern eingerichtet worden waren. Zu den neuen Nutzungsformen der Herrenhäuser gehörten nun Kinder-, Pflege- und Altenheime sowie Erholungs- und Ferienheime, deren Existenz familiäre oder arbeitsrechtliche Veränderungen in der sozialistischen Gesellschaft widerspiegelte.

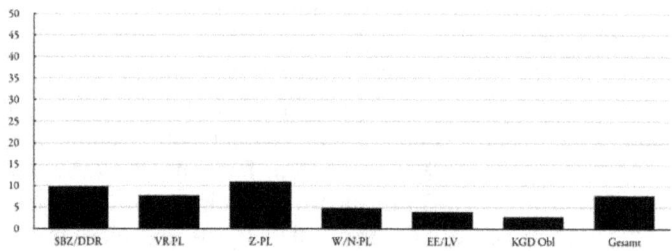

Abb. 14 Prozentanteil der nach ihrer Enteignung im 20. Jahrhundert als Heime und für soziale Zwecke genutzten Herrenhäuser in der SBZ/DDR, Polen (Zentralpolen, West- und Nordgebiete), den Republiken Estland und Lettland und dem Kaliningrader Oblast.

Im Durchschnitt wurden acht Prozent der Herrenhäuser im gesamten ostelbischen Raum für soziale Zwecke genutzt und damit blieb diese Nutzungsform im Vergleich zu anderen sehr gering. Am höchsten waren die Zahlen in der DDR und Polen und damit in den beiden Ländern, die von Flucht und Vertreibung in besonderem Maße betroffen gewesen waren. Am geringsten waren die Zahlen in den baltischen Republiken und im Kaliningrader Oblast. Trotz ihrer im Vergleich zu anderen Nutzungsformen geringeren quantitativen Bedeutung und mehr noch als die Umnutzung für Bildungseinrichtungen bot jedoch gerade die Heimnutzung die Möglichkeit einer Aneignung der Herrenhäuser unter ideologischen

Gesichtspunkten, denn durch den Zugang der Bevölkerung zu diesen Objekten sowie den damit verbundenen vermeintlichen Privilegien, konnte das Bild eines sozialen und gerechten Staatswesens vermittelt werden.
Mehrere Gründe sprachen folglich für die Wahl der Herrenhäuser zu diesem Zweck:
Erstens erfüllte diese Nutzungsform eine alte sozialrevolutionäre Forderung, die Schlösser für das Gemeinwohl zu nutzen. In Deutschland hatte dies die Kommunistische Partei bereits in den zwanziger Jahren gefordert, als sie sich nicht nur für die Enteignung der Adligen, sondern auch für die Nutzung der Schlösser als Genesungs- und Versorgungsheime für Kriegsbeschädigte, Kriegshinterbliebene und verarmte Kleinrentner, als Kinderheime oder Erziehungsanstalten einsetzte.[20] Diese Forderung konnte nach dem Zweiten Weltkrieg unter sowjetischem Einfluß verwirklicht werden.
Zweitens waren die Herrenhäuser gerade in der ersten Nachkriegszeit eine schnelle und kostengünstige Alternative zu Neubauten, als insbesondere auf dem Gebiet der späteren DDR die große Anzahl anhangloser und verwahrloster Kinder sowie erkrankter alter Menschen unter den Flüchtlingen und Vertriebenen die Einrichtung von Kinder- und Pflegeheimen erforderlich machte. Das mit der Versorgung der sogenannten Umsiedler betraute Amt in Schwerin stellte dazu im Frühling 1946 fest:

„*Der größte Teil dieser Personen sind [...] nur alte und siechende Leute oder Kinder, zum größten Teil Waisenkinder, die in den Wohnungen, insbesondere jedoch in den Herrenhäusern untergebracht sind [...] und dadurch einen Teil der Dörfer und Güter zu Alters- oder Kinderheimen [machen].*"[21]

Darüber hinaus wurde im gleichen Zeitraum die Einrichtung von Sanatorien und Krankenhäusern für die Behandlung der vielen an Tuberkulose

---

[20] Vgl. Miksch, Anna: Die Sicherung und Nutzung kultureller Werte der ehemaligen Herrensitze des Großgrundbesitzes in Sachsen (Herbst 1945 bis Ende 1949). Ein Beitrag zum Problemkreis des Kulturerbes in der antifaschistisch-demokratischen Umwälzung. Dissertation zur Promotion A. Leipzig 1979, S. 78f.
[21] Zitiert bei Schlenker, Katja: Das unbequeme Erbe. Mecklenburgische Gutsanlagen und Herrenhäuser seit 1945. Rostock 2003, S. 45.

(TBC) und Typhus erkrankten Menschen erforderlich, deren Zahl aufgrund einer mangelhaften Ernährungs- und Hygienesituation schnell wuchs. Zuvor waren bereits in der Zwischenkriegszeit mehrere Heilanstalten in den Herrenhäusern des Baltikums zur Bekämpfung von TBC eingerichtet worden.[22]

Drittens boten sich die Herrenhäuser und Gutsanlagen nicht nur aufgrund ihrer Größe, sondern auch aufgrund ihrer meist etwas abgeschiedenen Lage in einer Parklandschaft grundsätzlich als Heime an. Während in dem einen Fall Größe und Abgeschiedenheit ausschlaggebend für diese Form der Nutzung waren, waren das in einem anderen die Größe, die landschaftliche Lage, möglicherweise an einem See, und der Platz für Ferienbungalows oder Zelte.

Die Heimnutzung ist im Gegensatz zu anderen Nutzungsformen sehr eng mit den gesellschaftlichen Bedingungen und Vorstellungen in der sozialistischen Gesellschaft verbunden gewesen und die meisten Heime wurden daher in den neunziger Jahren geschlossen.

Multifunktionale Nutzung

Die gleichzeitige Nutzung für unterschiedliche Zwecke stand im Gegensatz sowohl zu den traditionellen wie den neuen monofunktionalen Nutzungsformen der Güter. Auch in der traditionellen Nutzung des Herrenhauses als Familien- und Verwaltungssitz erfüllten die Räumlichkeiten unterschiedliche Aufgaben als private und halböffentliche Wohn-, Fest-, Verwaltungs- und Wirtschaftsräume, doch bildete das Haus im Besitz einer Familie trotzdem eine Einheit. Bei den neuen Nutzungsformen als Schulen oder Heime blieb diese aufgrund der Funktion zumeist ebenfalls gewahrt.

Die neue multifunktionale Nutzung der Herrenhäuser bestand hingegen in der völligen Ausnutzung des vorhandenen Raumangebotes für alle Aufgaben, die sich bei Aufbau und Modernisierung der Gemeinden, der Bildung gesellschaftlicher Organisationen sowie bei der Verwaltung der landwirtschaftlichen Großbetriebe stellten. Selbst wenn das Gebäude einem bestimmten Rechtsträger wie einer Gemeinde oder einem Betrieb zuzuordnen war, zogen faktisch verschiedene Institutionen ein, so daß

---

[22] Vgl. Dunsdorfs, Edgars: Muižas: simt divdesmit viens attēls [Güter: 121 Abbildungen]. Melbourne 1983, S. 120.

die historische Einheit des Hauses aufgelöst wurde. Zumeist gab es in den so genutzten Objekten eine Wohnnutzung mit Verwaltungs- und Versorgungsstellen oder Kultur- und Bildungseinrichtungen. Auf diese Weise wurde sogar die zeitgenössische Formel der Stadtplanung, die die Trennung von Wohnen und Arbeiten verfolgte, unterlaufen. So entstanden im Prinzip „öffentliche Räume", doch aufgrund ungeklärter Zuständigkeiten war gleichzeitig auch die Bausubstanz des Hauses durch diese Form der Nutzung stark gefährdet.

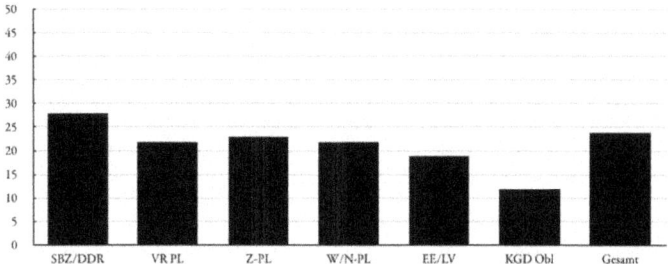

Abb. 15 Prozentanteil der nach ihrer Enteignung im 20. Jahrhundert multifunktional genutzten Herrenhäuser in der SBZ/DDR, Polen (Zentralpolen, West- und Nordgebiete), den Republiken Estland und Lettland und dem Kaliningrader Oblast.

Rund ein Viertel der Herrenhäuser wurde im ostelbischen Raum gleichzeitig für verschiedene Aufgaben genutzt und am häufigsten war diese Form der Nutzung in der SBZ/DDR und in Polen. Gründe dafür lagen in der begrenzten Verfügbarkeit freier Räumlichkeiten für die Umgestaltung der Dörfer nach der Aufnahme von Flüchtlingen und Vertriebenen sowie in der Nutzung der Herrenhäuser für Wohn- und Verwaltungsaufgaben durch die staatlichen Landwirtschaftsbetriebe. Auch bei den im Baltikum und im Kaliningrader Oblast so genutzten Herrenhäuser handelte es sich häufig um Kolchose- oder Sowchosezentren, die verschiedene Funktionen für die Angestellten und damit die Dorfbewohner hatten. Damit spielten gerade diese Dorfschlösser eine zentrale Rolle in den neuen „sozialistischen Dörfern".

Die multifunktionale Ausnutzung der Herrenhäuser ist eng mit wirtschaftlichen und administrativen Bedingungen der sozialistischen Gesellschaft verbunden gewesen, die die Einrichtung von Kindergärten, Läden und Gemeindezentren auch in kleineren Dörfern förderten. Mit der gesellschaftlichen, wirtschaftlichen und administrativen Transformation wurden jedoch Gemeindeverwaltungen zusammengelegt und Nutzungsformen wie Speisesäle, Klubs, Läden, Horte und Kindergärten geschlossen. Gemeinden, die heute noch eine Nutzung ihres Herrenhauses für verschiedene gesellschaftliche Aufgaben wünschen, können sich das nicht mehr leisten. Nur wenige Herrenhäuser werden daher heute noch in dieser Form genutzt wie das in Petershagen (Brandenburg), wo im Jahr 2005 Wohnungen, ein Laden mit Imbiß, ein Friseur und ein Raum für ABM-Kräfte untergebracht waren.[23]

---

[23] Aussage der Ortsbürgermeisterin von Petershagen P.Janiszewski (05.04.2005).

Strategie I: Ideologische Umwertung

Die ideologische Um- und Aufwertung der Herrenhäuser stellt in gewisser Weise eine Fortsetzung der ikonoklastischen Politik dar. Im Vordergrund stand nun jedoch nicht der Abbruch, sondern die Umwidmung der Herrenhäuser für das „Volkswohl" oder „einen neuen gesellschaftlichen Dienst".[1] Politik und Verwaltung versuchten, „dem Volk das Beste zu geben."[2] Das galt in besonderem Maße für die so gewonnenen Bildungs- und Sozialeinrichtungen. Diese zielten einerseits auf die konkrete Verbesserung der Lebensverhältnisse und stellten damit Investitionen in die Zukunft des jeweiligen Staates dar. Andererseits wurde eine derartige Umnutzung der Herrenhäuser von Politik und Verwaltung dahin gehend instrumentalisiert, der Bevölkerung auf diese Weise ein Signal zur Teilhabe an bisher verwerten oder vermeintlichen Privilegien zu geben und damit das Bild eines sozialen und gerechten Staatswesens zu vermitteln. Beispiele dafür sind die Bildungseinrichtungen in den Republiken Estland und Lettland und die sozialen Einrichtungen in der SBZ/DDR. Im Ergebnis waren jedoch beide Strategien unterschiedlich erfolgreich; während die Herrenhausschulen eine eigene Tradition entwickelten, blieb die Heimnutzung umstritten und spätestens 1990 wurden die meisten Einrichtungen wegen fehlender Standards geschlossen.

Abb. 16 Titel eines 1947 erschienenen Artikels über die Umnutzung von Herrenhäusern zu sozialen Zwecken. Graphisch verdeutlicht werden diese gesellschaftlichen Veränderungen durch die Gegenüberstellung einer verschnörkelten Frakturschrift und serifenlosen Druckbuchstaben.

---

[1] N.N.: Herrensitze dienen dem Volkswohl. In: Demokratischer Aufbau (1947) Nr. 1, S. 23; Biegański, Piotr: Pomniki architektury w nowej służbie społecznej [Architekturdenkmäler im neuen gesellschaftlichen Dienst]. In: Architektura [Architektur] (1949) Nr. 9/10, S. 233–239.
[2] BLHA, Rep. 205A, Nr. 806; darin N.N.: Die Schlösser für das Volk. In: Neues Deutschland vom 12.05.1948 (?).

Herrenhausschulen in Estland und Lettland

Die Herrenhausschulen im Baltikum entstanden in den zwanziger Jahren als nach Ende des Ersten Weltkrieges und der Erlangung der staatlichen Unabhängigkeit große Investitionen in staatliche Kultur- und Bildungsaufgaben getätigt wurden. Dazu zählten der Aufbau eigener Bildungssysteme und deren ehrgeiziger Ausbau auf Grundlage einer erweiterten Schulpflicht von drei auf sechs Jahre.[3] Ein Schwerpunkt in der Bildungsarbeit lag jeweils auf Investitionen in ländliche Bildungseinrichtungen, um die dortigen Lebensverhältnisse zu verbessern. Erforderlich wurde daher nicht nur die Einrichtung von Grund- und weiterführenden Mittelschulen, sondern auch von Internaten, um den Kindern in den von Streusiedlungen geprägten Republiken den Besuch zentral gelegener Schulen zu ermöglichen. Diese befanden sich im Fall der Herrenhausschulen in den großen Kleten und Neubauten oder bei Schulneubau im Herrenhaus selbst.[4] Hinzu kamen noch berufsbildende Schulen, die als Land- und Hauswirtschaftsschulen ebenfalls die alten Gutsstrukturen nutzen konnten.[5]

Welche Gründe der Umnutzung eines Herrenhauses zur Schule zugrunde lagen und welche Probleme gleichzeitig damit verbunden waren, beschreibt beispielhaft der erste Direktor der im Schloß von Cesvaine in Lettland untergebrachten Mittelschule, Alberts Vītols (1888–1965):

„In Madona arbeitete die Schule in zwei gemieteten Zimmern. Für die Zöglinge gab es kein Wohnheim und es gab keine rechte Möglichkeit, bei den örtlichen Einwohnern unterzukommen. Es wurde ein anderer Schulort gesucht. 18 Kilometer von Madona entfernt lag das Schloß von Cesvaine mit vielen leeren Zimmern. Dahin übersiedeln? Ein Teil wünschte das und ein Teil nicht. (Es gab eine Vollversammlung mit einem Vertre-

---

[3] Vgl. Schmidt, Alexander: Geschichte des Baltikums. München 1992, S. 257. Ab 1934 wurde in Lettland die Grundschule sogar auf neun Jahre verlängert. Vgl. Näf, Kaspar: Lettland – Von einer Sowjetrepublik zu einer Brücke zwischen Ost und West. In: Transformation und historisches Erbe in den Staaten des europäischen Ostens. Hrsg. von Carsten Goehrke. Bern 2000, S. 215–259, hier S. 252.
[4] Vgl. Grudulis, Ludvigs: Das Bildungswesen in Lettland. Rīga 1969, S. 18.
[5] Vgl. Dunsdorfs, Edgars: Muižas: simt divdesmit viens attēls [Güter: 121 Abbildungen]. Melbourne 1983, S. 118.

ter des Bildungsministeriums und Einwohnern aus Madona und Lehrern.) Als gefragt wurde, wie man eine Schule ohne eine Kopeke in der Tasche eröffnen kann, da sagte der Behördenvertreter: ‚Echte große Arbeit kann nur mit leeren Taschen vollbracht werden.' Das war charakteristisch für diese Zeit des Hochgefühls. Es mußte Geld gesammelt werden für die Schule. [...] Es gab viele Sorgen, aber zum Glück wurde elektrisches Licht installiert. Mit der Heizung war es schwieriger, denn es war kein Holz beschafft worden. Wir sind in den Wald gegangen, um Zapfen und Reisig zu sammeln. Später regelte sich auch diese Frage. Die Schule hatte viele Anmeldungen und es mußten mehrere Parallelklassen eingerichtet werden. Der Krieg hatte für viele die Ausbildung unterbrochen und das Alter der Schüler war sehr unterschiedlich."

Die Schule wurde am 15. September 1919 in dem Schloß eröffnet, daß erst wenige Jahre zuvor nach einem Entwurf der Berliner Architekten August Georg Dinklage (1849–1920) und Hans Grisebach (1848–1904) im Stil der Neorenaissance errichten worden war. Nach der Bodenreform im Herbst 1920 wurde der Schulbetrieb erweitert durch Zuteilung des Parks und etwas Land für wirtschaftliche Bedürfnisse sowie durch Nutzung der Klete als Internat.[6]

Die Umnutzung der Herrenhäuser war jedoch nicht nur aus Platz-, sondern auch aus Finanzgründen erforderlich. Allein in Lettland wurden zwischen 1920 und 1938 mehr als 800 Schulen neu eingerichtet, was die Gesamtzahl der Schulen annähernd verdoppelte. Obwohl die Mittel für die Errichtung dieser Bauten auch in den Neubau von Schulgebäuden flossen, wurden jedoch insgesamt mehr Schulen durch Umbauten, etwa durch Aufstockung oder Errichtung eines Anbaues, gewonnen, denn das war durchschnittlich dreimal so günstig wie ein Schulneubau. So entstanden hier zwischen 1920 und 1938 zwar 351 neue Schulen, doch wurden 487 durch Umbauten bestehender Bauten gewonnen.[7] Ähnliches gilt für Estland, wo bereits ein Jahr nach der Unabhängigkeit annähernd

---

[6] Cesvaines vidusskola – 75 gadi [Mittelschule Sesswegen – 75 Jahre]. Hrsg. von Cesvaines Vidusskola. Madona 1994, S. 5f. Am 5. Dezember 2002 ist das bis dahin als Schule genutzte Schloß ausgebrannt, aber es laufen Restaurierungsarbeiten. www.cesvaine.openlatvia.lv (31.07.2008).

[7] Vgl. Krastiņš, Jānis: Latvijas Republikas būvmāksla [Baukunst der Lettischen Republik]. Rīga 1992, S. 7f.

300 Schulen in Herrenhäusern geschaffen worden waren.[8] Das bedeutet, daß in Lettland rund 35 Prozent und in Estland rund 26 Prozent der Herrenhäuser Bildungseinrichtungen waren.

Abb. 17 Kinder spielen Volleyball vor dem als Grundschule genutzten Herrenhaus in Cēre (Lettland) (1938). Die Schule existiert mit einigen baulichen Veränderungen bis heute.

Zahl der Neubauten und der Generalumbauten bei Schulen in Lettland 1920–1938:[9]

Jahre	Neubauten		Umbauten	
	Zahl	Kosten in tsd. Lat	Zahl	Kosten in tsd. Lat
1920–1933	240	12.102	227	5.567
1934–1938	111	12.550	260	5.540
Zusammen	351	24.652	487	11.107

Die Herrenhäuser boten folglich mehr als nur behelfsmäßige Räumlichkeiten für die Schulen, vielmehr begann deren aktive Anpassung an die Bedürfnisse eines Schulbetriebes, die durchaus vom Respekt für die Gebäude und deren symbolische Bedeutung geprägt war. Dazu zählte ne-

---

[8] Vgl. Luik, Riina: Mõisakoolid – pärlid pargisügavuses [Herrenhausschulen – Perlen in Parktiefe]. In: Postimees [Postbote]/Arter vom 01.11.2003, S. 16–17, hier S. 16.
[9] Vgl. Krastiņš (wie Anm. 7), S. 7f.

Strategie I: Ideologische Umwertung

ben der Renovierung der Gebäude auch die Parkpflege, wie sie in Estland von Lehrern der Mittelschulen als Vorbild für Anwohner und Schüler betrieben wurde.[10] Die Umnutzung stellte damit die erste Investition in den Erhalt der Herrenhäuser dar, deren Zustand sich infolge der Kriegs- und Revolutionsjahre verschlechtert hatte. Meist dauerten diese baulichen Veränderungen jedoch mehrere Jahre oder gar Jahrzehnte. Beispielhafter Beleg für diese Umbauarbeiten ist der Rechenschaftsbericht der Hauswirtschaftsschule auf dem lettischen Gut Kaucminde für das Lehrjahr 1923:

„Recht umfangreiche Renovierungsarbeiten sollten durchgeführt werden: Es sollten die Dächer ausgebessert, Dachrinnen aus Zinkblech für die Ableitung des Regenwassers angebracht, die fehlenden Fensterrahmen angefertigt, Öfen repariert, Fußböden angestrichen werden usw. Die Lehrküche sollte völlig von neuem eingerichtet werden, denn mit der Küche im Kellergeschoß des Schlosses kann man sich nicht zufrieden geben. Die neue Küche sollte geräumig sein, mit viel Luft und Licht. Es soll nur noch die schadhafte Wasserleitung repariert und der Windrotor instand gesetzt werden. Ein eigenes Kraftwerk, das den Strom für die Beleuchtung erzeugt, ist angelegt worden."[11]

In den meisten Fällen blieb die äußere architektonische Form der Herrenhäuser gewahrt, da sich Baumaßnahmen meist auf Veränderungen in der Raumaufteilung und der Innenausstattung bezogen. Allerdings wurden äußere Zeichen gesetzt durch die Entfernung von Wappen, deren Ersatz durch neue Herrschaftssymbole oder durch Umbenennung, so daß sich der Charakter der Gebäude insgesamt doch veränderte. Ein Beispiel dafür stellt die Entfernung des Wappens der russischen Familie von Schoeppingk von der Fassade des als Gartenbauschule genutzten letti-

---

[10] Vgl. Tammet, Tiina: Eesti pargi- ja aiaarhitektuur 1920.–30. aastatel [Estnische Park- und Gartenarchitektur in den 1920er/1930er Jahren]. Tallinn 2003, S. 148.

[11] Diese Arbeiten wurden nach dem Zweiten Weltkrieg bis in die sechziger Jahre fortgesetzt, als die Schule in einen Neubau umzog und im Schloß ein Wohnheim eingerichtet wurde. Pläne des Projektierungsinstituts des Ministeriums für Landwirtschaft sahen u.a. ein neues Treppenhaus, die Überdeckung des Saales mit einer Eisenbetonkonstruktion, die Verlängerung des Korridors und den Bau von zwei Wohngebäuden auf dem Gutsgelände vor. Diese wurden nur zum Teil umgesetzt. Vgl. Lancmanis, Imants: Kaucmindes Muiža [Gut Kautzemünde]. Rīga 1999, S. 33.

schen Guts Bornsminde und dessen Ersatz durch ein dem lettischen Staatswappen entlehntes Sonnenmotiv.[12] Ein bekannteres Beispiel für eine forcierte kulturelle Aneignung stellt die 1934 durch den lettischen Premierminister Kārlis Ulmanis vollzogene Umbenennung der in Jelgava gelegenen ehemaligen Residenz der kurländischen Herzöge in „Schloß dem Andenken Vesthardus'" (Viestura pieminas pils) dar.[13] Genutzt wurde das Schloß zunächst als Lettische Landwirtschaftskammer und ab 1939 als Landwirtschaftsakademie, doch dem Namen nach erinnerte es an Vesthardus, der im 13. Jahrhundert die semgallischen Stämme geeint und dem Schwertbrüderorden in der Schlacht von Schaulen 1236 eine schwere Niederlage beigebracht hatte.

Die Umnutzung der Herrenhäuser für Bildungsaufgaben und damit für die Zukunftsfähigkeit der jungen Staaten war für diese gleichbedeutend mit einem symbolischen Sieg über die Vergangenheit, wie das beispielhaft ein lettischer Beamter im Bildungsministerium, Kārlis Melnalksnis, in einem Artikel über die Landschulen schrieb:

„Gutsschlösser aus unserer Vergangenheit, diese ehemaligen Behausungen der Dunkelheit und Gewalttätigkeit in unserem Land, werden verwandelt in Lettlands zukünftige Lichtschlösser; über die von Neubauern neu gebauten Häuser wird sich noch höher das stattliche Schulgebäude erheben."[14]

In einigen Fällen kamen nun sogar Güter als Schulen zum Wiederaufbau, die mehr als 20 Jahre zuvor während der revolutionären Ereignisse 1905 zerstört worden und danach aufgrund finanzieller Schwierigkeiten der Besitzer ungenutzt und dem weiteren Verfall ausgesetzt geblieben waren. In Lettland gehören dazu die Herrenhäuser in Nītaure (1928–1936 Bau der Schule) aus dem Besitz der Familie Stenbock-Fermor,

---

[12] Vgl. Bruģis, Dainis: Bornsmindes muiža [Gut Bornsmünde]. Rīga 1997, S. 40.
[13] Vgl. Sommerreise in Lettland. Hrsg. vom Ministerium für öffentliche Angelegenheiten Lettlands/Abteilung für Tourismus. Riga 1938, S. 110.
[14] Melnalksnis, Kārlis: Laukskolu staavoklis [Zustand der Landschule]. In: Izglītības Ministrijas Mēnešraksts [Monatsschrift des Bildungsministeriums] (1920) Nr. 12, S. 580–583, hier S. 583.

Strategie I: Ideologische Umwertung

Vijciema (1936 Bau der Schule) und Vāne (in den dreißiger Jahren Bau der Schule).[15]

Abb. 18 und **Abb. 19** Vorderansicht der Gewerbeschule in Gulbene (1927) und Vorderansicht der Grundschule in Krimulda (1923). In der Gewerbeschule ist heute ein Gymnasium und an den Standort der Schule in Krimulda erinnert ein Gedenkstein.

Die architektonische Form der Herrenhäuser blieb sogar Vorbild für den Neubau von Schulen, wie mehrere Beispiele in Lettland zeigen. Dazu gehörten die an ein klassizistisches Schloß erinnernde Staatliche Gewerbeschule in Gulbene von Indriķis Blankenburgs (1887–1944), dem in dieser Zeit bedeutendsten lettischen Schularchitekten, die nach dem Vorbild eines Renaissanceschlosses gestaltete Grundschule in Ventspils von Kārlis Bikše (1887–1955) oder die an ein Barockschloß erinnernde Grundschule in Krimulda von den Architekten V. Feizaks (*1885) und J. Bleus.[16] In Estland waren in der gleichen Zeit die als Angestellte des Landwirtschaftsministeriums arbeitenden Architekten Erika Nõva (1905–1987), Edgar Velbri (1902–1977) und August Volberg (1896–

---

[15] Vgl. Plaudis, Arvīds: Ceļvedis pa teiksmu pilīm. Vēsturiskas uzziņas, leģendas, ekskursijas [Führer zu Sagenschlössern. Historische Auskünfte, Legenden, Ausflüge]. Rīga 2004, S. 105ff.; Latvijas muižas un pilis. Eiropas kultūras mantojuma dienas [Lettlands Güter und Schlösser. Tage des europäischen Kulturerbes]. Hrsg. von Valsts kultūras pieminekļu aizsardzības inspekcija [Staatliche Aufsicht des Kulturdenkmalschutzes]. Rīga 1997, S. 91; Dišlere, Inta; Ozola, Agrita: Muižas Lauku Kultūrvidē. Tukuma rajona muižas fotogrāfijās no Tukuma muzeja krājuma [Güter im ländlichen Kulturmilieu. Tuckumer Güter in Foto-grafien aus dem Bestand des Tuckumer Museums]. Tukuma muzejs 2002, S. 130ff.
[16] Vgl. Krastiņš (wie Anm. 7), S. 124.

1983) mit ähnlichen Aufgaben für die Modernisierung des Landlebens betraut.[17]

Diese Art von Schulneubauten überrascht angesichts der in den unabhängig gewordenen Republiken Estland und Lettland dominierenden Ablehnung deutschbaltischer Kultur, die sich wenige Jahre zuvor in den Revolutionen von 1905 und 1917 noch gewaltsam Bahn gebrochen hatte. Offensichtlich haben viele der verantwortlichen Architekten die traditionelle Formensprache, mit der sie dank ihrer Ausbildung bestens vertraut waren, anfänglich auf Neubauten angewendet, bevor sie insgesamt funktionalistischer arbeiteten. Auf diese Weise gelang im ersten Jahrzehnt der lettischen Republik, als die Zahl der neu gebauten Schulen im übrigen höher war als die der durch Umbauten gewonnenen, eine Anpassung der Neubauten an die von Gütern geprägte lettische Kulturlandschaft und damit die Vermittlung eines Eindrucks von Kontinuität und Stabilität sowie gleichsam von Wertschätzung nationaler Kultur- und Bildungsaufgaben. Gerade in den ersten Jahren der Unabhängigkeit war aber eine solche Anlehnung an Herrenhaustypen bei Neubauten auch Ausdruck der Suche nach einem eigenen Stil und damit reihen sich diese Schulneubauten ein in eine große Zahl schloßartiger Schulen und anderer ähnlicher öffentlicher Gebäude, die in Mitteleuropa im frühen 20. Jahrhundert vor allem in den nun unabhängig gewordenen Staaten errichtet wurden. Dazu gehören auch schloßartige Schulbauten in Polen[18] und im weiteren Sinne auch Bauten im „styl dworkowy", dem Stil des klassizistischen polnischen Gutshauses.[19]

Aufgrund der engen Verknüpfung dieser Nutzungsform mit der Zeit der ersten Unabhängigkeit konnte sich in Estland und Lettland eine eigene Nutzungstradition entwickeln. Diese besteht bis heute und findet

---

[17] Vgl. Lapin, Leonhard; Viirmaa, Vello: Eesti küla ehitab/Nowii oblik estonsko cela/Contemporary Rural Architecture of Soviet Estonia. Tallinn 1983, S. 15.
[18] Vgl. Lipowski, Zbigniew: Szkoły jak pałace [Schulen wie Schlösser]. In: Spotkania z Zabytkami [Begegnungen mit Denkmalen] (2002) Nr. 10, S. 27–28.
[19] Vgl. Nadolny, Rafał: Recepcja stylu dworkowego w miejscowości letniskowej na przy-kładzie puszczykowa [Rezeption des Gutshausstils in einem Erholungsort am Beispiel Puszczykowos]. In: Dwór polski: zjawisko historyczno i kulturowe: materiały V Seminarium, Kielce, 7–9 października 1999 [Polnisches Gutshaus: historisches und kulturelles Phänomen. Materialien des V. Seminars in Kielce, 7.–9.10.1999]. Hrsg. vom Stowarzyszenie Historyków Sztuki [Verband der Kunsthistoriker]. Warszawa 2000, S. 283–293.

Strategie I: Ideologische Umwertung

ihren Ausdruck in der Existenz mehrerer Interessenverbände wie dem „Verbund der Estnischen Herrenhausschulen"[20] und in Projekten zur Erforschung und für den Erhalt der Schulen.

Abb. 20 und **Abb. 21** Beiträge für den Wettbewerb „Meine Schule im Schloß" (Mana skola pilī): Līva Krāģes Bild „Meine Schule" (Mana skola) zeigt die Mittelschule in Vandzene. Sie wurde 1937 im Schloß der Familie von Heiking eingerichtet; Agnese Zeltiņas Bild „Rad der Zeit" (Laika rats) zeigt die Veränderung des Herrenhauses in Ērberģe. Aus dem ehemaligen Besitz der Familie von Hahn wurde 1930 eine Schule.

Ein entsprechendes Forschungsprojekt am Historischen Archiv in Tartu begann mit Unterstützung des estnischen Kulturministeriums im Januar 2005, welches zudem ein Programm für den Erhalt dieser Schulen finanziert. In Lettland hat es ebenfalls ein mit EU-Mitteln finanziertes Projekt zu diesem Thema gegeben.[21] Hinzu kommen Veranstaltungen für Schüler, wie der 2004/05 durchgeführte Wettbewerb des „Schlösser- und Güterverbunds Lettlands" mit dem Titel „Meine Schule im Schloß", deren Ergebnisse in Form von Aufsätzen, Bildern, Erzählungen und Gedichten

---

[20] Eesti Mõisakoolide Ühing [Verbund der Estnischen Herrenhausschulen], www.hot.ee/emky (31.07.2008).
[21] Mõisakoolide Projekt [Herrenhausschulenprojekt] am Historischen Archiv in Tartu, www.eha.ee/arhiivikool (31.07.2008); Skolas Latvijas muižās un pilīs [Schulen Lettlands in Gütern und Schlössern], www.rsp.lv/skolas/index.html (31.07.2008).

eine vielseitige Auseinandersetzung der Schülerinnen und Schüler mit der Geschichte ihrer Schulen zeigen.[22]

Piret Rammo, ehemalige Direktorin der Herrenhausschule im estnischen Laupa und Vorsitzende des „Verbunds der Herrenhausschulen in Järvamaa",[23] drückt heute die Wertschätzung für diese Schulen folgendermaßen aus:

„Von den einstmals 3.000 Herrenhäusern in Estland sind diejenigen erhalten, die bis heute eine Schule beherbergen. Die Herrenhausschulen sind heimelig und bequem für die Kinder, jede von ihnen hat ein eigenes Gesicht und alle verströmen den Atem der Geschichte, was den Geschichtslehrern die Arbeit erleichtert. Wir wünschen diesen Wert zu bewahren und ihn den Kindern zu lehren."[24]

Bei aller Kritik, die es auch an dem Verfall von Herrenhausschulen und an dieser Umnutzungsform an sich gegeben hat, bleibt diese Nutzungsform doch die „befriedigendste Nutzung für ein Herrenhaus"[25] wie der lettische Kunsthistoriker Imants Lancmanis (*1941) urteilt und sein estnischer Kollege Juhan Maiste bezeichnete die Schließung der Landschulen entsprechend als den „schicksalhaftesten Schlag" für die Herrenhäuser.[26] Dieser Eindruck wird auch durch die Ergebnisse der estnischen Güterinventarisierung Ende der siebziger Jahre gestützt, aus denen hervorgeht, daß die als Dorf- oder Berufsschulen genutzten Herrenhäuser am besten erhalten waren.[27]

---

[22] Vgl. Zviedris, Mārtiņš: Sāks projektu „Mana skola pilī" [Das Projekt „Meine Schule im Schloß" beginnt]. In: Zemgale Ziņas [Semgallen Nachrichten] vom 09.07.2004.

[23] Järvamaa Mõisakoolide Ühing [Verbund der Herrenhausschulen in Jerwen], www.hot.ee/moisakoolid (31.07.2008).

[24] Zitiert bei Tohver, Sirje: Mõisakoolid loodavad Euroopa Liidu abile [Herrenhausschulen hoffen auf EU-Hilfe]. In: Õpetajate Leht [Lehrerzeitung] vom 28.01.2000, S. 1.

[25] Lancmanis, Imants: Schlösser und Herrenhäuser in Lettland. Probleme und Lösungen. In: Jahrbuch des baltischen Deutschtums (2005) Nr. 52, S. 19–39, hier S. 34.

[26] Maiste, Juhan: Eestimaa mõisad [Estlands Güter]. Tallinn 1996, S. 420.

[27] Vgl. Schmidt, Herbert B.: Privatisierung als Chance im Denkmalschutz am Beispiel baltischer Herrenhäuser. In: Privatisierung als Chance im Denkmalschutz am

Strategie I: Ideologische Umwertung

Herrenhausheime in der SBZ/DDR

Die Nutzung der Herrenhäuser als Kinder-, Alten- oder Erholungsheime begann in der Sowjetischen Besatzungszone (SBZ) bereits in den ersten Nachkriegsjahren. Diese Form der Umnutzung war demnach eng mit der Bewältigung der Kriegsfolgen und der Alltagsnot sowie den Bemühungen um einen gesellschaftlichen und wirtschaftlichen Neuaufbau verbunden. Da die meisten Herrenhäuser für Wohnzwecke genutzt wurden, standen jedoch generell kaum Objekte für andere Nutzungsformen zur Verfügung und so konkurrierten die verschiedenen sozialen und kulturellen Institutionen um die wenigen geeigneten Gebäude. Der zeitgleich stattfindende Machtkampf der Sozialistischen Einheitspartei Deutschlands (SED) behinderte und förderte diese Entwicklung zugleich. Einerseits schränkte die 1947/48 nach Erlaß des Befehls Nr. 209 der Sowjetischen Militäradministration in Deutschland (SMAD) geführte Auseinandersetzung um Erhalt und Abriß der Güter die notwendige Einrichtung von Heimen grundsätzlich ein und verschärfte damit die Konkurrenz unter den Bewerbern zusätzlich. Andererseits begann zeitgleich eine offizielle Kampagne zur Förderung der Umnutzung von Herrenhäusern für soziale Zwecke.

1946 wurden die ersten Kinder- und Waisenheime eingerichtet. In Brandenburg hatte es dazu im Frühjahr dieses Jahres Anfragen einzelner Gemeinden gegeben,[28] doch erst im Herbst erteilte die SMAD offiziell den Auftrag zur Errichtung von Kinder- und Schwangerenheimen.[29] Im folgenden Jahr konnten dann bei Regierungsvertretern in Brandenburg[30] und Sachsen[31] Vorschläge zur Nutzung der Herrenhäuser insbesondere

---

Beispiel baltischer Herrenhäuser. Hrsg. von Ann Tenno, Juhan Maiste und Herbert B. Schmidt für die Friedrich-Naumann-Stiftung. Tallinn 1996, S. 2–10, hier S. 6.

[28] Vgl. u.a. KA MOL, Nr. 163; darin Brief des Bürgermeisters von Jahnsfelde an den Landrat des Kreises Lebus, Abt. Wohnungsfürsorge, Seelow/Mark. Betr.: Gebäude für Kinderheime, Waisenhäuser usw. (05.03.1946).

[29] Vgl. BLHA, Rep. 204A, Nr. 2350; darin Vermerk in der Provinzialverwaltung Mark Brandenburg, Abeilung V Finanzen (22.11.1946).

[30] Vgl. BLHA, Rep. 250, Nr. 532, Bl. 11; Abschrift des Briefs des Ministeriums der Finanzen und Abt. III (Landwirtschaft und Forste) an Landräte, Oberbürgermeister und Oberlandräte. Runderlass V Lie Nr. 64/46. Betr.: Verwaltung der Bauanlagen auf dem durch die Bodenreform enteigneten Großgrundbesitz (18.01.1947).

[31] Vgl. Leinert, Alexandra: Sachsens Schlösser, Guts- und Herrenhäuser zwischen

für kulturelle und soziale Zwecke eingereicht werden. Darunter befanden sich auch mehrere Anfragen aus Berlin. Obwohl es in der brandenburgischen Provinzialverwaltung auch Verständnis für eine privatwirtschaftliche Nutzung insbesondere bei beschädigten Objekten und gegen eine angemessene Pacht gab,[32] wurden diese Pläne und Ideen alle nicht verwirklicht:

Bereits 1946 bat der Provinzialausschuß für die Innere Mission in der Provinz Brandenburg wiederholt um ein als Altenheim geeignetes Objekt, nachdem die Anträge auf Überlassung der Schlösser in Boitzenburg und Fürstlich Drehna bereits abgelehnt worden waren.[33] Der Berliner Propst Heinrich Grüber (1891–1975) suchte nach einem Erholungsort für „müde Berliner Pfarrer".[34] Eine Organisation suchte ein Heim für „gefährdete Mädchen" mit einer Mindestentfernung zum nächsten Besatzungsquartier von 40 Kilometern[35] und ein Berliner Privatmann äußerte 1947 den Wunsch, ein Herrenhaus zur Errichtung eines „Erholungs- und Pflegeheims für besser gestellte ältere Personen" kaufen zu wollen.[36]

Der Bürgermeister von Buckow/Märkische Schweiz entwickelte in einem Brief an die Landesregierung gar eine ganz eigene Vision zu den zukünftigen Chancen seiner Stadt „ohne jede Industrie" als Erholungsort insbesondere der Berliner, die sich „– auf Generationen hinaus – den Luxus von Auslandsreisen nicht mehr werden leisten können." Für diese Zwecke waren bereits die Neuanlage eines Schwimm- und Strandbades und der Ausbau einer Ski- und Rodelbahn erfolgt und auch das Flem-

---

Funktionswandel und Vernichtung in den Jahren 1945 bis 1952. Magisterarbeit. TU Dresden 1996, S. 28.

[32] Vgl. BLHA, Rep. 204A, Nr. 2434; darin handschriftliche Notiz. Betr. Herrenhaus Münchehofe, Kreis. Lebus (28.12.1946(?)).

[33] Vgl. BLHA, Rep. 204A, Nr. 2350; darin Brief des Provinzialausschusses für Innere Mission in der Provinz Brandenburg, Berlin-Nikolasee, an die Provinzialverwaltung, Abt. Arbeit und Sozialverwaltung, Potsdam (07.09.1946).

[34] BLHA, Rep. 204A, Nr. 2350; darin Anfrage von Propst Heinrich Grüber an Minister Schwob (14.04.1947). Heinrich Grüber (1891–1975) war bis 1958 Bevollmächtigter der Evangelischen Kirche in Deutschland bei der Regierung der DDR.

[35] BLHA, Rep. 204A, Nr. 2350; darin Vermerk (05.02.1947).

[36] BLHA, Rep. 204A, Nr. 2350; darin Brief Adolph Camphausens, Woltersdorf [vorher: Charlottenburg/Adolf-Hitler-Platz 2], an die Landesregierung Brandenburg, Ministerium der Finanzen, Abt. Liegenschaften (16.09.1947).

Strategie I: Ideologische Umwertung

ming'sche Herrenhaus sollte eine Rolle als Veranstaltungsort spielen. Damit verbunden war die Hoffnung, Arbeitsplätze für die in der Stadt lebenden Vertriebenen zu schaffen.[37]

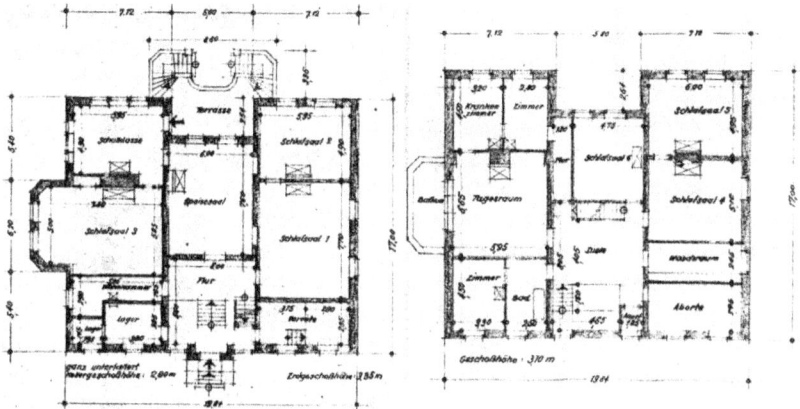

Abb. 22 Grundrisse für Erd- und Obergeschoß des als Kinderheim genutzten Herrenhauses in Görlsdorf (Brandenburg). Im Erdgeschoß waren 1949 drei Schlafsäle, ein Speisesaal, Lagerräume und eine Schulklasse und im Obergeschoß waren drei Schlafsäle, ein Waschraum, Toiletten, Krankenzimmer, Tagesraum sowie Zimmer von Aufsichtspersonen. Im Dachgeschoß waren weitere fünf Zimmer geplant.

Beispielhaft für die Nachkriegssituation und die damit verbundenen Probleme bei der Gründung von Heimen sind die beiden Kinderheime in den brandenburgischen Dörfern Rosengarten (Stadtkreis Frankfurt/Oder) und Görlsdorf (Kreis Lebus):

Während sich im Fall Rosengarten, das für die Aufnahme von 100 bis 120 Kindern vorgesehen war,[38] zeigte, wie problematisch angesichts der angespannten Wohnsituation der Um- und Ausbau der Herrenhäuser für andere Nutzungsformen war, gab es im Fall Görlsdorf eine Auseinandersetzung um die Frage, ob das Herrenhaus eher für eine dringend benötig-

---

[37] BLHA, Rep. 250, Nr. 435; darin Brief des Bürgermeisters Billecke an die Landesregierung Brandenburg, Ministerium der Finanzen, Abt. Grundstückswesen (23.10.1947).
[38] Vgl. BLHA, Rep. 208, Nr. 657, Bl. 9; Auszug aus dem Protokoll der Kreiskommission für Bodenreform (27.12.1946).

te Schule oder für die Aufnahme von 60 bis 80 Waisenkindern[39] genutzt wird. In Rosengarten konnte sich 1946/47 der Vorsitzende der Kreisbodenkommission, Willy Jentsch (1892–1966), der auch stellvertretender Oberbürgermeister Frankfurts war, mit seiner Idee eines Kinderheims[40] gegen die beiden Rosengartner Ortsausschüsse für Bodenreform und der gegenseitigen Bauernhilfe durchsetzen, die das Herrenhaus für die Unterbringung von zehn Familien benötigten.[41] Er konnte dabei lediglich aufgrund seiner Machtposition siegen, denn sein Argument, das Gebäude sei für die Unterbringung von Familien aufgrund von Bauart und Raumeinteilung sowie wegen des Vorhandenseins von lediglich einer Kochstelle nicht geeignet,[42] überzeugt nicht, da in dieser Zeit bei der Umnutzung von Herrenhäusern für Wohnzwecke auf derartige Ausstattungsmängel generell keine Rücksicht genommen wurde. In Görlsdorf dagegen konnte der Streit um die Schule im Oktober 1947 durch den Kompromiß beigelegt werden, daß die „Märkische Volkssolidarität" als Betreiberin des Heimes[43] eine neue Schule an Stelle sowie aus den Trümmern eines Gutshauses bauen ließ und das Herrenhaus damit vollständig zur eigenen Verfügung erhielt.[44] Dieses konnte wiederum trotz Nutzung dem Abriß nach SMAD-Befehl Nr. 209 nur entgehen, weil dessen Erhalt im Austausch für die Abtragung des stark beschädigten Schlosses der Familie von der Marwitz in Friedersdorf – eines Baus des

---

[39] Vgl. BLHA, Rep. 208, Nr. 741, Bl. 25; Abschrift eines Briefes der Märkischen Volkssolidarität weitergeleitet vom Provinzialverband Mark Brandenburg der SED an die Provinzialregierung, Abt. Bodenreform (13.02.1947).
[40] Vgl. StA FFO, Nr. 2385; darin Brief des stellv. Oberbürgermeisters Willy Jentsch von Frankfurt/Oder an den russ. Stadtkommandanten Major Iwanow in Frankfurt/Oder (11.06.1946).
[41] Vgl. StA FFO, Nr. 2385; darin Brief der Provinzialregierung Mark Brandenburg, Ministerium für Wirtschaftsplanung, Abt. Land- und Forstwirtschaft, Potsdam an die Stadtverwaltung Frankfurt/Oder (18.02.1947).
[42] Vgl. StA FFO, Nr. 2385; darin Brief des Vorsitzenden der Kreisbodenkommission Willy Jentsch (27.01.1947).
[43] Vgl. BLHA, Rep. 208, Nr. 741, Bl. 25; Abschrift eines Briefes der Märkischen Volkssolidarität weitergeleitet vom Provinzialverband Mark Brandenburg der SED an die Provinzialregierung, Abt. Bodenreform (13.02.1947).
[44] Vgl. BLHA, Rep. 208, Nr. 741, Bl. 41; Brief des Landesausschusses der Märkischen Volkssolidarität an die Landesregierung, Abt. Finanz- und Steuerwesen (30.10.1947).

Strategie I: Ideologische Umwertung

Architekten Karl Friedrich Schinkel (1781–1841) – beschlossen worden war.[45]

Mit dem SMAD-Befehl Nr. 44 vom 18. März 1948 wurde die Grundlage für die Einrichtung von Sanatorien und Erholungsheimen gelegt, mit dem die Vergabe der „Schlösser und Paläste der früheren Gutsbesitzer, Junker, Finanzmagnaten und anderer Monopole" an den Freien Deutschen Gewerkschaftsbund (FDGB) und die Sozialversicherungsanstalt ermöglicht wurde.[46] Der FDGB baute mit dieser Erlaubnis den im Jahr zuvor gegründeten Feriendienst aus, in dessen Rahmen im ersten Jahr immerhin bereits 17.500 Urlauber betreut worden waren.[47] In Brandenburg wurde danach zudem eine „Kommission zur Erhaltung der Schlösser und Gutshäuser für die Verwendung als Schulen, Erholungsheime, Krankenhäuser und als Sanatorien" ins Leben gerufen, die am 29. April 1948 während der Auseinandersetzungen um den Abriß der Herrenhäuser erstmals tagte. Daran waren Vertreter des Ministeriums für Arbeit und Sozialfürsorge, der Landesversicherungsanstalt, des FDGB, der SED, der Bodenreform, des Volksbildungsministeriums und ein Konservator beteiligt.[48] Eine wichtige Rolle bei der Entwicklung der Sozialfürsorge und des Gesundheitswesens spielte ebenfalls die im Herbst 1945 in Sachsen gegründete Wohlfahrtsorganisation „Volkssolidarität", deren Hilfe sich an Kinder, Alte, Kranke, Vertriebene und heimkehrende Kriegsgefangene richtete.[49]

Blockierend auf die Schaffung von Heimen und Sanatorien wirkte sich der im September 1947 beschlossene Abbruch aller Herrenhäuser

---

[45] Vgl. BLHA, Rep. 208, Nr. 741, Bl. 48; Brief des Bodenkulturamts Frankfurt/Oder an die Landesregierung Brandenburg, Ministerium des Innern, Abt. Landes- und Kom. Verwaltung, Dezernat Bodenordnung (23.02.1948).
[46] BLHA, Rep. 205A, Nr. 806, Bl. 224; Abdruck des Befehls Nr. 44 des Obersten Chefs der Sowjetischen Militärverwaltung und Oberbefehlshaber der Sowjetischen Besatzungstruppe in Deutschland (18.03.1948).
[47] Vgl. Prendel, Werner: Gesellschaftliche Bauten. Einrichtungen der Bildung, Kultur, Versorgung, Gesundheit und Erholung. Berlin 1973, S. 49ff.
[48] Vgl. BLHA, Rep. 205A, Nr. 806; darin Verzeichnis der Kommission zur Erhaltung der Schlösser und Gutshäuser für die Verwendung als Sanatorien (26.04.1948).
[49] Vgl. Beispiele aus Sachsen bei Miksch, Anna: Die Sicherung und Nutzung kultureller Werte der ehemaligen Herrensitze des Großgrundbesitzes in Sachsen (Herbst 1945 bis Ende 1949). Ein Beitrag zum Problemkreis des Kulturerbes in der antifaschistisch-demokratischen Umwälzung. Dissertation zur Promotion A. Leipzig 1979, S. 228f.

aus.[50] Brandenburgische Denkmalpfleger hofften zwar mit Berufung auf den SMAD-Befehl Nr. 44 möglichst viele Herrenhäuser vor dem Abriß zu bewahren, doch änderte sich die Quote der zu erhaltenden Bauwerke insgesamt nicht.[51] Vielmehr wurde der rigorose Abriß von der SED-Führung weiterhin gefordert und Verantwortliche wie der Chef der Abteilung Land- und Forstwirtschaft bei der SMAD, Oberst Alexandr F. Kabanow, und der Landrat des brandenburgischen Kreises Lebus, Berthold Wottke (1898–1968), lehnten zudem die Einrichtung von Heimen von vornherein ab oder unterstellten den Trägern, daß dies nur zum Schein geschehe, um das Bauwerk zu bewahren.[52] Krankenhäuser „mit zwei oder drei Kranken" konnten, wie sowjetische Vertreter abfällig kommentierten, den Erhalt der Gebäude nicht rechtfertigen.[53]

Ein Kompromiß war nur insofern möglich, als daß die erforderlichen sozialen Nutzungen möglichst auf kunsthistorisch ohnehin erhaltenswerte Gebäude konzentriert werden sollten, wie es in einem Grundsatzbeschluß des SED-Zentralsekretariats vom 15. März 1948 heißt.[54] Überlegungen gab es dazu 1949 auch in Brandenburg, demnach der Museumsreferent im Ministerium für Volksbildung zusammen mit einem Vertreter der Sozialversicherungsanstalt die zum Abriß vorgesehenen Herrenhäuser prüfen sollte, um erhaltenswerte Objekte für die Nutzung zu Heimzwecken auszusuchen und als wertlos erachtete zum ungehinderten Abbruch frei zu geben.[55] Die 1951 in Mecklenburg unter beson-

---

[50] Vgl. BLHA, Rep. 204A, Nr. 2350; darin Aktenvermerk, Landesregierung Brandenburg, Ministerium der Finanzen, Abt. Finanz- und Steuerwesen (20.02.1948).
[51] Vgl. BLHA, Rep. 205A, Nr. 552, Bl. 105; Bericht der Kommission zur Erhaltung der Schlösser und Gutshäuser für die Verwendung als Schulen, Erholungsheime, Krankenhäuser usw. über die Durchführung der Anordnung bezüglich des Abrisses der Schlösser und Gutshäuser im Lande Brandenburg (26.05.1948).
[52] Vgl. Schwartz, Michael: Vertriebene und „Umsiedlerpolitik". Integrationskonflikte in den deutschen Nachkriegs-Gesellschaften und die Assimilationsstrategien in der SBZ/DDR 1945–1961. München 2004, S. 782f.; KA MOL, Nr. GIF 1290; darin Brief des Rates des Kreises Lebus, Obere Bauleitung 209, Seelow an den Bürgermeister und Vorsitzenden der VdGB Tempelberg. Betr.: Sofortaktion – Befehl 209 – Neubauernstellen. Bez.: Ministererlass vom 28.01.1948 (09.02.1948).
[53] Vgl. Schwartz (wie Anm. 52), S. 777f.
[54] Vgl. Ebenda, S. 784f.
[55] Vgl. BLHA, Rep. 205A, Nr. 647; darin Aktennotiz (04.03.1949). Betr.: Rücksprache mit Herrn Volck (Bodenreform) auf Veranlassung des Schreibens Dr. Strauss, Eingang 10.02.49.

Strategie I: Ideologische Umwertung

deren Schutz gestellten 21 Herrenhäuser sollten ebenfalls einer „geeigneten Verwendung als Altenheime, Zentralschulen, Internate, Institute, Krankenhäuser oder ähnliches" zugeführt werden.[56] Über Ergebnisse ist im Einzelnen nichts bekannt, aber da bereits ab 1949 die Zahl der Abbrüche sank, verlor auch dieser Konflikt schließlich an Bedeutung.

Die ideologisch geführte Kampagne zur sozialen Umnutzung der Herrenhäuser bestand in der vergleichenden, quantifizierenden Darstellung ihrer Nutzung in der Vor- und Nachkriegszeit und einer inhaltlichen Wertung unter Herausstellung der Gegensätze. Entsprechende Veröffentlichungen, in denen explizit darauf hingewiesen wird, daß die Immobilien vor dem Krieg mit ihrer großen Anzahl von Zimmern lediglich von einer Person, einem Paar oder einer Familie genutzt worden sind und nun als Heime, Krankenhäuser oder Sanatorien teilweise mehr als 100 Personen aufnehmen und damit für die Gemeinschaft viel sinnvoller genutzt werden, gab es mehrere. Auf diese Weise wurde ein bestimmtes Feindbild der Gutsbesitzer gefördert, das bis 1990 Bestand hatte. Besonders stark war diese Feindbildpropaganda allerdings in der ersten Nachkriegszeit, als die Generation der lang gedienten Parteimitglieder an die Macht kam, die zuvor einer ähnlichen Propaganda ausgesetzt gewesen war,[57] und der Machtkampf der SED noch nicht entschieden war.

---

[56] Zitiert bei Bock, Sabine: Denkmalpflege im Norden der DDR vor und nach 1975. Änderte sich der Umgang mit den Schlössern und Herrenhäusern durch das neue Denkmalschutzgesetz?. In: Architektur und Städtebau im südlichen Ostseeraum von 1970 bis zur Gegenwart: Entwicklungslinien, Brüche, Kontinuitäten. Beiträge zur Kunsthistorischen Tagung des Caspar-David-Friedrich-Instituts/Bereich Kunstgeschichte der Ernst-Moritz-Arndt-Universität Greifswald, 15.–17. April 2004. Hrsg. von Bernfried Lichtnau. Berlin 2007, S. 88–101, hier S. 96. Dabei handelte es sich um die Herrenhäuser in Basedow, Burg Schlitz, Cölpin, Faulenrost, Friedrichsmoor, Goldenbow, Hohen Luckow, Hohenzieritz, Johannstorf, Ludorf, Lühburg, Luplow, Plüschow, Prebberede, Remplin, Rossewitz, Rumpshagen, Schorssow, Sponholz, Ulrichshusen und Weisdin.Vgl. Freise, Regine: Der amtliche Umgang mit der Bausubstanz von Gutshäusern und Schlössern in der Sowjetischen Besatzungszone Deutschlands und der ehemaligen Deutschen Demokratischen Republik. Dargestellt am Kreis Grimmen in Vorpommern (1945–1952). Dissertation. Georg-August-Universität Göttingen 2006, S. 333–339.
[57] Vgl. Gries, Rainer; Satjukow, Silke: Feindbilder des Sozialismus. Eine theoretische Einführung. In: Unsere Feinde. Konstruktionen des Anderen im Sozialismus. Hrsg. von Rainer Gries und Silke Satjukow. Leipzig 2004, S. 13–70, hier S. 49f.

Die ersten derartigen Veröffentlichungen erschienen 1947/48 wie etwa der in der „Täglichen Rundschau" veröffentlichte Artikel mit dem Titel „Herrensitze werden umgestaltet". Darin werden mehrere Beispiele im Kreis Wanzleben in der Magdeburger Börde vorgestellt. Darunter sind ein Kreis-, ein Tuberkulose- und ein Typhuskrankenhaus sowie ein Kinder- und ein Altenheim. Dazu befragt erklärt der dortige Landrat:

„Wir glauben ein gutes Werk damit getan zu haben, daß wir diese Sitze, die einstmals wenigen zum Verbringen ihrer nutzlosen Tage auf Kosten der arbeitenden Bevölkerung dienten, heute dem Volke selbst dienstbar gemacht haben."[58]

Auch in dem 1959/60 vom Freien Deutschen Gewerkschaftsbund (FDGB) herausgegebenen Band „Urlaub, Erholung, Genesung", in dem mehr als 400 Erholungsheime in der DDR vorgestellt werden, wird in der Beschreibung einzelner Einrichtungen wiederholt eine inhaltliche Wertung abgegeben und eine „Fetischisierung der Planzahl"[59] betrieben. So heißt es bezüglich eines Kindererholungsheims in der Erzgebirgsstadt Zwönitz: „Wo früher nur eine Familie auf Kosten der Arbeitskraft ihrer Untergebenen lebte, tummeln sich heute alljährlich nahezu tausend fröhliche Kinder [...]." und die als Magenschonkostheim genutzte Anlage in Linow bei Rheinsberg wird beschrieben als „Landhaus eines Kapitalisten und 1944 Tummelplatz von Nazigrößen", wo sich nun „in 16 Durchgängen jährlich 1200 Werktätige" erholen.[60]

---

[58] BLHA, Rep. 205A, Nr. 806, Bl. 248; W.G.: Herrensitze werden umgestaltet. In: Tägliche Rundschau vom 31.05.1948.
[59] Zank, Wolfgang: Wirtschaft und Arbeit in Ostdeutschland 1945–1949. Probleme des Wiederaufbaus in der SBZ. München 1987, S. 158.
[60] Urlaub – Erholung – Genesung durch den Freien Deutschen Gewerkschaftsbund. Hrsg. vom FDGB. Berlin 1960, S. 553, S. 173.

Strategie I: Ideologische Umwertung

Abb. 23 Das nach dem bulgarischen Kommunisten und angeblichen Reichstagsattentäter Georgi Dimitroff benannte Genesungsheim in Bärenklau (Brandenburg) befand sich in einem neobarocken Herrenhaus, das seit 1926 den Besitzern der Gubener Tuchfabrik „Lehmann´s Witwe & Sohn" gehört hatte. Das Heim wurde 1992 geschlossen und das sanierte Gebäude ist heute im Privatbesitz.

Große Bedeutung unter den verschiedenen Erholungseinrichtungen hatten die Angebote für Kinder und Jugendliche. Abgesehen davon, daß diese in Krieg- und Nachkriegsjahren tatsächlich sehr gelitten hatten und eine spezielle Betreuung dringend benötigten, boten diese Einrichtungen jedoch Politik und Verwaltung die Chance für ihre politische Indoktrination. Entsprechend wies der FDGB die Eltern darauf hin, ihre Kinder vor der Abreise zu einer Kur darüber aufzuklären, daß die Kinderheime vor 1945 „noch Schlösser, Herrenhäuser, Luxusvillen und Sommersitze einer einzelnen Familie" waren und „nicht von allein zu Kinderheimen geworden sind".[61] Diese Erziehung zur Parteilichkeit bei gleichzeitiger Förderung von Feindbildern fand ihren Ausdruck ebenfalls in Kinderzeitschriften wie der seit 1957 herausgegebenen „Bummi", die sich an Kindergartenkinder richtete.[62] In der Reihe „Sterngeschichten" erschien darin eine Erzählung über ein Kinderheim, das zwei sowjetische Soldaten in einem Schloß eingerichtet hatten. Sie vertrieben die Bewohnerin mit ihrer Tochter, die danach aus dem Ausland „schrecklich" auf die

---

[61] Ebenda, S. 55.
[62] Vgl. zum Thema Erziehung auch Schirrmeister, Karl-Günter: Erziehung zum Hass. Geistige Militarisierung in der DDR. Stuttgart 1987, S. 33–60.

neuen Bewohner des Schlosses und „auf die Menschen mit dem roten Stern" schimpfte, während die Kinder im Heim dagegen ungläubig darüber staunten, daß „so viele schöne Zimmer einmal einem einzigen Menschen gehört haben sollen."[63] Der Gegensatz zwischen bedrohlicher Vergangenheit, personifiziert in der Gestalt eines „bösen" Schloßherren, und fröhlicher Gegenwart und Zukunft in der Gestalt lachender Kinder, die unter dem Schutz sowjetischer Soldaten standen, wurde gerne beschrieben und dargestellt.[64] „Feindbilder" lassen sich grafisch besonders gut vermitteln.

Abb. 24 Zwei Zeichnungen, die die Umnutzung eines Herrenhauses illustrieren. Sie erschienen 1969 in der Bildergeschichte „Sonne, sage, wie gefällt dir unser schönes Heimatland."

Die soziale Umnutzung der Herrenhäuser war sowohl Ausdruck für die Verantwortung des Staates gegenüber der Bevölkerung als auch Beispiel für symbolische Politik, denn der Zugang zu vermeintlich verwehrten Privilegien bestand nicht darin, in den so gewonnenen sozialen Einrichtungen Rücksicht auf individuelle Bedürfnisse zu nehmen oder persönliche Freiräume zu gewähren. Das Gefühl Schloßherrin oder Schloßherr zu sein, sollte bei den Bewohnerinnen und Bewohnern gar nicht erst aufkommen oder wurde aus dem Gefühl einer moralischen Überlegen-

---

[63] N.N.: Die Kinderheimgeschichte (Reihe: Sterngeschichten, Teil 4). In: Bummi (1985) Nr. 4, S. 5–6, hier S. 6. Die Geschichte war mit geringen Abweichungen bereits früher veröffentlicht worden. Vgl. N.N.: Die Grafen-Schloß-Geschichte. In: Bummi (1975) Nr. 8, S. 9–10.
[64] Vgl. u.a. N.N.: Sonne, sage, wie gefällt dir unser schönes Heimatland. In: Bummi (1969) Nr. 14, S. 3–4. Vgl. ebenfalls zum Thema Herrenhaus/Kinderheim N.N.: Bei der Blumenliesl. In: Bummi (1969) Nr. 14, S. 1–2 und zum Thema Herrenhaus/Schule N.N.: Herr von Pabusch. In: Bummi (1962) Nr. 8, S. 7–9.

Strategie I: Ideologische Umwertung

heit heraus auch von ihnen selbst durchaus abgelehnt. Diese Haltung wird beispielhaft illustriert in dem autobiographisch gefärbten Gedicht „Mutter" von Irma Harder (*1915). Darin wird das Schicksal einer Frau geschildert, die früher für einen Gutsherren arbeitete und nun ihre alten Tage in einem Schloß verbringen kann. Nach Meinung der Dichterin macht dieser Umstand aus ihr jedoch keinesfalls eine Prinzessin, sondern sie bleibt eine – stolze – Arbeiterin:

„*[...] Nun bist du alt,/Und dein Tisch ist reicher/Gedeckt denn je,/Weil Arbeiter für dich sorgen,/Arbeiter, die der Herren Schlösser/Zu Heimen machten./Du wohnst in solchem Schloß,/Aber du bist keine Prinzessin./Du bist von höherem Adel:/Du bist eine Arbeiterin!/ [...].*"[65]

Höher als luxuriöse Annehmlichkeiten werden hier bei dem Aufenthalt in einem derartig umgenutzten Herrenhaus die Erfahrung gesellschaftlicher Solidarität und sozialer Gerechtigkeit gewertet. Diese Idee des sozialen Wandels blieb konstituierend für die DDR und noch 1986 hieß es in der Veröffentlichung „Die SED und das kulturelle Erbe", daß sich in diesen Nachkriegsjahren „der Kampf gegen die politischen und ökonomischen Grundlagen der reaktionären Kulturtraditionen mit dem Ringen um die Bewahrung der positiven kulturellen Werte" verbunden hatte.[66]

Die Inbesitznahme der Herrenhäuser durch die „Arbeiterklasse" blieb jedoch ein symbolischer Akt, da sich die neuen Nutzer von der Rolle der Schloßherren distanzierten. Damit übernahmen sie allerdings auch nicht die Verantwortung für den Erhalt und die Pflege der Bauwerke, die Hausherr und Hausherrin sonst tragen, und entsprechend blieben die Verhältnisse in diesen Heimen aufgrund von Überbelegung und mangelhaften sanitären Anlagen bescheiden. Das galt vor allem für Alten- und Pflegeheime. Beispielhaft ist dafür die Situation im Kreispflegeheim in Booßen (Bezirk Frankfurt (Oder)), das 1958 im dortigen Schloß eingerichtet worden war: Das Heim war für 52 Plätze ausgelegt, doch waren

---

[65] Harder, Irma: Mutter. In: Des Sieges Gewißheit. Ein Volksbuch vom Aufbau der Deutschen Demokratischen Republik. Hrsg. von I.M. Lange und Joachim Schreck im Auftrag des Deutschen Schriftstellerverbandes und des Aufbau-Verlages. Berlin 1959, S. 515–516.
[66] Die SED und das kulturelle Erbe. Orientierung, Errungenschaft, Probleme. Hrsg. von der Akademie für Gesellschaftswissenschaften. Berlin 1986, S. 44f.

hier Mitte der sechziger Jahre 75 Heimbewohner in 15 Zimmern untergebracht. Bis zu diesem Zeitpunkt wurden die Räume mit Öfen geheizt und gab es bauhistorisch bedingt viele Durchgangszimmer, die erst später durch Vergrößerung der Räumlichkeiten wegfielen. Hinzu kamen Schäden durch fehlerhafte Reparaturen am Dach des Gebäudes. Auch wenn sich seit Beginn der siebziger Jahre die Zahl der Bewohner verringerte, waren bis zur Auflösung des Heims 1991 viele 5-Bett-Zimmer vorhanden und keines der Zimmer verfügte über eine Nasszelle.[67] Angesichts derartig schwieriger Zustände in vielen Heimen mahnte 1981 der Mediziner Hans-Lothar Kölling die Notwendigkeit an, die provisorische Nutzung von Herrenhäusern für das Gesundheits- und Sozialwesen schrittweise zu beseitigen.[68]

Im Gegensatz zu den in den Herrenhäusern untergebrachten Schulen, die über eine gewisse Zugänglichkeit verfügten und so eine Nutzung im Austausch mit der Umgebung darstellten, blieben die Heime abgeschirmt und waren nur einzelnen Gruppen zugänglich. Auf diese Weise wurde die historische Verbindung zwischen Dorf und Herrenhaus unterbrochen. Darüber hinaus waren die Heime, in denen gesellschaftliche Ordnung und Sicherheit über individuellen Bedürfnissen der Bewohner standen, im Ergebnis „Heterotopien" (Foucault)[69] und damit Orte der Kontrolle über die gesellschaftliche Norm. Das gilt vor allem für Alten- und Pflegeheime. Gerade in diesen Fällen werden die Absichten einer ideologischen Umwertung der Herrenhäuser fragwürdig, da deren bereits vorhandene Negativsymbolik als Orte der Repression im Prinzip nicht

---

[67] Vgl. StA FFO, Mattheus, Eberhard: Ortschronik Booßen. Booßen ca. 1995; darin auch Hinweise auf einen Bericht über die Auflösung des Kreispflegeheims, der 1992 in der Sendung „Explosiv" des Fernsehsenders RTL gezeigt wurde, und den Artikel „Weil die Stadt Frankfurt (Oder) kein Geld mehr hat: 21 verzweifelte alte Menschen verlieren ihr Zuhause" aus der Dezemberausgabe 1992 der Zeitschrift „TV Freizeit-Revue 9."
[68] Kölling, Hans-Lothar: Die Nutzung von Schlössern und Herrensitzen durch das Gesundheits- und Sozialwesen. In: Zu Wirkungsaspekten bei der kulturellen Nutzung historischer Bauten und bei der Kunstrezeption in der entwickelten sozialistischen Gesellschaft. Kongress- und Tagungsberichte der MLU Halle-Wittenberg. Wissenschaftliche Beiträge (1981) Nr. 10, S. 43–46, hier S. 45.
[69] Foucault, Michel: Andere Räume. In: Michel Foucault: Botschaften der Macht. Der Foucault-Reader Diskurs und Medien. Hrsg. von Jan Engelmann. Stuttgart 1999, S. 145–157, hier S. 151.

Strategie I: Ideologische Umwertung

aufgelöst, sondern noch verstärkt wurde. Das Fazit der Denkmalpfleger bezüglich des als Altenheim genutzten Schlosses Nischwitz (Bezirk Leipzig) lässt sich daher auf viele andere Objekte übertragen: „Die Nutzung als Alters- und Pflegeheim kann weder im Interesse der Heimbewohner noch der Denkmalpflege als zufriedenstellende Lösung betrachtet werden."[70]

Abb. 25 Eine Gruppe alter Frauen und Männer vor dem Altenheim im Herrenhaus Mildenitz bei Neubrandenburg (Pommern). Das Gebäude war 1670–1945 im Besitz der Familie von Schwerin und wird heute nach Sanierung weiterhin als Pflegeheim genutzt. Der Bildtitel lautet im Original: „Wo einst die Junker herrschten, können jetzt die alten Landarbeiter einen ruhigen, glücklichen Lebensabend verbringen. Im ehemaligen Herrenhaus in Mildenitz ist ein Feierabendheim mit 100 Plätzen eingerichtet."

Im Gegensatz zu anderen Nutzungsformen blieb die Heimnutzung eng mit den gesellschaftlichen Bedingungen und Vorstellungen in der sozialistischen Gesellschaft verbunden. Während daher andere Formen der Nutzung auch heute noch existieren und sich infolge der Transformation lediglich verändert haben, wurden die meisten Heime in den neunziger Jahren geschlossen. Entweder erfüllten die Kinder- und Altenheime

---

[70] Zitiert bei Gelbrich, Helmut; Franke, Jürgen; Magirius, Heinrich; Zieger, Arthur; Hiersemann, Lothar: Exkursionsführer 'Historische Parkanlagen in der Muldenaue des Kreises Wurzen'. In: 1. Bezirksfachtagung Denkmalpflege, Leipzig 24./25.09.1977. Hrsg. vom Kulturbund der DDR, Bezirksleitung Leipzig, Bezirksfachausschuß für Denkmalpflege. Leipzig 1977, S. 33–55, hier S. 45.

nicht mehr die gültigen Standards in der Heimerziehung und der Pflege oder die zu den Ferienheimen gehörenden Institutionen und Betriebe sind nach 1990 verkleinert oder geschlossen worden.

Strategie II: Temporäre Umnutzung

Bei der temporären Umnutzung sollten die Herrenhäuser lediglich bis zur Errichtung von Neubauten bestimmte Funktionen übernehmen. Beispiele dafür sind die Nutzung für Wohnungen, der fortgesetzte landwirtschaftliche Betrieb sowie die Mehrzwecknutzung für Verwaltung und Versorgung. Im Gegensatz zu dem heutigen Konzept einer zeitlich begrenzter Nutzung für urbane Brachen, das Leerräume als kreative Möglichkeitsräume begreift und den Erhalt der Bausubstanz zum Ziel hat,[1] war die temporäre Nutzung von Herrenhäusern auf die Ausnutzung der Bausubstanz ausgelegt und deren Vernachlässigung wurde billigend in Kauf genommen. Wenn jedoch aufgrund der wirtschaftlichen Mangelsituation auf diese Weise Dauerlösungen entstanden, ohne daß in ausreichendem Maße Investitionen in die Modernisierung der Bauten getätigt wurden, war das gleichbedeutend mit einer schleichenden – ideologisch motivierten – Umwertung der Herrenhäuser. Das gilt insbesondere für die Wohnnutzung, die in Form von Massenunterkünften oder Schlichtwohnungen lediglich als zeitlich begrenzte Lösung gedacht gewesen war, aber in der Tat auch nach 1990 weit verbreitet geblieben ist. Zeitlich begrenzt blieben indessen die Nutzung der Wirtschaftsgebäude und verschiedene Formen der Mehrzwecknutzung. Trotz des mit der temporären Umnutzung verbundenen Verfalls gilt, daß selbst diese Form der Nutzung für den Erhalt der Bausubstanz meist besser als der vollständige Leerstand gewesen ist.

Massenunterkünfte in der SBZ/DDR

Die Wohnnutzung der Herrenhäuser begann zeitgleich mit der Umsetzung landwirtschaftlicher Reformen und war grundsätzlich verbunden mit einem Mangel an Wohn- und Wirtschaftsgebäuden für die neu geschaffenen Betriebe. Diese Situation wurde durch die Aufnahme von Flüchtlingen und Vertriebenen verschärft. Während und nach dem Zweiten Weltkrieg fanden in der Sowjetischen Besatzungszone (SBZ) rund

---
[1] Vgl. u.a. Gallenmüller, Tanja: Mind the gap. Zwischenumnutzung von Leerräumen am Beispiel des Quartiers Boxhagener Platz. Mammendorf 2004, S. 23ff., S. 38; Konzept eines Wächterhauses des Vereins HausHalten e.V. zum Erhalt leerstehender Altbauten in Leipzig, www.haushalten-leipzig.de (31.07.2008).

4,4 Millionen Menschen Aufnahme, was einem Anteil von 25 Prozent an der Gesamtbevölkerung entspricht.[2] Der Zustrom erfolgte stoßweise und die meisten Flüchtlinge und Vertriebenen wurden in den Dörfern Mecklenburg-Vorpommerns und Brandenburgs untergebracht. Allein in Mecklenburg kamen im Februar 1946 täglich über 20.000 Menschen an.[3] In Brandenburg erhielten im selben Jahr rund 700.000 Menschen Aufnahme und im Verlauf des Jahres 1947 wurden weitere aus Polen, Dänemark und Übersee erwartet.[4] Für ein einzelnes Dorf wie Steinhöfel (Kreis Lebus) konnte das im Ergebnis folgende Verteilung bedeuten:[5]

Anzahl der Einwohner (Stammbevölkerung)	360 Personen
Anzahl der Umsiedler	273 Personen
Insgesamt	633 Personen

Aufgrund von Kriegszerstörungen blieb die Wohnungssituation sehr angespannt und auch hier zeigt sich daher eine Konkurrenz um die Nutzung der verbliebenen Objekte. So drohte der Verwalter des brandenburgischen Provinzialgutes Lietzen (Kreis Lebus) in einem Brief an den Bezirksgüterverwalter mit der Entlassung von „mindestens 5 Familien (11 Arbeitskräfte)", wenn das bislang für Wohnzwecke genutzte Herrenhaus einer Schule zur Verfügung gestellt wird.[6] Auch im benachbarten Neuhardenberg gab es Schwierigkeiten bei der Einrichtung der Schule, denn der Antrag des Lehrers Ernst Tietze (1887–1967) wurde sowohl vom Bürgermeister – „Ich werde in das Schloß zehn Umsiedlerfamilien stecken." – als auch vom Bezirksbürgermeister zunächst abgelehnt.[7] Diese grundsätzliche Mangelsituation spiegelte sich ebenfalls in der Tat-

---

[2] Vgl. Buck, Hannsjörg F.: Mit hohem Anspruch gescheitert – Die Wohnungspolitik der DDR. Münster 2004, S. 23.
[3] Vgl. Dix, Andreas: „Freies Land". Siedlungsplanung im ländlichen Raum der SBZ und frühen DDR 1945–1955. Köln 2002, S. 242.
[4] Vgl. BLHA, Rep. 204A, Nr. 2350; darin Brief des brandenburgischen Ministeriums für Arbeit und Sozialwesen, an das Ministerium der Finanzen, Abt. Liegenschaften (28.02.1947).
[5] Vgl. KA LOS, Nr. 1359; darin Stimmungsbericht für den Monat August 1947.
[6] BLHA, Rep. 272, Nr. 360; darin Brief des Verwalters Naglow des Provinzialgutes Lietzen an den Bezirksgüterverwalter Markgraf (22.07.1946).
[7] Zitiert bei Tietze, Ernst: Schulanfang 1945 im Oderbruch. In: Märkische Heimat (1962) Nr. 2, S. 117–121, hier S. 120.

Strategie II: Temporäre Umnutzung

sache wider, daß selbst 1949 beim Abschluß der Gebäudeverteilung im Rahmen der Bodenreform noch ein Defizit von über 60.000 Wohnhäusern herrschte[8] und lediglich rund zwölf Prozent der Neubauern und Landempfänger über eigene Wohn- und Wirtschaftsgebäude verfügten.[9] Entsprechend wurde rund die Hälfte aller Gutshäuser ausschließlich von Neubauern bewohnt. In Mecklenburg lag die Zahl der so belegten Gutsanlagen sogar bei mehr als zwei Dritteln, denn zu Beginn der fünfziger Jahre waren hier von 1.888 erfassten Herrenhäusern 1.565 als Wohnraum belegt.[10] Folgerichtig konzentrierten sich Flüchtlinge und Vertriebene in Gutsdörfern und waren in Altbauerngemeinden insgesamt deutlich weniger präsent.

Die Wohnverhältnisse in den Herrenhäusern waren entsprechend bescheiden und blieben das mangels Sanierung auch bis 1990. Wohnraum wurde lediglich durch die Aufteilung der Säle sowie das Einziehen von Zwischenwänden gewonnen. Im Gegensatz zu den Wirtschaftsgebäuden, die leicht zu teilen waren und weiterhin benutzbar blieben, waren jedoch insbesondere die Zimmerfluchten in barocken Herrenhäusern schlecht in unabhängige Wohnungen aufzuteilen. Die Säle und Räume waren zwar aufgrund großzügiger Fensterfronten meistens hell, doch blieben sie schlecht beheizbar und wegen ihrer Größe insgesamt unbehaglich. Anfangs herrschten aufgrund der Überbelegung zudem eine große Enge sowie schwierige hygienische Verhältnisse. Fälle, in denen diese Häuser mit 100 und mehr Personen belegt waren, stellten keine Ausnahme dar.[11] Außerdem änderte sich insbesondere in der ersten Nachkriegszeit die Belegung der Häuser schnell und fortwährend, da Menschen aufgrund behördlicher Verfügungen weitergeschickt wurden oder selbst auf der

---

[8] Vgl. Bauerkämper, Arnd: Die Neubauern in der SBZ/DDR 1945–1952. Bodenreform und politisch induzierten Wandel der ländlichen Gesellschaft. In: Die Grenzen der Diktatur. Staat und Gesellschaft in der DDR. Hrsg. von Richard Bessel und Ralph Jessen. Göttingen 1996, S. 108–136, hier S. 122.
[9] Vgl. Buck (wie Anm. 2), S. 40.
[10] Vgl. Schlenker, Katja: Die Abbrüche Mecklenburgischer Gutsanlagen zwischen 1947 und 1950. In: Zwischen Bodenreform und Kollektivierung. Hrsg. von Ulrich Kluge, Winfried Halder und Katja Schlenker. Stuttgart 2001, S. 91–104, hier S. 103.
[11] Vgl. BLHA, Rep. 204A, Nr. 2350; darin Bericht von Reg. Dir. Grünbaum und Reg. Insp. Stopka über ihre Reise durch die Kr. Jüterbog, Luckenwalde, Luckau, Calau Spremberg und Cottbus (30.09.–03.10.1947).

Umnutzung der Herrenhäuser

Suche nach Familienangehörigen oder besseren Lebensbedingungen weiterzogen. Eine regelmäßige Überprüfung so genutzter Räume auf ihren sauberen und gesundheitlich unbedenklichen Zustand war daher erforderlich.[12] Beispielhaft für die dürftigen Lebensbedingungen ist ein Bericht aus der brandenburgischen Gemeinde Mürow (Kreis Angermünde):

„Im Schloss lebten 28 Familien. Die großen, hohen Durchgangszimmer waren als Wohnräume denkbar schlecht geeignet. Trennwände teilten die Säle auf. Drei Familien mit neun Personen mussten sich einen Raum von 30m^2 teilen, zwei andere Familien mit elf Personen 35m^2. In diesen ‚Gemeinschaftsräumen' waren auch Getreide- und Kartoffelvorräte der Familien untergebracht, wurde das Viehfutter gekocht, spielten die Kinder. Ein Abort für alle befand sich auf dem Hof."[13]

Teilweise waren noch Möbel der enteigneten Besitzer vorhanden,[14] sonst war das Mobiliar bescheiden und bestand in einigen Fällen lediglich aus Strohschütten.[15] An diesen Zuständen hatte sich zu Beginn der fünfziger Jahre nichts geändert, wie aus einer Notiz in einer Ausgabe des „Freien Bauern" zum Jahreswechsel 1952 hervorgeht. Unter dem Titel „Was wollen wir 1952 nicht mehr sehen?" heißt es darin zu einem Bild:

„Noch immer hausen in einigen Gemeinden Umsiedler in menschenunwürdigen Wohnungen, so beispielsweise im ehemaligen Schloß von

---

[12] Vgl. KA MOL, Nr. 163; darin Brief des Bürgermeisters von Jahnsfelde an den Landrat des Kreises Lebus, Abt. Wohnungsfürsorge, Seelow. Betr.: Beschaffung gesunder Wohnverhältnisse, Rsch. vom 27.03.1946 (12.07.1946).
[13] Zitiert bei Nehrig, Christel: Bodenreform und Eigentumsfragen im Zusammenhang mit Denkmalen auf dem Lande. In: Brandenburgische Denkmalpflege (1995) Nr. 1, S. 103–111, hier S. 106.
[14] Vgl. u.a. BLHA, Rep. 250, Nr. 271; darin Briefe bezüglich Sicherstellung enteigneter bzw. beschlagnahmter Vermögenswerte auf Basis des Runderlasses Nr. 0/2 (Treuhandverwaltung) der Provinzialregierung (04.02.1947) vom Bürgermeister Trebnitz/Mark an den Amtsvorsteher in Müncheberg (16.03.1947) und vom Bürgermeister in Hermersdorf an den Landrat des Kreises Lebus (19.03.1947).
[15] Vgl. BLHA, Rep. 272, Nr. 337; darin Bericht über die unzureichende Unterbringung der Landarbeiter auf dem Provinzialgut Gusow-Karlshof im Versammlungsbericht des Inf.-Dienstes Lebus (17.07.1947).

Strategie II: Temporäre Umnutzung

Prötzel, Kreis Niederbarnim. Hier fällt fast die Decke den Bewohnern auf den Kopf. Wie lange kann das der Landrat noch ruhig mit ansehen? "[16]

Verantwortlich für diese Zustände waren jedoch nicht nur die Verwaltung und die wirtschaftliche Mangelsituation, sondern auch die Perspektivlosigkeit der zum Teil traumatisierten Flüchtlinge und Vertriebenen, wie zu Beginn der fünfziger Jahre bei der Besichtigung mehrerer Herrenhäuser durch die mecklenburgische Verwaltung festgehalten wurde: „Wir haben auch hier den Eindruck, daß eine sehr gedrückte Stimmung vorhanden ist und die Familien immer gleichgültiger werden."[17] In dieser Situation kümmerten sich die Bewohner auch nicht um den Erhalt der Herrenhäuser, wie es 1951 in einem Brief aus der Gemeinde Alt-Madlitz (Kreis Lebus) an das Brandenburgische Ministerium für Land- und Forstwirtschaft heißt:

„Das Gebäude ist von 18 Familien, zumeist Umsiedler, bewohnt und befindet sich teilweise in einem schlechten baulichen Zustand, der naturgemäß immer schlechter wird, da die eingetretenen Schäden von keiner Seite behoben werden. In einigen Wohnungen regnet es stark durch, vielfach sind noch immer die Fenster mit Brettern verschlagen, da die Fensterkreuze im Jahre 1945 herausgerissen und verbrannt wurden. So gut es ging, hat jeder Bewohner mit eigenen Mitteln seine Behausung wieder einigermaßen wohnlich eingerichtet. Miete zahlt jedoch niemand von den Leuten. Das ganze Gebäude macht schon äusserlich jetzt nicht gerade den besten Eindruck."[18]

Dieser Zustand verschlechterte sich weiter, da auch das Glas aus der Veranda und die Bleirohre aus der Küche ausgebaut und nicht ersetzt wur-

---

[16] N.N.: Was wollen wir 1952 nicht mehr sehen?. In: Bauernleben im Bild. Illustrierte Beilage des „Freien Bauern" (1951) Nr. 52, S. 4–5, hier S. 5.
[17] Zitiert bei Schlenker, Katja: Das unbequeme Erbe. Mecklenburgische Gutsanlagen und Herrenhäuser seit 1945. Rostock 2003, S. 57f.
[18] KA MOL, Nr. GIF 733; darin Brief des Bürgermeisters von Alt-Madlitz an die Landesregierung Brandenburg, Ministerium für Land- und Forstwirtschaft, Bodenreform, Potsdam. Betr. Bestellung eines Rechtsträgers für das ehem. Schloss (22.02.1951).

den.[19] Nur die zwei Fensterflügel, die einer der Bewohner beim Auszug mitnahm, wurden nach mehrfacher Aufforderung wieder zurückgebracht.[20] Ähnliche Fälle von Selbstbedienung zur Gewinnung von Materialien für den eigenen Bedarf oder den Verkauf gab es viele. Zeigte sich jedoch ein Bewohner engagiert bei der Instandsetzung eines Gutshauses, wie im Fall des Fritz Gerlach in Diedersdorf (Kreis Lebus), so fand dies auch nicht unbedingt Zustimmung, sondern konnte wie in seinem Fall auch Anfeindungen durch andere Dorfbewohner zur Folge haben. In seinem Fall sorgte der Vorsitzende der örtlichen Bodenkommission für seine Wohnungskündigung.[21]

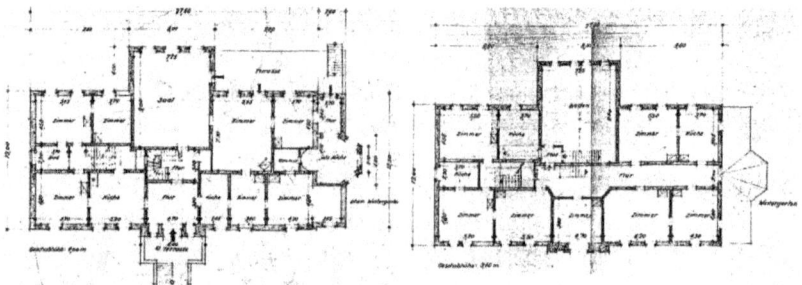

Abb. 26 Grundrisse für Erd- und Obergeschoß des als Mehrfamilienhaus genutzten Herrenhauses in Kliestow (Brandenburg). Mindestens sechs Wohnungen waren 1948 geplant. Im Erdgeschoß waren ein Saal, sieben Zimmer, drei Küchen sowie ein Bad und im Obergeschoß waren ein Bodenraum, sieben Zimmer und drei Küchen vorgesehen.

---

[19] Vgl. KA MOL, Nr. GIF 733; darin Bekanntmachung „An alle Bewohner des ehem. Schlosses!" des stellv. Bürgermeisters (22.02.1951).
[20] Vgl. BLHA, Rep. 250, Nr. 422; darin Brief des brandenburgischen Innenministeriums, Abt. Landes-und Kommunalverwaltung, Dezernat Bodenordnung an den Landrat des Kreises Lebus. Betr.: Bodenreform – Schloss Alt-Madlitz, Krs. Lebus (13.02.1948) und Brief des Bürgermeisters Alt-Madlitz an den Rat des Kreises Lebus. Bezug: Verf. der Landesregierung vom 13.02.48. GZ XIV – 1241 – 349 Dö/Ju. Betr.: Bodenreform – Schloss Alt-Madlitz Krs. Lebus (12.03.1948).
[21] Vgl. BLHA, Rep. 250, Nr. 424; darin Abschrift des Briefes „Einspruch gegen Übertragung der Werkwohnungen in der Gemeinde Diedersdorf" von Fritz Gerlach an das Landratsamt Kreis Lebus, Bodenkommission (12.02.1948).

Strategie II: Temporäre Umnutzung

Auf Dauer bedeutete dieser Mangel an geeignetem Wohnraum eine ernstzunehmende „Gefahr für die Bodenreform", wie Edwin Hoernle (1883–1952), Präsident der Deutschen Verwaltung für Land- und Forstwirtschaft (DVLF), angesichts einer zunehmenden Zahl aufgegebener Neubauernwirtschaften in Mecklenburg und Brandenburg feststellte.[22] Als Reaktion auf diese Not war bereits im Dezember 1945 „das werktätige Volk in Stadt und Land" zu einem ersten kollektiven Hilfseinsatz für Neubauern aufgerufen worden, um ihnen durch die Bereitstellung eigenen Wohnraums den Auszug aus den Massenquartieren auf den Gutshöfen zu ermöglichen. Gleichzeitig hatte der Bau von Behelfswohnungen und -häusern begonnen, der jedoch durch den erheblichen Mangel an Baustoffen sehr erschwert wurde.[23]

Zur Sicherung der Neubauernwirtschaften und im Rahmen einer Reihe materieller Hilfsleistungen für die Neubauern erließ daher die Sowjetische Militäradministration in Deutschland (SMAD) am 9. September 1947 den Befehl Nr. 209 „Über Maßnahmen zum wirtschaftlichen Aufbau der Neubauernwirtschaften". Ziel war der Bau von 37.000 Häusern. Die dazu benötigten Baustoffe konnten aus dem Abbruch von Gutsanlagen gewonnen werden. So war veranschlagt worden, daß eine große Scheune Baustoff für 50 bis 100 Neubauernhäuser ergeben würde.[24] Dabei handelte es sich um Typenbauten, die keinerlei Anpassung an die traditionelle Bauweise zeigten und Wünsche der Neubauern außerdem unberücksichtigt ließen. Da sich die infolge erlassenen Richtlinien und Verordnungen auf den Abriß aller Gutsgebäude ungeachtet ihres Zustandes oder ihrer Nutzung bezogen, mußte unter diesen Umständen der Abbruch der Herrenhäuser zu einer Verschärfung der sozialen Situation in den Dörfern führen, denn Wohn- und Wirtschaftsraum wurde beseitigt und nicht im gleichen Maße neu gewonnen. Das belegt ein Beispiel aus

---

[22] Zitiert bei Reinert, Fritz: Der Befehl Nr. 209 der SMAD. In: Zeitschrift für Geschichtswissenschaft (1975) Nr. 5, S. 504–515, hier S. 506.

[23] Vgl. Dokumente und Materialien zum 30. Jahrestag der demokratischen Bodenreform. Hrsg. vom Institut für Marxismus-Leninismus beim Zentralkomitee der SED. Berlin 1975, S. 75.

[24] Vgl. Zander, Dieter: Ausgewählte Gutsanlagen des 17. bis 19. Jahrhunderts im Bezirk Schwerin – Probleme ihrer Erhaltung und gesellschaftlichen Erschließung. In: Gutsanlagen des 16. bis 19. Jahrhunderts im Ostseeraum – Geschichte und Gegenwart (Sankelmark 11.–14.09.1989). Hrsg. von ICOMOS. München 1990, S. 97–101, hier S. 97.

der Gemeinde Goldenitz (Mecklenburg), wo nach dem Abbruch des oberen Teils der Gutsanlage nur ein Neubauerngehöft für den Bürgermeister der Gemeinde errichtet worden war und 19 Bauern den Stall für ihr Vieh verloren hatten.[25] Der Ausbau des Herrenhauses zu Wohnungen wäre wahrscheinlich kostengünstiger geworden, wie die Auflistung der Baukosten für das Landesgut Marienfelde (Kreis Lebus) nahelegt. Dort waren für den Ausbau von vier Wohnungen im Gutshaus 42.000 DM und den Bau von drei Doppelhäusern mit Ställen 70.000 DM veranschlagt worden.[26] Trotz dieser finanziell günstigen Prognose war die weitere Nutzung der Herrenhäuser zu Wohnzwecken nicht geplant. Die nach Erfüllung der Abrißquote verbliebenen Bauten sollten wie in Brandenburg vielmehr nur noch soziale und kulturelle Aufgaben erfüllen.[27]

Die Umsetzung des SMAD-Befehls Nr. 209 erfolgte jedoch sehr uneinheitlich wie der ehemalige Regierungs-Baumeister Wolfram Vogel bereits 1947 in einem Artikel für die Zeitschrift „Der Bauhelfer" feststellte:

„Es finden sich nach der einen Richtung hin Fälle, in denen man sämtliche Gutsgebäude radikal abgerissen und die dabei gewonnenen Baustoffe für den Aufbau neuer Gehöfte bereitgestellt hat. Nach der anderen Richtung hin gibt es Beispiele, in denen der Gutshof fast im alten Zustand erhalten wurde. Die Siedler sind in Landarbeiterhäusern, im ehemaligen Herrenhaus und in sonstigen Wohngebäuden untergekommen und benützen die bestehenden Wirtschaftsgebäude des Gutes gemeinschaftlich zur Unterbringung ihres Viehes und der Ernte."[28]

Aus ökonomischen Gründen blieb die Wohnnutzung der Herrenhäuser, die ursprünglich als temporäre Nutzungsform begonnen hatte, bis in die siebziger und achtziger Jahre hinein bestehen. Der sich darin ausdrückende Mangel an Wohnraum wirkte sich nicht nur für die Bewohner

---

[25] Vgl. Schlenker (wie Anm. 10), S. 104.
[26] Vgl. BLHA, Rep. 272, Nr. 365; darin Erläuterungs-Bericht zum Wiederaufbau und Ausbau der Hofanlage des Landesguts Marienfelde von Architekt C. Kreidel aus Berlin (29.12.1948).
[27] Vgl. BLHA, Rep. 250, Nr. 392, Bl. 10; Abschrift des Antrags der Kreistagsfraktionen von SED und VdgB an den Kreistag betreffend Bodenreform (09.07.1947).
[28] Vogel, Wolfram: Die Behandlung der ehemaligen Gutshöfe in den Bodenreformsiedlungen. In: Der Bauhelfer (1947) Nr. 24, S. 12–14, hier S. 12.

negativ aus, die angesichts fehlender Alternativen nicht umziehen konnten, sondern auch bei der Umsetzung anderer Nutzungspläne, denn zuvor mußten für die Mieter der Herrenhäuser neue Wohnungen geschaffen werden. Beispielhaft ist dafür die Umnutzung der im brandenburgischen Kreis Seelow gelegenen Herrenhäuser in Steinhöfel, Marxwalde und Wulkow bei Trebnitz: In Steinhöfel verfolgte bereits 1948 die Industriegewerkschaft Chemie Pläne für ein eigenes Erholungsheim und bat entsprechend das zuständige Landratsamt um „gütigste" Unterstützung bei der Umquartierung der in dem Objekt lebenden 28 Familien.[29] Da das nicht geschah, befand sich die Gemeinde 1963 erneut in der mißlichen Lage, die Nutzung des Objekts als Pflegeheim nicht umsetzen zu können, solange der Bau eines neuen Wohnblocks für die Mieter des Schlosses noch nicht abgeschlossen war.[30] In Marxwalde sollte eine Bezirkskulturakademie entstehen, doch bis zu deren Eröffnung 1988 verzögerte sich die Bereitstellung des Herrenhauses um mehrere Jahre, da es u.a. bis Ende der siebziger Jahre nicht die erforderlichen 2½- oder 3½-Zimmerwohnungen für die bisherigen Mieter gab.[31] In Wulkow bei Trebnitz dagegen verpflichtete sich der Volkseigene Betrieb (VEB) Maschinelles Rechnen Berlin zur Errichtung von Ersatzbauten für die Mieter des nun als Weiterbildungsakademie genutzten Herrenhauses. Diese wurden in einem eigenen Planverfahren entwickelt und als Bungalows im Zentrum des Dorfes errichtet. Sie stehen heute unter Denkmalschutz.[32]

Obwohl mit dem Machtantritt Erich Honeckers 1971 der Wohnungsneubau im Rahmen der neuen Sozialpolitik einen zentralen Stellenwert

---

[29] BLHA, Rep. 250, Nr. 480; darin Brief der Industriegewerkschaft Chemie, Hauptabt. Sozialpolitik, Berlin W8, an den Landrat des Kreises Lebus, Abt. Bodenreform, Seelow. Betr.: Einrichtung des ehemaligen Herrenhauses Steinhöfel zu einem Erholungsheim (18.11.1948).
[30] Vgl. KA LOS, Nr. 1358A; darin Beschluß Nr. 23/II 1963 des Rates der Gemeinde Steinhöfel (22.03.1963).
[31] Vgl. BLHA, Rep. 601, Nr. 26270; darin Brief Rudi Zajac` vom Rat des Bezirkes Frankfurt/Oder, Abt. Kultur, an den Vorsitzenden der Bezirksplankommission (26.10.1976); BLHA, Rep. 601, Nr. 26195; Rat des Bezirkes Frankfurt/Oder, Abt. Kultur: Auszüge aus Festlegungsprotokollen zum Objekt Schloß Marxwalde (16.08.1979).
[32] Vgl. KA MOL, Nr. 2641; darin Ratsbeschluß Nr. 51-24/1970 des Rates des Kreises Seelow von der Ratssitzung am 27.11.1970 (01.12.1970).

erhielt und der Leerzug der Gebäude begann, wohnten weiterhin durchschnittlich fünf Prozent der Einwohner eines Gutsdorfes im Herrenhaus.[33] Erforderlich war eine Nutzung der Herrenhauswohnungen aus ökonomischen Gründen, denn erst nach Ausnutzung aller Möglichkeiten des Um- und Ausbaus vorhandener Gebäude sowie der Rückgewinnung zweckentfremdet genutzten Wohnraumes sollten Neubauten genehmigt werden.[34] Auch Wirtschaftsgebäude, die für die genossenschaftliche Produktion keine Verwendung mehr fanden, und Wohnbauten ehemals großbäuerlicher Höfe sollten für die Wohnraumgewinnung herangezogen werden. Es war sogar geplant, mehr Wohnungen durch Altbaunutzung als durch Neubauten zu schaffen.[35] Eine Modernisierung in Form einer nachträglichen Ausstattung mit Bad/Dusche, Innen-WC oder Etagenheizung unterblieb jedoch meist, so daß sich diese Herrenhauswohnungen bis 1990 in ihrem Nachkriegszustand befanden.[36] Damit gehörten mehrere dieser als Mehrfamilienhäuser genutzten Objekte zu der Hälfte an Wohnhäusern, die schwere Mängel aufwiesen und zur Bauzustandsstufe III oder IV gehörten.[37] Das gilt vor allem für größere Objekte, denn kleinere Häuser erhielten eher eine Modernisierung wie bei einer Untersuchung der Gutshäuser und Schlösser im Bezirk Neubrandenburg 1986 festgestellt wurde. Dazu zählte dann auch bereits die Beseitigung von Nachkriegseinbauten.[38]

---

[33] Vgl. Resch, St.: Nutzung wertvoller Bausubstanz – Analyse der Gutshäuser und Schlösser im Bezirk Neubrandenburg. In: Wissenschaftlich-technische Information/ Ausgabe B (1986) Nr. 10, S. 13–15, hier S. 15.
[34] Vgl. Liebich, Wolfgang: Kosten und ökonomischer Nutzen beim Um- und Ausbau von Wohnungen in ländlichen Siedlungen. In: Architektur der DDR (1968) Nr. 3, S. 164.
[35] Vgl. Grebin, Martin: Zur gegenwärtigen Situation im ländlichen Wohnungsbau. In: Deutsche Architektur (1966) Nr. 6, S. 328.
[36] Vgl. Langer, Claus-Dirk: Die ländlichen Schlösser und Herrenhäuser in den Braunkohleabbaugebieten des Bezirkes Cottbus. Band 1: Die ländlichen Schlösser und Herrenhäuser im Bearbeitungsgebiet. Dissertation. TU Dresden 1989, S. 118.
[37] Vgl. Kabus, Günther: Situation und Erfahrung der Stadterneuerung in der Deutschen Demokratischen Republik. In: Stadt- und Dorferneuerung in der DDR. Dokumentation eines Expertenseminars am 28./29.3.1990 in Brandenburg. Hrsg. im Auftrag des Bundesministeriums für Raumordnung, Bauwesen und Städtebau und des Ministeriums für Bauwesen, Städtebau und Wohnungswirtschaft. Bonn 1990, S. 51–71, hier S. 64.
[38] Vgl. Resch (wie Anm. 33), S. 13.

Strategie II: Temporäre Umnutzung

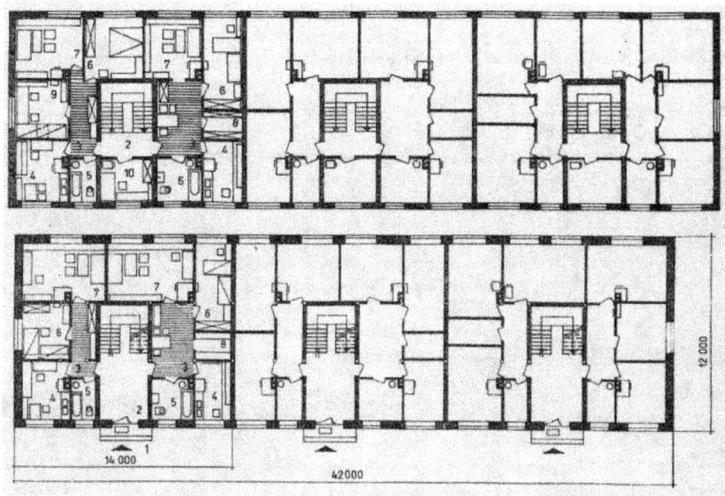

Abb. 27 Pläne für Umbau eines Stallgebäudes des Gutes in Maasdorf (Sachsen-Anhalt) in ein zweigeschossiges Wohnhaus mit elf Wohnungen (49–65 m²). Im Erdgeschoß: *1* Eingang vom Wohnhof, *2* Treppenhaus, *3* Flur, *4* Küche, *5* Bad und WC, *6* Schlafzimmer, *7* Wohnzimmer, *8* Abstellkammer. Im Obergeschoß: *2–8* wie im EG, *9* Kinderzimmer, *10* separate Einzelzimmer.

Für die Bewohner spielten diese mangelhaften Zustände einerseits eine Rolle im Kampf um eine neue Wohnung, denn durch eine nachlässige Baupflege konnte der Druck auf die Wohnungsämter erhöht werden. Andererseits kann man durchaus von einer „adaptiven Zufriedenheit"[39] der Mieter sprechen, denn generell waren die durch Um- und Ausbau gewonnenen Wohnungen größer als Neubauwohnungen. Im Fall der Herrenhauswohnungen lag die Größe der Wohnfläche über der des DDR-Durchschnitts von 26 m² pro Person und verfügten die Wohnungen über einen individuellen Zuschnitt.[40] Während demnach die elf Wohnungen im Herrenhaus in Alt-Madlitz (Brandenburg) zwischen 30

---

[39] Helbing, Hans: Wohnen im Denkmal und Sozialistische Lebensweise – Bedingungen, Faktoren, Wirkungen. Problemaufriß und Fallstudie. Dissertation. Friedrich-Schiller-Universität Jena 1986, S. 111.
[40] Vgl. Ebenda, S. 110.

und 112 m² groß waren,[41] betrug die Größe von Neubauwohnungen wie in Wulkow bei Trebnitz (Brandenburg) zwischen 42 und 58 m².[42]

Abb. 28 Ansichten einer Wohnung im Herrenhaus Groß Rietz (Brandenburg) (1991).

Bei den letzten Bewohnern, die erst nach 1990 die Häuser verließen, handelte es sich häufig um sozialschwache Familien oder um Rentner. Darunter befanden sich viele Frauen, die ursprünglich als Flüchtlinge oder Vertriebene gekommen und mit ihren Wohnungen alt geworden waren. Da sie nicht zu einer Privilegiertengruppe gehörten, standen sie bei den Vergabeplänen der Wohnungsämter für Neubauwohnungen an letzter Stelle.[43]

---

[41] Vgl. BLDAM; Holz, G.: Alt-Madlitz – Herrenhaus. Abschlussarbeit Postgraduales Studium Denkmalpflege II. TU Dresden o.J.
[42] Vgl. KA MOL, Nr. 2641; darin Bautechnischer Erläuterungsbericht zum Ersatzwohnungsbau (22.06.1971).
[43] Vgl. Buck (wie Anm. 2), S. 368.

Strategie II: Temporäre Umnutzung

Die letzte Bewohnerin des Herrenhauses in Kliestow (Brandenburg), die als 90-jährige im Jahr 2000 auszog, hatte ursprünglich als Dienstmädchen bei der Gutsbesitzerfamilie Scherz in Kliestow gearbeitet und war nach Kriegsende als Vertriebene wieder zurückgekehrt. Trotz mangelhafter sanitärer Verhältnisse und baulicher Schäden vermisste sie nach ihrem Auszug die hellen Räume mit den großen Fenstern und die Aussicht auf den Park sehr.[44]

Im Gegensatz zu den verschiedenen sozialen Umnutzungsformen und deren ideologischer Aufwertung erhielt die verbreitete Form der Wohnnutzung keine entsprechende Aufmerksamkeit: Einerseits blieb die Schaffung moderner Wohnungen politisches Ziel und andererseits sollte offenbar keine Erinnerung an die ursprüngliche Bedeutung der Herrenhäuser als repräsentative Wohnbauten gepflegt werden.

Abb. 29 und **Abb. 30** Zum Wohnhaus umgebauter Restbau des Gutes Falkenberg (Brandenburg) (2000) und ein zum Wohnhaus umgebautes „polski dwór" in Brańszczyk (Masowien) (1982).

Ausdruck dafür waren die ausbleibende Modernisierung der Herrenhauswohnungen und die durch Nutzungsegalität herbeigeführte ahistorische Gleichbehandlung sowohl aller Gebäudeteile mehrflügeliger Anlagen als auch der Herrenhäuser selbst mit den benachbarten dörflichen Wohngebäuden. Die weiterhin im Baukörper und der Gesamtanlage bestehenden architektonischen und damit auch historischen Unterschiede wurden auf diese Weise nivelliert. Dieser Eindruck wurde durch die Verwendung derselben Putze sowie die Beseitigung von Anbauten und Schmuckformen verstärkt.

---

[44] Interview mit E. M., Kliestow (07.07.2000).

Bereits 1948 hatte ein Inspektor der thüringischen Landesbodenkommission über die Umgestaltung eines Herrenhauses zum Wohnhaus in Zeutsch berichtet:

"Durch Abbruch der gegen die Straße zu gelegenen Gebäude ist das im Winkel gebaute Wohnhaus (Herrenhaus) seines Gutscharakters völlig entkleidet worden. Der Turm wurde bereits abgebrochen, so daß es lediglich einem Wohnhaus ähnlich sieht, das sich durch Schaffung eines Dorfplatzes auf dem Abbruchgelände der anderen Gebäude sehr nett in das Dorfbild einfügt."[45]

Im Fall der Herrenhauswohnungen ist so aus einer temporär gedachten Form der Umnutzung doch noch eine schleichende Umwertung der Herrenhäuser geworden.

Landwirtschaftliche Staatsbetriebe in Polen

Die Fortsetzung des landwirtschaftlichen Betriebes der Güter unter Einbindung der Herrenhäuser war in Polen generell sehr verbreitet. Besonders eng war diese Form der Kontinuität zu den Gutsbetrieben der Vorkriegszeit jedoch in den West- und Nordgebieten, wo auch nach Auflösung der Genossenschaften im Jahr 1956 die Zahl der Staatsbetriebe überwog, denn die Gründung der PGR war hier eng verbunden gewesen mit den Schwierigkeiten der Neubesiedlung 1944/45. Die Gründe dafür lagen in dem großen Ausmaß der Zerstörung, dem Mangel an Baumaterialien und Inventar sowie einer geringen Begeisterung der Bevölkerung für eine gemeinschaftliche Bewirtschaftung der großen Güter aus Furcht vor der Kollektivierung.

Bei den ersten Siedlern in den West- und Nordgebieten handelte es sich hauptsächlich um Menschen aus dem polnischen Kerngebiet. Diese kamen oft direkt mit Einheiten der Roten Armee, nur die Besiedlung der Nordgebiete begann erst zwei Jahre nach Kriegsende.[46] Diese Menschen

---

[45] Zitiert bei Dix (wie Anm. 3), S. 226.
[46]Vgl. Dziurżyński, Patrycy: Osadnictwo grupowe w majątkach woj. olsztyńskiego w latach 1945–1948 [Gruppensiedlung auf Gütern der Woj. Allenstein in den Jahren 1945–1948]. In: Nadbitka z Kwartalnik „Komunikaty mazursko-warmińskie" [Sonderdruck aus der Vierteljahresschrift „Masurisch-ermländische Mitteilungen"]

ließen sich, auch um eine Verbesserung der eigenen wirtschaftlichen Lage zu erlangen, auf Gehöften nieder, die sie selbstständig bewirtschaften konnten.

Die Aufsiedlung der enteigneten Güter gemäß der Bodenreform bereitete den Behörden jedoch große Probleme und das vor allem in den West- und Nordgebieten, wo Güter durchschnittlich ein Drittel und in Nordpolen sogar fast die Hälfte der gesamten Grundfläche bildeten.[47] 1946 befanden sich im Besitz des Staatlichen Liegenschaftsfonds (Państwowe Nieruchomości Ziemskie (PNZ)) 5.610 Betriebe und drei Viertel davon lagen in den ehemals deutschen Gebieten. Diese 4.210 Betriebe verfügten über eine durchschnittliche Nutzfläche von 300 Hektar.[48]

Ursprünglich war für diese Güter eine Bewirtschaftung als staatliche Mustergüter geplant gewesen,[49] doch ließ sich diese Idee angesichts ihres Zerstörungsgrades im Prinzip nicht umsetzen. Mehr als die kleineren Gehöfte waren diese Güter zudem durch die Rote Armee ausgebeutet worden und die vorhandenen Ressourcen reichten weder für den Wiederaufbau noch die Bewirtschaftung.[50] Teilweise arbeiteten nur noch Deutsche auf diesen Gütern, die jedoch von einem auf den anderen Tag des Landes verwiesen werden konnten.[51] Das für die ehemals deutschen Gebiete im Norden und Westen Polens zuständige Ministerium für die

---

(1968) Nr. 1, S. 133–156, hier S. 155.
[47] Vgl. Dziurżyński, Patrycy: Osadnictwo rolne na Ziemiach Odzyskanych [Landwirtschaftsansiedlung in den Wiedergewonnenen Gebieten]. Warszawa 1983, S. 13.
[48] Vgl. Nitecka, Alicja; Zaniewska, Hanka: Zasoby i budownictwo mieszkaniowe w państwowych gospodarstwach rolnych – studia wstępne – [Wohnungsbauwesen und -bestände in staatlichen Landwirtschaftsbetrieben –Vorstudie–]. In: Instytut budownictwa mieszkaniowego. Materialy i dokumentacja [Institut für Wohnbau. Materialien und Dokumentation] (1967) Nr. 2, S. 8.
[49] Vgl. Lach, Stanisław: Przekształcenia ustrojowo-gospodarcze w rolnictwie ziem zachodnich i północnych w latach 1945–1949 [Wirtschaftsstrukturelle Umformungen in der Landwirtschaft der West- und Nordgebiete in den Jahren 1945–1949]. Słupsk 1993, S. 105.
[50] Vgl. Das Land Lebus. Marburg/Lahn 1953, S. 230; Dominiczak, Henryk: Proces zasiedlania województwa zielonogórskicgo w latach 1945–1950 [Besiedlungsprozeß der Wojewodschaft Grünberg in den Jahren 1945–1950]. Zielona Góra 1975, S. 96f.
[51] Vgl. Matwiejew, Aleksander: Die Agrarreform Polens im XX. Jahrhundert. Dissertation. Universität Bern 1948, S. 123f.

"Wiedergewonnenen Gebiete" analysierte in einem Bericht aus dem Jahr 1946 folglich:

"Die ganze Schwierigkeit liegt darin, dass die Gutshöfe besonders wegen des Mangels an Wirtschaftsgebäuden und teilweise auch wegen des Mangels an lebendem und totem Inventar nicht in kleine Landwirtschaften aufgeteilt werden können."[52]

Der Prozeß der Ansiedlung wurde auf diese Weise empfindlich gestört und eine erste Grenze für die Aufnahmefähigkeit in den Westgebieten bald erreicht, obwohl Kapazitäten für weiterer Siedler im Prinzip vorhanden und mehrere Höfe frei waren, die lediglich aufgrund ihrer Beschädigung nicht für die sofortige Besiedlung zur Verfügung standen. Allein in der Region Ziemia Lubuska betraf das 1948 noch mehr als 2.800 Höfe und annähernd 1.500 Handwerksbetriebe.[53] Infolgedessen fehlte es auch weiterhin an Arbeitskräften für die Bewirtschaftung der Güter. So kamen in der Wojewodschaft Allenstein auf 100 Hektar Landbesitz durchschnittlich zwei Landarbeiter und von denen war mindestens einer ein Deutscher.[54]

Um dieses Problem zu lösen, machten die polnischen Behörden den Siedlern verschiedene Angebote des gemeinsamen Wohnens und Wirtschaftens. Das waren zeitlich begrenzte Fördermaßnahmen, die den sofortigen Betrieb der enteigneten Güter gestatten und gleichzeitig eine möglichst zügige Aufteilung im Sinne der Bodenreform vorbereiten sollten. Im wesentlichen gehörten dazu drei unterschiedliche Angebote: eine Gruppen-, Genossenschafts- oder Landarbeitersiedlung verbunden jeweils mit einer Parzellierung des Bodens:[55]

- Grundsätzliche Voraussetzung für eine Gruppensiedlung war zunächst ein ausreichender Bestand an Gebäuden für die auf dem Gut sie-

---

[52] Zitiert bei Ther, Philipp: Deutsche und polnische Vertriebene. Gesellschaft und Vertriebenenpolitik in der SBZ/DDR und in Polen 1945–1946. Göttingen 1998, S. 191f.

[53] Vgl. Dominiczak, Henryk: Wrócilismy na Ziemie Lubuską. Udział Wojska Polskiego w zagospodarowywaniu Ziemi Lubuskiej 1945–1948 [Wir kehrten zurück nach Lebus. Die Beteiligung der polnischen Armee an der Wiederbewirtschaftung Lebus' 1945–1948]. Warszawa 1974, S. 122.

[54] Vgl. Dziurżyński (wie Anm. 46), S. 155.

[55] Vgl. Dominiczak (wie Anm. 53), S. 114.

delnden Familien beziehungsweise das Vorhandensein eigener Mittel zur Errichtung vorläufiger Bauten. Folglich richtete sich dieses Angebot an Siedler, die bereits über ausreichend Finanzen und notwendiges Inventar zur Führung einer privaten Wirtschaft verfügten, so daß eine Aufsiedlung des Gutes beizeiten stattfinden konnte. Diese Form der Siedlung war beliebt, da sie nur geringe Verpflichtungen mit sich brachte.

- Die genossenschaftliche Form des Wirtschaftens wurde dagegen von den Bauern als Vorbote der Kolchosewirtschaft nach sowjetischem Vorbild gefürchtet und im Prinzip abgelehnt. Vorgesehen war diese Form des Wirtschaftens auf den Gütern, die aufgrund mangelnder Ausstattung die Voraussetzungen für eine Gruppensiedlung ohnehin nicht erfüllten und nur in gemeinsamer Anstrengung überhaupt zu bewirtschaften waren.[56] Häufig lebten und wirtschafteten hier Siedler, die nach der Vertreibung aus dem polnischen Osten ohnedies zu den Ärmsten zählten und aufgrund fehlender eigener Mittel keine andere Möglichkeit hatten, als sich zu Genossenschaften zusammen zu schließen.[57] Konzeptionell war eine genossenschaftliche Bewirtschaftung für fünf Jahre vorgesehen, bis die einzelnen Mitglieder über ausreichend Mittel für den Bau eigener Bauernhöfe verfügten.

- Die Arbeitersiedlung schließlich richtete sich an die auf Staatsgütern beschäftigten Landarbeiter, die für den Fall der Parzellierung dieser Güter über eigene private Wirtschaften verfügen sollten.[58]

Diese Maßnahmen, die sowohl auf die Bodenreform als auch bereits auf die Kollektivierung gerichtet waren, stießen bei der Bevölkerung grundsätzlich auf Mißtrauen und Unverständnis. So gab es in der Ziemia Lubuska, wo 357 landwirtschaftliche Betriebe[59] enteignet worden waren, bis Ende 1947 nur 14 Genossenschaften aber immerhin 70 durch Gruppen bewirtschaftete Güter mit insgesamt 4.650 Menschen, 606 Pferden, 1.316 Kühen und 961 Schweinen.[60] Das waren nur halb so viele Tiere wie Menschen und damit sind diese Zahlen ein anschaulicher Beleg für die bescheidenen Lebens- und Wirtschaftsverhältnisse. Die Herrenhäu-

---

[56] Vgl. Kalka, Piotr: Landbesiedlung auf den Wiedergewonnenen Gebieten. In: Polnische Weststudien (1985) Nr. 2, S. 398–412, hier S. 402f.
[57] Vgl. Ther (wie Anm. 52), S. 191f.; Dominiczak (wie Anm. 50), S. 102.
[58] Vgl. Kalka (wie Anm. 56), S. 402f.
[59] Vgl. Das Land Lebus (wie Anm. 50), S. 228.
[60] Vgl. Dominiczak (wie Anm. 50), S. 102.

ser wurden in dieser Zeit auch für die Lagerung von Kunstdünger, Getreide und Gartenbaumaterialien genutzt und die Parkanlagen verwandelten sich entsprechend in Gemüsegärten mit Kleintierställen, Werkstätten und Lagern.[61]

Die Aufsiedlung der Güter war demnach kein großer Erfolg und mit Beginn der Kollektivierung 1948 endeten ohnehin jegliche Versuche der Parzellierung. Aus den Genossenschafts- und den Gruppensiedlungen, den bis dahin am häufigsten umgesetzten Siedlungsmaßnahmen, wurden danach Landwirtschaftliche Produktionsgenossenschaften (RSP) und aus den unversiedelten Gütern im Besitz des PNZ wurden Staatliche Landwirtschaftsbetriebe (PGR). Zu letzteren zählten landwirtschaftliche Spezialbetriebe, Landwirtschaftsschulen und Wirtschaftsbetriebe für die Verpflegung öffentlicher Einrichtungen.[62] Welche Vorbildfunktion diesen Staatsbetrieben danach beigemessen wurde, zeigt der Eintrag in einem Reiseführer über die Ziemia Lubuska zu einer großen PGR bei Wschowa. Hervorgehoben werden darin neben wirtschaftlichen Aspekten mehrere Angebote an die Arbeiter: In jedem Teilbetrieb gab es demnach einen Klub mit Bibliothek. Alle Arbeiterhäuser hatten auf Kosten des Betriebes Elektrizität und Radiolautsprecher erhalten und außerdem waren Badehäuser mit Wannen und Duschen vorhanden. Diese PGR ist im übrigen das einzige Gut, das in dem Reiseführer Erwähnung findet.[63]

Nach den Reformen 1956 und dem damit verbundenen Ende der Kollektivierung[64] gab es nur noch wenige Genossenschaften, trotzdem blieben die PGR prägend für die West- und Nordgebiete, wo ihr Anteil auf-

---

[61] Vgl. Knercer, Wiktor: Losy założeń pałacowo-parkowych i dworsko-parkowych na terenie województwa olsztyńskiego [Schicksale von Schloß- und Gutsparkanlagen auf dem Gebiet der Wojewodschaft Allenstein]. In: Wspólne dziedzictwo? Ze studiów nad stosunkiem do spuścizny kulturowej na Ziemiach Zachodnich i Północnych [Gemeinsames Erbe? Aus Studien über das Verhältnis zum Kulturnachlaß in den West- und Nordgebieten]. Hrsg. von Zbigniew Mazur. Poznań 2000, S. 267–287, hier S. 277.

[62] Vgl. Kaczanowski, Leszek: Struktura Agrarna [Agrarstruktur]. IZ Poznań 1961, S. 279–292, hier S. 287f.

[63] Vgl. Dubowski, Adam; Jaśkowiak, Franciszek: Ziemia Lubuska. Przewodnik Turystyczny [Lebus. Touristischer Führer]. Warszawa 1953, S. 130.

[64] Vgl. Dudek, Antoni: Der politische Umbruch von 1956 in Polen. In: Das internationale Krisenjahr 1956 – Polen, Ungarn, Suez. Hrsg. von Winfried Heinemann und Norbert Wiggershaus. München 1999, S. 27–42.

Strategie II: Temporäre Umnutzung

grund der historischen Agrarstruktur und der Ansiedlungspolitik doppelt so hoch war wie im Landesinneren.[65]

Verteilung der Staatsgüter auf die Wojewodschaften im Jahr 1958:[66]

	Zahl 1958	Prozent der Gesamtzahl der PGR in Polen
Warschau	157	2,8
Bydgoszcz	460	8,3
Posen	464	8,4
Łódź	109	1,9
Kielce	54	0,9
Lublin	153	2,7
Białystok	217	3,9
Allenstein	700	12,5
Danzig	414	7,4
Koszalin	760	13,3
Stettin	545	9,7
Zielona Góra	361	6,5
Breslau	725	12,7
Oppeln	254	4,6
Katowice	67	1,2
Krakau	29	0,5
Rzeszów	152	2,7
Polen 1958	5.621	100,00

Die größten Flächen in staatlichem Besitz befanden sich in den Wojewodschaften Koszalin, Allenstein und Stettin.[67] In letzterer war der Anteil landwirtschaftlicher Nutzflächen im staatlichen Besitz mit 75 Prozent im übrigen am höchsten[68] und noch 1989 wurden hier 40 bis 50

---

[65] Vgl. Barczyk, Georg: Die Organisation der landwirtschaftlichen Betriebe in Polen und den deutschen Ostgebieten, ihre Umgestaltung nach 1956 und die Auswirkung auf die Produktion. Gießen 1962, S. 90.
[66] Vgl. Barczyk (wie Anm. 65), S. 90.
[67] Vgl. Bartosik, Jerzy: Zmiany w strukturze agrarnej ziem zachodnich [Veränderungen in der Agrarstruktur der Westgebiete]. In: Przegląd Zachodni [Westliche Umschau] (1961) Nr. 1, S. 37–56, hier S. 46.
[68] Vgl. Myślenicki, Wojciech: Ost-Pommern (Pomorze Zachodnie) A. Wojewodschaft Stettin. In: Polnische Verwaltungsarbeit in den deutschen Ostgebieten 1945–1955. Marburg/Lahn 1960, S. 141–208, hier S. 157f.

Prozent des Bodens von PGR bewirtschaftet.[69] Die Staatsfarmen der Westgebiete können daher buchstäblich als eine Fortführung der Gutswirtschaft gesehen werden und die Herrenhäuser dienten als Wohn- und Verwaltungssitze.

Die Nutzung der Gutsanlagen ausschließlich für landwirtschaftliche Zwecke änderte sich zu Beginn der siebziger Jahre. Mit Experimenten an der Organisationsstruktur der PGR, etwa der Bildung großer Kombinate, deren Zerschlagung und Neugründung, stieg die Zahl aufgegebener Staatsbetriebe. Gleichzeitig begannen erste Initiativen für den Erhalt und die Modernisierung der Herrenhäuser. Der Verfall der Anlagen begann nicht allein aufgrund ihres Leerstandes, sondern wurde durch eine generelle Nachlässigkeit im Umgang mit der historischen Bausubstanz gefördert, wenn Fragen der Zuständigkeit und Verantwortung nicht zu klären waren, Baumaßnahmen wegen der Umstrukturierung unvollendet blieben oder ohne Abstimmung mit den Konservatoren stattfanden. Im Ergebnis ähnelten diese dann häufig einer „freien Interpretation der historischen Formen, bei gleichzeitiger Abschaffung der ursprünglichen Details".[70]

Die Versuche, auf rechtlichem oder administrativem Wege diese zahlreichen Vergehen der PGR und Kombinate zu unterbinden, blieben meist erfolglos, wie Beispiele aus der Region Żagań und der Fall des ostpreußischen Schlosses Arklity belegen. Dort schlug der Einsatz des Staatsanwaltes gegen PGR-Verwaltungen fehl und die Verurteilung eines PGR-Direktors für die Zerstörungen am Schloß Arklity in der Wojewodschaft Allenstein blieb folgenlos.[71] Heute ist dieses eine Ruine,

---

[69] Vgl. Petrick, Martin; Tyran, Ewa: Common ground and divergence of farming structures in Poland and Germany right and left the river Odra/Oder. In: Agricultural Enterprises in Transition. Parallels and Divergences in Eastern Germany, Poland and Hungary. Hrsg. von Ludger Hinners-Tobrägel und Jürgen Heinrich. Kiel 2002, S. 193–211, hier S. 202.

[70] Wojewódzki Urząd Ochrony Zabytków w Zielonej Górze. Delegatura w Gorzowie Wlkp. [Wojewodschaftsamt für Denkmalschutz in Grünberg. Dienststelle Landsberg/Warthe]; N.N.: Program prac konserwatorskich dla założenia dworskiego w Sarbiewie [Programm konserwatorischer Arbeiten für die Gutsanlage in Mückenburg]. Gorzów Wlkp. 1995, S. 11.

[71] Vgl. Kowalski, Stanisław: Ochrona Zabytków na Środkowym Nadodrzu po 1945 roku [Denkmalschutz an der mittleren Oder nach dem Jahr 1945]. In: Ochrona Dziedzictwa kulturowego zachodnich i północnych ziem Polski [Kulturgüterschutz

Strategie II: Temporäre Umnutzung

nachdem 1990 das Landwirtschaftskombinat Skandawa den Antrag auf Abbruch gestellt hatte:

„*Das Landwirtschaftskombinat Skandawa beantragt für das denkmalwürdige Schloß in Arklity die Löschung aus dem Denkmalregister und die Erlaubnis für die Schutträumung, die Gewinnung mancher geeigneter Heiz- und Baumaterialien und einen Hinweis auf die Art seiner Bestimmung.*"[72]

Obwohl nach dem Denkmalschutzgesetz von 1962 für Zerstörungen an Denkmalen eine Haftstrafe von bis zu fünf Jahren vorgesehen war, blieb die Strafverfolgung staatlicher oder genossenschaftlicher Institutionen generell schwierig, da einzelne Täter kaum zu ermitteln waren.[73]
    Wirkungsvoller für Erhalt und Nutzung der Güter war das Engagement einzelner PGR- und Kombinatsleiter. Bereits in der ersten Nachkriegszeit hatte sich gezeigt, welche Bedeutung einzelne Verwalter für den Erhalt der Güter haben konnten. Vor allem in den polnischen Nord- aber auch in den Westgebieten befanden sich damals unter den ersten Leitern landwirtschaftlicher Betriebe Menschen, die vor dem Krieg Erfahrungen als Gutsverwalter gesammelt hatten oder gar selbst Gutsbesitzer gewesen waren. Sie setzten sich für den Erhalt der Anlagen ein, indem beispielsweise auch einmal ein Gärtner für die Parkpflege eingestellt wurde. Ihr Wirken dauerte jedoch nur kurz, denn spätestens mit der

---

der polnischen West- und Nordgebiete]. Hrsg. von Jerzy Kowalczyk. Warszawa 1995, S. 118–129, hier S. 120f.; Liżewska, Iwona: Zabytki w naszych rękach. O ochronie dóbr kultury na Warmii i Mazurach w latach 1945–1989 [Denkmale in unseren Händen. Über den Kulturgüterschutz in Ermland und Masuren in den Jahren 1945–1989]. In: Wspólne dziedzictwo? Ze studiów nad stosunkiem do spuścizny kulturowej na Ziemiach Zachodnich i Północnych [Gemeinsames Erbe? Aus Studien über das Verhältnis zum Kulturnachlaß in den West- und Nordgebieten]. Hrsg. von Zbigniew Mazur. Poznań 2000, S. 239–265, hier S. 261.
[72] Zitiert bei Kumorowicz, Grzegorz: Kilka Uwag o Losach Siedzib Szlacheckich [Einige Bemerkungen zum Schicksal der Adelssitze]. In: Zachowane – ocalone? O krajobrazie kulturowym i sposobach jego kształtowania [Bewahrt – gerettet? Über die Kulturlandschaft und Arten ihrer Gestaltung]. Hrsg. von Iwona Liżewska und Wiktor Knercer. Olsztyn 2003, S. 54–65, hier S. 59.
[73] Vgl. Weinberg, Georg: Denkmalpflege in Polen. Dissertation. RWTH Aachen 1984, S. 48f.

Kollektivierung begann ihre politische Absetzung.[74] Dieses Engagement wurde 1956 mit größerer Selbstständigkeit der PGR erneut intensiviert,[75] doch gelang erst in den siebziger Jahren auch dank finanzieller Förderung eine größere Ausdehnung derartiger Aktivitäten,[76] bis sich infolge der Wirtschaftsreform 1981 die Finanzierung der PGR änderte und deren Engagement in der Denkmalpflege wieder sank.[77] In der Zwischenzeit entwickelten sich jedoch einige PGR-Direktoren zu Mäzenen, die in Zusammenarbeit mit Konservatoren sowie mit Hilfe der Bautrupps der Staatsgüter die erforderlichen Baumaßnahmen für die Instandsetzung und Modernisierung der Herrenhäuser durchführen ließen.

Dazu zählten auch der Kombinatsleiter in Budzistowo (Wojewodschaft Koszalin), der nicht nur die Restaurierung des Schlosses initiierte, sondern zudem Kontakte mit der Fakultät für Malerei an der Akademie der Schönen Künste in Warschau knüpfte, um Pleinairs und Ausstellungen auf dem Lande zu organisieren,[78] und der Direktor einer großpolnischen PGR, der freigestellt wurde, um sich um Ankauf und Restaurierung passender Antiquitäten für die Ausstattung des eigenen renovierten

---

[74] Vgl. Wróblewska, Kamila: Bau- und Kunstwerke haben auch ihr Schicksal. In: Ostpreußische Gutshäuser in Polen. Gegenwart und Erinnerung. Hrsg. von Adelheid Eulenburg und Hans Engels. München 1992, S. 69–82, hier S. 74; In der SBZ/DDR waren ebenfalls Gutsinspektoren als Treuhänder der alten Betriebe eingesetzt und wirkten als Aufsichtskräfte, wenn den Neubauern landwirtschaftliche Kenntnisse fehlten. Vgl. Bauerkämper, Arnd: Die Neubauern in der SBZ/DDR 1945–1952. Bodenreform und politisch induzierter Wandel der ländlichen Gesellschaft. In: Die Grenzen der Diktatur. Staat und Gesellschaft in der DDR. Hrsg. von Richard Bessel und Ralph Jessen. Göttingen 1996, S. 108–136, hier S. 123.
[75] Vgl. Kowalski (wie Anm. 71), S. 120.
[76] Vgl. Strukowa, Hanna: Problemy Użytkowania Zabytków Architektury [Nutzungsprobleme bei Architekturdenkmalen]. In: Ochrona Zabytków [Denkmalschutz] (1976) Nr. 2, S. 116–121, hier S. 117.
[77] Vgl. Chmielnik, Hanna: Udział Państwowych Gospodarstw Rolnych w rewaloryzacji założeń parkowych [Beteiligung der PGR an der Inwertsetzung von Parkanlagen]. In: Ochrona Zabytków [Denkmalschutz] (1983) Nr. 1/2, S. 120–123, hier S. 122.
[78] Vgl. Stępińska, Krystyna: Pałace i zamki w polsce. Dawniej i dziś [Schlösser und Burgen in Polen. Früher und heute]. Warszawa 1977, S. 10.

Strategie II: Temporäre Umnutzung

Schlosses zu kümmern.[79] Teilweise verpflichtete sich auch der PGR-Verband einer ganzen Wojewodschaft gemeinsam dem Denkmalschutz, wie die PGR in der Wojewodschaft Bydgoszcz mit ihrem Einsatz für den Erhalt der Parks[80] oder die PGR-Vereinigungen der Wojewodschaften Posen, Breslau, Bydgoszcz und Danzig mit ihrer Selbstverpflichtung zur Herrichtung der Herrenhäuser für Erholungszwecke.[81]

Verbunden mit diesem Engagement war auch eine Änderung in der Nutzung der Herrenhäuser, die nun häufig nicht mehr in einem ausschließlichen Zusammenhang mit dem landwirtschaftlichen Betrieb der Güter stand. Statt die Wohnungen der Arbeiter zu modernisieren, wurde in die Errichtung neuer Wohnblöcke und in die Nutzung der Herrenhäuser als Erholungsorte investiert, wodurch sich die Gesamtanlage der Güter zum Teil stark veränderte.[82] Die PGR-Kombinate als Großbetriebe mit Versorgungsaufgaben richteten zudem Speisesäle, Verwaltungs- und Sozialräume, Gästezimmer, Konferenzräume oder gar Hotels ein und übernahmen mit der Einrichtung von Gemeindekulturzentren, Bibliotheken, Galerien oder Gesundheitszentren auch Verantwortung im Gemeindeleben, was durchaus zu Spannungen mit der Dorfverwaltung führen konnte, die eigene Pläne für das Herrenhaus hatte, sich aber möglicherweise die Renovierung nicht leisten konnte.[83] Es scheint daher, als ob mit diesem durchaus im Konflikt mit gewählten Volksvertretern oder der staatlichen Verwaltung betriebenen Engagement der Betriebsleiter, das gleichsam durch Ideenreichtum und Aufgeschlossenheit gekennzeichnet war, die Tradition der Gutsbesitzer wieder lebendig geworden wäre.

Ein Blick auf die Preisträgerliste des seit 1975 jährlich durchgeführten Wettbewerbes für die besten Denkmalnutzer bestätigt dieses Engagement, dessen Schwerpunkt in der Region Großpolen, dem historischen Kern Polens, lag. Rund ein Drittel der ausgezeichneten Institutionen kam insgesamt aus dem Bereich Landwirtschaft und von diesen war die Hälfte eine PGR, Genossenschaft oder ein Kombinat. Allein aus der Region

---

[79] Vgl. Serafinowicz, Jacek: Dla potomności, przyjaciół, i siebie ... [Für Nachwelt, Freunde und sich selbst ...]. In: Spotkania z Zabytkami [Begegnungen mit Denkmalen] (1986) Nr. 2, S. 12–14, hier S. 14.
[80] Vgl. Chmielnik (wie Anm. 77), S. 122.
[81] Vgl. Domańska, Hanna: Zabytkoznawcy z PGR [Denkmalkenner aus der PGR]. In: Spotkania z Zabytkami [Begegnungen mit Denkmalen] (1980) Nr. 3, S. 74.
[82] Vgl. Liżewska (wie Anm. 71), S. 264.
[83] Vgl. Serafinowicz (wie Anm. 79), S. 13.

Großpolen kamen zwei Drittel der ausgezeichneten Staatsbetriebe, obwohl deren Anteil hier durchschnittlich acht Prozent betrug. In den west- und nordpolnischen Wojewodschaften lag der Anteil der PGR zwar im Durchschnitt nur wenig höher bei rund zehn Prozent, doch die Wojewodschaften mit dem landesweit höchsten Anteil an Staatsbetrieben lagen hier. Das waren die Wojewodschaften Allenstein, Koszalin und Breslau. Zudem war insgesamt die Zahl der PGR in den West- und Nordgebieten höher als in zentralpolnischen Wojewodschaften. Unabhängig vom Standort investierte indes durchschnittlich lediglich ein Fünftel der PGR in den Erhalt der von ihnen genutzten Herrenhäuser.[84]

Trotzdem stammte nur ein Fünftel der Preisträger aus den ehemaligen deutschen Gebieten, darunter waren vor allem Institutionen aus Schlesien und Pommern.[85] Ein Grund für das Ergebnis des Wettbewerbes mag in einer besseren wirtschaftlichen Lage der Staatsgüter in Großpolen gelegen haben, die den jeweiligen Leitern das Engagement für den Erhalt der sich in ihrem Eigentum befindlichen Herrenhäuser eher ermöglichte. Die Liste der Preisträger spiegelt jedoch darüber hinaus neben einem starken Traditionsbewußtsein in der Region Großpolen[86] vor allem ein

---

[84] Vgl. Angaben bei Kowalski, Stanisław: Zabytki Środkowego Nadodrza: Katalog Architektury i Urbanistyki [Denkmale der Mittleren Oder: Architektur- und Urbanistikkatalog]. Zielona Góra 1976; Ders.: Zabytki Województwa Zielonogórskiego [Denkmale der Woj. Grünberg]. Zielona Góra 1987; Ders.: Prace Konserwatorskie w woj. Zielonogórskim w latach 1974–1986 [Konserwatorische Arbeiten in der Woj. Grünberg in den Jahren 1974–1986]. In: Ochrona Zabytków [Denkmalschutz] (1990) Nr. 3, S. 153–167; Jaroszewski, Tadeusz S.; Baraniewski, Waldemar: Po pałacach i dworach Mazowsza [Über Schlösser und Güter in Masowien]. Warszawa 1996.

[85] Die Daten sind den Preisträgerlisten des Wettbewerbes „Konkurs na najlepszego użytkownika obiektu zabytkowego" (Wettbewerb für den besten Denkmalnutzer) entnommen, die in den Zeitschriften „Ochrona Zabytków" (Denkmalschutz) und „Spotkania z Zabytkami" (Begegnungen mit Denkmalen) zwischen 1976 und 1993 veröffentlicht wurden.

[86] Vgl. Starzyński, Aleksander: Residenzen und Herrenhäuser im Südwesten Großpolens. In: Hansestadt, Residenz, Industriestandort. Beiträge der 7. Tagung des Arbeitskreises deutscher und polnischer Kunsthistoriker in Oldenburg (27.–30.09. 2000). Hrsg. von Beate Störtkuhl. München 2002, S. 243–247, hier S. 245; Kopczyński, Wawrzyniec: Probleme der Denkmalpflege mit Hof- und Palastanlagen, dargestellt an Beispielen aus der Wojewodschaft Leszno. In: Gutsanlagen des 16. bis 19. Jahrhunderts im Ostseeraum – Geschichte und Gegenwart (Sankelmark

Strategie II: Temporäre Umnutzung

Desinteresse oder eine beständige Unsicherheit bezüglich des deutschen Kulturerbes wider. Trotz dieses Einsatzes für den Erhalt der Güter nutzten die meisten PGR die Anlagen jedoch nur bis zum technischen Verschleiß und übrig blieben lediglich verwüstete Gebäude, denen zudem der Abbruch drohte. Als 1990 nach der Liquidierung der Betriebe die polnische Agentur für staatlichen Landwirtschaftsbesitz (AWRSP) (seit 2004 Agentur für Landwirtschaftsimmobilien (ANR)) die Güter übernahm, um deren Verkauf und Verpachtung zu organisieren, wurde festgestellt, daß lediglich ein Drittel der Objekte ordnungsgemäß instand gehalten worden war. Ein weiteres Drittel war verfallen und bei den restlichen war eine Renovierung nur im Rahmen der Umnutzung erfolgt.[87] Die landwirtschaftliche Nutzung der Güter in der bisherigen Form endete zu Beginn der neunziger Jahre, doch konnten einige der mit der Modernisierung der Kombinate in den siebziger und achtziger Jahren entstandenen Nutzungen gerade im Bereich Gastgewerbe erfolgreich weitergeführt werden.

11.–14.09.1989). Hrsg. von ICOMOS. München 1990, S. 83–87, hier S. 87.
[87] Vgl. Sarnik-Konieczna, Maria: Kupic, nie kupic [Kaufen, nicht kaufen]. In: Spotkania z Zabytkami [Begegnungen mit Denkmalen] (2000) Nr. 11, S. 15–17, hier S. 15.

Altbaunutzung und Dorfplanung in der SBZ/DDR

Abb. 31: Ausschnitt aus der Illustration „Das neue Dorf". Dazu gehörten 1950: Kulturhaus der Maschinen-Ausleih-Station (MAS) mit Bibliothek, Geschäft der Konsumgenossenschaft (Konsum), Gemeindeschule, Bürgermeister und Gemeindeverwaltung, Landambulatorium, Neubauernhäuser, Kinderheim (im enteigneten Schloß), MAS, Volksgut (im enteigneten Gut), Mitschurinfeld auf Basis sowjetischer Anbaumethoden, Organisation von Opfern des Nationalsozialismus, Büro der Nationalen Front (Zusammenschluß von Parteien und Organisationen) und mehrere genossenschaftliche Einrichtungen.

Die Umnutzung und Veränderung der Herrenhäuser fand ebenso wie die Auflösung der historischen Gutsstrukturen im Rahmen einer tief greifenden Umgestaltung der Dörfer statt. Das wurde erstmals deutlich in der Forderung, die Güter für den wirtschaftlichen und sozialen Neuaufbau des Landes heranzuziehen, wie es Edwin Hoernle, Präsident der Deutschen Verwaltung für Land- und Forstwirtschaft (DVLF), im November 1945 gefordert hatte: „In den bisherigen Gutsgebäuden sollen Gemeinschaftsräume (Klubräume, Kindergärten, ärztliche Beratungsstellen, Dorfkinos, mechanische Wäschereien, Gemeindebackstuben usw.) untergebracht werden."[1]

---

[1] Zitiert bei Miksch, Anna: Die Sicherung und Nutzung kultureller Werte der ehemaligen Herrensitze des Großgrundbesitzes in Sachsen (Herbst 1945 bis Ende 1949). Ein Beitrag zum Problemkreis des Kulturerbes in der antifaschistisch-demokratischen Umwälzung. Dissertation zur Promotion A. Leipzig 1979, S. 210f.

Wie eng jedoch die bauliche Umgestaltung der Güter mit Ideen der Dorfplanung zusammenfällt, wird erst deutlich anhand des Entwurfs für eine „Anweisung betr. Umbau und Umbenennung enteigneter Gutshöfe", die die DVLF im September 1946 entwickelte:

„1. Beseitigung der den Gutshof umgebenden Mauer und sonstige Unkenntlichmachung der Gutshofgrenzen. 2. Zergliederung des gesamten Gutshofes durch Legung einer neuen Straße, wobei Gebäude ganz abgerissen oder größere Gebäude durchgeschnitten werden. 3. Aufteilung des Gutshofes in abgeschlossene Neubauernhöfe in der Form, daß verbindende Gebäude abgerissen und der frühere Charakter der Gebäude nicht mehr erkennbar ist. 4. Restliche Gebäude werden besonderen Zwecken zugeführt: Dorfschmiede, Stellmacher, Bäcker usw., Reparaturwerkstatt und Deckstationen der VdgB. Ehemaliges Gutshaus wird Gesindehaus, Schlossteich wird Dorfteich mit angrenzendem Gemeindeanger. 5. Abreißen von Gebäuden, die den Charakter des ehemaligen Gutshofes besonders zum Ausdruck bringen und zwar in architektonischer, aber auch in historischer Beziehung."[2]

Bis 1949 entstanden danach die ersten Dorfbebauungspläne, deren Bedeutung mit Beginn des Neubauernbauprogramms auf Basis des SMAD-Befehls Nr. 209 noch wuchs.[3] Diese sollten die zukünftige Gestalt der Dörfer angeben und waren damit auch eine Reaktion auf die Versäumnisse in den ersten Monaten der Bodenreform, in denen die Aufteilung der Güter ohne Planungsvorlauf und häufig ohne Ausweisung von Bauland erfolgt war. Deren Ziel war daher vor allem die geordnete Einrichtung von Neubauernstellen.

---

[2] Zitiert bei Dix, Andreas: „Freies Land". Siedlungsplanung im ländlichen Raum der SBZ und frühen DDR 1945–1955. Köln 2002, S. 225.
[3] Vgl. Bauarbeiter und Bodenreformbauprogramm. Hrsg. von der Industriegewerkschaft Bau. Berlin 1949, S. 7.

Altbaunutzung und Dorfplanung in der SBZ/DDR

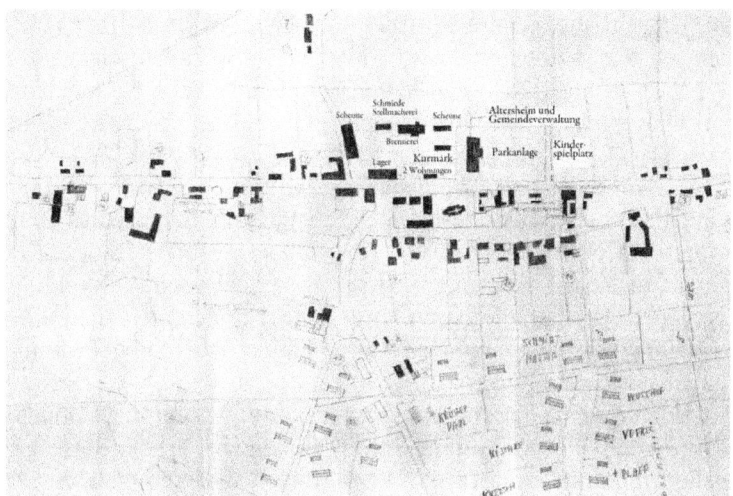

Abb. 32 Dorfplan für Petershagen bei Frankfurt (Oder) (Brandenburg). Im Süden wurde das Dorf durch mehrere Neubauernstellen erweitert. Die Hauptgenossenschaft Kurmark eGmbH, Nachfolgerin der Handelsgesellschaft Raiffeisenscher Genossenschaften, nutzte die Gutsanlage, das Herrenhaus war als Sitz eines Altersheims und der Gemeindeverwaltung vorgesehen und der westliche Teil des Gutspark sollte Kinderspielplatz werden (1947/48). Ein 1948 entworfener Plan zur Aufsiedlung von Gutshof und Park wurde nicht umgesetzt.

Herangezogen für die Dorfpläne wurden Architekten, die in den Dörfern im Auftrag von Siedlungsgesellschaften und staatlichen Siedlungsträgern tätig wurden. Allein in Brandenburg hatten 100 von ihnen dafür Aufträge durch die Brandenburgische Landbau GmbH erhalten.[4] Darunter waren auch einige aus Berlin, für die diese Arbeiten die erste Möglichkeit waren, nach Kriegsende wieder beruflich Fuß zu fassen. Dazu zählten allein im Kreis Lebus Siegfried Fehr (*1905), Hans Larssen

---

[4] Vgl. Vogel, Wolfram: Die Bauberatung in Brandenburg. Ein Weg zur Rettung der Baukultur auf dem Lande. In: Der Bauhelfer (1949) Nr. 21, S. 572–578, hier S. 574; Nähere Angaben zu den Aufgaben der Landbau GmbH in BLHA, Rep. 208, Nr. 2339, Bl. 69; Runderlass Nr. 10/48 (XIV) der Landesregierung Brandenburg, Ministerium des Innern, Abt. Landes und Kommunalverwaltung, an die Räte der Kreise und kreisfreien Städte. Betr.: Befehl 209 der SMAD (163 der SMA Brandenburg) - Organisation und Verantwortlichkeit (28.01.1948).

(*1903), Richard Machoy, Wolf von Möllendorf (1908–1992) Eduard Mosch (*1912), Helmut Niemer, Walter Parthey (*1889) und F.O. Seeger/Kühne.[5] Weitere Experten hatten bereits unter den Nationalsozialisten Erfahrungen in der Siedlungsplanung und im Landwirtschaftsbau gewonnen.[6]

In Ergänzung zu den Dorfplänen entstanden außerdem in der gleichen Zeit in den Bodenkulturämtern (später: Ämter zum Schutze des Volkseigentums) Aufrisszeichnungen von Herrenhäusern sowie Pläne für deren Um- und Ausbau. Diese Ämter waren mit der technischen Durchführung der Bodenreform betraut und zu ihren Aufgaben gehörten auch die bauliche Erfassung der enteigneten Herrenhäuser und deren Prüfung für Vergabe und Verwendung.[7]

Mit Beginn der Kollektivierung 1952 gewann dann die Vorstellung, die Dörfer komplex zu verändern, an Bedeutung,[8] denn diese gesellschaftlichen Veränderungen sollten sich auch in deren äußerer Gestalt widerspiegeln. Doch erst der Abschluß der Kollektivierung zu Beginn der sechziger Jahre markierte den tatsächlichen Beginn „sozialistischer Dörfer" und deren Aufbau blieb bis 1989 Ziel jeder Dorfentwicklung.[9] Inhaltliche Schwerpunkte lagen dabei auf der Entwicklung und Errichtung von Typenbauten für verschiedene Gebäudekategorien, dem Um-

---

[5] Vgl. BLHA, Rep. 238, Nr. 148, Bl. 6; Brief der Brandenburgischen Landbau-Gesellschaft mbH, Staatlicher Siedlungsträger, Hauptverwaltung, an das Bodenkulturamt Frankfurt/Oder (18.09.1947); KA MOL, Nr. 955; darin Brief des Ministeriums der Finanzen, Abt. Wiederaufbau. Betr.: Vorwerk Neuhof, Gemeinde Platkow, Kreis Lebus (Architekt Dipl.Ing. Wolf v. Möllendorf) (22.06.1948); KA MOL, Nr. 28; darin Brief Richard Machoys an die Gemeindeverwaltung Neuhardenberg zum Umbau des Schlosses in ein Krankenhaus (09.05.1946); Möllendorff, Wolf von: Ländliche Umbauten im Kreis Lebus. Entwürfe: Architekt Hans Larssen und Dipl.-Ing. W. von Möllendorff. In: Der Bauhelfer (1949) Nr. 7, S. 175–180.
[6] Vgl. Dix (wie Anm. 2), S. 85–94.
[7] Vgl. BLHA, Rep. 238, Nr. 148, Bl. 2; Brief der Provinzialregierung Mark Brandenburg, Ministerium für Wirtschaftsplanung, Abt. Land- und Forstwirtschaft, an die Bodenkulturämter der Provinz. Betr.: Erfassung der durch die Bodenreform enteigneten Herrenhäuser und Schlösser (14.02.1947).
[8] Vgl. Weigel, Wolfgang: Dörfer auf dem Reißbrett. In: Natur und Heimat (1959) Nr. 8, S. 402–404, hier S. 402.
[9] Vgl. Metelka, Arnfried; Flöting, Siegmund; Keil, Gundel: Das sozialistische Dorf – eine anspruchsvolle Gestaltungsaufgabe. In: Architektur in der DDR (1989) Nr. 8, S. 21–23.

und Ausbau der vorhandenen Altbausubstanz und der Schaffung des gesellschaftlichen Zentrums.

Planerischer Grundgedanke war die Trennung von Wohnen und Arbeiten: während die landwirtschaftlichen Großbetriebe in Randlage geplant waren, sollten Wohn- und Gesellschaftsbauten dagegen im Ortskern entstehen. Vorgesehen war die Gestaltung eines zentralen Platzes „zum abendlichen Beisammensein an Stelle des Treffens an der Milchrampe,"[10] für Feste und Demonstrationen, an dessen Rändern sich öffentliche Einrichtungen und Einkaufsmöglichkeiten anordneten. Im Idealfall gehörten dazu die Gemeindeverwaltung, Erziehungs- und Bildungseinrichtungen, ein Landambulatorium, eine Verkaufsstelle oder ein Landwarenhaus, eine Gaststätte sowie an hervorgehobener Stelle das Kulturhaus. Diese Einrichtungen wurden durch ein Dorfwirtschaftshaus und ein Altenheim sowie eine moderne zwei- bis dreigeschossige Wohnbebauung, die sich von einer städtischen nicht viel unterschied, ergänzt.[11]

Eine besondere Funktion bei der Gestaltung dörflicher Zentren nahmen die zentral gelegenen und multifunktional genutzten Herrenhäuser ein. Denn hier gelang nicht nur entgegen der zeitgenössischen Stadt- und Dorfplanung eine Verbindung zwischen Wohnen und Arbeiten, sondern auch die Schaffung multifunktionaler Dorfzentren am historischen Ort, die Aufgaben als Dorfwirtschafts-, Wohn-, Verwaltungs-, Versorgungs- und Kulturhäuser erfüllten.

Auf diese Weise wurden Begegnungen zwischen den Dorfbewohnern ermöglicht und „öffentliche Räume" entstanden in den ehemals privat oder halböffentlich genutzten Objekten. Hier gab es Platz für die Freizeitgestaltung, die Durchführung von Kultur- und Bildungsveranstaltungen und für Einrichtungen, die den Alltag der Dorfbewohner bereicherten und gerade den Frauen eine Entlastung in der Hausarbeit bereiten sollten. Dazu gehörten Bibliotheken, Vortrags- und Klubräume, Film-

---

[10] Käppe, Rudi: Nutzung denkmalwürdiger Bauten auf dem Lande. In: Alte Bauten im neuen Dorf. Hrsg. von Deutschem Kulturbund und Zentraler Kommission Natur und Heimat des Präsidialrates und Zentralem Aktiv „Bauten im Dorf". Berlin 1964, S. 12–46, hier S. 39.

[11] Vgl. Dorfplanung in der DDR. Anleitung und Hilfsmittel zu Dorfplanungsarbeiten. Hrsg. vom Ministerium für Bauwesen und der Deutschen Bauakademie. Berlin 1958, S. 14f.

und Fernsehzimmer, Gemeindewaschhäuser oder -bäder, Räume für Jugendliche sowie Großküchen mit Kantinen für die „gesellschaftliche Speisung"[12] – und „sonntags stampfte man, eng umschlungen, [...] im Speisesaal umher."[13] Auf diese Weise wurde auch die barocke Schloßanlage Ahlsdorf (Brandenburg) aus dem Besitz des Bankiers Georg von Siemens' (1839–1901), eines der Gründungsdirektoren der Deutschen Bank, genutzt.[14]

Beispielhaft geschildert wird eine derartige multifunktionale Umnutzung 1959 in einer Beschreibung des Gutshauses von Worin (Brandenburg), dem Ort einer der ersten LPG-Gründungen in der DDR:

„Das ehemalige Gutshaus, kein besonderes Baudenkmal, nicht prächtig und nicht kunstwertig, dafür solide und weiträumig gebaut, beherbergt das Bürgermeisteramt und die Geschäftsräume der Genossenschaft, dazu Versammlungs- und Landkinosaal, in dem auch der Kantinentisch der Genossenschaft steht. Ehrlich gesagt, schön sieht es hier nicht aus, etwas sehr staubig, etwas sehr unordentlich."[15]

Die multifunktionale Umnutzung von Herrenhäusern gab es im gesamten ostelbischen Raum, wie das Beispiel des Herrenhauses in Hieronimów (Kreis Białystok, Polen) zeigt: Hier war die Einrichtung eines Kultur-, Bildungs-, Sozial- und Verwaltungszentrums geplant, das den gesamten Bedarf eines modernen Dorfes in diesem Bereich abdecken sollte.[16]

---

[12] Bierwisch, Dieter; Niemke, Walter: Rationelle Nutzung der Dorfsubstanz. Anregungen zur effektiven Nutzung der Bausubstanz in ländlichen Siedlungen. Berlin 1972, S. 25; Die Entwicklung ländlicher Gebiete in der DDR. Fallstudie Gemeindeverband Weida. Hrsg. von der Hochschule für Architektur und Bauwesen Weimar. Weimar 1989, S. 107.
[13] Claudius, Eduard: Von der Liebe soll man nicht nur sprechen. Halle/Saale 1971, S. 163.
[14] Lichey, Helmut: Patenschaft über einen ländlichen Park. In: Natur und Heimat (1962) Nr. 6, S. 314–315. Das Schloß befindet sich seit 2001 im Privatbesitz entfernter Nachfahren und wird saniert. Vgl. Alvers, Annett; Kunz, Tobias: Ahlsdorf. Berlin 2002.
[15] Goeres, Heinrich: Reise ins schöne Dorf (mit Bildern von Gerhard Budich). In: Natur und Heimat (1959) Nr. 8, S. 367–372, hier S. 370f. Das Gutshaus befindet sich seit den neunziger Jahren in Privatbesitz.
[16] Vgl. Misiorowski, Andrzej: Niektóre problemy adaptacji obiektów zabytkowych

Altbaunutzung und Dorfplanung in der SBZ/DDR

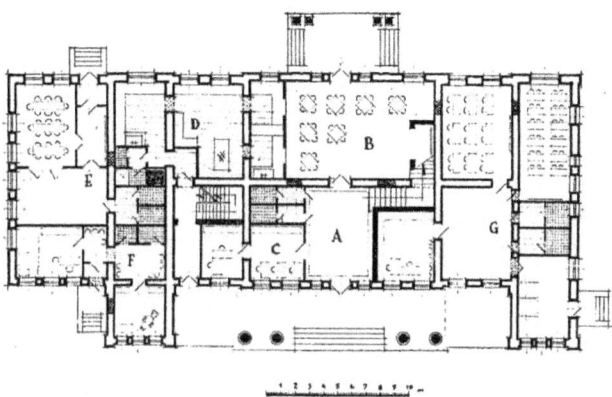

Abb. 33 Nutzungsschema des Herrenhauses in Hieronimów (Woj. Białystok). *A* Haupthalle; *B* Speisesaal; *C* PGR-Büro; *D* Küche; *E* Kindergarten; *F* Arzt; *G* Schule (im EG: Bibliothek mit Lesesaal, Vortragssaal, Gästezimmer).

Ideen für die Umgestaltung der Dörfer wurden anhand von Musterdörfern entwickelt. Dafür griffen die Architekten auch auf das sowjetische Vorbild der „Agrostädte" zurück, die durch landwirtschaftliche Großbetriebe und städtische Lebens- und Arbeitsbedingungen gekennzeichnet waren.[17] Zu den bekanntesten gehört das 1949 in Marxwalde umbenannte Neuhardenberg im Bezirk Frankfurt (Oder), das nach den Ereignissen des 17. Juni 1953 Patendorf der Deutschen Bauakademie geworden war.[18] Offenbar verfolgte man damit auf dem Land andere Ziele als in

---

[Einige Anpassungsprobleme bei Denkmalobjekten]. In: Ochrona zabytków [Denkmalschutz] (1968) Nr. 3, S. 6–13, hier S. 11f.
[17] Vgl. Grünberg, Hans: Die sozialistische Wandlung des Dorfes. Die allmähliche Herausbildung von ländlichen Siedlungszentren in den Landwirtschaftsgebieten der DDR. Analyse und Prognosen am Beispiel des Kreises Parchim im Bezirk Schwerin. Berlin 1970, S. 12.
[18] Vgl. Dix (wie Anm. 2), S. 389; Hintergrund für diese Entscheidung könnte gewesen sein, daß das Schloß in seiner klassizistischen Form als Ausdruck des „progressiven Bürgertums" interpretiert wurde und damit für eine Kulturpolitik der „nationalen Traditionen" einen großen Wert besaß. Vgl. Hartung, Ulrich: 'Die Kultur auf's Land bringen'. Dörfliches Bauen in der frühen DDR und der Typus des Land-Kulturhauses. In: Zwischen Bodenreform und Kollektivierung. Hrsg. von Ulrich Kluge, Winfried Halder und Katja Schlenker. Stuttgart 2001, S. 229–250, hier S. 246.

den Städten, für die während des ersten „5-Jahres-Plans" (1951–1955) noch das Leitbild der „Schönen deutschen Stadt" galt und historische Stadtformen idealisiert wurden.[19]

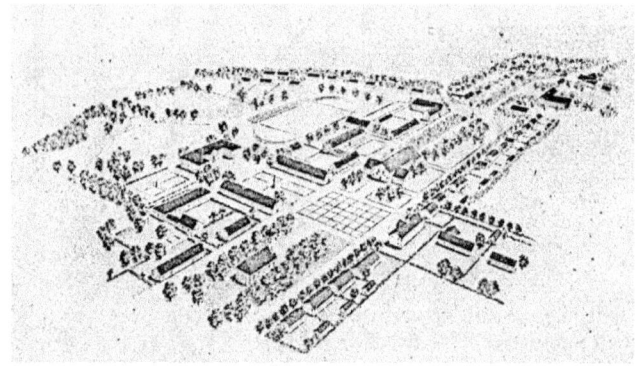

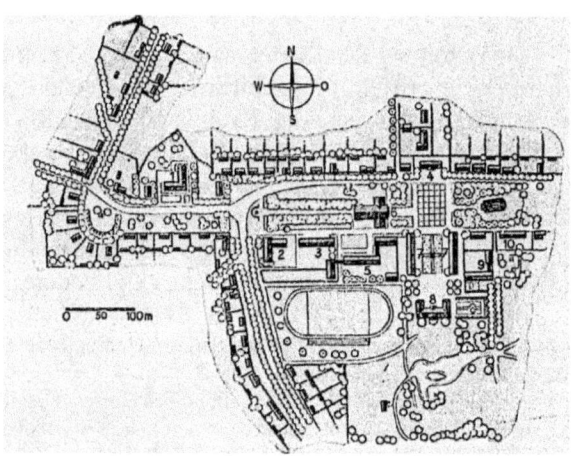

Abb. 34 Einer der Vorschläge für die Gestaltung des Musterdorfs Marxwalde: *1* Landambulatorium, *2* Altersheim, *3* Läden, *4* Verwaltung für LPG und Gemeinde (alte Schule), *5* Zentralschule, *6* Kultursaal, *7* Wohnung für die ländliche Intelligenz (Kavaliershäuser), *8* Kulturhaus (Herrenhaus), *9* Kindergarten und Kinderkrippe (Orangerie), *10* Dorfwirtschaftshaus.

---

[19] Vgl. Hoscislawski, Thomas: Bauen zwischen Macht und Ohnmacht. Architektur und Städtebau in der DDR. Berlin 1991, S. 55–129.

Eine Umsetzung dieser Dorfpläne erfolgte jedoch selbst in den Musterdörfern nur ansatzweise. Dazu trugen Kompetenzstreitigkeiten der beteiligten Einrichtungen,[20] mangelnde Erfahrung der Architekten[21] sowie sich ändernde politische Schwerpunkte bei. Außerdem profitierte nicht jede Gemeinde im gleichen Maße von diesen Planungen, wurde doch die bereits Ende der vierziger Jahre angelegte hierarchische Siedlungsstruktur bis Ende der sechziger Jahre weiter ausgebaut.[22] Nur Dörfer mit einer MAS- beziehungsweise MTS oder zumindest einem Brigadestützpunkt oder einer Zentralschule erfuhren eine Aufwertung.

Um die Entwicklung der „sozialistischen Dörfer" voranzubringen wurden daher wiederholt politische Forderungen nach Perspektivplänen aufgestellt. Erstmals geschah das auf dem V. Parteitag der SED 1958,[23] ein zweites Mal auf dem VI. Parteitag 1963 hinsichtlich des Ausbaus der LPG[24] und weitere Wiederholungen auf anschließenden Parteitagen folgten. Trotz dieses politischen Drucks war jedoch absehbar, daß die Entwicklung des „sozialistischen Dorfes" nur etappenweise erfolgen konnte.

Trotz wachsender Investitionen in Neubauten blieben die „sozialistischen Dörfer" folglich von einem Nebeneinander an Alt- und Neubauten geprägt, doch das Dorfbild veränderte sich: Durch den Abbruch von Nebengebäuden oder die Errichtung von Neubauten wurde die historische Verbindung zwischen den einzelnen Teilen der Gutsanlagen und der umgebenden Landschaft häufig unterbrochen oder die Bedeutungsperspektive durch die Verbauung mit Bauten untergeordneter Funktion verschoben.

Auf diese Weise verwandelte sich auch in Marxwalde (Brandenburg) das Schloß, ein Bau des Architekten Karl Friedrich Schinkel, quasi in ein Nebengebäude, als in unmittelbarer Nähe mehrerer Wohnbauten entstanden, die die sonstige zweigeschossige Bebauung übertrafen.

---

[20] Vgl. Vogel (wie Anm. 4), S. 574; BLHA, Rep. 208, Nr. 2337, Bl. 2f. und Bl. 12f.; Tätigkeitsberichte 1946/1947 des Bodenkulturamts Frankfurt/Oder.
[21] Vgl. Hafdrang, Josef: Die Hauptaufgabe des landwirtschaftlichen Bauwesens. In: Deutsche Architektur (1955) Nr. 6, S. 241–249, hier S. 249.
[22] Vgl. Dix (wie Anm. 2), S. 344f.
[23] Vgl. Collein, Edmund: Die Aufgaben der Dorfplanung nach dem V. Parteitag. In: Deutsche Architektur (1958) Nr. 10, S. 515–517.
[24] Vgl. Niemke, Walter: Bauen auf dem Lande. Siedlungsprobleme der sozialistischen Landwirtschaft. In: Deutsche Architektur (1963) Nr. 6, S. 329.

Abb. 35 Das Dorf Neuhardenberg (Brandenburg) zu Beginn der neunziger Jahre. 1997 kaufte der Deutsche Sparkassen- und Giroverband das Schloß und begann mit der Rekonstruktion der Anlage (1997–2002).

Unter dem Einfluß der Sowjetunion, wo die Dorfplanung bereits zu einer eigenständigen Disziplin in der Architektur geworden war,[25] und der grundsätzlich urbanistischen Orientierung des Marxismus-Leninismus sowie angesichts des erforderlichen Neuaufbaus nach dem Ende des Zweiten Weltkrieges ähnelten sich die Pläne zur Dorfentwicklung in der SBZ/DDR, Polen und den baltischen Sowjetrepubliken. Ihr Ziel war die Angleichung der Lebensverhältnisse in Stadt und Land.[26]

Konkret war die Umgestaltung der Dörfer daher geprägt durch den Ausbau der Infrastruktur, Neuerungen in den landwirtschaftlichen Betriebsstrukturen und Arbeitsmethoden sowie soziostrukturelle Veränderungen wie der Abnahme der in der Landwirtschaft Beschäftigten oder

---

[25] Vgl. Melvin, Neil J.: Soviet power and the countryside: policy innovation and institutional decay. New York 2003, S. 96ff.

[26] Dieser Gedanke prägte auch die Raumplanung der Bundesrepublik Deutschland. Vgl. Cholewa, Werner: Gesetzliche Grundlagen für die Erneuerung der Gemeinden. In: Bericht über die Bundesarbeitstagung „Unser Dorf soll schöner werden" vom 13. bis 16. Juli 1964 in Landau/Pfalz. Hrsg. im Auftrag des Bundesministeriums für Ernährung, Landwirtschaft und Forste. Bad Godesberg 1965, S. 17–25, hier S. 19.

Abwanderung der ländlichen Bevölkerung. Die westdeutsche Entsprechung für diese Entwicklung stellt der landwirtschaftliche Strukturwandel dar.[27]

Leitbild für die Umgestaltung war der urbane Raum und umgesetzt wurde diese Idee innerhalb einer hierarchischen Siedlungsstruktur. Bezugspunkte bildeten einige zentrale Orte mit Versorgungseinrichtungen, deren Bedeutung meist auf den neuen landwirtschaftlichen Staatsbetrieben oder Genossenschaften gründete.

Im Gegensatz zu Polen und der SBZ/DDR, wo lediglich die vorhandenen Siedlungen umgestaltet wurden, bedeutete diese Einführung eines zentralisierten Siedlungssystems eine einschneidende Veränderung für die durch Streusiedlungen geprägten baltischen Republiken. Dort war geplant bis 1975 die Zahl der Siedlungen um 99 Prozent zu verringern[28] und tatsächlich sind allein in Estland bis heute 70 Prozent der Bauernhäuser verschwunden.[29]

Als besonders gelungene Modellbeispiele neuer Siedlungen galten Saku, Kurtna und Vinni in Estland, für deren Gestaltung u.a. Voldemar Herkel (*1929), Ilmar Jürisson (1912–1985) und Valve Pormeister (1922–2002) mit dem sowjetischen Staatspreis ausgezeichnet worden waren. Die dortigen Gutsanlagen wurden aber nur teilweise in diese Planungen einbezogen.[30]

---

[27] Vgl. Kröger, Melanie: Die Modernisierung der Landwirtschaft. Eine vergleichende Untersuchung der Agrarpolitik Deutschlands und Österreichs nach 1945. Berlin 2006, S. 28f.; Bülow, Detlev Werner von: Erhaltung von Herrenhäusern und Gutsanlagen in Schleswig-Holstein unter den heutigen landwirtschaftlichen Bedingungen. In: Gutsanlagen des 16. bis 19. Jahrhunderts im Ostseeraum – Geschichte und Gegenwart (Sankelmark 11.–14.09.1989). Hrsg. von ICOMOS. München 1990, S. 24–26, hier S. 24ff.
[28] Vgl. Melvin (wie Anm. 26), S. 169.
[29] Vgl. Zimmermann-Schulze, Kirsten: Ländliche Siedlungen in Estland. Deutschbaltische Güter und die historisch-agrarische Kulturlandschaft. Stuttgart 2004, S. 255.
[30] Vgl. Lapin, Leonhard; Viirmaa, Vello: Eesti küla ehitab/Nowii oblik estonsko cela/Contemporary Rural Architecture of Soviet Estonia. Tallinn 1983, S. 17.

Umnutzung der Herrenhäuser

Abb. 36 Planschema der Sowchosesiedlung Saku (Estland): *1* Hauptgebäude der Institution für Ackerbau und Melioration; *2,3* Laboratorien; *4* Ausstellungspavillon; *5* Geschäfts- und Gesellschaftszentrum; *6* Architekturdenkmal (Herrenhaus); *7* Geschäftgebäude; *8* Schule; *9* Kindergarten; *10* Lebensmittelgeschäft, Kantine und Restaurant; *11* Pavillon; *12* Bad und Wäscherei; *13* Kesselhaus; *14* Gebäude der Bierbrauerei; *15* Experimentalwerkstatt; *16* Garagen; *17* 2-stöckige Wohnhäuser mit je 4 Wohnungen; *18* 2-stöckige Wohnhäuser mit je 8–12 Wohnungen; *19* 3-stöckige Wohnhäuser mit je 24 Wohnungen; *20* 3-stöckige Wohnhäuser mit je 27 Wohnungen; *21* 1-stöckige Reihenhäuser; *22* private Wohnhäuser; *23* mehrstöckiger Wohnkomplex; *24* Park; *25* Forst; *26* Teiche.

Verbunden mit der Dorfplanung war der Beginn der Kollektivierung. Nur in den baltischen Republiken und in der SBZ begann die Umgestaltung der Dörfer bereits mit der staatlich geförderten Errichtung von Bauernhäusern für Neubauern. In Estland und Lettland lief dieses Programm in den zwanziger und dreißiger Jahren[31] und in der SBZ Ende der vierziger Jahre. Verschwindend gering waren demgegenüber die rund 300 Bo-

---

[31] Angaben zu Lettland bei Strauss, J.: Lauksaimniecības būvniecība [Landwirtschaftliches Bauwesen]. In: Latvijas agrārā reforma. Agrārās reformas izvešanas darbu noslēgums [Lettlands Agrarreform. Abschluss der Ausführungsarbeit der Agrarreform]. Hrsg. vom Zemkopības Ministrijas [Ministerium für Ackerbau]. Rīga 1938, S. 478–528.

denreformbauten, die in Polen nach dem Zweiten Weltkrieg errichtet worden waren.[32]

Wettbewerbe

Begleitet wurde die Umgestaltung der Dörfer von einer Reihe Aktionen und Wettbewerbe. Bis zum Beginn der fünfziger Jahre handelte es sich dabei um sogenannte Solidaritätsaktionen, in denen die Bevölkerung aufgerufen war, sich am Abbruch von Herrenhäusern und Wirtschaftsgebäuden zu beteiligen. Auf diese Weise sollte bei dem ins Stocken geratenen Neubauernprogramm die Wende zum Erfolg erreicht werden. Aber auch die Gestaltung günstiger Häuser war 1949 Anlaß für die Ausrufung eines Wettbewerbes mit dem Titel „Wer baut das billigste Haus?".[33]

Mit Beginn der Kollektivierung und der Gestaltung „sozialistischer Dörfer" änderten sich Form und Inhalt. Der neue Titel des zentralen Wettbewerbes lautete „Das schöne sozialistische Dorf"; er war ursprünglich von sächsischen Natur- und Heimatfreunden im Deutschen Kulturbund unter dem Titel „Das schöne Dorf" ins Leben gerufen worden und 1956 in anderen Bezirken der DDR übernommen worden, wo sich 749 Gemeinden beteiligten.[34] In dessen Rahmen fanden anfänglich Aufräum- und Verschönerungsarbeiten statt. Dazu gehörten z.B. die Pflege der Parks und ihre Umgestaltung zu Volksparks. Zu den Zielen der Natur- und Heimatfreunde gehörte aber auch der Aufbau von Kultur- und Freizeiteinrichtungen, wie die Anlage von Sportplätzen, Freilichtbühnen und heimatkundlichen Lehrpfaden oder gar die Gründung von Heimatmuseen.[35] Die Bewertung der Ergebnisse fand vor allem unter kulturell-ästhetischen Gesichtspunkten statt.

---

[32] Vgl. Ther, Philipp: Deutsche und polnische Vertriebene. Gesellschaft und Vertriebenenpolitik in der SBZ/DDR und in Polen 1945–1946. Göttingen 1998, S. 201.
[33] Vgl. KA MOL, Nr. GIF 1290; darin Runderlass LBK/18/49 des Vorsitzenden der Landesbodenkommission an Räte der Kreise und kreisfreien Städte und an Landräte und Oberbürgermeister. Betr.: Bodenreform-Bauprogramm 209 Wettbewerb: Wer baut das billigste Haus (30.6.1949).
[34] Vgl. Kneschke, Karl: Das schöne Dorf. In: Natur und Heimat (1956) Nr. 12, S. 353–354; Fischer, Helmut: Hundert Jahre für den Naturschutz. Heimat und regionale Identität. Die Geschichte eines Programms. Bonn 2004, S. 101.
[35] Vgl. N.N.: Natur und Heimatfreunde bauen auf! Wettbewerb aller Arbeitsge-

Erst als im Zusammenhang mit dem forcierten Ausbau der LPG 1958/59 der Wettbewerb durch die Organisation der „Nationalen Front" übernommen wurde, die ihn als Teil der Initiative „Nationales Aufbauwerk" führte, standen eher Maßnahmen zur wirtschaftlichen Gestaltung der Dörfer im Vordergrund.[36] Diese Tendenz kritisierte jedoch Erich Mückenberger (1910–1998), Mitglied des Volkskammerausschusses für Land-, Forst- und Nahrungsgüterwirtschaft. Er erinnerte auf einer Sitzung des Präsidiums des Nationalrates der „Nationalen Front" 1959 daran, daß weder die alleinige Konzentration auf Verschönerungsarbeiten, wie das Streichen der Gartenzäune und die Anbringung von Blumenkästen, noch eine Begrenzung des Wettbewerbsbeitrages auf die Erfüllung bestimmter Kennziffern dem Anspruch dieses Wettbewerbes gerecht werden. Vielmehr sollten sich an den Beiträgen alle Menschen beteiligen, die in einem Dorf wohnen, so daß sich beide Ansätze miteinander verbinden, denn nur das „[könne] ein schönes Dorf sein [...], wo eine LPG vorhanden ist, die Wirtschaftlichkeit erreicht ist und sich das Gesicht des Dorfes verändert." Er sah diesen Wettbewerb daher gar als Instrument zur Durchsetzung der „Überlegenheit der sozialistischen Ordnung", das zur Hebung der Arbeitsproduktivität ebenso beitragen konnte wie zur Überzeugung der Einzelbauern oder zur Implementierung von Perspektivplänen für die Entwicklung der „sozialistischen Dörfer".[37]

1967 löste die Leitung der „Nationalen Front" diesen Wettbewerb durch einen neuen ab, der den Titel „Schöner unsere Städte und Gemeinden – Mach mit" trug. Waren bereits vorher im Rahmen der Wettbewerbe auch Maßnahmen zur Bewahrung und Nutzung der Altbausubstanz auf dem Lande durchgeführt worden, so stieg deren Zahl in den siebziger Jahren an, als die politische Förderung von Heimat und Kulturerbe begann.[38] Ab 1982 gab es sogar die durch die „Gesellschaft für

---

meinschaften und Fachgruppen zur Unterstützung des Nationalen Aufbauwerkes als ein Beitrag der Natur- und Heimatfreunde im Jahr der großen Volksinitiative für Frieden und Sozialismus. In: Aus der Arbeit der Natur- und Heimatfreunde (1958) Nr. 4, S. 83.

[36] Vgl. Weinitschke, Hugo: Das schöne sozialistische Dorf und der Naturschutz. In: Natur und Heimat (1961) Nr. 2, S. 98–100, hier S. 98.

[37] Zitiert bei N.N.: Erich Mückenberger zum Wettbewerb „Das schöne Dorf". In: Das sozialistische Dorf. Monatszeitschrift für Agrarpolitik (1959) Nr. 7, S. 9.

[38] Vgl. Pfeufer, Roland; Pevestorf, Ute: Alte Bauten – neu genutzt. Hinweise und Beispiele zur Nutzung von Bausubstanz für gesellschaftliche Bauten in ländlichen

Denkmalpflege im Kulturbund der DDR" organisierte Aktion „Gepflegte Denkmale und ihre Umgebung", die im Rahmen des Wettbewerbes stattfand.[39] Auch Herrenhäuser und Parkanlagen gerieten so in den Fokus des Wettbewerbes. 1977 beschloß daher der Rat des Kreises Seelow (Brandenburg) die Herrichtung von Denkmalen der Landschafts- und Gartengestaltung im Rahmen des Wettbewerbes „Schöner unsere Städte und Gemeinden – mach mit", so daß sie der Bevölkerung „Erholung und Freude" bringen.[40] Auch von denkmalpflegerischer Seite wurden die so durchgeführten Maßnahmen zur Sicherung der Denkmale durchaus als Erfolg betrachtet.[41]

Modernisierung, Verschönerung und Veränderung des dörflichen Lebens wurden im gleichen Zeitraum auch in Westdeutschland thematisiert, wo seit Beginn der fünfziger Jahre ebenfalls verschiedene kommunale Wettbewerbe stattfanden. Einer der ersten wurde 1952 im schleswig-holsteinischen Herzogtum Lauenburg unter dem Motto „Schönheit des Dorfes" durchgeführt, weitere Kreise folgten im Verlauf der fünfziger Jahre. Sehr viel bekannter wurde dann aber erst der 1961 vom Bundesministerium für Ernährung, Landwirtschaft und Forste erstmals durchgeführte Bundeswettbewerb „Unser Dorf soll schöner werden".[42] Ziele für die in diesem Rahmen ebenfalls stattfindende Umnutzung historischer Altbauten für öffentliche Einrichtungen waren die Bewahrung des Ortsbildes, die Verbesserung der Infrastruktur und die Schaffung anschaulicher Vorbilder für private Bauherren. Im Gegensatz zu den Wettbewerben in der DDR wurde in der Bundesrepublik Deutschland jedoch

---

Siedlungen. Berlin 1971, S. 7.
[39] Vgl. Arbeitsmaterial Gepflegte Denkmale und ihre Umgebung. Hrsg. vom Nationalrat der Nationalen Front der DDR. Berlin 1982.
[40] BLHA, Rep. 601, Nr. 26494; darin Beschluss des Rates des Kreises Seelow (25.05.1977).
[41] Vgl. N.N.: Thesen zur staatlichen und gesellschaftlichen Arbeit auf dem Gebiet der Denkmalpflege in den Stadt- und Landkreisen. Erarbeitet von der Redaktionskommission im Ergebnis der 4. Ratstagung des Rates für Denkmalpflege in Görlitz am 19. September 1978. In: Denkmalpflege in der DDR (1980) Nr. 7, S. 12–14, hier S. 14; Deiters, Ludwig: Grundlagen und Ziele der Denkmalpflege in der DDR. Berlin 1982, S. 32.
[42] Vgl. Strack, Herbert; Bomkamp, Heinrich: Unser Dorf soll schöner werden. Dokumentation und Auswertung der Bundeswettbewerbe 1961–1979. Münster-Hiltrup 1981, S. 1.

auf diese Weise nicht eine Verstädterung der Dörfer gefördert, vielmehr sollte gerade ein „dörflicher Charakter" bewahrt bleiben.[43] Trotzdem stimmten beide Staaten in der Zielsetzung überein, auf diese Weise die Schaffung gleichwertiger Lebensbedingungen für die Landbevölkerung sowie die dörfliche Gemeinschaft zu fördern. Bis heute gibt es diesen kommunalen Wettbewerb, dessen Titel Mitte der neunziger Jahre um den Zusatz „Unser Dorf hat Zukunft" erweitert wurde, um die Bedeutung nachhaltiger Entwicklung und bürgerschaftlichen Engagements im ländlichen Raum zu betonen. Seit 2005 ist das der alleinige Titel.[44]

Neubauten

Das Ziel war die grundsätzliche Veränderung der Dörfer durch die Errichtung von Neubauten und die Ersetzung der Altbauten. Gestalterisch sollte so die Dominanz der Güter und Kirchen gebrochen werden. Das begann mit der Aufsiedlung der Güter im Rahmen des Neubauernbauprogramms. Weitere Vorschläge für die Schaffung einer neuen vertikalen Dominante als Ersatz für Kirchtürme sahen außerdem die Errichtung von Uhr- oder Wassertürmen auf dem Gelände der landwirtschaftlichen Einrichtungen vor.[45] Diese baulichen Veränderungen wurden Ende der vierziger Jahre mit mehreren Bauprogrammen für MAS und Schulen fortgesetzt. Der Schwerpunkt des Bauwesens blieb nach Abschluß des Neubauernbauprogramms jedoch der städtische Raum, während im ländlichen Raum auch aufgrund sinkender Einwohnerzahlen insbesondere im Wohnungsbau die Ausnutzung der Altbauten weiterhin eine große Bedeutung behielt.[46]

---

[43] Olschowy, Gerhard: Sinn und Ziel des Bundeswettbewerbes „Unser Dorf soll schöner werden". In: Bericht über die Bundesarbeitstagung „Unser Dorf soll schöner werden" vom 13. bis 16. Juli 1964 in Landau/Pfalz. Hrsg. im Auftrag des Bundesministeriums für Ernährung, Landwirtschaft und Forste. Bad Godesberg 1965, S. 11–16, hier S. 15.
[44] Wettbewerb „Unser Dorf hat Zukunft", www.dorfwettbewerb.bund.de (31.07.2008).
[45] Vgl. Bergmann, Friedrich: Wege zu einer realistischen dörflichen Architektur. In: Deutsche Architektur (1955) Nr. 6, S. 250–259, hier S. 256.
[46] Vgl. Niemke, Walter; Pieht, Klaus; Regen, Klaus: Wohnungsbau in ländlichen Siedlungen. Berlin 1972, S. 5f.

Altbaunutzung und Dorfplanung in der SBZ/DDR

Die Entwicklung von Neubauten basierte auf Typenprojekten für einzelne Gebäudekategorien. Die Typisierung blieb jedoch ein Experimentierfeld, denn die Bauten und die Bauweisen mußten sich in der Praxis erst noch bewähren und auch die Einbindung in die Dörfer stellte fachliches Neuland dar. Entsprechend schwierig war die Durchsetzung dieser Bauten vor Ort. Das begann bereits mit den Neubauernhäusern, deren Entwürfe die Arbeitsgruppe um Toni Miller an der bis 1949 für die Entwicklung der ländlichen Architektur prägend wirkenden Hochschule für Baukunst und Bildende Kunst in Weimar entwickelt hatte.[47] Da diese als Eindachtyp konzipierten Bauten keine Anlehnung an traditionelle Bauweisen aufwiesen, nicht an den individuellen Bedürfnissen der Bewohner ausgerichtet waren und aufgrund des Mangels an Baumaterialien selten gemäß der Planung umgesetzt werden konnten, stießen sie bei den Bauern kaum auf Gegenliebe und mußten gegen deren Widerstand durchgesetzt werden.

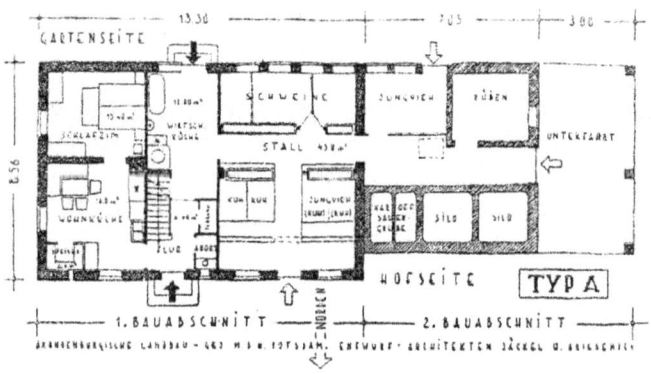

Abb. 37 Erdgeschoßgrundriß eines Neubauerngehöfts mit einer Wirtschaft von 5 bis 7 Hektar, das von der Brandenburgischen Landbau GmbH als staatlichem Siedlungsbauträger vertrieben wurde. Der Wohnbereich betrug mit Wohnküche, Schlafzimmer, zwei Dachkammern und Wirtschaftsküche 80 m². Hinzu kamen zwei Kellerräume, Kuh-, Schweine- und Jungviehställe und Futtermittellager.

---

[47] Vgl. Dix (wie Anm. 2), S. 329; Butter, Andreas: Neues Bauen, neues Leben. Die Moderne in der Architektur der SBZ/DDR 1945–1951. Berlin 2006, S. 111.

Die Anpassung der Wohnungsneubauten an die Bedürfnisse der Dorfbewohner bereitete ebenfalls Probleme, denn der Anblick eines „14 m hohen und 53 m langen ‚Kastens'" rief Ablehnung hervor.[48] Die städtischen Wohnungen erwiesen sich zudem anfänglich in der Praxis als zu klein für einen ländlichen Haushalt[49] und später im allgemeinen als zu einseitig auf die Normalfamilie ausgerichtet, deren Anteil an der Gesellschaft bereits gesunken war.[50] Trotz dieser Schwierigkeiten waren jedoch sowohl die einer traditionellen Vorstellung von Bauernhäusern verhaftet gebliebenen Neubauernhäuser als auch die moderne Industriearchitektur der Wirtschafts- und Wohngebäude Ausdruck einer konzeptionellen Modernisierung des ländlichen Raums.

Mit Beginn der Kollektivierung und damit dem Abschluß des Neubauernbauprogramms lag der Schwerpunkt im ländlichen Raum auf der Entwicklung von Gebäuden für die neuen landwirtschaftlichen Großbetriebe und Wohnungen für die Arbeiter. Während erstere zunächst auch als Behelfsbauten mit möglichst geringem Arbeitsaufwand geplant waren und erst später als industrielle Bauten errichtet wurden,[51] sollten die städtischen Wohnblöcke dem Fortschritt auf dem Lande Ausdruck verleihen und gleichzeitig durch Verdichtung die Nutzung landwirtschaftlich genutzter Flächen als Baugrund verhindern.[52] Auf längere Sicht war dann die Entflechtung von Wohn- und Produktionsstätten in Anlehnung an die Funktionstrennung im Städtebau geplant. Zu den ersten Entwürfen gehörten auch kühne Modelle wie der an der Hochschule für angewandte Kunst in Berlin-Weißensee entwickelte zehngeschossige Block für mehrere tausend Dorfbewohner.[53]

---

[48] Mattke, Karl-Heinz; Vogler, Manfred: Das montierte mehrgeschossige Wohnhaus auf dem Lande. In: Deutsche Architektur (1963) Nr. 6, S. 330–331, hier S. 330.
[49] Vgl. Deutsche Bauakademie – Institut für Städtebau und Architektur: Aktuelle Fragen der Dorfplanung. Arbeitsmaterial für die 13. Plenartagung der Deutschen Bauakademie. Berlin 1964, S. 10.
[50] Vgl. Escherich, Mark; Wieler, Ulrich: Planen und Bauen in Thüringen 1945–1990. Erfurt 2002, S. 93f.
[51] Vgl. Grünberg, Hans: Aus alten werden neue Dörfer. In: Natur und Heimat (1961) Nr. 1, S. 25–27, hier S. 25.
[52] Vgl. Niemke, Walter: Die Umwandlung alter Dörfer in sozialistische Dörfer. In: Deutsche Architektur (1959) Nr. 5, S. 257–265, hier S. 263.
[53] Vgl. Grünberg (wie Anm. 17), S. 64.

Die Neubauten, die mehr noch als die Wohnungsbauten politisch ein Zeichen auf dem Lande setzten sollten, waren Kulturhäuser und Schulgebäude. Trotz des Anspruches politischer, kultureller und architektonischer „Herzpunkt"[54] des Dorfes zu sein, blieben jedoch die Kulturhäuser in der Umsetzung weniger präsent als die Schulneubauten.

Die Kulturhäuser waren multifunktionale Einrichtungen, die über einen Saal mit rund 200 Plätzen sowie kleinere Klubräume verfügten.[55] Sie wurden vor allem in den fünfziger und sechziger Jahren errichtet und ihre Vorbilder waren sowohl die Volkshäuser der Arbeiterbewegung als auch die sowjetischen Kulturhäuser.[56]

Für die Schulen konnte trotz Beginn des Schulbauprogramms 1949/50 erst rund zehn Jahre später ein verbindlicher Typenbau entwickelt werden, da zunächst die pädagogische Ausrichtung des Schulwesens geklärt werden mußte.[57] Das Ziel war die Schließung kleinerer Landschulen und die Entwicklung von Zentralschulen, deren Erforderlichkeit auch aufgrund der demographischen Entwicklung gegeben war. Prägnant auf den Punkt brachte diese in allen Ländern zu beobachtende Entwicklung eine Losung der polnischen Bildungspolitik: Aus der Forderung „Schule in Kindesnähe" in den sechziger Jahren, die im Rahmen des polnischen Schulbauprogramms „1.000 Schulen für das Millennium" (Tysiąc szkół na tysiąclecie) entstanden, wurde in den siebziger Jahren „Kind in Schulnähe."[58]

---

[54] Bergmann (wie Anm. 46), S. 255.
[55] Vgl. Dorfplanung in der DDR (wie Anm. 11), S. 5.
[56] Vgl. Flierl, Bruno: Das Kulturhaus in der DDR. Vortrag auf dem XXIII. Deutschen Kunsthistorikertag am 26.09.1994 in Dresden. In: Gebaute DDR. Über Stadtplaner, Architekten und die Macht. Hrsg. von Bruno Flierl. Berlin 1998, S. 108–120, hier S. 108.
[57] Vgl. Escherich;Wieler (wie Anm. 51), S. 62ff.
[58] Der Minister Wacław Tułodziecki (1904–1985) begann 1963 eine Schulreform, die den Schulbau in ländlichen Gebieten forcierte. Das Ziel war die Errichtung einer Grundschule in jedem Dorf, so daß die Kinder einen Schulweg von weniger als vier Kilometer Länge hatten. Bis in die achtziger Jahre sank dann aufgrund einer veränderten Bildungspolitik die Zahl der Landschulen von 22.000 auf 9.000. Vgl. Kozakiewicz, Mikolaj: Sozial-ökonomische Voraussetzungen der geplanten Reform des Bildungssystems in Polen. In: Landbewirtschaftung und ländlicher Raum in der Volksrepublik Polen. Hrsg. von Bernd van Deenen. Bonn 1988, S. 48–68, hier S. 48f.; Architektura i budownictwo szkolne PRL [Schularchitektur und -bauwesen in der VR Polen]. Warszawa 1976.

Als attraktive Grundstücke für Neubauten galten im übrigen die Gutsparks, die sich im kommunalen Besitz befanden und zudem meist zentral gelegen waren. Ein anschauliches Beispiel dafür ist der Schulbau in Marxwalde, der 1973/74 direkt neben dem bis dato als Schule genutzten Herrenhaus errichtet wurde. Ein ähnlicher Schulersatzbau im benachbarten Ort Gusow, der ebenfalls in der Nähe des Schlosses entstehen sollte, wurde hingegen nach Einsatz des Instituts für Denkmalpflege mit Hinweis auf das Denkmalschutzgesetz von 1975 nicht mehr umgesetzt.[59]

Abb. 38 Herrenhaus und Kulturhaus in Trebus (Brandenburg). Anstelle des Herrenhauses, in der obigen Abbildung hinter den Bäumen links, wurde das Kulturhaus errichtet. Dieses ist heute ein Restaurant.

Deutlich wird die symbolische Bedeutung der Neubauten im Fall der Kulturhäuser, wie sich aus der Forderung des Architekten Hermann Henselmanns (1905–1995) ablesen lässt:

„Eine Gesellschaftsablösung, eine Klassenherrschaft wurde in der Baukunst meistens durch Höhe oder Massierung von Baukörpern erreicht.

---

[59] Vgl. u.a. KA MOL, Nr. 6649 Bd. 2; darin Brief von Ursula Fischer, Ratsmitglied Kultur, an Peter Schmidt, Kreisschulrat, Seelow. Betr.: Investitionsmaßnahme Schulkomplex Gusow (08.07.1982).

Die Kirche, das Rathaus oder das Schloß beherrschten das gesamte Ortsbild. Das gilt auch für die Dorfkirche oder für das Gut. Das MAS-Kulturhaus muß die gleiche beherrschende Funktion ausüben."[60]

Ein sehr frühes und in diesem Zusammenhang sehr anschauliches Beispiel, das in seiner Form eher an das Bauhaus erinnert und in dem sich noch nicht die Ergebnisse des Wettbewerbes zeigen, war das „Haus des Friedens" in Trebus (Brandenburg). Es wurde bereits 1951 fertig gestellt und war ziemlich genau anstelle des 1949 abgetragenen Schlosses errichtet worden.[61]

Anfänglich wurde der ländliche Wiederaufbau in Form von Investitionen in das Neubauernbauprogramm dem städtischen vorgezogen, doch seit Gründung der DDR 1949 verschob sich der Schwerpunkt im Bauwesen auf den Aufbau von Städten und Industrie. Entsprechend sank das Interesse der Architekten an ländlichen Bauaufgaben wie der Gestaltung von Ställen und Melkhäusern. Der Direktor des Forschungsinstituts für die Architektur ländlicher Bauten in der Deutschen Bauakademie, Till Lammert, beklagte diese Entwicklung 1960 und wies sie mit dem Hinweis auf den tatsächlichen Umfang einzelner ländlicher Bauprojekte im Vergleich zu städtischen Bauprogrammen zurück:

„Allein der Umfang des Offenstall-Bauprogrammes entspricht dem Umfang unseres Chemiebauprogrammes, für die Melkhäuser, die im Laufe des Siebenjahrplanes errichtet werden, könnte das Zentrum unserer Hauptstadt Berlin in seinen Hauptzügen aufgebaut werden, der Umfang der Schweinestallneu- und umbauten entspricht dem Neubau einer solchen Stadt wie Hoyerswerda."[62]

Trotz seiner Intervention lag der Schwerpunkt des Bauwesens jedoch weiterhin eindeutig auf dem städtischen Raum wie beispielsweise beim

---

[60] Zitiert bei Maether, Bernd: Brandenburgs Schlösser und Herrenhäuser 1945–1952. Potsdam 1999, S. 60.
[61] Vgl. 700 Jahre Trebus 1285–1985. Hrsg. vom Rat der Gemeinde Trebus. Trebus 1985, S. 31.
[62] Lammert, Till: Einige Gedanken zum landwirtschaftlichen Bauen nach dem XXIV. Plenum der Deutschen Bauakademie. In: Deutsche Architektur (1960) Nr. 9, S. 487–490, hier S. 488.

Wohnungsbauprogramm in den siebziger Jahren, als von den geplanten 500.000 Wohnungen lediglich fünf Prozent im ländlichen Raum errichtet werden sollten.[63] Folglich änderte sich das Erscheinungsbild der Dörfer seit Kriegsende im Vergleich zu den westdeutschen insgesamt nur wenig.

Altbaunutzung

Obwohl der Schwerpunkt im Bauwesen auf der Errichtung von Neubauten lag, blieb der Um- und Ausbau von Altbauten gerade im ländlichen Raum aus wirtschaftlichen Gründen bis in die achtziger Jahren hinein aktuell.[64]

Befürworter wie Gegner einer forcierten Altbaunutzung argumentierten folglich mit wirtschaftlichen Vor- und Nachteilen: Die Befürworter wiesen auf das Einsparpotential bei Nutzung der Altbauten hin. Dazu gehörte die Einsparung landwirtschaftlicher Nutzflächen als Baugelände, die Verringerung des Aufwandes an Erschließungsmaßnahmen, die Einsparungen an Baumaterial, die Auslastung der genossenschaftseigenen Baukapazitäten, die Verkürzung der Bauzeiten durch den Einsatz von Feierabendbrigaden und die generelle Kostenersparnis durch Eigenleistungen.[65] Die Gegner warnten indessen vor Zusatzkosten und Einbußen in der Produktion wegen des „falschen" Standortes der Altbauten innerhalb der neuen landwirtschaftlichen Betriebe sowie vor teuren Modernisierungen.[66]

Aufgrund dieser wirtschaftlichen Motive für die Umnutzung wurden daher nur einfache Umbaumaßnahmen bei den ansonsten zweckmäßig genutzten Altbauten vorgenommen, so daß nur „die Außenhaut des Hauses, der Baukörper als solcher, die schöne Fassade"[67] an den alten Zu-

---

[63] Vgl. Informationen zum ländlichen Wohnungsbau. 2- und 3-geschossiger Wohnungsbau. Einzel- und Doppelhäuser. Hrsg. vom Ministerium für Bauwesen und der Bauakademie der DDR. Berlin 1973, S. 3.
[64] Vgl. Niemke, Walter: Baugestaltung in Gemeinden. Berlin 1985, S. 23.
[65] Vgl. Grebin, Martin; Picht, Klaus; Liebich, Wolfgang; Grünberg, Hans: Dorfplanung in der Deutschen Demokratischen Republik. Berlin 1967, S. 10.
[66] Vgl. Gillhoff, Karl- Friedrich: Standortbestimmung bei LPG-Bauten. In: Deutsche Architektur (1955) Nr. 5, S. 234–235; Dorfplanung in der DDR (wie Anm. 11), S. 19.
[67] Noack, Liesel: Alte Bauten im neuen Dorf. In: Aus der Arbeit der Natur- und

stand erinnerte. Doch auch diese forcierte Umnutzung vorhandener Bausubstanz sollte dem Ziel der Errichtung „sozialistischer Dörfer" dienen. Einige Befürworter der Umnutzung waren daher der Meinung, daß die so gemachten finanziellen Einsparungen eine Abkürzung auf dem Weg dorthin darstellten,[68] während andere hingegen bereits die Umnutzung von Herrenhäusern für die Bedürfnisse der Dorfbewohner als Hinweis auf deren Entstehung deuteten.[69]

Die Umnutzung der Altbauten begann mit der Nutzung der Herrenhäuser für den wirtschaftlichen und sozialen Neuaufbau des Landes. Die Gemeinden waren angewiesen auf deren Nutzung, um auf schnelle und kostengünstige Weise die Anforderungen von Behörden und Körperschaften zu erfüllen, da sie sich die Miete für Räumlichkeiten nicht leisten konnten. Insbesondere in der ersten Nachkriegszeit wurden die so genutzten Häuser damit zu Beispielen für den Vorrang wirtschaftlicher Zwänge bei der Nutzung der ländlichen Altbausubstanz. Selbst brandenburgische Lokalpolitiker kritisierten 1947, „dass Schulen in Löchern und Baracken, dagegen Kartoffeln in Schlössern untergebracht werden."[70]

In ähnlicher Weise wie die Herrenhäuser wurden die vorhandenen Wirtschaftsgebäude sowohl der Güter wie der klein- und mittelbäuerlichen Höfe zur Bewältigung von Bauaufgaben herangezogen. Abgesehen von der Nutzung für die Neubauern wurden vor allem die Gutsgebäude für den Aufbau der neuen landwirtschaftlichen Großbetriebe gebraucht, doch seit Mitte der sechziger Jahre wuchs ihre Bedeutung für die Schaffung von Wohnraum.[71] Das bestätigte 1979 noch einmal der Ministerrat

---

Heimatfreunde des Deutschen Kulturbundes (1962) Nr. 1/2, S. 37–41, hier S. 40.
[68] Vgl. Niemke, Walter: Alte Dörfer, neue Dörfer: Anleitung zur Dorfplanung in der Deutschen Demokratischen Republik. Berlin 1959, S. 7
[69] Vgl. Gilsenbach, Reimar: Schlösser in Licht und Schatten (mit Aufnahmen von Willy Pritsche). In: Natur und Heimat (1957) Nr. 10, S. 289–294, hier S. 292f.
[70] BLHA, Rep. 250, Nr. 392, Bl. 10: Abschrift des Antrags der Kreistagsfraktionen von SED und VdgB an den Kreistag betreffend Bodenreform (09.07.1947).
[71] Vgl. Grebin, Martin; Liebich, Wolfgang; Picht, Klaus: Neue Wohnungen in alten Gebäuden. Berlin 1966, S. 9; Oehler, J.; Buchwald, K.: Der Ausbau ehemaliger Gutshäuser und Schlösser – Nutzung als Wohnraum und für gesellschaftliche Einrichtungen. In: Wissenschaftlich-technische Informationen/Ausgabe B (1984) Nr. 14, S. 1–3.

der DDR in seinem Beschluß zur Sicherung des Wohnungsbauprogramms.[72]

Generell war die Modernisierung der Dörfer ohne Nutzung der vorhandenen Bausubstanz nicht wie gefordert möglich und so wurden gerade die leerstehenden klein- und mittelbäuerlichen Hofanlagen für die Einrichtung von Verkaufs- und Dienstleistungsstellen, Gaststätten oder Kindergärten herangezogen.[73]

Nach Abschluß der Kollektivierung in den sechziger Jahren begann die wissenschaftliche Auseinandersetzung mit der Umnutzung von Altbausubstanz, als im Deutschen Kulturbund die Kommission „Bauten im Dorf" gegründet wurde. Dieser gehörten alle Institutionen an, die in Forschung, Pflege und Planung dem Bauwesen auf dem Lande verbunden waren.[74] Zusammen mit dem Deutschen Kulturbund beschäftigte man sich mit Erfassung und Erforschung der historischen Bausubstanz. Darüber hinaus kümmerte man sich auch um die Veröffentlichung gelungener Umnutzungsbeispiele, um „den Sinn dafür zu schärfen, welche Möglichkeiten einer optimalen Nutzung der ländlichen Altbausubstanz sich überall bieten und in welcher Weise sich jeder einzelne daran beteiligen kann."[75]

Das war notwendig, da es bei der Umnutzung der verschiedenen Altbauten im Gegensatz zu der Entwicklung von Typenbauten keine Patentlösungen gab und vielmehr Erfahrungswerte notwendig waren, um vorbildliche Lösungsansätze vermitteln zu können, So erschien 1961 in der von den Natur- und Heimatfreunden im Deutschen Kulturbund herausgegebenen Zeitschrift „Natur und Heimat" die Artikelserie „Alte Bauten im neuen Dorf", in der Beispiellösungen für die Altbaunutzung in Dorfzentren oder in landwirtschaftlichen Betrieben vorgeführt wurden.[76] Den

---

[72] Vgl. Rackwitz, Werner: Denkmalpflege als gesellschaftliche Aufgabe. In: Architektur der DDR (1980) Nr. 2, S. 75–80, hier S. 78.
[73] Vgl. Pfeufer; Pevestorf (wie Anm. 39), S. 7f.
[74] Vgl. Noack (wie Anm. 68), S. 39f.
[75] Polenz, Serafim: Bauten im Dorf – Gegenstand und Inhalt unseres Bemühens. In: Alte Bauten im neuen Dorf. Hrsg. von Deutschem Kulturbund und Zentraler Kommission Natur und Heimat des Präsidialrates und Zentralem Aktiv „Bauten im Dorf". Berlin 1964, S. 5–7, hier S. 5.
[76] Beispiele: Reissmann, H.: Ein „Kaufhof" im Zentrum des Dorfes. In: Natur und Heimat (1961) Nr. 1, S. 51; Rudolph, Ch.: Altbaunutzung im Dorfzentrum von Schönefeld. In: Natur und Heimat (1961) Nr. 8, S. 415; Helbig, Jochen; Mittag, Ul-

gleichen Titel trug auch eine 1963/64 vom Deutschen Kulturbund herausgegebene zweiteilige Broschüre, in der sowohl verschiedene Dorf- und Haustypen als auch Nutzungsmöglichkeiten vorgestellt wurden. Dorfplaner und Architekten mußten jedoch auch danach bei der Umnutzung historischer Bausubstanz jede Einzellösungen erst in der Auseinandersetzung mit den jeweils unterschiedlichen Forderungen der Genossenschaften und örtlichen Räte vor Ort finden.[77]

In den siebziger Jahren begann schließlich die Suche nach angemessenen Nutzungsformen für die vorhandene Altbausubstanz, die sowohl die Anforderungen der Denkmalpflege erfüllten als auch den Forderungen der Gesellschaft nach Nutzung und öffentlichem Zugang entsprachen.[78]

In der DDR wuchs vor allem das Interesse an deren Nutzung für den wachsenden und devisenbringenden Tourismus.[79] Gleichzeitig nahm die Kritik an der Vernachlässigung und dem Verlust historischer Bauten zu; in der DDR konnte 1978 Götz Eckardts Studie über „Schicksale deutscher Baudenkmale im Zweiten Weltkrieg. Eine Dokumentation der Schäden und Totalverluste auf dem Gebiet der DDR" erscheinen und in Polen widmete sich 1982 eine Ausgabe der Zeitschrift „Spotkania z Zabytkami" (Begegnungen mit Denkmalen) der Zerstörung der Denkmale seit 1945, die jedoch zensiert wurde. Kulturkritiker begannen sich schließlich zu fragen, warum erst die Schloßruine und nicht bereits das Schloß zum Denkmal werden konnte, denn diese Entwicklung bedeutete auch, daß nun die Gesellschaft verantwortlich für die Erneuerung dessen

---

rich: Ausbau des VEG „Tierzucht" Nossen im ehemligen Klostergut Altzella. In: Natur und Heimat (1961) Nr. 10, S. 519.

[77] Vgl. Grebin; Picht; Liebich; Grünberg (wie Anm. 66), S. 10.

[78] Vgl. u.a. Zu Fragen der neuen gesellschaftlichen Nutzung monumentaler Baudenkmale. Hrsg. vom Institut für Denkmalpflege beim Ministerium für Kultur der DDR anlässlich des Symposiums des ICOMOS-Nationalkomitees der DDR im März 1974. Berlin 1974.

[79] Vgl. u.a. Untersuchung von Möglichkeiten Baudenkmale als internationale Touristenhotels zu nutzen. Studie am Institut für Denkmalpflege (Bearbeitung: Ingrid Kompa). Berlin 1970; Seifert, Jürgen: Untersuchungen zur Nutzung von Baudenkmalen als Beherbergungseinrichtungen – unter besonderer Berücksichtigung der Beherbergung für Erholung und Tourismus. Dissertation. TU Dresden 1973/4.

war, was „irgendein Tunichtgut oder Dummkopf ‚heruntergewohnt hat bis auf die Klinke'."⁸⁰

Abb. 39 Darstellung des Herrenhauses Wulkow bei Booßen (Brandenburg) als Kulturhaus der LPG „Vorwärts" (1986). Im Erdgeschoß hängen die Banner „Vorwärts im Geiste Lenins" und „LPG Vorwärts Kultur- und Speisesaal". Dargestellt sind ein Arbeiter, der seine Notdurft im Hauseingang verrichtet, sowie zwei Arbeiter und eine Arbeiterin, die ein dickes Schwein auf den Anhänger eines Traktors verladen. Das beschädigte Herrenhaus stirbt gleichsam: Zum Teil liegt bereits die Nacht darüber, während aus einem Dachfenster der gute Geist des Hauses in den roten Himmel aufsteigen. Der Untertitel des Bildes „Schlachtreif" bezieht sich daher nicht nur auf den Tiertransport, sondern vielmehr auf das gesamte Haus. Joachim Weidner widmete diesen Holzschnitt Rudolf Loch, dem Gründer und langjährigen Leiter der Kleist-Gedenk- und Forschungsstätte in Frankfurt (Oder). Es hängt in den Räumen des Kabaretts „Die Oderhähne". Das Herrenhaus befindet sich heute im Privatbesitz und ist eine Ruine.

---

[80] Andrejsons, V.: Kam pieder pils? [Wem gehört das Schloß?]. In: Literatūra un Māksla [Literatur und Kunst] vom 26.07.1985. Abgedruckt in: Denkmalpflege in Sowjet-Lettland. Dokumentation Ostmitteleuropa (1988) Nr. 3/4, S. 128–130, hier S. 128.

Erhalt der Herrenhäuser

Ein Denkmal darf nicht irgendein Dokument der Vergangenheit
für eine kleine Handvoll Wissenschaftler bleiben,
es hat zu leben zusammen mit den darum Wohnenden,
es hat hineinzuwachsen in das gesellschaftliche Dasein der Generationen,
es hat gesellschaftlich nützlich zu sein.
Kazimierz Piwocki (1946)[1]

Die Nutzung von Bauwerken ist einer der Faktoren, der zu ihrem kontinuierlichen Erhalt beiträgt. Das gilt auch bei der Umnutzung der Herrenhäuser und Gutsanlagen, für die zunächst jede Form der Nutzung einen Beitrag zur Bestandserhaltung darstellte. Deren Erhalt als Kulturdenkmale war jedoch von denkmalpflegerischer Arbeit, einer angemessenen Nutzungsform und vom Verhalten der Nutzer abhängig. Einfluß hatte darauf der „Eigen-Sinn" (Lüdtke) von Bürgern, Ortsbürgermeistern, Betriebsleitern, Denkmalpflegern und Vertretern gesellschaftlicher Organisationen. In besonders gelungenen Fällen, in denen eine behutsame Modernisierung unter denkmalpflegerischer Aufsicht durchgeführt und eine geeignete Nutzungsform gefunden wurde, arbeitete man vor Ort meist zusammen.

Behindert wurde der Einfluß der Denkmalschützer auf den Erhalt von Herrenhäusern, Guts und Parkanlagen als Kulturdenkmale jedoch sowohl durch eigene Scheuklappen wie durch ihre grundsätzlich mangelhafte finanzielle und materielle Ausstattung. Auch wenn die Zahl der unter Schutz gestellten Bauwerke und Ensembles bis 1990 erheblich wuchs, waren im Durchschnitt lediglich bis zu 25 Prozent der erhaltenen Anlagen geschützt und nur annähernd ein Drittel von ihnen konnte notwendige Pflege erfahren. Aus Pragmatismus erfolgte daher häufig eine Konzentration der Mittel auf Prestigeobjekte, die auch touristisch vermarktbar waren. Nur in Polen warben hingegen die Konservatoren offensiv um das Engagement staatlicher Betriebe und Institutionen für die Pflege ausgewählter Denkmale:
- Selbst in der Wissenschaft war der Umgang mit den in Gesellschaft und Politik als belastend oder fremd wahrgenommenen Herren-

---

[1] Piwocki, Kazimierz: Uwagi o odbudowie zabytków [Bemerkungen zum Wiederaufbau der Denkmale]. In: Biuletyn Historii Sztuki i Kultury [Mitteilungsblatt zu Kunstgeschichte und Kultur] (1946) Nr. 2, S. 55.

häusern unsicher, wie daran erkennbar wird, daß bis in die achtziger Jahren hinein selbst in kunsthistorischen Publikationen das Wort „ehemalig" bei der Beschreibung von Schlössern und Gutshäusern eingefügt wurde. Entsprechend war es für Denkmalpfleger eine schwierige Aufgabe, die Gutsanlagen als Teil der Nationalkultur zu definieren und einen finanziellen und materiellen Bedarf für deren Pflege zu vermitteln.

- Die bis in die sechziger Jahre hinein fehlende Denkmalwürdigkeit für Bauten aus dem letzten Viertel des 19. Jahrhunderts, die langjährige Mißachtung der Denkmalwürdigkeit von Wirtschaftsgebäuden, die späte Institutionalisierung der Gartendenkmalpflege und die erst in den siebziger Jahren erfolgende Anerkennung von Denkmalensembles wirkten sich negativ auf die Bewahrung von Herrenhäusern, Gutsbauten und Parkanlagen aus.

- Die unzureichende Ausstattung der denkmalpflegerisch tätigen Institutionen behinderte deren Arbeit grundsätzlich: Bereits in der Nachkriegszeit waren aufgrund eingeschränkter Transport- und Kommunikationsmöglichkeiten, zerstörter oder ausgelagerter Denkmalregister und fehlender Ausrüstung die Möglichkeiten der Denkmalpfleger gering, um auf den verlassenen Gütern Kunst- sowie Archivgut zu erfassen und zu sichern. Danach schränkten die unzureichende finanzielle Ausstattung, die mangelhafte Durchsetzung der bestehenden Gesetze, die mühsame Eintaktung denkmalpflegerischer Maßnahmen in eine staatlich gelenkte Planwirtschaft und ein Mangel an Baufachkräften sowie Baumaterialien ihren Erfolg erheblich ein.

Eine Verbesserung der Situation erfolgte prinzipiell seit Beginn der siebziger Jahre, als angesichts wirtschaftlicher und politischer Krisentendenzen („Ölschock" 1973) das Interesse in Bevölkerung und Politik an regionaler und nationaler Geschichte wuchs und die Pflege von Kulturdenkmalen entsprechend an Bedeutung gewann:

- In Polen rahmten politische Proteste die von 1970 bis 1980 dauernden Amtsjahre Edward Giereks (1913–2001), in denen sowohl in der Politik wie in der Gesellschaft das Interesse an der polnischen Adelskultur stieg. Zum Ausdruck kam dieses sowohl im Aufbau des Königsschlosses in Warschau und in der Nutzung des Schlosses Otwock Wielki (Masowien) als ministeriale Residenz als auch in der Wiederentdeckung des „polski dwór", des polnischen Herrenhauses, und dem Einsatz staatlicher Betriebe wie Institutionen vor allem aus Großpolen für Erhalt und

angemessene Nutzung der Denkmale in ihrem Besitz. In den West- und Nordgebieten hat es keine vergleichbare Entwicklung gegeben.
- In der estnischen und lettischen SSR wurde in der von 1964 bis 1982 dauernden Amtszeit Leonid I. Breschnews (1906–1982), genannt „Zeit der Stagnation", die Beschäftigung mit dem deutschbaltischen Kulturerbe zum Bestandteil des ethnisch geprägten politischen Dissenses gegen die Moskauzentriertheit der sowjetischen Politik. Das äußerte sich nicht nur in der wissenschaftlichen Erforschung der Herrenhäuser in Form ihrer systematischen Inventarisierung oder dem Engagement von Betriebsleitern für die Pflege der Gutsanlagen, sondern auch in der politischen Förderung dieser Maßnahmen auf Landesebene.
- In der DDR wuchs in der von 1971 bis 1989 dauernden Amtszeit Erich Honeckers (1912–1994) das Interesse der Politik an der preußischen Geschichte. Vor dem Hintergrund einer internationalen Aufwertung der DDR durch den deutsch-deutschen Grundlagenvertrag 1972 und die Aufnahme in die Vereinten Nationen 1973 sollte das preußische Erbe die Basis für die Legitimierung einer sozialistischen deutschen Nation bieten. Schlösser und Burgen erfuhren im Zuge dieser Entwicklung Anerkennung als Erbe auch in Form von Briefmarkenmotiven (1983–1986). Während Produktions- und Verteilungsengpässe zur gesellschaftlichen Beunruhigung führten und die Zahl der Ausreiseanträge stieg, wuchs in der Bevölkerung das Interesse an lokaler und regionaler Geschichte sowie die Bereitschaft zum tatkräftigen Engagement für die Pflege der gebauten Umwelt.

Trotz wachsenden Interesses in Politik und Gesellschaft an historischen Fragen sowie an der Pflege von Kulturdenkmalen blieb deren konkreter Einfluß auf den Erhalt der Herrenhäuser ambivalent: Einerseits war diese Entwicklung auf Kreise der Wissenschaft und Politik beschränkt; weder das Europäische Denkmalschutzjahr 1975 noch die Erwähnung der Denkmalpflege in der Schlußakte von Helsinki oder die verbesserte gesetzliche Verankerung des Denkmalschutzes konnten die grundsätzlichen Mängel in der Ausstattung der Denkmalverwaltung oder den Mangel an Baumaterialien und Fachkräften beseitigen. Festzustellen ist jedoch andererseits auf lokaler und regionaler Ebene ein zunehmendes Engagement für den Erhalt von Denkmalen. Dazu zählten auch Herrenhäuser oder Parkanlagen, deren Pflege im Rahmen staatlicher Feierlichkeiten und sozialistischer Wettbewerbe zur Dorfverschönerung organisiert wurde oder für deren Erhalt sich die verantwortlichen Leiter staatlicher Betriebe, örtliche Räte und Bürgermeister stark machten.

Grundlagen des Denkmalschutzes

Die ersten Denkmalschutzverordnungen wurden bereits in der Zwischenkriegszeit erlassen und blieben bis in die ersten Nachkriegsjahre in Kraft. Neue Regelungen, die neben der Unterschutzstellung auf die intensive gesellschaftliche Nutzung der Denkmale für kulturelle und gewerbliche sowie öffentliche und private Aufgaben zielten, wurden dann unter sowjetischem Einfluß geschaffen. Dabei handelte es sich zumeist um ministerielle Verordnungen, denn die ersten Denkmalschutzgesetze wurden mit Ausnahme Polens erst in den siebziger Jahren geschaffen: Bereits 1948 wurde in der Sowjetunion eine Verordnung über den Schutz von Kulturdenkmalen erlassen, die auch Gültigkeit in den einzelnen Sowjetrepubliken erhielt. Ein „Gesetz zum Schutz und zur Nutzung von Denkmalen der Geschichte und Kultur" trat auf Unionsebene aber erst 1976 in Kraft und wurde ein Jahr später auch in der Estnischen und der Lettischen SSR angenommen. In der DDR wurden 1952 und 1961 ministerielle Verordnungen für Schutz und Pflege der Denkmale erlassen. 1975 und damit zufällig im Europäischen Jahr des Denkmalschutzes trat das „Gesetz zur Erhaltung der Denkmale in der DDR" in Kraft, welches 1980 durch eines zum Schutz des Kulturgutes ergänzt wurde. In Polen gab es hingegen bereits 1962 ein „Gesetz über den Kulturgüterschutz und die Museen", dem in den sechziger und siebziger Jahren einige Verordnungen folgten. Die Wirksamkeit dieser Verordnungen und Gesetze wurde jedoch durch unklare Formulierungen und fehlende Ausführungsbestimmungen sowie infolge von Verwaltungs- und Gebietsreformen eingeschränkt. Zentrale Aufgaben von Denkmalschutz- und pflege im gesamten ostelbischen Raum waren die qualitative Kategorisierung der Denkmale und die Bemühungen um ihre gesellschaftliche Nutzung.

Gesetze und Strukturen in Estland und Lettland

In Lettland wurde am 26. Juni 1923 das „Gesetz über den Denkmalschutz" (Likums par pieminekļu aizsardzību) und in Estland am 19. Juni 1925 das „Gesetz zum Schutz von Altertumsschätzen" (Muinasvarade kaitse seadus) erlassen. Beide Gesetze orientierten sich an ausländischen

Vorbildern und übertrugen die Zuständigkeit auf diesem Gebiet dem Bildungsministerium. Mit Beginn der sowjetischen Besatzung galten vorübergehend die sowjetischen Vorkriegsgesetze, bis am 14. Oktober 1948 auf Unionsebene eine erste „Ordnung über den Schutz von Kulturdenkmalen" erlassen wurde, die auch Gültigkeit in der Estnischen und der Lettischen SSR erhielt. Die Umsetzung denkmalpflegerischer Aufgaben konnte jedoch erst beginnen, nachdem 1950 in der Estnischen SSR[1] und 1951 in der Lettischen SSR[2] entsprechende Werkstätten für wissenschaftliche Restaurierung (Teaduslik Restaureerimise Töökoda (TRT), Zinātniskās Restaurēšanas Remontu Kantoris (ZRRK)) eingerichtet worden waren. Weitere grundlegende Verordnungen über den Schutz von Kunst- und Kulturdenkmalen wurden danach in der Lettischen SSR am 11. Juni 1958 (Lēmums par kultūras pieneķļiem) und in der Estnischen SSR am 8. Juni 1961 (Seadus ajaloo ja kultuurimälestiste kaitse kohta) erlassen. Bei dem estnischen Gesetz zum Schutz von Geschichts- und Kulturdenkmalen handelte es sich sogar um das erste angemessene Denkmalschutzgesetz in der UdSSR.[3] In der Lettischen SSR fällte hingegen in den sechziger Jahren lediglich der Ministerrat zwei Beschlüsse, die sich z.B. auf die Unterschutzstellung der Rigaer Altstadt bezogen.[4]

---

[1] Vgl. Kenéz, Csaba János: Zur Lage der Denkmalpflege in Estland. In: Zur Lage der Denkmalpflege in Estland. Dokumentation Ostmitteleuropa (1993) Nr. 4/5, S. 1–12, hier S. 4.
[2] Vgl. Pētersons, Richards: Kultūras pieminekļu aizsardzība Latvijas PSR padomju okupācijas laikā 1944–1953. gadā: aizsardzības darba organizācija un pieminekļu saraksti
[Kulturdenkmalschutz während der sowjetischen Besatzung der Lettischen SSR 1944–1953: Organisation der Schutzarbeit und Denkmallisten]. In: Okupācijas režīmi Latvijā 1940.–1959. gadā [Besatzungsregime in Lettland 1940–1959]. Hrsg. von Latvijas Vēsturnieku komisija [Lettische Historikerkommission].
Rīga 2004, S. 554–575, hier S. 558ff.
[3] Vgl. Tvauri, Andres: Arheoloogiamälestiste kaitse Eestis [Schutz von Architekturdenkmalen in Estland]. In: Arheoloogiline uurimistöö Eestis 1865–2005 [Archäologische Forschungsarbeit in Estland 1865–2005]. Hrsg. von Valter Lang und Margot Laneman. Tartu 2006, S. 11.
[4] Vgl. Lēmums Nr. 471 Par valsts aizsardzības zonas izveidošanu Rīgas pilsētas viduslaiku daļā [Beschluß Nr. 471 über Bildung einer staatlichen Schutzzone im mittelalterlichen Stadtteil Rigas]. In: Latvijas PSR Augstākās Padomes un Valdības

Wesentliche Regelungen bezüglich der Schaffung von Schutzzonen oder der strafrechtlichen Verfolgung von Verstößen gegen Denkmalschutzbestimmungen, die bereits im estnischen Denkmalschutzgesetz gestanden hatten, fanden schließlich Aufnahme in das am 29. Oktober 1976 auf Unionsebene erlassene neue „Gesetz zum Schutz und zur Nutzung von Denkmalen der Geschichte und Kultur". Am 21. Dezember 1977 wurde dieses in der Estnischen und am 22. Dezember 1977 in der Lettischen SSR bestätigt.[5] Nach ihrer wissenschaftlichen, künstlerischen oder gesellschaftlichen Bedeutung wurden die Kulturdenkmale danach in drei Kategorien eingeteilt: Denkmale mit örtlicher, republik- oder unionsweiter Bedeutung. Für jede Kategorie waren unterschiedliche Instanzen mit jeweils unterschiedlicher finanzieller und materieller Ausstattung zuständig. Bis zu ihrer Neufassung 1992 in Lettland und 1994 in Estland hatten diese Gesetze Bestand und bildeten die Grundlage für nachgeordnete Vorschriften. Diese normativen Regelungen zur Unterschutzstellung und insbesondere der Pflege von Denkmalen fanden jedoch aufgrund einer schwerfälligen Verwaltung und mangelhafter Regelungen für eine staatliche Mittelzuweisung nur eingeschränkt Anwendung in der Praxis. Im Vergleich zu anderen staatlichen Aufgaben genoß der Denkmalschutz keine Priorität, doch die Denkmalpflege fand eine auffallende Resonanz innerhalb der Bevölkerung.

Das gesellschaftliche Engagement war nach Erlaß des Gesetzes von 1977 noch gestärkt worden und manifestierte sich auf regionaler Ebene in den bei den örtlichen Sowjets eingerichteten Beiräten für Denkmalpflege, die die staatlichen Einrichtungen unterstützen und den Gedanken

---

Ziņotājs [Anzeiger des Obersten Sowjets und der Regierung der Lettischen SSR] (1967) Nr. 48.
[5] Seadus ajaloo- ja kultuurimälestiste kaitse ja kasutamise kohta [Gesetz zum Schutz und zur Nutzung von Geschichts- und Kulturdenkmalen]. In: Eesti NSV Ülemnõukogu ja Valitsuse Teataja [Anzeiger des Obersten Sowjets und der Regierung der Estnischen SSR] (1977) Nr. 51, S. 647; Abdruck einer deutschen Übersetzung in: Dokumentation Ostmitteleuropa (1993) Nr. 4/5, S. 24–39; Likums par vēstures un kultūras pieminekļu aizsardzību un izmantošanu [Gesetz zum Schutz und zur Nutzung von Geschichts- und Kulturdenkmalen]. In: Latvijas PSR Augstākās Padomes un Valdības Ziņotājs [Anzeiger des Obersten Sowjets und der Regierung der Lettischen SSR] (1977) Nr. 52.

der Denkmalpflege in breite Kreise der Bevölkerung hineintrugen.[6] Die Beteiligungsformen waren jedoch sehr verschieden und umfassten sowohl „Aufbausonntage" als auch Spenden und öffentliche Aufsichts- und Bildungsveranstaltungen.[7] Überregional waren zudem größere gesellschaftliche Organisationen tätig. In der Lettischen SSR waren das der bereits seit 1959 existierende „Natur und Geschichtsverein" (Latvijas PSR dabas un vēstures biedrība)[8] und der 1987 wiedergegründete „Kulturfonds Lettlands" (Latvijas Kultūras Fonds).[9] In der Estnischen SSR gab es hingegen seit den sechziger Jahren mehrere kleinere Organisationen. Der erste Denkmalschutzklub mit Namen „Ruine" (Vare) wurde erst 1981 gegründet. Er war bereits Teil der sich in den achtziger Jahren entwickelnden nationalen Proteste gegen die sowjetische Politik sowie für die staatliche Unabhängigkeit und war damit einer der Vorläufer der am 12. Dezember 1987 gegründeten „Estnischen Gesellschaft für Denkmalpflege" (Eesti Muinsuskaitse Selts (EMS)).[10]

Gesetze und Strukturen in Polen

In Polen galt zunächst die Vorkriegsverordnung aus den zwanziger Jahren: Am 31. Oktober 1918 hatte der Regierungsrat ein „Dekret über den Schutz von Kunst- und Kulturdenkmalen" erlassen,[11] welches der Präsident Ignacy Mościcki (1867–1946) am 6. März 1928 in einer Verordnung bestätigte.[12] Die „Zentralverwaltung für Museen und Denkmal-

---

[6] Vgl. Loeber, Dietrich A.: Kulturdenkmäler im Recht des heutigen Estland und Lettland. In: Homburger Gespräch (1984) Nr. 6, S. 19–28, hier S. 26.
[7] Vgl. Apinis, Mārtiņš V.: Gesetzgebung und Denkmalpflege in Lettland. In: Homburger Gespräche (1988) Nr. 12, S. 227–237, hier S. 234f.
[8] Vgl. Andrušaitis, Gunārs; Kipere, Zaiga: Lai zaļš nekļūtu sarkans [Damit Grün nicht Rot würde]. In: Zinātnes Vēstnesis [Wissenschaftsbote] (2004) Nr. 6.
[9] Vgl. Apinis (wie Anm. 7), S. 234f.
[10] Vgl. Post, Eda: 20 aastat tagasi algas muinsuskaitseliikumine [Vor 20 Jahren begann die Denkmalschutzbewegung]. In: Eesti Päevaleht [Estnisches Tagesblatt] vom 11.11.2006; Eesti Muinsuskaitse Selts [Estnische Gesellschaft für Denkmalpflege], www.muinsuskaitse.ee (31.07.2008).
[11] Dekret o opiece nad zabytkami sztuki i kultury [Dekret zum Schutz von Kunst- und Kulturdenkmalen]. In: Dziennik Ustaw [Gesetzblatt] (1918) Nr. 16, Pos. 36.
[12] Rozporządzenie Prezydenta Rzeczypospolitej z dnia 6 marca 1928r. o opiece nad zabytkami [Anordnung des Staatspräsidenten vom 06.03.1928 zum Schutz von Denkmalen]. In: Dziennik Ustaw [Gesetzblatt] (1918) Nr. 29, Pos. 265.

Grundlagen des Denkmalschutzes

schutz" beim Ministerium für Kultur und Kunst forderte zwar 1956 und damit in dem Jahr, als die öffentliche Debatte über die seit Kriegsende erfolgten Verluste an historischer Bausubstanz begann, dessen Novellierung,[13] doch der Sejm verabschiedete erst am 15. Februar 1962 ein neues Gesetz.[14]

Statt Verweisen auf das nationale Erbe wurde zwar nun mit Verwendung des Begriffs der „Kulturgüter", der der „Haager Konvention zum Schutz von Kulturgut bei bewaffneten Konflikten" von 1954 entlehnt war, das Feld der Denkmalpflege erheblich erweitert und die Unterschutzstellung und Pflege der Denkmale in den West- und Nordgebieten theoretisch gefördert, doch blieben denkmalpflegerische Maßnahmen gesellschaftlichen Zielen untergeordnet. Die Nutzbarmachung von Denkmalen war bereits 1960[15] auf Grundlage eines Beschlusses des Ministerrats ermöglicht worden und erhielt 1978[16] eine zusätzliche Förderung. Insgesamt wurde die Wirksamkeit des Denkmalschutzgesetzes jedoch durch ungenaue Wortwahl und fehlende Ausführungsbestimmungen eingeschränkt. Dazu zählte beispielsweise auch das mangelhaft definierte Recht, daß der Wojewodschaftskonservator die Errichtung entstellender Gebäude in unmittelbarer Nachbarschaft denkmalwürdiger Ensembles verbieten konnte, was auch die Verbauung von Gutsanlagen betraf.[17] Außerdem fehlte eine Regelung, die die Verpflichtungen des Staates gegenüber Denkmalen in Nutzung staatlicher Betriebe und Institutionen definierte. Das galt insbesondere für den Schutz der ländlichen Herrenhäuser, Guts- und Parkanlagen, die sich im Besitz von Staatsgü-

---

[13] Vgl. Redakcja: 1956, 1972, 1980 .... [Redaktion: 1956, 1972, 1980 ...]. In: Spotkania z Zabytkami [Begegnungen mit Denkmalen] (1982) Nr. 8, S. 2–9, hier S. 2f.

[14] Ustawa o ochronie dóbr kultury i o muzeach [Gesetz zum Kulturgüterschutz und zu Museen]. In: Dziennik Ustaw [Gesetzblatt] (1962) Nr. 10, Pos. 48.

[15] Uchwała nr 318 Rady Ministrów z dnia 8 grudnia 1960r. o zasadach wykorzystania obiektów zabytkowych na cele użytkowe [Beschluß des Ministerrats Nr. 318 vom 08.12.1960 zur Verwendung von Denkmalen für Nutzungsziele]. In: Monitor Polski [Amtsblatt] (1961) Nr. 1, Pos. 6.

[16] Uchwała nr 179 Rady Ministrów z dnia 8 grudnia 1978r. w sprawie wykorzystania zabytków nieruchomych na cele użytkowe [Beschluß des Ministerrats Nr. 179 vom 08.12.1978 bezüglich der Verwendung von Denkmalimmobilien für Nutzungsziele]. In: Monitor Polski [Amtsblatt] (1978) Nr. 37, Pos. 142.

[17] Vgl. N.N.: Zehn Jahre Gesetz über den Schutz der Kulturgüter und über die Museen. In: Denkmalpflege in Ostmitteleuropa. Dokumentation Ostmitteleuropa (1975) Nr. 4/5, S. 8–15, hier S. 13.

tern und Genossenschaften befanden. Wiederholt forderten daher Denkmalschützer eine Novellierung und den Erlaß von Durchführungsverordnungen,[18] doch eine gesetzliche Neufassung des Denkmalschutzes erfolgte erst 1990.[19]

Organisatorisch war der Denkmalschutz seit 1945 beim Ministerium für Kultur und Kunst angesiedelt, dem seit 1950 auch die „Werkstätten für Denkmalpflege" unterstellt waren.[20] In den Anfangsjahren arbeiteten an der Verwaltungsspitze die bekanntesten polnischen Kunsthistoriker und Architekten wie Stanisław Lorentz (1899–1991), Jan Zachwatowicz (1900–1983) und Kazimierz Malinowski (1907–1977), die sich bereits in Zwischenkriegs- und Kriegszeit für die Bewahrung polnischen Kulturgutes eingesetzt hatten und nun mit dem Wiederaufbau der zerstörten Altstädte die „Polnische Schule der Denkmalpflege" begründeten.[21] Auf regionaler Ebene arbeiteten die Wojewodschaftskonservatoren, die jedoch nicht nur vom Generalkonservator, sondern auch von den regionalen Verwaltungsorganen abhängig waren, da sie den Kulturabteilungen der Wojewodschaftsräte zugeteilt waren.[22]

Der systematische Aufbau der Denkmalpflege in den West- und Nordgebieten begann hingegen erst ab 1953[23] und das häufig ohne

---

[18] Vgl. Redakcja (wie Anm. 13), S. 5ff.

[19] Ustawa z dnia 19 lipca 1990r. o zmianie ustawy o ochronie dóbr kultury i o muzeach [Gesetz vom 19.07.1990 zur Veränderung des Gesetzes zum Kulturgüterschutz und zu Museen]. In: Dziennik Ustaw [Gesetzblatt] (1990) Nr. 56, Pos. 322.

[20] Zarządzenie Ministra Kultury i Sztuki z dnia 25 sierpnia 1952r. w sprawie utworzenia przedsiębiorstwa państwowego pod nazwą: „Pracownie Konserwacji Zabytków – państwowe wyodrębnione" [Verordnung des Ministers für Kultur und Kunst vom 25.08.1950 bezüglich der Gründung eines staatlichen Unternehmens unter dem Namen „Werkstätten für Denkmalkonservierung – staatliches Unternehmen"]. In: Monitor Polski [Amtsblatt] (1950) Nr. 111, Pos. 1399.

[21] Vgl. Jakimowicz, Teresa: Polska Szkoła Konserwatorska – Mit i Rzeczywistość [Die Polnische Schule der Denkmalpflege – Mythos und Wirklichkeit]. In: Kwartalnik Architektury i Urbanistyki [Vierteljahresschrift Architektur und Urbanistik] (1994) Nr. 3/4, S. 421–427.

[22] Vgl. Pawlowski, Krzysztof; Sieroszewski, Władysław: Grundlagen der Denkmalpflege in Polen. In: Bauen und Erhalten in Polen. Hrsg. von der Akademie der Architektenkammer Nordrhein-Westfalen und der Deutschen UNESCO-Kommission. Bonn 1981, S. 16–24, hier S. 19.

[23] Vgl. Wróblewska, Kamila: Bau- und Kunstwerke haben auch ihr Schicksal. In: Ostpreußische Gutshäuser in Polen. Gegenwart und Erinnerung. Hrsg. von Adelheid

Grundlagen, da deutsche Studien nicht mehr vorhanden waren oder als veraltet und parteiisch galten.[24] Bis in die achtziger Jahre hinein blieb die finanzielle, personelle und materielle Ausstattung aller Arbeitsstellen mangelhaft: Zu Beginn der siebziger Jahre gaben sogar 14 von 17 Wojewodschaftskonservatoren ihre Arbeit aufgrund der zu geringen Bezahlung auf[25] und auch nach der Gebietsreform 1975 hielten Klagen über eine geringe Personalausstattung und fehlende Transportmittel an.[26]

Verantwortlich für den Erhalt der Denkmale waren nach dem Gesetz von 1962 sowohl der Staat wie jeder einzelne Bürger. Bereits seit 1954 wurde ein gesellschaftliches Engagement für den Denkmalschutz durch die Verordnung des Ministers für Kultur und Kunst bezüglich des Einsatzes freiwilliger Denkmalhüter gefördert,[27] welche 1963 durch eine ministerielle Verordnung zum gesellschaftlichen Schutz von Denkmalen ergänzt wurde.[28] Die Denkmalhüter waren meist Mitglieder der „Polnischen Gesellschaft für Tourismus und Heimatkunde" (Polskie Towarzystwo Turystyczno-Krajoznawcze (PTTK)) und zu ihren Aufgaben gehörten der Erhalt der ihnen anvertrauten Objekte (Einzelmonumente, Ensembles oder Denkmale eines bestimmten Gebietes), die Werbung für

---

Eulenburg und Hans Engels. München 1992, S. 69–82, hier S. 69f.; Kowalski, Stanisław: O badaniach architektonicznych na Środkowym Nadodrzu [Über Architekturforschungen an der mittleren Oder]. In: Wokół niemieckiego dziedzictwa kulturowego na Ziemiach Zachodnich i Północnych [Um das deutsche Kulturerbe in den West- und Nordgebieten]. Hrsg. von Zbigniew Mazur. Poznań 1997, S. 217–230, hier S. 218.

[24] Vgl. Muszyński, Jan: Praca Konserwatorska w Woj. Zielonogórskim [Konservatorische Arbeit in der Woj. Grünberg]. In: Przegląd Zachodni [Westliche Umschau] (1958) Nr. 5, S. 223–229, hier S. 224.

[25] Vgl. Weinberg, Georg: Denkmalpflege in Polen. Dissertation. RWTH Aachen 1984, S. 55f.

[26] Vgl. N.N.: Einleitung. In: Denkmalpflege in polnischen Wojewodschaften. Dokumentation Ostmitteleuropa (1977) Nr. 4/5, S. 1–5, hier S. 4.

[27] Zarządzenie Ministra Kultury i Sztuki z dnia 20 grudnia 1954r. w sprawie społecznych opiekunów nad zabytkami [Verordnung des Ministers für Kultur und Kunst vom 20.12.1954 bezüglich ehrenamtlicher Denkmalschützer]. In: Monitor Polski [Amtsblatt] (1955) Nr. 18, Pos. 189.

[28] Zarządzenie Ministra Kultury i Sztuki z dnia 26 stycznia 1963r. w sprawie społecznej opieki nad zabytkami [Verordnung des Ministers für Kultur und Kunst vom 26.01.1963 bezüglich des ehrenamtlichen Denkmalschutzes]. In: Monitor Polski [Amtsblatt] (1963) Nr. 17, Pos. 97.

den Denkmalschutz sowie die Aufklärung über kulturelle Funktionen der Denkmale in der Bildungsarbeit.[29]
Überregional waren zudem größere gesellschaftliche Organisationen tätig. Dazu gehörte die bereits 1948 in der „Polnischen Gesellschaft für Heimatkunde" (Polskie Towarzystwo Krajoznawcze (PTK)) gegründete „Kommission für den gesellschaftlichen Schutz von Kultur- und Naturdenkmalen" (Komisja Społecznej Opieki nad Zabytkami Kultury i Przyrody), welche 1950 bei Gründung der PTTK umbenannt wurde in „Kommission für Denkmalschutz" (Komisja Opieki nad Zabytkami (KOnZ)). Hinzu kam 1974 als Neugründung der „Gesellschaft für den Schutz von Denkmalen der Vergangenheit" (Towarzystwo Opieki nad Zabytkami Przeszłości) die „Gesellschaft für Denkmalschutz" (Towarzystwo Opieki nad Zabytkami (TOnZ)), welche seit 1977 die populärwissenschaftliche Zeitschrift „Spotkania z Zabytkami" (Begegnungen mit Denkmalen) herausgibt.[30] Auf Grundlage des Ministerratsbeschlusses Nr. 179 vom 8. Dezember 1978, der privaten Denkmalbesitz ermöglichte, gründete sich schließlich 1984 der „Klub der privaten Nutzer von Denkmalobjekten" (Klub Indywidualnych Użytkowników Obiektów Zabytkowych).

Gesetze und Strukturen in der DDR

In der DDR erhielten Denkmalschutz- und pflege mit der „Verordnung zur Erhaltung und Pflege der nationalen Kulturdenkmale (Denkmalschutz)" vom 26. Juni 1952 eine Verankerung in der staatlichen Kulturpolitik.[31] Sogar im gesamtdeutschen Raum war diese Regelung vorbildlich, da in der Bundesrepublik Deutschland ein einheitliches Denkmalschutzgesetz gescheitert war und lediglich die Länder Baden und Schleswig-Holstein 1949 beziehungsweise 1958 diesbezüglich Gesetze erließen.

---

[29] Vgl. Pawlowski; Sieroszewski (wie Anm. 22), S. 23f.
[30] Vgl. Domagalski, Marek: Towarzystwo Opieki nad Zabytkami [Gesellschaft für Denkmalschutz]. In: Spotkania z Zabytkami [Begegnungen mit Denkmalen] (1981) Nr. 6, S. 71–72; Towarzystwo Opieki nad Zabytkami [Gesellschaft für Denkmalschutz], www.zabytki-tonz.pl (31.07.2008).
[31] Verordnung zur Erhaltung und Pflege der nationalen Kulturdenkmale. In: Gesetzblatt der Deutschen Demokratischen Republik (1952) Nr. 84, S. 514–515.

De jure blieb jedoch die Verordnung wirkungslos aufgrund der bereits im Juli 1952 vollzogenen Gebiets- und Verwaltungsreform, in dessen Folge die Länder aufgelöst und die Bezirke sowie mehrere Kreise neu geschaffen wurden. Die Reichsgesetze aus der Vorkriegszeit blieben daher vorerst wirksam, bis mit der „Verordnung über die Pflege und den Schutz der Denkmale" am 28. September 1961[32] eine Anpassung der Denkmalschutzgesetzgebung erfolgte, die der Minister für Kultur, Hans Bentzien, unterzeichnete.

Erst mit dem „Gesetz zur Erhaltung der Denkmale" vom 19. Juni 1975 erhielten jedoch Denkmalschutz- und pflege im Vergleich zu den vorherigen ministeriellen Verordnungen eine größere Rechtswirksamkeit.[33] Inhaltlich entsprach es der von der UNESCO 1972 verabschiedeten „Konvention zur Erhaltung des Kultur- und Naturerbes der Welt" und im gesamtdeutschen Raum war es zu diesem Zeitpunkt beispielhaft, da die Mehrzahl der westdeutschen Bundesländer erst in der zweiten Hälfte der siebziger Jahre entsprechende Gesetze verabschiedete.

Als wesentliche Aufgabe der Denkmalpflege galt die gesellschaftliche Erschließung der Denkmale und um deren Pflege besser in das staatliche Verwaltungsgefüge einzubinden, war zudem eine dreistufige Kategorisierung eingeführt worden: eine zentrale Liste mit Denkmalen von nationaler und internationaler Bedeutung sowie die Bezirks- und Kreisdenkmallisten. Auch in den 1947/48 geführten Auseinandersetzungen um Erhalt und Abriß der Herrenhäuser infolge des SMAD-Befehls Nr. 209 war eine solche Kategorisierung verwendet worden und bereits 1962 hatte es eine zentrale Denkmalliste mit 32 kunsthistorisch wertvollen Objekten gegeben, doch die eigentliche Kategorisierung begann erst 1975. Eine neue zentrale Liste wurde auf dieser Basis 1979 veröffentlicht.[34] Mit dem am 3. Juli 1980 von der Volkskammer beschlossenen „Gesetz zum Schutz des Kulturgutes der DDR – Kulturgutschutzge-

---

[32] Verordnung über die Pflege und den Schutz der Denkmale. In: Gesetzblatt der Deutschen Demokratischen Republik Teil II (1961) Nr. 72, S. 475–477.

[33] Gesetz zur Erhaltung der Denkmale in der Deutschen Demokratischen Republik – Denkmalpflegegesetz. In: Gesetzblatt der Deutschen Demokratischen Republik Teil I (1975) Nr. 26, S. 458–461.

[34] Zentrale Denkmalliste der Deutschen Demokratischen Republik. In: Gesetzblatt der Deutschen Demokratischen Republik Sonderdruck (1979) Nr. 1017.

setz"[35] erhielten die Denkmale schließlich einen doppelten Schutz. Kulturpolitisch abgesichert wurden diese Gesetze mit Gründung des „Rates der Denkmalpflege" beim Ministerium für Kultur 1978[36] und des „Nationalen Rates der DDR zur Pflege und Verbreitung des deutschen Kulturerbes" („Erberat") beim Ministerrat 1980.[37] Neue Denkmalschutzgesetze verabschiedeten dann die fünf ostdeutschen Bundesländer nach der deutschen Wiedervereinigung zwischen 1991 und 1993.

Organisatorisch wurden die in ihrer bisherigen Form bis 1952 bestehenden Landesämter für Denkmalpflege zunächst entsprechenden Referentenstellen bei den Volksbildungsministerien zugeordnet. In Brandenburg blieb diese allerdings vakant und die Einrichtung eines „Amtes für Denkmalspflege in der Provinz Mark Brandenburg" erfolgte 1946 beim Wirtschaftsministerium in der Hauptabteilung Bauwesen. Leiter wurde der Architekt Siegfried May[38] und diese Besetzung war kennzeichnend für die Denkmalpflege der DDR, in der viele Architekten arbeiteten, denen offenbar die Betreuung der geforderten Umnutzung von Denkmalen eher zugetraut wurde.[39]

Als am 12. Juli 1951 die staatliche Kommission für Kunstangelegenheiten, der Vorläufer des 1954 gegründeten Ministeriums für Kultur der DDR, ins Leben gerufen wurde, zählte der Bereich der Denkmalpflege von da an zu ihren Aufgaben. Dem Minister für Kultur waren folglich das 1955 gegründete „Institut für Denkmalpflege der DDR" in Berlin[40] und der Generalkonservator, von 1961 bis 1986 der Architekt Ludwig

---

[35] Gesetz zum Schutz des Kulturgutes der DDR – Kulturgutschutzgesetz. In: Gesetzblatt der Deutschen Demokratischen Republik Teil I (1980) Nr. 20, S. 191–195.
[36] Vgl. Rackwitz, Werner: Zur Gründung des Rates der Denkmalpflege beim Ministerium für Kultur. In: Denkmalpflege in der DDR (1978) Nr. 5, S. 5–15.
[37] Vgl. Förtsch, Eckart: Preußen-Bild und historische Traditionen in der DDR. In: Deutsche Studien (1981) Nr. 75, S. 276–287, hier S. 280f.
[38] Vgl. Goralczyk, Peter: Denkmalpflege vor 50 Jahren im Land Brandenburg. In: Brandenburgische Denkmalpflege (1995) Nr. 1, S. 6–18, hier S. 6f.
[39] Vgl. Hütter, Elisabeth; Magirius, Heinrich: Zum Verständnis der Denkmalpflege in der DDR. In: Zeitschrift für Kunstgeschichte (1990) Nr. 3, S. 397–407, hier S. 401. Das Interesse der Architekten am der Denkmalpflege spiegelt sich auch in der zunehmenden Zahl der Dissertation in den achtziger Jahren wider. Vgl. Brandt, Sigrid: Geschichte der Denkmalpflege in der SBZ/DDR. Dargestellt an Beispielen aus dem sächsischen Raum 1945–1961. Berlin 2003, S. 76.
[40] Anordnung über das Statut des Instituts für Denkmalpflege. In: Gesetzblatt der Deutschen Demokratischen Republik Teil II (1962) Nr. 72, S. 477–478.

Deiters (*1921), unterstellt. Weitere Arbeitsstellen gab es in Berlin, Dresden, Erfurt (ab 1963), Halle sowie Schwerin und damit in den Strukturen der ehemaligen Landesämter. Jeder einzelnen wurde Ende der siebziger Jahre nach Verstaatlichung der kleinen Bau- und Handwerksbetriebe noch ein VEB für Denkmalpflege zugeordnet.[41] Ab 1961 erhielten indes die Räte der Bezirke und Kreise entscheidende Kompetenzen, da ihnen unter fachwissenschaftlicher Anleitung die Durchführung der erforderlichen denkmalpflegerischen Arbeiten sowie die Entscheidung über die Aufnahme von Objekten und Bauwerken in die Denkmallisten oblag.[42]

Diese rechtlichen Rahmenbedingungen wurden *de facto* durch eine mangelhafte finanzielle und materielle Ausstattung der Arbeitsstellen und die in den siebziger Jahren wachsende Konkurrenz zu dem umfangreichen Wohnungsbauprogramm in wesentlichen Teilen außer Kraft gesetzt. Ein erster Tiefpunkt war bereits Ende der sechziger und zu Beginn der siebziger Jahre erreicht gewesen, als die Abteilung für Museen und Denkmalpflege im Ministerium für Kultur auf eine halbe Referentenstelle geschrumpft war.[43] Sogar der Generalkonservator drohte angesichts dieser Entwicklung mit einem Rückzug der Mitarbeiter.[44]

Verantwortlich für den Erhalt der Denkmale waren nicht nur Regierungs- und Fachorgane, sondern auch gesellschaftliche Organisationen. Außerdem gab es seit Kriegsende ehrenamtliche Denkmalhüter – „Vertrauensmänner für Denkmalpflege" –, deren Rolle sich nach Verabschiedung des Denkmalpflegegesetzes 1975 jedoch änderte, als sie zu „Kreisbeauftragten für Denkmalpflege" wurden.[45] Aber nicht in jedem

---

[41] Vgl. Cullen, Michael S.: Denkmalpflege in der DDR. In: Werk und Zeit (1985) Nr. 1, S. 13.
[42] Gesetz über die örtlichen Volksvertretungen in der Deutschen Demokratischen Republik. In: Gesetzblatt der Deutschen Demokratischen Republik Teil I (1985) Nr. 18, S. 213–236.
[43] Vgl. Brandt (wie Anm. 39), S. 36.
[44] Vgl. Campbell, Brian: Preservation for the Masses: The Idea of *Heimat* and the *Gesellschaft für Denkmalpflege* in the GDR. In: kunsttexte.de (2004) Nr. 3, S. 2.
[45] Vgl. Timm, Susanne: Denkmale planmässig erhalten. Ein Kapitel Kulturpolitik der DDR am Beispiel von Schloß Ulrichshusen. Schwerin 1999, S. 10.

Kreis war dieser Posten immer besetzt.[46] Die wichtigsten Organisationen für ein gesellschaftliches Engagement in der Denkmalpflege waren der „Kulturbund zur demokratischen Erneuerung Deutschlands" (ab 1958 „Deutscher Kulturbund" und ab 1974 „Kulturbund der DDR") mit der bereits 1949 gegründeten „Interessengemeinschaft der Natur- und Heimatfreunde" und der 1977 gegründeten „Gesellschaft für Denkmalpflege." Die Natur- und Heimatfreunde führten in ihren Arbeitsgruppen regionalkulturelle Vereinstraditionen aus der Zeit der Weimarer Republik fort; dazu gehörten auch regionale Arbeitsgemeinschaften für Heimatgeschichtsforschung, Volkskunde und Denkmalpflege.[47] Auch die „Gesellschaft für Denkmalpflege" war regional organisiert und verfügte in den achtziger Jahren über mehr als 300 Arbeitsgruppen. Gruppen zur Feudalarchitektur waren nicht dabei, doch wurde zu Beginn der achtziger Jahre eine zu historischen Parks und Denkmalen der Landschafts- und Gartenarchitektur sowie eine zu ländlichen Bauten gegründet.[48] Nach 1990 gingen Arbeitsgemeinschaften beider Organisationen zumeist in neuen Vereinen auf.

---

[46] Vgl. BLDAM, Objektakte Lietzen II; darin Antwortschreiben von Heinrich-Volker Schleiff. Betr.: Vakanz der Stelle eines ehrenamtlichen „Vertrauensmannes für Denkmalpflege" im Kreis Seelow (13.04.1972).

[47] Vgl. Fischer, Helmut: Hundert Jahre für den Naturschutz. Heimat und regionale Identität. Die Geschichte eines Programms. Bonn 2004, S. 101.

[48] Vgl. Rüegg, Peter: Die Arbeit der Gesellschaft für Denkmalpflege – ein Beitrag des Kulturbundes der DDR zur sozialistischen Entwicklung von Städtebau und Architektur. In: Architektur der DDR (1982) Nr. 10, S. 9; Olschewski, Harri: Der Beitrag der Gesellschaft für Denkmalpflege im Kulturbund der DDR zur Herausbildung der kulturellen Identität. In: Denkmale und kulturelle Identität. Internationales Symposium der VII. Generalversammlung des ICOMOS 1984. Hrsg. vom ICOMOS-Nationalkomitee der DDR. Berlin 1987, S. 137–138.

Einfluß von „Eigen-Sinn" und Denkmalschutz

Obwohl die gesetzliche Verankerung des Denkmalschutzes sich verbesserte und auch die Zahl denkmalgeschützter Anlagen stetig stieg, reichte die Ausstattung der denkmalpflegerisch tätigen Institutionen nur für Pflegearbeiten an wenigen Objekten. Darüber hinaus gelangen nur bei einer geringen Anzahl von Herrenhäusern Sicherstellung und Bewahrung zumindest einzelner Bestandteile ihres Kunst- und Kulturgutes. Ihr Erhalt als Kulturdenkmale war daher in hohem Maße vom „Eigen-Sinn" (Lüdtke) der Besitzer, der Einwohner, der Verwaltungsorgane oder einzelner Denkmalpfleger abhängig, der Ausdruck fand im Engagement für die Pflege der Herrenhäuser, Guts- und Parkanlagen. Dazu gehörten die ehrenamtliche Arbeit für den Werterhalt der Anlagen, die Durchführung denkmalpflegerischer Maßnahmen im Rahmen sozialistischer Wettbewerbe zur Dorfverschönerung, die intensive Suche nach einer angemessenen Nutzung des denkmalgeschützten Bauwerkes mit Hilfe staatlicher Betriebe und Institutionen, die wissenschaftliche Erforschung der Gutskultur, die systematische Erfassung der Güter oder das Engagement staatlicher Betriebe für den Erhalt der sich in ihrer Verwaltung befindlichen Anlagen.

Entwicklung in Estland und Lettland

Die Unterschutzstellung deutschbaltischer und insbesondere feudaler Bauten blieb in der estnischen und der lettischen Republik mehr als 50 Jahre mit Problemen behaftet. Schwerpunkte in Denkmalschutz und Denkmalpflege lagen eher auf mittelalterlichen Kunst- und Bauwerken sowie auf Zeugnissen der bäuerlichen Kultur: Bereits in den zwanziger Jahren war es für die Denkmalpfleger eine schwierige Aufgabe einer die deutschbaltische Kultur größtenteils ablehnenden Bevölkerung zu vermitteln, daß lediglich drei bis sechs Jahre nach den Bodenreformen auch deutschbaltische Bauten und Kunstwerke denkmalwürdig und Investitionen in deren Erhalt erforderlich waren. Nach dem Zweiten Weltkrieg und unter sowjetischem Einfluß wurde die deutschbaltische Vergangenheit offiziell zunächst verschwiegen, umgewertet oder als Kultur der „Hunderitter" (lettisch: suņu-bruņinieki, estnisch: penirüütleid) diffamiert.¹ Es wurden wie in der Estnischen SSR Sonderkommissionen zur Umwertung des Kulturerbes in Kunst und Architektur gebildet und es gab die Forderung an die Denkmalpflege, „eine scharfe Trennlinie zwischen der deutschbaltischen und der estnischen Kunst zu ziehen."² Schwerpunkte in Denkmalschutz und -pflege bildeten die Pflege mittelalterlicher Bauten und die Betonung der kulturellen Beziehungen zu Rußland; entsprechend erfolgten in der Estnischen SSR bereits 1945/46 Arbeiten an dem Haus des Zaren Peter I. (1672–1725) und dem für Zarin Katharina I. (1683–1727) erbauten Schloß Kadriorg in Tallinn, schließlich waren unter seiner Regentschaft die schwedischen Provinzen Estland und Livland Teil des Russischen Reiches geworden.³

Noch Ende der siebziger Jahre herrschte die Meinung vor, die Pflege der Gutsanlagen stelle keine Verpflichtung dar, wie sich der lettische Denkmalpfleger und Architekt Pēteris Blūms (*1949) an seine beruflichen Anfangsjahre erinnert.⁴ Auch die estnische Kunsthistorikerin Helmi Üprus (1911–1978), unter deren Leitung in dieser Zeit die Inventarisierung der estnischen Güter erfolgte, und ihre Mitarbeiter wurden zunächst als „Sonderlinge" angesehen.⁵ Doch diese Reaktionen waren bereits die letzten Ausläufer einer feindlichen Einstellung gegenüber der deutschbaltischen Kultur, deren Anerkennung auch in Form nostalgischer Verklärung seit den fünfziger Jahren langsam gewachsen war und in den siebziger und achtziger Jahren sogar zum Engagement von Kolchosvor-

---

¹ Vgl. Lancmanis, Imants: Das Kulturerbe in Lettland im 20. Jahrhundert: Realitäten und Rezeption. In: Das gemeinsame Kulturerbe im östlichen Europa: denkmalpflegerisches Engagement der Bundesregierung 1993–2003. Hrsg. vom Bundesinstitut für Kultur und Geschichte der Deutschen im östlichen Europa. Oldenburg 2004, S. 24–33, hier S. 28f.
² Zitiert bei Kodres, Krista: Restaurierung und das Problem der nationalen Identität. Paradoxa der sowjetischen Kulturpolitik in Estland. In: Das Denkmal im nördlichen Ostmitteleuropa im 20. Jahrhundert. Politischer Kontext und nationale Funktion. Nord Ost Archiv (1997) Nr. 1, S. 241–272, hier S. 247.
³ Vgl. Ebenda, S. 246f., S. 258.
⁴ Blūms, Pēteris: Die Situation der Gutshöfe in Lettland. In: Gutsanlagen des 16. bis 19. Jahrhunderts im Ostseeraum – Geschichte und Gegenwart (Sankelmark 11.–14.09.1989). Hrsg. von ICOMOS. München 1990, S. 66–72, hier S. 66f.
⁵ Tamm, Jaan; Arike, Urmas: Ühest mõisast – ja paljudest teistest – 12 aastat hiljem [Über ein Gut – und viele andere – 12 Jahre später]. In: Sirp [Sichel] (1991) Nr. 8. Abgedruckt in: Zur Lage der Denkmalpflege in Estland. Dokumentation Ostmitteleuropa (1993) Nr. 4/5, S. 74–77, hier S. 74.

sitzenden für den Erhalt der Herrenhäuser und Gutsanlagen führte. Die Herrenhäuser boten zudem in Zeiten eingeschränkter Reisemöglichkeiten Einblicke in europäische Kulturen, wie sich der estnische Kunsthistoriker Juhan Maiste erinnert:

„Der Este kannte Europa meist nur aus Bilderbüchern. Zu einer Zeit, da die großen Kunstmetropolen für ihn praktisch nicht erreichbar waren, bewunderte er die Spiegelungen der großen Welt. Im Frühling fuhr man bekannte Güter besuchen, in Vääna fühlte man sich wie in Italien, auf Schloss Sangaste wie im Königspalast Windsor. Und das auch dann, als die Kunstgalerien und Bibliotheken längst schon fortgeschafft, in fremde Hände geraten, auf Auktionen verkauft waren."[6]

Beispielhaft sowohl für diese wachsende Aufmerksamkeit innerhalb der Bevölkerung für die gebaute und die natürliche Umwelt, deren Bewahrung eines der Themen in der Protest- und Unabhängigkeitsbewegung der achtziger Jahre war, wie auch für ein Desinteresse gegenüber feudalen Bauwerken zugunsten von Naturdenkmalen und Zeugnissen der bäuerlichen Kultur ist die Arbeit des lettischen Schriftstellers Imants Ziedonis (*1933). Auf seinen Wanderungen durch die kurländische Landschaft Ende der sechziger Jahre, über die er 1970 und 1974 in zwei Bänden mit dem Titel „Kurzemīte" (Kurländchen) berichtete, hielt er ein Detail im Verfallsprozeß des Schlosses Dundaga fest und sah den Schaden an der Umgrenzungsmauer dabei in einem größeren Zusammenhang:

„Im Schloß ist eine Mittelschule, an der es, ebenso wie an allen Schulen, polytechnischen Unterricht gibt, hier lehrt man Werkunterricht und kommunistischen Moralkodex, aber jeden Tag gehen Schüler und Lehrer vorbei an umgefallenen Pfosten und keinem kommt es in den Sinn, daß man das aufbauen, befestigen oder neu aufmauern muß. Ach Gott, diese lächerlichen Fürbitten – jene Schule hat nicht die nötigen Mittel und das Exekutivkomitee auch nicht! Für die Aufmauerung eines umgestürzten Pfostens holen Schüler einige handvoll Zement von Zuhause, wenn es

---

[6] Maiste, Juhan: Denkmalpflege in Estland. Die Suche nach Identität. In: Das Denkmal im nördlichen Ostmitteleuropa im 20. Jahrhundert. Politischer Kontext und nationale Funktion. Nord Ost Archiv (1997) Nr. 1, S. 273–320, hier S. 318f.

nicht anders geht! Wenn nur irgend jemand sagt, daß es doch sehr wichtig ist, diesen Pfahl zu bewahren. Denn mit dem Pfahl begann der Zaun entlang des ganzen Schlosses, und auch der ist schon halbrostig. Der niedergestreckte Pfosten bedeutet das Fallenlassen der ersten Masche beim Stricken, und dann beginnt Dundagas Schönheit zu zerfallen wie ein aufgetrennter Strumpf."[7]

Auf regelmäßigen Wochenendexkursionen, die er seit 1976 gemeinsam mit Freunden durchführte, standen hingegen weniger Schutz und Pflege von Herrenhäusern als Entdeckung, „Befreiung" und Bewahrung von Eichen, Felsen und Relikten bäuerlicher Kultur im Mittelpunkt. Man nannte sich schließlich nicht ohne Grund „Befreier großartiger Bäume" (Dižkoku atbrīvotāji).[8]

Trotz dieser lang anhaltenden Anfeindungen wurde bis zu einem Viertel der erhaltenen Herrenhäuser und Gutsanlagen in Denkmallisten eingetragen, auch wenn das keine Garantie für deren Erhalt und Pflege bot. Bereits in den zwanziger Jahren wurden die ersten von ihnen unter Schutz gestellt. Dabei handelte es sich um deutlich größere und ältere Anlagen wie um das in Lettland gelegene Barockschloß Rundāle. Dieses befand sich seit Kriegsende im Besitz des Kriegsinvalidenverbandes, wurde 1925 unter Denkmalschutz gestellt und ab 1933 erneuert.[9] Hinzu kamen erste Bemühungen um den Erhalt der Parkanlagen durch die Professoren der Universität Tartu Feodor V. Bucholtz (1873–1924) und Johannes Piiper (1882–1973).[10]

Deutschbaltische Institutionen wie das „Baltische Baudenkmälerarchiv" in Riga waren an diesen Arbeiten im übrigen kaum beteiligt,[11] doch erstellte die „Gesellschaft für Geschichte und Altertumskunde" ei-

---

[7] Ziedonis, Imants: Kurzemīte [Kurländchen]. Rīga 1995, S. 92.
[8] Vgl. Bunkse, Edmunds V.: Of oaks, erratic boulders, and milkmaids. In: European Rural Landscapes: Persistance and Change in a Globalising Environment. Hrsg. von Hannes Palang, Helen Soovāli, Marc Antrop und Gunhild Setten. Dordrecht 2004, S. 137–149, hier S. 144.
[9] Vgl. Dunsdorfs, Edgars: Muižas: simt divdesmit viens attēls [Güter: 121 Abbildungen]. Melbourne 1983, S. 122.
[10] Vgl. Brafmann, Ethel: Pargid Eestis [Parks in Estland]. Tallinn 1980, S. 249.
[11] Vgl. Lancmanis (wie Anm. 1), S. 26.

ne Fotoausstellung zur ländlichen Architektur, die 1924 in Riga sowie 1925 in Tallinn und Tartu gezeigt wurde.[12]

Auch unter sowjetischer Besatzung erschienen Feudalbauten auf den Denkmallisten; bereits im Herbst 1945 wurden etwa die lettischen Schlösser in Jelgava und Cēsis in die Liste mit Architekturdenkmalen von unionsweiter Bedeutung eingetragen.[13] Eingeschränkt wurde der Schutz deutschbaltischen Kulturerbes jedoch noch einmal 1961, als infolge der Kritik des sowjetischen Ministerpräsidenten Nikita S. Chruschtschows (1894–1971) an dem Ausmaß der Denkmalpflege in der Litauischen SSR in der Lettischen SSR die 343 Objekte umfassende Denkmalliste durch Streichung von Kirchen, Burgen und Herrenhäusern auf 200 reduziert wurde.[14]

Bis 1984 standen hier von insgesamt rund 700 erhaltenen Gutsanlagen wieder 37 Schlösser und Ruinen, 116 Landsitze und dutzende Denkmale der Landschaftsarchitektur unter Schutz.[15] Allein 1989 fanden Erhaltungs-, Sanierungs- und Restaurationsarbeiten an etwa 30 Gutshöfen statt.[16] Zu den bis dahin bereits restaurierten Anlagen gehörten Ungurmuiža, Edole, Pope, Dundaga, Pelči, Kazdanga, Lielīvande, Šlokenbeka, Lielstraupe, Padure, Kalnamuiža, Alsunga, Remte, Mežotne und Durbe.[17] Die größte Baustelle stellte jedoch das Schloßensemble in Rundāle dar, an dem seit 1972 komplexe Wiederherstellungsarbeiten

---

[12] Vgl. Maiste, Juhan: Eestimaa mõisad [Estlands Güter]. Tallinn 1996, S. 13.

[13] Vgl. Pētersons, Richards: Kultūras pieminekļu aizsardzība Latvijas PSR padomju okupācijas laikā 1944–1953. gadā: aizsardzības darba organizācija un pieminekļu saraksti [Kulturdenkmalschutz während der sowjetischen Besatzung der Lettischen SSR 1944–1953: Organisation der Schutzarbeit und Denkmallisten]. In: Okupācijas režīmi Latvijā 1940.–1959. gadā [Besatzungsregime in Lettland 1940–1959]. Hrsg. von der Latvijas Vēsturnieku komisija [Lettische Historikerkommission]. Rīga 2004, S. 554–575, hier S. 571.

[14] Vgl. Apinis, Mārtiņš V.: Gesetzgebung und Denkmalpflege in Lettland. In: Homburger Gespräche (1988) Nr. 12, S. 227–237, hier S. 232.

[15] Vgl. Apinis, Mārtiņš: Die Nutzung von Baudenkmalen der Lettischen SSR im kulturellen Leben. In: Denkmale und kulturelle Identität. Internationales Symposium der VII. Generalversammlung des ICOMOS 1984. Hrsg. vom ICOMOS-Nationalkomitee der DDR. Berlin 1987, S. 112.

[16] Vgl. Blūms (wie Anm. 4), S. 72.

[17] Vgl. Kraus, Otto: Die Gutshäuser im Baltikum. In: Beiträge zur Geschichte der baltischen Kunst. Hrsg. von Erich Böckler im Auftrag der Martin-Carl-Adolf-Böckler-Stiftung. Gießen 1988, S. 137–188, hier S. 186.

durchgeführt wurden.[18] In der Estnischen SSR standen hingegen bereits 1973 von rund 850 erhaltenen Herrenhäusern 50 Ensembles sowie 45 einzelne Gutsgebäude auf der Liste mit Architekturdenkmalen von republikweiter Bedeutung. Auf bezirklicher Ebene waren zusätzlich 197 Gutsensembles, darunter 472 Einzelgebäude oder Gebäudekomplexe und 40 Parks, unter Schutz gestellt worden.[19] Restaurierungsarbeiten fanden 1972–1982 in Palmse, 1977/78 in Maardu und 1981/82 in Alatskivi statt. Beteiligt waren die Architekten Henno Adrikorn (*1940), Aarne Kann (*1942), Leila Pärtelpoeg (*1927) und Peeter Püssim (*1941).[20] Da das Inventar nach der Enteignung der Deutschbalten durch deren Aussiedlung und die Kriegsereignisse verloren gegangen ist, bezogen sich Schutz und Pflege jeweils auf die Architektur, wandfeste Dekorationen und andere Baubestandteile sowie auf den Park.

Gefördert wurde die Anerkennung deutschbaltischer Architektur als Teil der estnischen und lettischen Nationalkultur durch die Tatsache, daß das Ressort des Denkmalschutzes fast ausschließlich in nationaler Hand blieb, sowie durch das Engagement von „bürgerlichen" Denkmalpflegern, die noch in der Zwischenkriegszeit ausgebildet worden waren. In der Estnischen SSR etwa führte die dortige Abteilung für Denkmalschutz und -pflege zwar eine Randexistenz, doch entwickelte sie sich zu einer Oase für die verbliebenen und aus Sibirien zurückgekehrten Kunsthistoriker. Dazu gehörte auch Helmi Üprus, die in der Zwischenkriegszeit bei dem nach Kriegsende in Stockholm wirkenden Professor Sten Karling (1906–1987) an der Universität Tartu studiert hatte und zwischen 1976 und 1978 die umfangreiche Inventarisierung der estnischen Gutsanlagen leitete.[21] Sie verfolgte dabei die Idee des Gutes als Kulturökologie.[22] Die Ziele der Inventarisierung waren sowohl die Be-

---

[18] Vgl. Lancmanis, Imants: Der Wiederaufbau des Schlosses Rundāle/Ruhental. In: Homburger Gespräche (1985) Nr. 7, S. 164–181.
[19] Vgl. Hein, Ants: Gutshäuserarchitektur in Estland. Ein Überblick nach der Inventarisierung 1976–1978. In: Homburger Gespräche (1984) Nr. 6, S. 179–202, hier S. 195f.
[20] Vgl. Lapin, Leonhard; Viirmaa, Vello: Eesti küla ehitab/Nowii oblik estonsko cela/Contemporary Rural Architecture of Soviet Estonia. Tallinn 1983, S. 77ff.
[21] Vgl. Maiste (wie Anm. 6), S. 303.
[22] Vgl. Maiste, Juhan; Parts, Triin: Või on sul munad mütsi sees, et müts ei võtab maha ... [Wenn Du Eier in der Mütze hast, nimm die Mütze nicht herunter ...]. In: Postimees [Postbote] vom 03.07.1998.

schaffung systematischer Informationen über das Gut als Siedlungsform als auch die architektur- und kunsthistorische Bestimmung der Bebauung. Demnach waren von den zu Beginn der zwanziger Jahre verzeichneten 49.330 Gebäuden noch 9.153 vorhanden. Darunter waren 854 Herrenhäuser, von denen 202 von republik- oder bezirksweiter Bedeutung waren.[23] Neben dem zwischen 1926 und 1933 veröffentlichten dreibändigen Werk „Das baltische Herrenhaus" des deutschbaltischen Kunsthistorikers Heinz Pirang (1876–1936), der dazu die inzwischen größtenteils verlorenen Quellen aus dem „Baltischen Baudenkmälerarchiv" heranzog, stellt diese Inventarisierung die bedeutendste wissenschaftliche Arbeit über die Herrenhäuser im Baltikum dar.

Die Hauptrolle für den Erhalt der Herrenhäuser sowie Gutsanlagen spielte jedoch die Einstellung der Besitzer. Kritisch war insbesondere die Pflege von Objekten, die sich im Besitz von Kolchosen und Sowchosen befanden. Doch gerade die wirtschaftlich stärksten Betriebe entwickelten in den siebziger und achtziger Jahren die Bereitschaft, die Herrenhäuser unter wissenschaftlicher Anleitung zu renovieren und für touristische oder kulturelle Zwecke zu nutzen. Ermöglicht wurden diese Investitionen durch eine verhältnismäßig stabile wirtschaftliche Lage[24] und durch die Tatsache, daß die Mehrzahl der Landbevölkerung aus Esten und Letten bestand, so daß Bemühungen um den Erhalt der Herrenhäuser eine nationale Komponente erhielten. Ein Wettbewerb um die gelungensten Renovierungen begann gar, denn die Vorsitzenden der Kollektivwirtschaften sahen darin auch eine Möglichkeit, ihre Träume von westlicher Lebensart zu verwirklichen.

In der Lettischen SSR gehörten dazu Ende der achtziger Jahre die Wiederherstellung des Schlosses Nogale als Erholungsort durch die Kolchose „Lenin" und das Staatsgut „Lubezere", während das dortige Herrenhaus hingegen verfiel.[25] In der Estnischen SSR gehörten dazu die Renovierung des Gutshauses in Voore für das Mustersowchosetechni-

---

[23] Vgl. Kenéz, Csaba János: Zur Lage der Denkmalpflege in Estland. In: Zur Lage der Denkmalpflege in Estland. Dokumentation Ostmitteleuropa (1993) Nr. 4/5, S. 1–12, hier S. 7.
[24] Vgl. Vesilind, Priit J.: Return to Estonia. In: National Geographic Magazine (1980) Nr. 4, S. 485–511; Tamm; Arike (wie Anm. 5), S. 74.
[25] Vgl. N.N.: Nogale [Nogallen]. In: Denkmalpflege in Sowjet-Lettland. Dokumentation Ostmitteleuropa (1988) Nr. 3/4, S. 125–126, hier S. 126.

kum in Vinni, die 1976/1977 erfolgte Einrichtung eines Erholungszentrums für die Kolchose „Energia" im Gutshaus von Lasila, der Umbau des Gutes Padise unter Leitung der Architektin Siiri Kasemets (*1945) für die nach der estnischen Dichterin benannten Kolchose „Lydia Koidula"[26] und die zu Beginn der achtziger Jahre angefangene Restaurierung der Gutsanlage Vihula durch die Kolchose „Viru". Diese führte bis zu Beginn der neunziger Jahre mit einer Baubrigade und Saisonarbeitern sowie mit Hilfe der Einwohner, der Arbeitstruppe der Estnischen Schülerschaft (Eesti Õpilaste Töömalev (EÕT)) und des Tallinner Theaters „Vanalinna Stuudio" (Altstadt Studio) jedes Jahr Arbeiten im Wert von zwei- bis dreitausend Rubel durch und prägte durch diesen Einsatz auch die Einstellung der Einwohner zur Gutsarchitektur.[27] Ein weiteres Beispiel stellen die Arbeiten der nach dem estnischen Schriftsteller benannten Kolchose „Eduard Vilde" am Herrenhaus von Rägavere dar, an denen der Kolchosevorsitzende Erich Erilt (1933–2006) maßgeblich beteiligt war.[28] Gemeinsam mit dem Direktor des Lahemaa Nationalparks, Ilmar Epner, und dem Direktor des Forstamtes in Rakvere, Simo Nõmme, setzte er sich für den Erhalt von Gutsanlagen wie Sagadi ein.[29] Die Einrichtung dieses Nationalparks 1971, in dem nicht nur die Natur, sondern auch das gesamte Kulturerbe geschützt und erhalten werden sollte, förderte dieses Engagement nachhaltig.[30]

---

[26] Vgl. Lapin; Viirmaa (wie Anm. 20), S. 80f., S. 16.
[27] Vgl. Tamm; Arike (wie Anm. 5), S. 74ff.; Das Gut ist seit 1991 im Privatbesitz. Es ist ein Hotel und wird 2007–2010 saniert. Vgl. www.vihulamanor.com (31.07.2008).
[28] Vgl. Hein (wie Anm. 19), S. 194. Zur Bedeutung des ersten sowjetischen Nationalparks vgl. Smurr, Robert W.: Lahemaa: the paradox of the USSR's first national park. In: Nationalities Papers (2008) Nr. 3, S. 399–423.
[29] Vgl. Kool, Ott: Taastame Oru lossi! [Lasst uns Schloß Orro wiedererrichten!]. In: Päevaleht [Tageblatt] (1990) Nr. 22. Abgedruckt in: Zur Lage der Denkmalpflege in Estland. Dokumentation Ostmitteleuropa (1993) Nr. 4/5, S. 69–71, hier S. 70.
[30] Vgl. Hein, Ants: Die Situation der Gutshöfe in Estland am Beispiel des Nationalparks Lahemaa. In: Gutsanlagen des 16. bis 19. Jahrhunderts im Ostseeraum – Geschichte und Gegenwart (Sankelmark 11.–14.09.1989). Hrsg. von ICOMOS. München 1990, S. 60–65, hier S. 63.

Entwicklung in Polen

Die Bewahrung der Herrenhäuser und ihres Inventars auf polnischem und ehemals deutschem Gebiet begann in den letzten Kriegsmonaten. Bereits im Frühjahr 1945 setzte sich die „Zentralverwaltung für Museen und Denkmalschutz" dafür ein und zu diesem Zweck veröffentlichte der Generalkonservator Jan Zachwatowicz am 10. März 1945 eine „Instruktion für die in die an Polen zurückgekehrten Gebiete einmarschierenden Formationen der Polnischen Armee – betreffend den Schutz und die Bewahrung beweglicher und unbeweglicher Denkmale auf dem Gebiet zwischen der polnischen Grenze von 1939 und den Flüssen Oder und Neiße sowie der Grenze mit der Tschechoslowakei." Die Sicherung betraf historische Bauwerke wie Kirchen, Landschlösser und Gutshäuser sowie deren gesamte Ausstattung, zudem wurde den Soldaten die Durchsuchung von Gepäck und Häusern der deutschen Bevölkerung nach gestohlenem Kunstgut gestattet.

Sichergestelltes sollte zunächst in speziellen Lagern gesammelt, von denen sich mehrere in Niederschlesien befanden, und danach in zentrale polnische Museen wie dem Nationalmuseum in Warschau überführt werden.[31] Daneben waren auch weitere Institutionen wie die Universitätsbibliothek Posen, die in der Ziemia Lubuska Buchbestände sicherte, an der Sicherstellung von Kulturgut beteiligt.[32]

Behindert wurde diese Tätigkeit jedoch durch eine geringe Zahl an – qualifizierten – Denkmalpflegern, beschränkte Kommunikationsmöglichkeiten, eine mangelhafte finanzielle und materielle Ausstattung der

---

[31] Vgl. Rutowska, Maria: Elementy polityki wobec niemieckiej spuścizny kulturowej na Ziemiach Zachodnich (1945–1950) [Elemente der Politik gegenüber dem deutschen Kulturerbe in den Westgebieten (1945–1950)]. In: Wspólne dziedzictwo? Ze studiów nad stosunkiem do spuścizny kulturowej na Ziemiach Zachodnich i Północnych [Gemeinsames Erbe? Aus Studien über das Verhältnis zum Kulturnachlaß in den West- und Nordgebieten]. Hrsg. von Zbigniew Mazur. Poznań 2000, S. 167–200, hier S. 179ff.

[32] Vgl. Rychlewicz, Katarzyna: Die Lebuser Landschlösser und Herrenhäuser in den Jahren 1944–2004. Eine Untersuchung für die nördlichen Kreise der Wojewodschaft Lubuskie. Masterarbeit. Europa-Universität Viadrina, Frankfurt (Oder) 2004, S. 19.

Dienststellen[33] sowie die Entlassung „bürgerlicher" Denkmalpfleger und Konservatoren.[34] Hinzu kam, daß die Kontrolleure keinen Zutritt erhielten für die 1945/46 durch die sowjetische Armee genutzten Güter.[35] Da in den Kunstsammellagern außerdem chaotische Zustände herrschten, war auch hier der Erhalt der sichergestellten Gegenstände gefährdet. Trotz Verbots blühte daher seit Gründung des staatlichen Unternehmens „Kunstwerke und Antiquitäten" (Dzieła Sztuki i Antyki) im Jahr 1950 der Handel mit den vor allem aus den ehemaligen deutschen Herrenhäusern, Museen und Kirchen stammenden Objekten.[36]

Es gelang jedoch in Einzelfällen die Sicherstellung von Teilen der Ausstattung. Dazu gehörte auch die Sicherung der Bibliothek und der Porzellansammlung der Familie von Egloffstein beziehungsweise von zwanzig Porträts und einigen Möbeln aus dem Besitz der Familie von Dönhoff in den ostpreußischen Herrenhäusern Arklity und Drogosze, die zum Teil ins Masurische Museum nach Allenstein sowie ins Museum nach Kętrzyn kamen.[37] Andere Inventarstücke aus Herrenhäusern der West- und Nordgebiete fanden ihren Platz in Regionalmuseen, im „Mu-

---

[33] Vgl. Redakcja: 1956, 1972, 1980 ... [Redaktion: 1956, 1972, 1980 ...]. In: Spotkania z Zabytkami [Begegnungen mit Denkmalen] (1982) Nr. 8, S. 2–9, hier S. 2f.
[34] Vgl. Wróblewska, Kamila: Bau- und Kunstwerke haben auch ihr Schicksal. In: Ostpreußische Gutshäuser in Polen. Gegenwart und Erinnerung. Hrsg. von Adelheid Eulenburg und Hans Engels. München 1992, S. 69–82, hier S. 69f.
[35] Vgl. Liżewska, Iwona: Zabytki w naszych rękach. O ochronie dóbr kultury na Warmii i Mazurach w latach 1945–1989 [Denkmale in unseren Händen. Über den Kulturgüterschutz in Ermland und Masuren in den Jahren 1945–1989]. In: Wspólne dziedzictwo? Ze studiów nad stosunkiem do spuścizny kulturowej na Ziemiach Zachodnich i Północnych [Gemeinsames Erbe? Aus Studien über das Verhältnis zum Kulturnachlaß in den West- und Nordgebieten]. Hrsg. von Zbigniew Mazur. Poznań 2000, S. 239–265, hier S. 240f.
[36] Vgl. Pruszyński, Jan: Prawo ochrony zabytków [Denkmalschutzrecht]. In: Ochrona i konserwacja dóbr kultury w Polsce 1944–1989. Uwarunkowania polityczne i społeczne [Schutz und Konservierung der Kulturgüter in Polen 1944–1989. Politische und gesellschaftliche Bedingungen]. Hrsg. von Andrzej Tomaszewski. Warszawa 1996, S. 17–35, hier S. 29.
[37] Vgl. Wróblewska (wie Anm. 34), S. 70f.

seum für Großpolen" in Posen[38] oder auch bei Organisationen wie dem „Polnischen Schriftstellerverband" in Warschau.[39]

Die Unterschutzstellung und Pflege der Herrenhäuser, Guts- und Parkanlagen blieb aus ideologischen Gründen schwierig. Das galt in besonderem Maße für die Objekte in den West- und Nordgebieten, deren „Repolonisierung" in den vierziger und fünfziger Jahren gefordert worden war.

Erschwert wurden Erhalt und Pflege feudaler Architektur zudem grundsätzlich selbst bei Anerkennung ihrer Denkmalwürdigkeit durch die komplexe Kategorisierung der Denkmale, deren gesetzliche Grundlage 1963 gelegt worden war.[40] Demnach wurden diese entsprechend ihres Wertes in fünf Kategorien eingeteilt. Kategorie 0 galt dabei für Objekte von internationaler Bedeutung und die Kategorien I, II, III und IV wurden auf nationaler Ebene verwendet. Diese Form der Zuordnung gefährdete jedoch den Erhalt insbesondere von Denkmalen der unteren Kategorien.[41] Zwar wurden monumentale Schloßbauten gerne für die ersten drei Kategorien benannt, doch die ländlichen Herrenhäuser erschienen sogar in einer zentralpolnischen Wojewodschaft wie Sieradz häufiger in den untersten Kategorien.[42] Noch viel weniger konnten sie in den ehemals deutschen Gebieten auf eine höhere Wertschätzung hoffen. Diese Einteilung beschleunigte daher in den sechziger und siebziger Jahren ih-

---

[38] Vgl. Rutowska (wie Anm. 31), S. 184.
[39] Vgl. Jasiński, Janusz: Polska wobec dziedzictwa historycznego Prus Wschodnich po 1945r. [Polen gegenüber dem historischen Erbe Ostpreußens nach 1945]. In: Wspólne dziedzictwo? Ze studiów nad stosunkiem do spuścizny kulturowej na Ziemiach Zachodnich i Północnych [Gemeinsames Erbe? Aus Studien über das Verhältnis zum Kulturnachlaß in den West- und Nordgebieten]. Hrsg. von Zbigniew Mazur. Poznań 2000, S. 19–58, hier S. 44.
[40] Rozporządzenie Rady Ministrów z dnia 23 kwietnia 1963r. w sprawie prowadzenia rejestru zabytków i centralnej ewidencji zabytków [Anordnung des Ministerrats vom 23.04.1963 bezüglich der Führung eines Denkmalregisters und einer zentralen Denkmalerfassung]. In: Dziennik Ustaw [Gesetzblatt] (1963) Nr. 19, Pos. 101.
[41] Vgl. Pawlowski, Krzysztof; Sieroszewski, Władysław: Grundlagen der Denkmalpflege in Polen. In: Bauen und Erhalten in Polen. Hrsg. von der Akademie der Architektenkammer Nordrhein-Westfalen und der Deutschen UNESCO-Kommission. Bonn 1981, S. 16–24, hier S. 17.
[42] Vgl. Ruszkowski, Andrzej; Pachulski, Maciej: Prawo i zabytki (głos z terenu) [Recht und Denkmale (Stimme aus dem Gelände)]. In: Spotkania z Zabytkami [Begegnungen mit Denkmalen] (1987) Nr. 5, S. 18–21, hier S. 19.

re Zerstörung, denn bei Anträgen für Baumaßnahmen und Abbrüche war für jeden Beteiligten der Wert eines Denkmals bereits anhand der Klassifizierung klar erkennbar und es bedurfte keiner weiteren Begutachtung durch den Wojewodschaftskonservator. Denkmale der unteren Kategorien wurden so als weniger bedeutsam angesehen, deren Verlust kein Nachteil war. Zum Teil fanden sogar Denkmale der Gruppe IV gar nicht erst Aufnahme in die offiziellen Denkmallisten, da sie offenbar auch von der Denkmalpflege bereits als Verhandlungsmasse oder Puffer betrachtet wurden.[43]

Eine leichte Verbesserung für die Denkmalpflege in den West- und Nordgebieten war jedoch mit Ratifizierung des Warschauer Vertrages 1972 über die Unverletzlichkeit der polnischen Westgrenze verbunden, in dessen Folge sich die polnischen Ängste vor einem deutschen Revisionismus verringerten. Gleichzeitig wuchs das Interesse an Preußen, doch blieb dieses auf wissenschaftliche Kreise beschränkt und hatte keine konkreten Folgen für die Denkmalpflege.[44]

Trotz dieser Schwierigkeiten gelang die Unterschutzstellung und Pflege einiger Herrenhäuser, Guts- und Parkanlagen. Allein in der Wojewodschaft Zielona Góra wies immerhin ein Drittel der mehr als 1.300 Architekturdenkmale einen Bezug zu historischen Gutsanlagen auf. Dazu gehörten in der offiziellen Denkmalliste von 1976 220 Herrenhäuser, 105 Gutsgebäude und 25 Parkanlagen sowie 44 Herrenhaus- und 12 Vorwerksanlagen. Bis zur Veröffentlichung der nächsten Denkmalliste 1987 verfünffachte sich die Zahl der Parkanlagen und auch die Zahl der denkmalgeschützten Wirtschaftsgebäude stieg. Demgegenüber verringerte sich die Zahl der geschützten Herrenhäuser leicht, doch stand weiterhin rund ein Viertel der ehemals rund 800 Herrenhäuser unter Denkmalschutz. Das entsprach immerhin noch der Hälfte der überhaupt erhaltenen Objekte, doch betrug der Anteil der denkmalgeschützten Ruinen bereits in den siebziger und achtziger Jahren mindestens vier Prozent. Lediglich an einem Drittel der unter Schutz stehenden Herrenhäuser wurden jedoch zwischen 1950 und 1990 werterhaltende Maßnahmen

---

[43] Vgl. N.N.: Sieben Missverständnisse sind aufzuklären. In: Denkmalpflege in Ostmitteleuropa. Dokumentation Ostmitteleuropa (1975) Nr. 4/5, S. 16-26, hier S. 18f.
[44] Vgl. Łukasiewicz, Dariusz: Preußische Exorzismen. In: Preußen Erbe und Erinnerung. Essays aus Polen und Deutschland. Hrsg. von Basil Kerski. Potsdam 2005, S. 139–150, hier S. 146ff.

vorgenommen. Dabei handelte es sich in erster Linie um allgemeine Bau- und Umbauarbeiten, von denen annähernd 20 Prozent bereits in den fünfziger und sechziger Jahren, rund 30 Prozent in den siebziger Jahren und mehr als 50 Prozent in den achtziger Jahren umgesetzt wurden.[45] Eine Inventarisierung der Herrenhäuser begann hingegen erst 1986, als am „Museum für Landwirtschaft und Agrar-Lebensmittelindustrie" in Szreniawa (Großpolen) die Arbeit an einer vollständigen Dokumentation von Vorwerksanlagen und Objekten der Lebensmittelverarbeitung aufgenommen wurde.[46] Die Arbeit an einer Dokumentation ländlicher Parkanlagen wurde gar erst 1991 aufgenommen.[47] Bereits in den siebziger und achtziger Jahren begann hingegen die kulturwissenschaftliche Erforschung des polnischen Gutshauses; Ergebnisse werden seit 1986 regelmäßig auf dem in Kielce stattfindenden Symposium „Polnisches Gutshaus: historisches und kulturelles Phänomen" (Dwór polski: zjawisko historyczno i kulturowe) präsentiert.[48]

Angesichts dieser Zahlen wird deutlich, wie sehr der Erhalt der Herrenhäuser, Guts- und Parkanlagen von dem Engagement der Besitzer abhing. Dieses wurde vom polnischen Staat auf Grundlage des Ministerratsbeschlusses vom 8. Dezember 1978 über die „Nutzung der Baudenkmale zum Wohle der Gesellschaft" sogar finanziell gefördert. Insbesondere bei Übernahme eines bislang ungenutzten Denkmals durften öffentliche Körperschaften und Privatpersonen Zuschüsse in Höhe von

---

[45] Vgl. Angaben bei Kowalski, Stanisław: Zabytki Środkowego Nadodrza: Katalog Architektury i Urbanistyki [Denkmale der Mittleren Oder: Architektur- und Urbanistikkatalog]. Zielona Góra 1976; Ders.: Zabytki Województwa Zielonogórskiego [Denkmale der Woj. Grünberg]. Zielona Góra 1987; Ders.: Prace Konserwatorskie w woj. Zielonogórskim w latach 1974–1986 [Konserwatorische Arbeiten in der Woj. Grünberg in den Jahren 1974–1986]. In: Ochrona Zabytków [Denkmalschutz] (1990) Nr. 3, S. 153–167.

[46] Vgl. Andrzejewska, Maria: Die Dokumentation von Vorwerksanlagen und Objekten der Lebensmittelverarbeitung auf dem Gebiet Polens. In: Hansestadt, Residenz, Industriestandort: Beiträge der 7. Tagung des Arbeitskreises deutscher und polnischer Kunsthistoriker in Oldenburg (27.–30.9.2000). Hrsg. von Beate Störtkuhl. München 2002, S. 341–344.

[47] Vgl. N.N.: Akcja ogrody – Apel [Gartenaktion – Aufruf]. In: Spotkania z Zabytkami [Begegnungen mit Denkmalen] (1991) Nr. 5, S. 55.

[48] Vgl. Myśliński, Krzysztof: Wokół polskiego dworu [Um das polnische Gutshaus]. In: Spotkania z Zabytkami [Begegnungen mit Denkmalen] (2000) Nr. 4, S. 10–13, hier S. 10.

23 Prozent der Baukosten beantragen.[49] Infolgedessen konnten Denkmale durch freiwillige Denkmalhüter bewohnt oder an Privatpersonen verkauft oder gar zurückgegeben werden.[50] Einer der ersten Denkmalhüter in der Wojewodschaft Zielona Góra und damit Vorbild für seine Nachfolger war Edmund Szajer (1904–1988), dank dessen Beharrlichkeit das Schloß im niederschlesischen Kożuchów bewahrt blieb.[51] Weitere Denkmalhüter waren der Maler Henryk Krakowiak (*1941) in Letnica bei Zielona Góra sowie der Bildhauer Mirosław Patecki in Przybyszów bei Nowa-Sól. Trotz bürokratischer Hindernisse konnten in der Wojewodschaft mehr als 20 Burgen und Herrenhäuser in private Hände übergeben werden.[52] Großes Interesse bestand jedoch vor allem an den polnischen Gutshäuser in zentral-, süd- und ostpolnischen Regionen, deren Verfall seit Mitte der siebziger Jahren offen kritisiert[53] und deren Architekturform als Gegenentwurf zu den sozialistischen „Würfeln" wiederentdeckt wurde.[54] So kaufte 1980 der aus einer Gutsbesitzerfamilie stammende Maler Andrzej Nowak-Zempliński (*1949) das Herrenhaus in Tułowice (Masowien) und begann mit dessen Wiederherstellung. Im Jahr 2000 erhielt er für diese Arbeit einen Preis der Vereinigung „Europa Nostra", die Maßnahmen zum Erhalt des europäischen Kultur- und Naturerbes fördert.[55] Einige enga-

---

[49] Vgl. Pawlowski; Sieroszewski (wie Anm. 41), S. 22f.
[50] Vgl. Patecki, Mirosław: List do redakcji [Leserbrief]. In: Spotkania z Zabytkami [Begegnungen mit Denkmalen] (1983) Nr. 2, S. 79–80.
[51] Vgl. Stasiński, Rafał: Kożuchów – Sala jego imienia [Freystadt – Saal seines Namens]. In: Tygodnik Krąg [Kreiswochenzeitung] vom 08.06.2006.
[52] Vgl. Kowalski, Prace Konserwatorskie (wie Anm. 45), S. 153, S. 158, S. 161.
[53] Vgl. Brykowski, Ryszard: Dwór w Niemcach przestał istnieć [Das Gutshaus in Niemce hörte auf zu existieren]. In: Ochrona Zabytków [Denkmalschutz] (1975) Nr. 2, S. 136–141; Ders.: Drewniany Dwór w Rogoźno przestał istniec [Das hölzerne Gutshaus in Rogoźno hörte auf zu existieren]. In: Ochrona Zabytków [Denkmalschutz] (1976) Nr. 3, S. 229–232.
[54] Dziuba, Jerzy; Kusztra, Zyta: W stylu dworkowym [Im Gutshausstil]. In: Architektura [Architektur] (1989) Nr. 5/6, S. 45.
[55] Vgl. Przybyszewski, Wojciech: Medal dla Tułowic (pamięci Profesora Jaroszewski) [Medaille für Tułowic (in Erinnerung Professor Jaroszewski)]. In: Spotkania z Zabytkami [Begegnungen mit Denkmalen] (2000) Nr. 10, S. 8–12, hier S. 8.

gierte Besitzer polnischer Gutshäuser hatten zuvor bereits Auszeichnungen im Rahmen des Wettbewerbes der besten Denkmalnutzer erhalten.[56] Neben dem Engagement ehrenamtlicher Denkmalhüter bestand seitens der Konservatoren bereits seit Mitte der sechziger Jahre ein großes Interesse an der Einbindung staatlicher Betriebe und Institutionen in die Denkmalpflege.[57] Die Adaption historischer, denkmalgeschützter Gebäude für eine moderne Nutzung beschäftige in dieser Zeit entsprechend auch die Architekten.[58]

Erst 1973 startete jedoch eine gezielte Kampagne zur Nutzung von Denkmalen. Unter Leitung des Generalkonservators wurde in der „Zentralverwaltung für Museen und Denkmalschutz" im Ministerium für Kunst und Kultur die Aktion „Denkmale für gesellschaftliche Bewirtschaftung" (Zabytki do zagospodarowania społecznego) ins Leben gerufen. Alle Wojewodschaftskonservatoren erstellten dafür Verzeichnisse ungenutzter Denkmale aus der eigenen Region, die sie als geeignet erachteten für die Übernahme durch ein Unternehmen. Das erste Ergebnis war eine Arte Denkmalbörse in Form einer Fotoausstellung gleichen Titels, die verschiedene ungenutzte Denkmale zeigte. Sie wurde im Juni desselben Jahres in der Bibliothek des Königsschlosses in Warschau und danach auch in anderen Städten wie 1974 in Breslau gezeigt. 1975 im Europäischen Denkmalschutzjahr folgte dann die Ausrufung eines jährlichen Wettbewerbes für die besten Denkmalnutzer (Konkurs na Najlepszego Użytkownika Obiektu Zabytkowego), um für die Übernahme

---

[56] Vgl. Stachurska, Elżbieta: Konkurs na najlepszego użytkownika obiektu zabytkowego – 1989–1990r. [Wettbewerb für den besten Denkmalnutzer – 1989–1990]. In: Ochrona Zabytków [Denkmalschutz] (1991) Nr. 4, S. 309–313; Dies.: Konkurs na najlepszego użytkownika obiektu zabytkowego –1991r. [Wettbewerb für den besten Denkmalnutzer – 1991]. In: Ochrona Zabytków [Denkmalschutz] (1993) Nr. 1, S. 103–104.

[57] Vgl. Paździor, Marian; Uczestnictwo zakładów przemysłowych w ochronie i odbudowie zabytków architektury w Polsce [Beteiligung von Industriebetrieben an Schutz und Wiederaufbau denkmalgeschützter Architektur in Polen]. In: Ochrona Zabytków [Denkmalschutz] (1969) Nr. 1, S. 49–54, hier S. 49.

[58] Vgl. u.a. Fijałkowski, Wojciech: Główne problemy konserwacji i adaptacji zespołu pałacowo-ogrodowego [Hauptprobleme der Konservierung und Anpassung einer Schloß-Park-Anlage]. In: Ochrona zabytków [Denkmalschutz] (1962) Nr. 3, S. 12–20; Misiorowski, Andrzej: Niektóre problemy adaptacji obiektów zabytkowych [Einige Anpassungsprobleme bei Denkmalobjekten]. In: Ochrona zabytków [Denkmalschutz] (1968) Nr. 3, S. 6–13.

ungenutzter Denkmale zu werben.⁵⁹ Das Thema der Anpassung denkmalgeschützter Schloßanlagen beschäftigte im selben Jahr auch eine Denkmalkonferenz in Posen. Als gelungene Beispiele wurden dort die in Großpolen gelegenen Schlösser in Czempiń, Gułtowy, Rogalin und Rydzyna sowie das in Oberschlesien gelegene Schloß Moszna genannt. Diese wurden durch eine PGR, als Museum, als Bildungszentrum des Verbands der polnischen Ingenieure und Mechaniker sowie als Sanatorium für psychisch Kranke genutzt.⁶⁰

In den Medien wurde die Entdeckung der Denkmale mit einigen Fotowettbewerben, der Fernsehsendung „Retten vor der Vergessenheit" (Ocalić od zapomnienia)⁶¹ und der in der Tageszeitung „Życie Warszawy" (Warschauer Leben) erscheinenden Artikelserie „Denkmalen zur Hilfe" (Zabytkom na odsiecz) begleitet.⁶²

Die 1973 gestartete Denkmalkampagne konnte das Interesse an Denkmalimmobilien unter Unternehmen und Privatpersonen tatsächlich steigern. Während zuvor jährlich lediglich ein paar Denkmale übernommen wurden, stieg deren Zahl bis Ende der siebziger Jahre auf 100 bis 120 Objekte an. Da jedoch weiterhin auch viele Denkmale durch ihre Benutzer aufgegeben wurden, sank die Gesamtzahl ungenutzter Objekte insgesamt jedoch nicht.⁶³ Mehr als die Hälfte der angebotenen Immobilien waren Herrenhäuser. Die Mehrzahl lag West- und Nordgebiete; fast ein Drittel der Angebote kam allein aus der Wojewodschaft Breslau. Diese Auswahl spiegelt die besondere Problemlage in den West- und Nordgebieten wider. Wie verzweifelt die Lage seit langem war, wird

---

⁵⁹ Vgl. Paździor, Marian: Na dziesięciolecie konkursu na najlepszego użytkownika obiektu zabytkowego 1975–1984 [Über ein Jahrzehnt des Wettbewerbs für den besten Denkmalnutzer 1975–1984]. In: Ochrona Zabytków [Denkmalschutz] (1986) Nr. 1, S. 54–56.

⁶⁰ Vgl. Jankowski, Wojciech: Problemy adaptacji zespołów pałacowych – ogólnopolska konferencja konserwatorska w Poznaniu [Anpassungsprobleme bei Schloßanlagen – allpolnische Denkmalpflegekonferenz in Posen]. In: Ochrona Zabytków [Denkmalschutz] (1976) Nr. 1, S. 69.

⁶¹ Vgl. Halota, Zofia: Obiektyw prawdę ci powie ... [Das Objektiv sagt Dir die Wahrheit ...]. In: Spotkania z Zabytkami [Begegnungen mit Denkmalen] (1982) Nr. 10, S. 40–42.

⁶² Vgl. Stępińska, Krystyna: Pałace i zamki w polsce. Dawniej i dziś [Schlösser und Burgen in Polen. Früher und heute]. Warszawa 1977, S. 8.

⁶³ Vgl. Redakcja (wie Anm. 33), S. 6.

daran deutlich, daß der Konservator in Breslau bereits 1957 eine Initiative zur Übernahme denkmalgeschützter Herrenhäuser gestartet hatte, über die in der Presse unter dem Motto „Laßt uns Schlösser und Burgen verkaufen" (Sprzedajemy pałace i zamki) berichtet wurde.[64]

Zahl der 1973 angebotenen Denkmalobjekte in den Wojewodschaften:[65]

Wojewodschaft	Einteilung der zur Bewirtschaftung angebotenen ausgewählten Denkmalobjekte nach ihrer Art (Stand 1973)		
	Paläste, Herrenhöfe	Schlösser	Gesamtzahl
Allenstein	5	2	11 (12?)
Białystok	3	—	5
Breslau	65	8	101 (98?)
Bydgoszcz	5	1	7
Danzig	—	1	21
Katowice	5	—	7 (8?)
Kielce	18	1	39
Koszalin	19	3	35
Krakau	33	—	49
Lublin	10	—	16 (17?)
Oppeln	18	8	52 (50?)
Posen	2	1	5
Rzeszów	14	1	41 (36?)
Stettin	12	2	33 (32?)
Warschau	8	—	9 (11?)
Zielona Góra	14	4	18
Zusammen	231	32	450 (443?)

Bis 1975 gelang auf diese Weise die Übernahme von 73 Objekten, was jedoch lediglich einem knappen Sechstel der ursprünglich angebotenen Zahl entsprach. Mehr als die Hälfte waren zwar Herrenhäuser, doch letztlich hatte in diesen zwei Jahren weniger als ein Fünftel der Objekte einen neuen Besitzer gefunden. Die Vergabequote war mit elf Prozent besonders gering in den West- und Nordgebieten im Vergleich zu einer

---

[64] Vgl. Zlat, Mieczysław: Sprawa Opieki nad Zabytkami na Śląsku [Die Sache des Denkmalschutzes in Schlesien]. In: Przegląd Zachodni [Westliche Umschau] (1957) Nr. 3, S. 201–203, hier S. 203.
[65] Weinberg, Georg: Denkmalpflege in Polen. Dissertation. RWTH Aachen 1984, S. 266.

Quote von 34 Prozent in den zentralpolnischen Wojewodschaften. Entsprechend fand in den West- und Nordgebieten lediglich ein Siebtel der angebotenen Herrenhäuser einen neuen Besitzer, während in anderen Regionen mehr als ein Viertel übernommen wurde. Mit einer durchschnittlichen Vergabequote von 68 Prozent hatten die Wojewodschaften Warschau, Białystok und Posen die besten Ergebnisse, auch wenn sie nur über vier Prozent der Angebote verfügten. Demgegenüber hatten die Wojewodschaften Allenstein, Stettin und Breslau mit einer durchschnittlichen Vergabequote von drei Prozent das niedrigste Ergebnis aller Wojewodschaften, obwohl sie über 35 Prozent der Angebote verfügten.

Gründe für diese geringe Zahl an vergebenen Herrenhäusern gab es mehrere. Teilweise fehlte es in den landwirtschaftlich geprägten Regionen Nordost- und Westpolens an geeigneten Unternehmen, die sich ein derartiges Engagement leisten konnten. Teilweise lagen die Objekte ungünstig oder die erforderlichen Investitionen waren zu hoch. Teilweise war der Zustand der Objekte verhältnismäßig schlecht und eine Wiederherstellung überstieg die Vorstellungskraft der Interessenten.[66] Teilweise waren die Objekte auch zu groß, um auch für private Interessenten zur Verfügung zu stehen.[67]

Die 1973–1975 in den Wojewodschaften übergebenen Denkmalobjekte:[68]

Wojewodschaft	Einteilung der an Institutionen übergebenen Denkmalobjekte im Zeitraum VII /1973 – III/1975		
	Paläste, Herrenhöfe	Schlösser	Gesamtzahl
Allenstein	—	—	0
Białystok	2	—	2
Breslau	6	—	9
Bydgoszcz	—	—	0
Danzig	—	—	4
Katowice	1	—	3
Kielce	7	—	12
Koszalin	7	1	12
Krakau	5	—	5

---

[66] Vgl. Paździor (wie Anm. 57), S. 49.
[67] Vgl. N.N.: List do redakcji [Leserbrief]. In: Spotkania z Zabytkami [Begegnungen mit Denkmalen] (1983) Nr. 2, S. 76–80, hier S. 76.
[68] Weinberg (wie Anm. 65), S. 266.

Lublin	—	—	1
Oppeln	3	1	7
Posen	1	—	2
Rzeszów	4	—	5
Stettin	—	—	2
Warschau	7	—	7
Zielona Góra	2	—	2
Zusammen	42	2	73

Diese politische Spaltung zwischen Zentralpolen und den West- und Nordgebieten spiegelte sich auch in den Ergebnissen des Wettbewerbes für Denkmalnutzer wider: Von den rund 100 ausgezeichneten Herrenhäusern zwischen 1975 und 1990 lag die Hälfte in Großpolen und lediglich ein Fünftel in den West- und Nordgebieten. Zu den ausgezeichneten Anlagen[69] gehörten dort die in Schlesien gelegenen Gutshäuser und Schlösser in Budzów, Frączków, Kamieniec, Karczów, Komorno, Maciejów, Moszna, Zabór und Targoszyn. In Pommern erhielten die Herrenhäuser in Łęczyn, Nosowo, Nowa Dąbrowa, Markocin, Płoty und Tolcz Auszeichnungen und in Ostpreußen wurde das Schloß in Kadyny, ehemals Sommerresidenz Kaiser Wilhelms II. und bekannt für die Keramikherstellung,[70] prämiert. Rund die Hälfte dieser Objekte dient heute als Hotel- und Konferenzzentrum. Dazu gehören auch die Schlösser in

---

[69] Vgl. Angaben bei Krzyżanowska, Hanna: Ogólnopolski konkurs na najlepszego użytkownika obiektu zabytkowego [Allpolnischer Wettbewerb für den besten Denkmalnutzer]. In: Ochrona Zabytków [Denkmalschutz] (1978) Nr. 2, S. 137–138; Paździor, Marian: Konkurs na najlepszego użytkownika obiektu zabytkowego – 1985r. [Wettbewerb für den besten Denkmalnutzer – 1985]. In: Ochrona Zabytków [Denkmalschutz] (1987) Nr. 3, S. 220–221; Ders.: Konkurs na najlepszego użytkownika obiektu zabytkowego – 1988r. [Wettbewerb für den besten Denkmalnutzer – 1988]. In: Ochrona Zabytków [Denkmalschutz] (1990) Nr. 2, S. 100–102; Stachurska, Konkurs – 1989–1990r. (wie Anm. 56), S. 309–313; Strukowa, Hanna: Problemy Użytkowania Zabytków Architektury [Nutzungsprobleme bei Architekturdenkmalen]. In: Ochrona Zabytków [Denkmalschutz] (1976) Nr. 2, S. 116–121; Zielniewicz, Tadeusz: Konkursy na najlepszego użytkownika [Wettbewerbe für den besten Nutzer]. In: Spotkania z Zabytkami [Begegnungen mit Denkmalen] (1985) Nr. 1, S. 46–47.

[70] Zur Bedeutung der Cadiner Majoliken vgl. Barfod, Jörn: Kaisers Keramik: 100 Jahre Königliche Majolika-Werkstätten Cadinen. Husum 2003.

Frączków[71] und Kadyny.[72] Ein Drittel befindet sich im Besitz von Institutionen. Dazu gehören auch die Schlösser in Moszna, Kamieniec und Zabór, die weiterhin als Klinik sowie als Sanatorien genutzt werden. Andere befinden sich wieder im Privatbesitz, wie das Schloß in Maciejów, einem Entwurf Carl Gotthard Langhans' (1732–1808), das seit 2006 aufwendig restauriert wird,[73] oder das Gut in Targoszyn aus dem Besitz der Familie von Richthofen, das heute von einer deutschen Familie landwirtschaftlich genutzt wird.[74]

Entwicklung in der SBZ/DDR

Zu den ersten Aufgaben der Denkmalschützer nach dem Ende des Zweiten Weltkriegs gehörten Sicherstellung und Bewahrung von Kunst- und Kulturgut aus den enteigneten Herrenhäusern. Die Deutsche Zentralverwaltung für Volksbildung forderte diesbezüglich am 4. Oktober 1945 in einem Rundbrief alle Landes- und Provinzialverwaltungen auf, „durch besondere Maßnahmen die Garantie zu schaffen, daß bei der Verteilung der Güter, [...] die wirklichen Kunstwerte (Bibliotheken, Gemäldesammlungen) unter staatliche Obhut gestellt werden."[75] In einigen Ländern und Provinzen waren zuvor notwendige Schritte zur Bergung von Kunstwerken, Bibliotheken und Archiven unternommen worden. Dazu gehörte die Provinz beziehungsweise das Land Sachsen, wo im September 1945 bereits 42 Schlösser durch das Landesamt für Denkmalpflege erfasst worden waren und bis 1949 sogar die Sicherstellung von Kunst- und Kulturgut aus 660 Herrenhäusern gelang.[76] Im Gegensatz dazu waren die Ergebnisse der Bergungsaktionen in den Ländern Mecklenburg-Vorpommern und Brandenburg, wo besondere viele Flüchtlinge und

---

[71] Pałac Frączków [Schloß Franzdorf], www.fraczkow.pl (31.07.2008).
[72] Hotel Kadyny Country Club, www.kadyny.com.pl (31.07.2008).
[73] Pałac w Maciejowie [Schloß in Matzdorf], www.maciejow.pl (31.07.2008).
[74] Vgl. Studentenschaft: Die Pfingstexkursion der TU München Weihenstephan nach Polen und Tschechien. In: Mitteilungen der Vereinigung Weihenstephaner Universitätsabsolventen (2002) Nr. 93, S. 28.
[75] BLHA, Rep. 205A, Nr. 801; darin Brief der Deutsche Zentralverwaltung für Volksbildung in der sowjetischen Besatzungszone an die einzelnen Landesverwaltungen der Provinzen (04.10.1945).
[76] Vgl. Schlenker, Katja: Das unbequeme Erbe. Mecklenburgische Gutsanlagen und Herrenhäuser seit 1945. Rostock 2003, S. 66.

Vertriebene Aufnahme gefunden hatten, schlechter. Hier wurden zwar ebenso wie in Sachsen eigene Anordnungen über die Sicherstellung von Kunstwerten erlassen, so wurde in der Provinz Mark Brandenburg mit Runderlaß Nr. 129/IV vom 14. Dezember 1945 die polizeiliche Sicherstellung geraubter „Möbel, Bücher und Kunstgegenstände" sowie die „allgemeine Durchsuchung der in der Nähe der Schlösser gelegenen Dörfer" erlaubt[77] und mit Runderlaß Nr. 246/IV vom 20. März 1946 die Erfassung der enteigneten Bauwerke mit ihrem Inventar angeordnet,[78] doch die Umsetzung blieb schwierig.

Hinderlich wirkten sich der mindestens bis zum Beginn der fünfziger Jahre andauernde Mangel an einfachsten Sicherungs- und Aufbewahrungsmöglichkeiten, an geeigneten Fahrzeugen für Bergungs- und Kontrollfahrten, an Fachkräften zur Beurteilung der Kunstwerte und an Ordnungskräften zur Verhinderung von Diebstahl sowie die generell eingeschränkten Kommunikationsmöglichkeiten aus. Hinzu kam, daß ein Großteil der Kunst- und Gebrauchsgegenstände bereits im Herbst 1945 in den Besitz der Roten Armee oder von Dorfbewohnern, Flüchtlingen und Vertriebenen gelangt war.[79]

Zum Teil weigerten sich diese nun, das in ihren Besitz übergegangene Kunst-, Archiv- und Gebrauchsgut wieder abzugeben. Der Bürgermeister in Jahnsfelde (Brandenburg) wollte etwa die im Schloß sichergestellten 400 bis 500 Bände aus der Schloßbibliothek nur gegen Entschädigung abgeben.[80] In der Gemeinde Neuhardenberg durchsuchten Mitarbeiter des brandenburgischen Ministeriums für Volksbildung im Frühsommer 1948 sogar einzelne Privathäuser auf der Suche nach Kunstgut,[81] doch das Ergebnis blieb mager, da einige Besitzer den Nachweise erbringen konnten, daß es sich bei den Möbelstücken um Schenkungen

---

[77] BLHA, Rep. 205A, Nr. 802; darin Runderlass Nr. 129/IV.
[78] BLHA, Rep. 205A, Nr. 804; darin Runderlass Nr. 246/IV.
[79] Vgl. BLHA, Rep. 205A, Nr. 804; darin mehrere Antwortschreiben von Ortsbürgermeistern und anderen Verwaltungsstellen zum Runderlass Nr. 246/IV aus dem Frühjahr 1946.
[80] Vgl. BLHA, Rep. 205A, Nr. 876; darin Aktenvermerk. Betr.: Jahnsfelde (10.07.1946).
[81] Vgl. BLHA, Rep. 205A, Nr. 562; darin Tätigkeitsbericht des Dezernats Kunst für die Zeit 25.05.–24.06.1948.

von Carl-Hans Graf von Hardenberg (1891–1958) gehandelt hätte.[82] Die Deutsche Verwaltung für Volksbildung schrieb daher im April 1949 an den brandenburgischen Minister für Volksbildung, Fritz Rücker (1892–1974), es sei bedauerlich, „dass anders als in den sonstigen Ländern der SBZ die Sicherstellung herrenlosen Kunstgutes in Brandenburg nicht den notwendigen Erfolg gehabt hat und so beträchtliche Substanzverluste an Volksvermögen befürchtet werden müssen."[83] Im Prinzip war jedoch die Situation in Mecklenburg-Vorpommern ähnlich gewesen.[84]

Nur wenige Inventarstücke und das eher zufällig blieben so im Bestand von Museen, Bibliotheken und Archiven, im Besitz der enteigneten Familien oder vor Ort erhalten. Dazu gehören im Land Brandenburg Archivakten und Bibliotheksbände aus dem Besitz der gräflichen Familie Schönburg-Glauchau in Schloß Gusow, der gräflichen Familie Hardenberg in Schloß Neuhardenberg, der gräflichen Familie Pfuel in Jahnsfelde[85] und der Familie von Massow in Steinhöfel.[86] Hinzu kamen Gegenstände und Möbel etwa aus dem Schloß Märkisch-Wilmersdorf, die der Leiter des „Heimatmuseums des Kreises Teltow" in Zossen 1950 bei den im Schloß untergebrachten Vertriebenen gegen einfachere Gebrauchsgegenstände aus Museumsbesitz eintauschte,[87] oder aus dem Gutshaus in Sieversdorf, die 1957/58 in das neu gegründete Museum in Frankfurt (Oder) kamen.[88] Wie schwierig und langwierig sich dabei Verhandlungen um die Sicherstellung von Kunst- und Kulturgut entwickeln konnten, die auch den Erhalt des Gutes gefährdeten, zeigt sich bei-

---

[82] Vgl. BLHA, Rep. 205A, Nr. 802; darin Abschrift zweier Bescheinigungen von Carlhans Graf Hardenberg aus Nörten-Hardenberg für Anna Reppin und Obergärtner Strauch über Schenkung von Möbeln und Inventar (14.06.1948).
[83] BLHA, Rep. 205A, Nr. 647; darin Brief der Deutschen Verwaltung für Volksbildung in der sowjetischen Besatzungszone an Minister Rucker (sic!), Ministerium für Volksbildung. Betr.: Sicherstellung herrenloser Kunst (25.04.1949).
[84] Vgl. Schlenker (wie Anm. 76), S. 66f.
[85] Vgl. BLHA. Rep. 205A, Nr. 876; darin Berichte über Sicherstellung, Ordnung und Transport von Archiv- und Bibliotheksbeständen aus Gusow, Jahnsfelde und Neuhardenberg aus den Jahren 1946 und 1947.
[86] Vgl. Dörschmann, Hannelore: Eine märkische Gutsbibliothek im Dom zu Fürstenwalde. In: Kreiskalender Oder-Spree 1995, S. 28–29.
[87] Vgl. BLHA, Rep. 205A, Nr. 803; darin Aktennotiz über Austausch von Möbeln in Märkisch-Wilmersdorf.
[88] Vgl. BLDAM, Objektakte Sieversdorf; darin Briefwechsel bezüglich der Übergabe von Möbeln an das Bezirksmuseum Frankfurt/Oder (1957 bis 1958).

Einfluß von „Eigen-Sinn" und Denkmalschutz

spielhaft an dem sich 1954 über mehr als sieben Monate erstreckenden Briefwechsel zwischen der Gemeinde Steinhöfel, dem Institut für Denkmalpflege in Berlin und dem Vertrauensmann für Denkmalpflege in Fürstenwalde/Spree über Ausbau und Schutz zweier Öfen im Schloß von Steinhöfel.[89]

Mit Erlaß des Befehls Nr. 209 der Sowjetischen Militäradministration in Deutschland (SMAD) am 9. September 1947, der im Rahmen des Neubauernbauprogramms den Abbruch von Gutsanlagen zur Baustoffgewinnung ermöglichte, gewann die Sicherstellung des Inventars an Dringlichkeit. Dazu zählte nun auch der möglichst fachmännische Ausbau der „Öfen, Kamine, Türen, Türumrahmungen, Treppen, Treppengeländer, Tapeten usw.".[90] Eine weitere drängende Aufgabe für die Volksbildungsministerien und die Landesämter für Denkmalpflege war die Verhinderung einer größtmöglichen Zahl von Abbrüchen, selbst wenn es auch unter Denkmalschützern Zustimmung dafür gab. Dazu gehörte der Leiter des Mecklenburgischen Landesamtes für Denkmalpflege, Walter Ohle (1904–1971), der 1951 sein Verständnis für den Abbruch von Gutshäusern, die ihre „Existenzberechtigung" jetzt verloren hätten, zum Ausdruck brachte.[91] Zuvor hatte bereits der Leiter der Abteilung für Kunst, Museen und Denkmalpflege in der Zentralverwaltung für Volksbildung, Gerhard Strauß (1908–1984), die Auslese wesentlicher und unwesentlicher Denkmale als wichtige Aufgabe für die „Fortschrittliche Denkmalpflege" definiert[92] und den Abbruch auf der vom 15. bis 17. Juni 1948 in München stattfindenden Gesamtdeutschen Tagung der Denkmalpflege verteidigt.[93]

---

[89] Vgl. BLDAM, Objektakte Steinhöfel; darin Briefwechsel über Ausbau und Sicherung von drei Öfen und einem Kamin im Jahr 1954.
[90] BLHA, Rep. 205A, Nr. 806; darin Brief des brandenburgischen Ministeriums für Volksbildung, Wissenschaft und Kunst an die Räte der Kreise und die Räte der kreisfreien Städte. Betr.: Abtragung von Schlössern, Gutshäusern usw. (13.02.1948).
[91] Ohle, Walter: Ehemalige Guts- und Herrenhäuser in Mecklenburg. In: Denkmalpflege in Mecklenburg (1952), S. 90–113, hier S. 92.
[92] Strauß, Gerhard: Fortschrittliche Denkmalpflege. In: Neues Deutschland vom 24.03.1948, S. 3.
[93] Vgl. Strauß, Gerhard: Zur Geschichte der Denkmalpflege von 1945–1949 – ihr Beitrag für die Festigung der antifaschistisch-demokratischen Ordnung. In: 3 Jahr-

Trotzdem galt wie im Land Brandenburg rund ein Drittel der von der Bodenreform erfassten Herrenhäuser als denkmalwürdig und eine erste Liste mit 194 schützenswerten Schlössern und Gutshäusern, darunter auch einige infolge des Krieges bereits beschädigte oder gar zerstörte Objekte, schickte das Amt für Denkmalpflege am 24. November 1947 an die Abteilung Liegenschaften des Finanzministeriums.[94] Weitere derartige Listen mit neuen Quoten und Namen entstanden bis zum Frühjahr 1948 in allen Ländern der SBZ. Darin wurden die Bauwerke entsprechend ihrer Wertigkeit in „besonders wertvolle", „wertvolle" und „erhaltenswerte" Objekte eingeteilt, doch lediglich knapp zwei Prozent der bedrohten Bauten standen damit 1948 unter Schutz.[95] Eine darüber hinaus erforderliche denkmalpflegerische Einzelfallprüfung vor Ort scheiterte häufig an der weiterhin mangelhaften finanziellen und materiellen Ausstattung der Ämter für Denkmalpflege.

Trotz dieser ungünstigen Voraussetzungen für einen erfolgreichen Denkmalschutz blieb sowohl die Zahl der Abbrüche wie die der abgebrochenen denkmalgeschützten Herrenhäuser weit geringer als gefordert und befürchtet. Dazu trug jedoch weniger der Einsatz der Denkmalpfleger als die Tatsache bei, daß viele Herrenhäuser aufgrund der Proteste von Ortsbürgermeistern, die auf deren notwendige Nutzung für die Unterbringung von Vertriebenen verwiesen, nicht abgebrochen wurden. So begründete der Bürgermeister des Dorfes Demnitz bei Fürstenwalde/Spree (Brandenburg) in einem Brief an den brandenburgischen Innenminister Bernhard Bechler (1911–2002) den notwendigen Erhalt des Herrenhauses damit, daß

„in der Gemeinde auch sonst keine anderen Räume für Zusammenkünfte der Jugend, Gemeindevertreter und sämtliche Organisationen die im Ort sind vorhanden ist. Im Übrigen auch jetzt die Schulklasse untergebracht ist, da unsre Dorfschule zu klein war und die Kinder sich durch die Sied-

---

zehnte Denkmalpflege in der DDR. Hrsg. vom Kulturbund der DDR und der Gesellschaft für Denkmalpflege. Berlin 1980, S. 20–25, hier S. 21.
[94] BLHA, Rep. 204A, Nr. 2350; darin Brief des Amtes für Denkmalpflege des Landes Brandenburg an die Landesregierung Brandenburg, Finanzministerium, Abt. Liegenschaften. Betr.: Runderlass III 242/47 (24.11.1947).
[95] Vgl. Buck, Hannsjörg F.: Mit hohem Anspruch gescheitert – Die Wohnungspolitik der DDR. Münster 2004, S. 82.

ler verdoppelt haben. Auch ist die Polizei in dem Gebäude untergebracht. Die Gemeindevertretung hat schon 2 Wände rausreissen lassen, damit für diese Zwecke ein Raum ist. Gleichzeitig soll auch der Kindergarten in diesem Gebäude eingerichtet werden, damit die Siedler ihre Bestellung erfüllen können."[96]

Allerdings konnten auch Deutsche, die als Wehrmachtssoldaten oder Kriegsgefangene in die Sowjetunion gekommen waren, aus eigener Anschauung bestätigen, daß Herrenhäuser dort noch vorhanden waren und für kulturelle und touristische Aufgaben genutzt wurden.[97] Für das Land Brandenburg urteilte daher der Leiter des Amtes für Denkmalpflege, Siegfried May, am 21. September 1949:

„Von insgesamt 133 besonders denkmalwerten Schlössern und Gutshäusern sind 12 Objekte ausgebrannt oder zerstört und 7 Objekte im Zusammenhang mit Befehl 209 abgerissen, so dass der Prozentsatz der abgerissenen historischen Bauten nur 5,8% beträgt."[98]

Lakonisch hatte zuvor bereits der Verfasser des Artikels „Romantik baut neues Leben. Verschwinden Brandenburgs Schlösser?" geurteilt: „Der wandernde Märker wird also alle Schlösser wiederfinden, die wahren

---

[96] KA LOS, Nr. 456; darin Brief des Bürgermeisters in Demnitz an den Innenminister Bächler (sic!) (05.03.1948).
[97] In der Sowjetunion hatte sich die hinsichtlich der Bewahrung des kulturellen Erbes gemäßigte Position Lenins durchgesetzt. Vgl. Bakoš, Jan: Metamorphoses of Ownership and Dilemmas of Communist Monument Protection. In: Human Affairs (2004) Nr. 1, S. 1–18, hier S. 9. Auf diese Tatsache wiesen 1948 auch Professoren der Universität Halle-Wittenberg in ihrem Protest gegen die Abbrüche der Schlösser hin, dem sich Professoren der Universität Rostock anschlossen. Vgl. Bock, Sabine: Denkmalpflege im Norden der DDR vor und nach 1975. Änderte sich der Umgang mit den Schlössern und Herrenhäusern durch das neue Denkmalschutzgesetz?. In: Architektur und Städtebau im südlichen Ostseeraum von 1970 bis zur Gegenwart: Entwicklungslinien, Brüche, Kontinuitäten. Beiträge zur Kunsthistorischen Tagung des Caspar-David-Friedrich-Instituts/Bereich Kunstgeschichte der Ernst-Moritz-Arndt-Universität Greifswald, 15.–17. April 2004. Hrsg. von Bernfried Lichtnau. Berlin 2007, S. 88–101, hier S. 93f.
[98] Zitiert bei Goralczyk, Peter: Denkmalpflege vor 50 Jahren im Land Brandenburg. In: Brandenburgische Denkmalpflege (1995) Nr. 1, S. 6–18, hier S. 12f.

Kultur- oder Landschaftswert haben [...]. Fontane kann also ruhig schlafen."[99]

Die Mehrzahl der Schlösser und Gutshäuser überdauerte folglich Krieg- und Nachkriegszeit, doch blieb die Situation der Denkmalpflege bis zu ihrer verbesserten rechtlichen Absicherung 1961 schwierig. Das Institut für Denkmalpflege in Berlin konnte 1955 beispielsweise den Abbruch einer rund 400 Jahre alten Umfassungsmauer an der Komturei Lietzen (Brandenburg) durch das Volkseigene Gut (VEG) und die Verwendung der Steine für den Straßenbau lediglich zur Kenntnis nehmen, obwohl eine strafrechtliche Ahndung dieses Verstoßes gegen das Denkmalschutzgesetz von 1952 möglich gewesen wäre,[100] und der Lehrer Ernst Tietze lehnte 1953 eine offizielle Berufung zum „Vertrauensmann der Denkmalpflege" für das Schloß Marxwalde ab und war nur zur „inoffiziellen" Mitarbeit bereit, um nicht weiterhin von den Gemeindevertretern als „reaktionär" verdächtigt und angegriffen zu werden.[101] In der gleichen Zeit begann im Kreis der Heimat- und Naturfreunde im Deutschen Kulturbund eine Diskussion um die „Heimatliebe",[102] in der man sich auch fragte, warum die Mitmenschen die Herrenhäuser häufig nicht als „ein Stück der Heimat"[103] annehmen konnten. Im Gegensatz zu der Auseinandersetzung um den SMAD-Befehl Nr. 209 und seine Folgen für den Erhalt der Herrenhäuser in der SBZ verlief diese Diskussion aber in einem kleineren Kreis.[104]

---

[99] BLHA, Rep. 205A, Nr. 806, Bl. 234; N.N.: Romantik baut neues Leben. Verschwinden Brandenburgs Schlösser?. In: Märkische Union vom 03.05.1948.

[100] Vgl. BLDAM, Objektakte Lietzen II; darin Briefwechsel zum Mauerrabbruch (1955).

[101] Zitiert bei Wipprecht, Ernst: Der Adelssitz als Gegenstand der Denkmalpflege nach 1945. Das Beispiel Marxwalde/Neuhardenberg. In: Schlösser und Gärten der Mark. Festgabe für Sibylle Badstübner-Gröger. Hrsg. von Markus Jager. Berlin 2006, S. 145–162, hier S. 149.

[102] Vgl. mehrere Beiträge in Ausgaben der Zeitschriften „Natur und Heimat" und „Märkische Heimat".

[103] Rüssel, H.: Die neue Heimatliebe wecken. Beitrag der Beratung „Sozialistische Heimat" vom 20. Juni 1958 im Klub der Kulturschaffenden in Berlin. In: Natur und Heimat (1958) Nr. 9, S. 257–261, hier S. 261.

[104] Vgl. Kazal, Irene: 'Sozialistische Heimat DDR'. Landschaft, Nation und Klasse in der Heimatdebatte der 50er Jahre. In: Kulturen der Landschaft. Ideen von Kulturlandschaft zwischen Tradition und Modernisierung. Hrsg. von Irene Kazal, Annette Voigt, Angela Weil und Axel Zutz. Berlin 2006, S. 59–79.

Trotz verbesserter rechtlicher Absicherung in den sechziger und siebziger Jahren blieben die finanziellen Möglichkeiten der Denkmalpflege nicht zuletzt aufgrund der wachsenden ökonomischen Krise der DDR bescheiden. Das galt für die gesamte Republik und so konnte 1964 der Rat des Kreises Gotha (Thüringen) eine Rüge der Bezirksverwaltung wegen des beschleunigten Verfalls der berühmten Schlösser mit einem glaubhaften Hinweis auf den völligen Mangel an Baumaterial abweisen.[105]

Besonders schwierig war die Situation für die Gemeinden, in deren Rechtsträgerschaft und Nutzung sich die meisten Herrenhäuser befanden und die über keine eigenen Mittel für die Instandhaltung verfügten. Demnach gelang es der Gemeinde Alt-Madlitz (Brandenburg) zusammen mit dem Institut für Denkmalpflege trotz wiederholter Anfragen beim Rat des Kreises in Fürstenwalde/Spree über mehr als fünf Jahre nicht, die notwendigen Reparaturen an der fehlerhaften Dacheindeckung des Schlosses in den Kreisbauplan zu bekommen. Lediglich die Finanzierung der Arbeiten am baufälligen Treppenhaus konnte 1963 dank einer Umwidmung von Bezirksbeihilfen der Denkmalpflege gelingen.[106] Der Verfall schritt folglich voran, zumal die meisten Herrenhäuser weiterhin stark oder sehr stark vor allem als Wohnhäuser ausgenutzt wurden, so daß wie im Fall des zur Hälfte abgebrochenen Gutshauses in Sieversdorf (Brandenburg) 1965 sogar die Streichung von der Denkmalliste drohte.[107]

Nur wenige Herrenhäuser konnten so als Geschichts- und Kunstdenkmale erhalten bleiben, zumal wie im Land Brandenburg lediglich ein Viertel von ihnen bis Ende der siebziger Jahre als Kunst- und Baudenkmale unter Denkmalschutz stand. Auch die Schlösser in Alt-Madlitz und Marxwalde kamen erst 1978 in die Denkmalliste des Bezirkes

---

[105] Vgl. Oberkrome, Willi: 'Durchherrschte' Heimat? Zentralismus und Regionalismus im organisierten Heimatschutz der früheren DDR. Das Beispiel Thüringen. In: Das Erbe der Provinz. Heimatkultur und Geschichtspolitik nach 1945. Hrsg. von Habbo Knoch. Göttingen 2001, S. 252-274, hier S. 266.
[106] Vgl. BLDAM, Objektakte Alt-Madlitz; darin Briefwechsel zu den Reparaturarbeiten (1961 bis 1963).
[107] Vgl. BLDAM, Objektakte Sieversdorf; darin Brief des Konservators Dr. Fait an den Rat des Kreises – Kreisbauamt/Staatliche Bauaufsicht – in Fürstenwalde/Spree (19.03.1965). Darstellung des zur Hälfte abgebrochenen Herrenhauses auf dem Titelbild.

Frankfurt (Oder)[108] beziehungsweise 1979 in die Denkmalliste der DDR.[109] Ähnlich sah es in den nördlichen Bezirken aus, wo lediglich einige Herrenhäuser Eingang in die Bezirksdenkmalliste gefunden hatten. Offenbar wurden dort zwischen 1975 und 1989 nur an sieben Objekten denkmalpflegerische Maßnahmen durchgeführt. Dabei handelte es sich zudem fast ausnahmslos um Arbeiten zum allgemeinen Bauunterhalt. Restaurierungen wie sie in der Diele des Herrenhauses Passow bei Parchim erfolgt waren, wo man Wandmalereien im pompejanischen Stil aus dem frühen 19. Jahrhundert freigelegt hatte, blieben eine Ausnahme.[110]

Die Denkmalpfleger waren angesichts dieser Schwierigkeiten bemüht, möglichst viele Objekte unter den höchsten Schutz zu stellen, und nutzten taktisch die Möglichkeit der Unterschutzstellung derjenigen Bauwerken, die keine Chance auf Anerkennung als Bau- und Kunstdenkmale hatten, als Geschichtsdenkmale. Außerdem begannen interessierte Bürger die von den Arbeitsgruppen der „Gesellschaft für Denkmalpflege" lediglich in Faltblatt- oder Broschürenform herausgegebenen Bezirks- und Kreisdenkmallisten zu nutzen, um auf Erhaltungsmaßnahmen zu drängen.[111]

Eine Verbesserung zumindest hinsichtlich der Durchführung ehrenamtlicher denkmalpflegerischer Arbeiten war bereits mit Ausrufung des 1967 erstmals durchgeführten Wettbewerbes „Schöner unsere Städte und Gemeinden – Mach mit!" verbunden gewesen. In dessen Rahmen gelang auch die Wiederherstellung des Schlosses und der Parkanlage in Freyenstein (Brandenburg).[112]

---

[108] Vgl. Bruyn, Günter de: Die Finckensteins. Eine Familie im Dienste Preußens. Berlin 1999, S. 83.
[109] Vgl. Kresse, Dana: Studien zu Schloß Neuhardenberg. Magister-Arbeit. TU Berlin 1997, S. 54.
[110] Vgl. Bock (wie Anm. 97), S. 101. Die Wandmalereien stammen von Anselmo Pallicia (1775–1840), der wie in Emkendorf, Knoop und Altenhof auch mehrere schleswig-holsteinische Herrenhäuser ausstattete.
[111] Vgl. Goralczyk, Peter: Behindert Kategorisierung die Denkmalpflege? Erfahrungen aus der DDR. In: kunsttexte.de (2005) Nr. 2, S. 4.
[112] Vgl. Stahmleder, Udo: Die Wiederherstellung von Schloß und Park (Freyenstein). In: Denkmalpflege in der DDR (1978) Nr. 5, S. 65–68.

Einfluß von „Eigen-Sinn" und Denkmalschutz

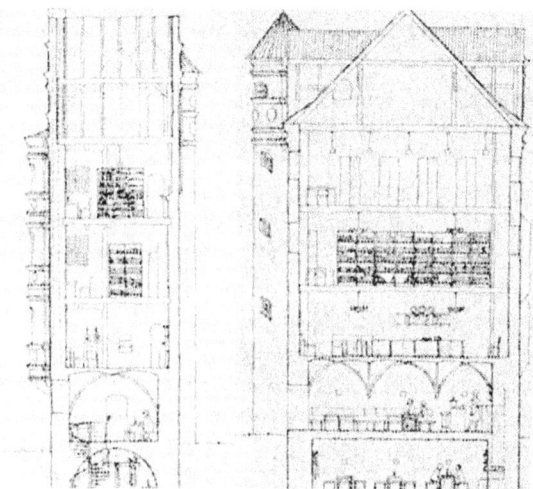

Abb. 40 Umbau des Schlosses in Freyenstein (Brandenburg): *Kellergeschoß* Kleines Schloßcafé (14 Plätze), *Erdgeschoß* Kleines Schloßcafé (12 Plätze), *1.Obergeschoß* Klubraum des Laienchores, *2.Obergeschoß* Bibliothek/Archiv, *3.Obergeschoß* Bibliothek/Archiv, *Dachraum* ausbaufähig.

Als nach dem VIII. Parteitag der SED im Jahr 1971 und dem Amtsantritt Erich Honeckers der Diskurs um „Erbe und Tradition" der DDR begann, dessen Ziel in Abkehr von einer einheitlichen deutschen Kulturnation die Schaffung einer eigenen sozialistischen Nation auf Basis der preußischen Geschichte war, nutzten Denkmalpfleger, Ortsbürgermeister und Rechtsträger denkmalgeschützter Anlagen zunehmend die Möglichkeit, werterhaltende Arbeiten unter Einbeziehung sozialistischer Feiertage oder kultureller Jubiläen zu organisieren und zu finanzieren.[113]

In Dresden-Radebeul gelang so zum 30. Jahrestag der Vertragsschließung zwischen der SMAD und der damaligen sächsischen Landesregierung die Restaurierung der Gesellschafts- und Verwaltungsräume in Schloß Wackerbarth, welches vom VEB Weinbau Radebeul genutzt wurde.[114] Im Rat des Bezirkes Frankfurt (Oder) regten die Kulturpoliti-

---

[113] Vgl. Rackwitz, Werner: Denkmalpflege als gesellschaftliche Aufgabe. In: Architektur der DDR (1980) Nr. 2, S. 75–80, hier S. 78f.
[114] Vgl. Hausdorf, Siegfried: Rekonstruktion Schloß Wackerbarth in Dresden-Radebeul. In: Architektur der DDR (1978) Nr. 7, S. 421–423.

ker hingegen an, die Restaurierung des Schlosses Marxwalde und dessen Ausbau zum Sitz der Bezirkskulturakademie schrittweise und in Verbindung mit staatlichen Jubiläen wie dem „35. Jahrestag der Gründung der DDR" (1984) und dem „40. Jahrestag der Befreiung vom Faschismus" (1985) sowie kulturellen Höhepunkten wie der 200. Wiederkehr der Geburtstage von Karl Friedrich Schinkel (1981) und Peter Josef Lenné (1989) zu realisieren,[115] denn diese Arbeiten waren nicht im Volkswirtschaftsplan verankert.[116] Eine wichtige Finanzierungsquelle stellten daher im übrigen auch Mittel zur Vorbereitung der dort vom 16. bis 26. Juni 1988 stattfindenden 22. Arbeiterfestspiele auf dem Lande dar.[117] Auf ähnliche Weise gelang 1984 die Entrümpelung des Gutsparks in Kliestow (Brandenburg). Der Anlaß dafür war die Verpflichtung der örtlichen Volksvertretung, 35 Stunden ehrenamtlicher Arbeiten aus Anlaß des „35. Jahrestages der DDR" zu leisten. Unterstützung gab es durch Lehrlinge der Betriebsberufsschule der Deutschen Post.[118]

Ausnahmen blieben jedoch sowohl das Engagement des VEG in Lietzen bei Seelow (Brandenburg) für den Erhalt der sich in ihrer Rechtsträgerschaft befindlichen Komturei[119] als auch die beispielhafte Rettung der in der Nähe Dresdens gelegenen Schlösser Scharfenberg[120] und Batzdorf[121] durch einige Künstler.[122]

---

[115] Vgl. BLHA, Rep. 601, Nr. 26195; darin Bericht über Entstehungsgeschichte und Bedeutung des Denkmalensembles, Denkmalpflegerische Zielstellung für das Gesamtensemble, Erforderliche Realisierungsmaßnahmen und Aufgabenstellungen für die Einzelobjekte (S. 1–21).
[116] Vgl. Wipprecht (wie Anm. 101), S. 156ff.
[117] Vgl. BLHA, Rep. 601, Nr. 26196; darin Briefwechsel zur Vorbereitung der 22. Arbeiterfestspiele der DDR (1984 bis 1987).
[118] Vgl. N.N.: Ortschronik Kliestow. Kliestow o.J.
[119] Vgl. BLDAM, Objektakte Lietzen II; darin Briefwechsel über die Restaurierungsarbeiten an fünf Deckengemälden und drei gerahmten Porträts aus der Komturei Lietzen (1965 bis 1968); BLDAM, Objektakte Lietzen III; darin Brief des Hauptkonservators Wipprecht vom Institut für Denkmalpflege/Arbeitsstelle Berlin (13.02.1990).
[120] Schloß Scharfenberg, www.schloss-scharfenberg.de (31.07.2008).
[121] Schloß Batzdorf, www.batzdorfer-schloss.de (31.07.2008).
[122] Vgl. Magirius, Heinrich: Schlösser und Herrenhäuser in Sachsen – Bilanz zu einer vom Aussterben bedrohten Denkmalgattung am Ende des 20. Jahrhunderts. In: Mitteilungen des Landesamtes für Denkmalpflege Sachsen (1999), S. 10–29, hier S. 15; Stephan, Bärbel: Die erste Saison der Kleinen Galerie des Kulturbundes der

Einfluß von „Eigen-Sinn" und Denkmalschutz

Abb. 41 Schloß Marxwalde als Veranstaltungsort bei den Arbeiterfestspielen 1988.

Angesichts einer zunehmenden Zahl leerstehender Herrenhäuser stieg seit Ende der sechziger das Interesse an der Nutzung historischer Bauwerke durch Einbindung staatlicher Betriebe für Schulungs- und Erholungszwecke, was auch Thema der im Juni 1969 erstmals stattfindenden Beratung der Zentralen Arbeitsgruppe „Denkmalpflege" des Bundes Deutscher Architekten (BDA) war.[123] Wert wurde dabei auf ein hohes Niveau der Schloßherbergen gelegt, um auch für Besucher aus Westeuropa attraktiv zu sein. Bereits seit Mitte der sechziger Jahre war die Zahl der als Erholungs- und Kulturzentren genutzten Herrenhäuser und Burgen gewachsen[124] und auch die Denkmalpfleger begannen sich mit dieser Nutzungsform auseinanderzusetzen. Eine der ersten Studien zu diesem Thema fertigte 1970 das Institut für Denkmalpflege in Berlin an.

DDR auf Schloß Scharfenberg. In: Dresdener Kunstblätter (1985) Nr. 5, S. 155–158; Lemke, Udo: Das Familienschloss in Batzdorf. In: Sächsische Zeitung vom 22.08.2007.
[123] Vgl. Rothstein, Fritz: Zur Erhaltung und Umfunktionierung wertvoller historischer Bausubstanz. In: Deutsche Architektur (1969) Nr. 11, S. 692–694.
[124] Vgl. Weinreich, Kurt: Die Einbeziehung von Denkmälern in die Erholungsplanung des Bezirkes Erfurt. Referat auf der Jahrestagung der Zentralen Fachgruppe Denkmalpflege des Bundes Deutscher Architekten am 13.03.1970 im Schloß Reinhardsbrunn. In: Deutsche Architektur (1970) Nr. 9, S. 560–564.

Darin wurden in Abstimmung mit den wirtschaftlichen Daten der Vereinigung Interhotel, der Hotelkette der gehobenen Klasse in der DDR, 25 Objekte für eine Hotelnutzung vorgestellt. Diese waren als kleinere Hotels mit einer Kapazität von 100 bis 200 Betten vorgesehen. Bei einem Drittel der Objekte waren zuvor jedoch werterhaltende Maßnahmen erforderlich.[125]

Abb. 42 1975 eröffnete der VEB Industriebau Leuna ein Betriebsferienheim im Herrenhaus Fincken (Mecklenburg). Familie von Blücher hatte dieses 1801 errichtet und 1850/60 mit einem saalartigen Anbau im Tudorstil, im Hintergrund zu erkennen, erweitert. Die an einem See am Rande der Mecklenburger Seenplatte gelegene Anlage wurde umfassend saniert und verfügte nach Errichtung mehrerer Gästehäuser über 150 Betten. Sie steht seit 2007 wieder zum Verkauf.

Zu einem der bekanntesten Ferienobjekte dieser Art wurde das Schloß Spyker (Rügen), das in Rechtsträgerschaft des FDGB und begleitet durch die Arbeitsstelle Schwerin des Instituts für Denkmalpflege zwischen 1964 und 1968 zu einem Ferienheim mit 60 Betten, Restaurant, Gesellschaftsräumen und einem Weinkeller umgebaut wurde. Originell waren auch die Pläne für das Schloß Rossewitz (Mecklenburg), das nach Vorstellung der Denkmalpfleger aufgrund seiner Nähe zu der 1978 voll-

---

[125] Untersuchung von Möglichkeiten Baudenkmale als internationale Touristenhotels zu nutzen. Studie am Institut für Denkmalpflege (Bearbeitung: Ingrid Kompa). Berlin 1970, S. 8, S. 10 und S. 103.

endeten Autobahn Berlin-Rostock zum Motel ausgebaut werden sollte, doch es fand sich kein Träger für die Umsetzung.[126]
Weitere Ideen, wie die Nutzung des Schlosses Gusow (Brandenburg) zur Deckung des „ständigen Bedarf[s] an Übernachtungsmöglichkeiten im Kreis Seelow", konnten aufgrund der politischen Ereignisse 1989/90 nicht mehr umgesetzt werden.[127]

---

[126] Vgl. Zander, Dieter: Ausgewählte Gutsanlagen des 17. bis 19. Jahrhundert. im Bezirk Schwerin – Probleme ihrer Erhaltung und gesellschaftlichen Erschließung. In: Gutsanlagen des 16. bis 19. Jahrhunderts im Ostseeraum – Geschichte und Gegenwart (Sankelmark 11.–14.09.1989). Hrsg. von ICOMOS. München 1990, S. 97–101, hier S. 98.
[127] BLDAM, Dokumentation II Schloß Gusow; darin Nutzungskonzeption für das Schloß Gusow, Vorlage für den Rat des Kreises Seelow (02.08.1989).

Musealisierung und museale Nutzung der Herrenhäuser

Die museale Nutzung von Herrenhäusern begann bereits kurz nach ihrer Enteignung. Dabei handelte es sich zumeist um Museen für Kunst- und Kulturgut, die Gemäldesammlungen oder wertvolle Innenausstattungen zeigten. Befürwortet wurde diese Form der Nutzung gerade bei größeren und künstlerisch wertvollen Bauwerken, da das Denkmal auf diese Weise ohne große bauliche Veränderungen und in kontrollierter Form für die Öffentlichkeit zugänglich war. Entsprechend entstanden die meisten Schloßmuseen dieser Art in ehemaligen Residenzbauten und dabei wurde zum Teil auch auf frühere museale Traditionen zurückgegriffen. Gleichzeitig wurde jedoch bis 1990 die alltagsnahe Nutzung der Mehrzahl der enteigneten Herrenhäuser angestrebt und deren „Isolation vom täglichen Leben"[1] durch eine alleinige kulturelle Nutzung abgelehnt. Grundsätzlich eingeschränkt waren zudem die Möglichkeiten ihrer musealen Nutzung durch ihre bis in die siebziger Jahre hinein andauernde Verwendung für Wohn-, Bildungs- und Verwaltungsaufgaben sowie durch den aufgrund von Flucht und Vertreibung der Besitzer wie aufgrund von Kriegszerstörung und Enteignung entstandenen Verlust der Originalausstattung. Aus diesem Grund hatten die meisten Museen, die in (ländlichen) Herrenhäusern eingerichtet wurden, eine allgemeine regionalgeschichtliche Ausrichtung. Die Darstellung der Gutsgeschichte war hier, falls sie überhaupt Thema der Ausstellung war, ideologisch gemäß einer materialistischen Geschichtskonzeption geprägt. Eine Musealisierung der Gutskultur hat es daher mit Ausnahme Polen, wo in größerem Umfang nationalgeschichtlich ausgerichtete Museen zur Erinnerung an Persönlichkeiten des polnischen Adels und an die polnische Herrenhauskultur gegründet wurden, nur in Form von agrarhistorischen Museen gegeben, die seit Ende der sechziger Jahren in enteigneten Gütern entstanden.

---

[1] Biegański, Piotr: Pomniki architektury w nowej służbie społecznej [Architekturdenkmäler im neuen gesellschaftlichen Dienst]. In: Architektura [Architektur] (1949) Nr. 9/10, S. 233–239, hier S. 233.

Einige Beispiele aus Estland und Lettland

Die Nutzung einer kleinen Anzahl von Herrenhäusern für kulturelle Zwecke begann in den zwanziger Jahren. Dazu zählten an erster Stelle die Umwandlung des vor den Toren Tartus gelegenen Gutes Raadi in das „Estnische Nationalmuseum", wo zwischen 1922 und 1943 Teile aus der Kunstsammlung der vormaligen Besitzer Liphart sowie aus den Sammlungen der 1923 aufgelösten Gilden und Zünfte zu sehen waren,[2] und des in Tallinn gelegenen Barockschlosses Kadriorg, einer Residenz der Zarin Katharina I., in das „Estnische Museum". Bis zu dessen Schließung 1929 war dort ein „Tallinn Zimmer" aus Gegenständen deutschbaltischer Organisationen und der Herrenhäuser zu sehen.[3] In Lettland erhielt 1920 die Sammlung der „Lettischen Gesellschaft Riga" Räume im Rigaer Schloß. Damit war die Grundlage für das „Nationale Geschichtsmuseum Lettlands" gelegt.[4] Auf dem Lande wurde außerdem 1929 im Gut Durbe, das der Nationaldichter Rainis (1865–1929) 1923 vom lettischen Staat übereignet bekommen hatte, ein Museum zu seinen Ehren eingerichtet.[5]

In sowjetischer Zeit wurde die museale Nutzung feudaler Bauwerke zunächst unterbrochen, da in erster Linie Museen für bedeutende estnische und lettische Künstler eingerichtet wurden, welche sich nur in Ausnahmefällen in Gutsgebäuden befanden. Seit Ende der fünfziger Jahre

---

[2] Vgl. Thomson, Erik: Schloß Ratshof in Estland vom Musenhof zum Nationalmuseum. Lüneburg 1985, S. 62. An diese Tradition wird heute angeknüpft, wenn auf dem Gelände des Gutes ab 2009 das neue Hauptgebäude des Estnischen Nationalmuseums errichtet wird. Eesti Rahva Muuseum [Estnisches Nationalmuseum (ERM)], www.erm.ee (31.07.2008).

[3] Vgl. Lõugas, Anne: Baltisaska kunstivarade küsimusi [Fragen deutschbaltischer Kunstschätze]. In: Umsiedlung 60: Baltisakslaste organiseeritud lahkumine Eestist. 24. novembril 1999 Tallinna Linnaarhiivis toimunud konverentsi ettekanded [Umsiedlung 60: Organisierte Ausreise der Deutschbalten aus Estland. Vorträge der am 24.11.1999 im Tallinner Stadtarchiv veranstalteten Konferenz]. Hrsg. von Sirje Kivimäe. Tallinn 2000, S. 93–108, hier S. 97.

[4] Latvijas Nacionālais vēstures muzejs [Nationales Geschichtsmuseum Lettlands], www.history-museum.lv (31.07.2008).

[5] Dišlere, Inta; Ozola, Agrita: Muižas Lauku Kultūrvidē. Tukuma rajona muižas fotogrāfijās no Tukuma muzeja krājuma [Güter im ländlichen Kulturmilieu. Tuckumer Güter in Fotografien aus dem Bestand des Tuckumer Museums]. Tukuma muzejs 2002, S. 49ff.

Musealisierung und museale Nutzung der Herrenhäuser

entstanden jedoch einige Regionalmuseen in Herrenhäusern: In der Estnischen SSR gehören dazu die Heimatmuseen, die 1958 in dem als Schule genutzten Herrenhaus von Kose-Uuemõisa, 1967 in einem Gebäude des Gutes Kassari,[6] 1968 im Herrenhaus von Jäneda[7] und 1988 im Herrenhaus von Keila[8] eingerichtet wurden. In der Lettischen SSR wurde bereits 1949 das „Geschichts- und Kunstmuseum" im Schloß von Cēsis wiedereröffnet. 1959 entstand zudem ein „Geschichts- und Kunstmuseum" im neuen Schloß von Alūksne, 1977 eröffnete ein der Geschichte des Flusses Daugava gewidmetes Museum im Gut Dole[9] und seit 1983 gibt es im Schloß von Limbaži ein Regionalmuseum. Diese Einrichtungen mit regionalen Schwerpunkten wurden seit Ende der sechziger Jahre durch Museen mit land- oder forstwirtschaftlicher Ausrichtung ergänzt: 1967 eröffneten im lettischen Gut Mālpils das „Museum für Melioration und Landwirtschaft", 1968 zog ein Museum für Landwirtschaft in das estnische Gut Ülenurme[10] und 1977 eröffnete im estnischen Gut Sagadi ein Museum für Forstwirtschaft.[11] Das einzige Museumsschloß ist seit 1964 das lettische Schloß Rundāle, der ehemalige Sitz der kurländischen Herzöge, wo mehrere Räume zum Teil mit Innenausstattung besichtigt werden können und weitere Ausstellungsflächen für Kunst- und Themenausstellungen geschaffen worden sind.[12] In der Estnischen SSR hat es erst 1986 mit der Eröffnung des Museums im Herrenhaus Palmse eine gewisse Entsprechung gegeben.[13]

---

[6] Hiiumaa Muuseum [Dagö Museum], www.muuseum.hiiumaa.ee (31.07.2008).
[7] Jäneda Muuseum [Jenneda Museum], www.janeda.ee/muuseum (31.07.2008).
[8] Harjumaa Muuseum [Harrien Museum], www.muuseum.harju.ee (31.07.2008).
[9] Daugavas Muzejs [Dünamuseum], www.daugavasmuzejs.lv (31.07.2008).
[10] Eesti Põllumajandusmuuseum [Estnisches Landwirtschaftsmuseum], www.epm.ee (10.10.2007).
[11] Sagadi Metsamuuseum [Forstmuseum Saggad], www.rmk.ee/pages.php3/08 (31.07.2008).
[12] Rundāles pils muzejs [Schloßmuseum Ruhental], www.rundale.net (31.07.2008).
[13] Informationen zu den Museen sind jeweils den Angaben des Estnischen und des Lettischen Museumsverbandes entnommen. Eesti Muuseumiühing [Estnischer Museumsverbund], www.muuseum.ee und Latvijas Muzeju Asociācija [Lettischer Museumsverbund], www.muzeji.lv (31.07.2008).

Einige Beispiele aus Polen

Bis zum Beginn der fünfziger Jahre waren bereits die ersten polnischen Museumsschlösser der Öffentlichkeit zugänglich gemacht worden, deren Zahl bis 1990 durch Gründungen in Masowien, Groß- und Ostpolen weiter wuchs. Dabei handelte es sich in erster Linie um Anlagen aus dem Besitz polnischer Adelsfamilien, in denen vor allem wertvolle Innenausstattungen gezeigt wurden. Dazu gehörten das Schloß der Fürsten Radziwiłł, des reichsten und mächtigsten Adelsgeschlechts der Ersten Polnischen Republik, in Nieborów, das 1945 als Abteilung des Nationalmuseums in Warschau eröffnet wurde,[14] das Schloß in Pszczyna, dem ehemaligen Sitz der Fürsten von Pleß in Oberschlesien,[15] und die Schloßanlage Łańcut der Adelsfamilien Lubomirski und Potocki in Südostpolen.[16]

Seit Beginn der sechziger Jahren entstanden mehrere Museen für Persönlichkeiten aus dem polnischen Adel. Dazu zählen Museen für die Schriftsteller Ignacy Krasicki (1735–1801) in Dubiecko bei Przemyśl,[17] Józef Ignacy Kraszewski (1812–1887) in Romanów bei Lublin,[18] Zygmunt Krasiński (1812–1859) im Schloß Opinogóra (Masowien)[19] und Bolesław Prus (1847–1912) im Schloß Małachowski in Nałęczów bei Lublin.[20] Hinzu kam ein Museum für Kazimierz Pułaski (1746–1779), General im Amerikanischen Unabhängigkeitskrieg, im elterlichen Gut in Winiary (Masowien).[21] An den Verfasser der Polnischen Nationalhym-

---

[14] Muzeum w Nieborowie i Arkadii [Museum in Nieborów und Arkadia], www.nieborow.art.pl (31.07.2008).
[15] Muzeum Zamkowe w Pszczynie [Schloßmuseum in Pleß], www.zamek-pszczyna.pl (31.07.2008).
[16] Muzeum–Zamek w Łańcucie [Schloßmuseum in Łańcut], www.zamek-lancut.pl (31.07.2008).
[17] Vgl. Omilanowska, Małgorzata: Polska – pałace i dwory [Polen – Schlösser und Güter]. Warszawa 2004, S. 278f.
[18] Muzeum Józefa Ignacego Kraszewskiego [Józef Ignac Kraszewski Museum], www.muzeumjik.prv.pl (31.07.2008).
[19] Muzeum Romantyzmu [Romantikmuseum], www.muzeumromantyzmu.pl (31.07.2008).
[20] Vgl. Stępińska, Krystyna: Pałace i zamki w polsce. Dawniej i dziś [Schlösser und Burgen in Polen. Früher und heute]. Warszawa 1977, S. 145ff.
[21] Muzeum imienia Kazimierza Pułaskiego [Kasimir Pulaski Museum], www.muzeumpulaski.pl (31.07.2008).

Musealisierung und museale Nutzung der Herrenhäuser

ne, Józef Rufin Wybicki (1747–1822), erinnerten seit 1978 sogar gleich zwei Museen in Będomin bei Danzig und in Manieczki (Großpolen).[22] Museen, die sich der Gutskultur oder der Landwirtschaft widmeten, wurden erst seit Ende der sechziger Jahre gegründet: Das erste Agrarmuseum eröffnete 1969 auf einem Gut in Ciechanowiec (Podlachien).[23] 1975 erfolgte die Gründung des „Museums für Landwirtschaft und Agrar-Lebensmittelindustrie" in Szreniawa (Großpolen).[24] Dort sowie in Klein- und Zentralpolen entstanden seither zudem mehrere Museen, die der polnischen Gutskultur gewidmet sind. Dazu zählen die Gründungen in Koszuty (Großpolen), Łopuszna (Kleinpolen), Ożarów und Tubądzin in der Umgebung von Łódź.[25] Im Gegensatz zu den Herrenhäusern der West- und Nordgebiete ist das „polski dwór", das polnische Herrenhaus, tief im polnischen Nationalbewußtsein verwurzelt und ein Symbol für nationale Identität. Für den polnischen Adel wurde es nach den polnischen Teilungen im 19. Jahrhundert zum Ort für den Kampf um die nationale Unabhängigkeit und im 20. Jahrhundert wurde es für die Mittelschicht als Bautypus zum Vorbild.[26]

Vergleichbare thematische Museen gibt es in den West- und Nordgebieten daher nicht und überhaupt war hier die Zahl der in Feudalbauten gegründeten Museen geringer. Mit Ausnahme des Schloßmuseums im

---

[22] Vgl. N.N.: Macicja Rydla romans z dworami [Maciej Rydels Romanze mit den Gutshäusern]. In: Spotkania z Zabytkami [Begegnungen mit Denkmalen] (1984) Nr. 2, S. 32–33, hier S. 33; Paździor, Marian: Ogólnopolski konkurs na najlepszego użytkownika obiektu zabytkowej architektury [Allpolnischer Wettbewerb für den besten Nutzer eines denkmalgeschützten Architekturobjekts]. In: Ochrona zabytków [Denkmalschutz] (1988) Nr. 2, S. 137–139, hier S. 137.
[23] Muzeum Rolnictwa [Landwirtschaftsmuseum], www.muzeumrolnictwa.pl (31.07.2008).
[24] Muzeum Narodowe Rolnictwa i Przemysłu Rolno-Spożywczego [Museum für Landwirtschaft und Agrar-Lebensmittelindustrie], www.muzeum-szreniawa.pl (31.07.2008).
[25] Vgl. Omilanowska (wie Anm. 17), S. 165f., S. 430f.
[26] Vgl. Leśniakowska, Marta: „Polski Dwór". Wzorce architektoniczne, mit, symbol [Das Polnische Gutshaus. Architektonisches Muster, Mythos, Symbol]. Warszawa 1996, S. 60–67, S. 100–107; Sikorski, Radek: The Polish House. An Intimate History of Poland, London 1997, S. 7ff. Vergleichbar damit sind die Bauten, die in der Zwischenkriegszeit in Großbritannien für die wachsende Mittelschicht errichtet wurden. Vgl. Little Palaces. House and Home in the Inter-War Suburbs. Hrsg. vom Museum of Domestic Design & Architecture. London 2003.

ostpreußischen Morąg, das 1975–1985 wiederaufgebaut wurde und einige Inneneinrichtungen zeigt,[27] widmen sich die wenigen Gründungen zudem nicht der Adels- oder Gutskultur. Dazu gehören das Schloß in Drzonów, in dem 1985 das „Lebuser Militärmuseum" eröffnete,[28] und das „Ethnografische Museum" in der Umgebung des Schlosses Ochla bei Zielona Góra.[29] Zu den wenigen Regionalmuseen, die in Herrenhäusern eingerichtet wurden, gehören die in Dąbrówka Wlkp. und in Międzyrzecz in der ostbrandenburgischen Neumark. Das erste bestand als Museumszimmer im Schloß, einem Bau von Friedrich August Stüler (1800–1865), und erinnerte an die in diesem Ort zwischen 1929 und 1939 geführte polnische Schule.[30] Das zweite ist seit 1949 in dem ehemaligen Gut des Bürgermeisters sowie in Nebengebäuden untergebracht. Diese wurden in den sechziger Jahren erneuert und danach im Rahmen der Feierlichkeiten um das tausendjährige Bestehen des polnischen Staates mit der Ausstellung „1.000 Jahre Międzyrzecz" wiedereröffnet.[31]

Einige Beispiele aus der DDR

Abgesehen von den Museen in städtischen und ländlichen Residenzbauten, die hauptsächlich aus dem Besitz der preußischen und sächsischen Könige oder der kleinen Fürstentümer im mitteldeutschen Raum stammten, hat es in der SBZ/DDR nur wenige museal genutzte Feudalbauten gegeben. Dazu gehörten das Schloß Sanssouci in Potsdam (Brandenburg) und die Geschichte um dessen wundersame Rettung durch die Rote Armee am Ende des Zweiten Weltkrieges, aber auch das „Museum

---

[27] Vgl. Rzempołuch, Andrzej: Przewodnik po zabytkach sztuki dawnych Prus Wschodnich [Führer zu Kunstdenkmalen des früheren Ostpreußens]. Olsztyn 1993, S. 85.
[28] Vgl. Kowalski, Stanisław: Prace Konserwatorskie w woj. Zielonogórskim w latach 1974–1986 [Konservatorische Arbeiten in der Woj. Grünberg in den Jahren 1974–1986]. In: Ochrona Zabytków [Denkmalschutz] (1990) Nr. 3, S. 153–167, hier S. 156.
[29] Muzeum Etnograficzne w Zielonej Górze z/s w Ochli [Ethnografisches Museum in Grünberg – Abteilung Ochelhermsdorf], www.muzeum-etnog.zielman.pl (31.07.2008).
[30] Vgl. Kowalski (wie Anm. 28), S. 155.
[31] Muzeum w Międzyrzeczu [Museum in Meseritz], www.muzmcz.webd.pl (31.07.2008).

des Barock", das bereits 1949 in einigen Räumen des sächsischen Schlosses Moritzburg bei Dresden eröffnete.[32] Auf diese Weise konnte ebenfalls das Schloß in Güstrow (Mecklenburg), das seit 1972 als Kunstmuseum genutzt wird, erhalten bleiben.[33]

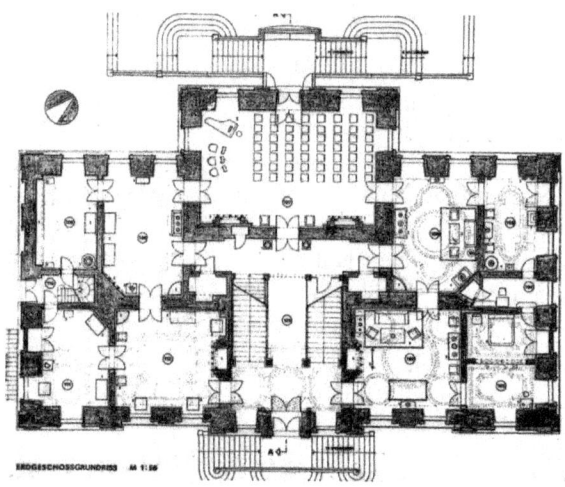

Abb. 43 Entwurfszeichnung für die Nutzung des Herrenhauses Groß Rietz bei Fürstenwalde/Spree (Brandenburg) als Ostasiatisches Museum – Erdgeschoßgrundriß – (1983/84). Neben Ausstellungsräumen zur chinesischen Kultur (*105–112*) waren im EG auch drei Räume zur Schloßgeschichte (*102–104 rechts*) vorgesehen.

Ursachen für die verhältnismäßig geringe Zahl an derartigen Museumsgründungen lagen nicht nur in ideologischen Vorbehalten oder in dem Ausmaß der Kriegszerstörung, sondern in praktischen Beschränkungen wie der auch in den sechziger Jahren andauernden Nutzung vieler Feudalbauten für Wohn- oder Verwaltungszwecke sowie der schlechten Erreichbarkeit der meisten Herrenhäuser. In Merseburg (Sachsen-Anhalt) konnte daher das Heimatmuseum erst 1962 nach Beseitigung der Kriegsschäden ins Schloß ziehen und im sächsischen Schloß Wolkenstein ge-

---

[32] Museum Schloß Moritzburg, www.schloss-moritzburg.de (31.07.2008).
[33] Staatliches Museum Schwerin – Schloß Güstrow, www.schloss-guestrow.de (31.07.2008).

lang erst 1964 nach Beendigung der Wohnnutzung die Einrichtung eines Heimatmuseums. Im brandenburgischen Gutshaus Groß Rietz bei Bad Saarow wurde hingegen nie ein Museum mit Teilen der Berliner Ostasiatischen Sammlung oder des Kunstgewerbemuseums eingerichtet, da die Verantwortlichen in Berlin angesichts der Benzinrationierung die Projektleitung ablehnten.[34]

Die meisten Museen, die in Herrenhäusern eingerichtet wurden, hatten eine regionalgeschichtliche Ausrichtung, und die meisten dieser Art entstanden in sächsischen und thüringischen Schlössern und Burgen. Dabei handelte es sich sowohl um Neugründungen wie um Wiedereröffnungen historischer Sammlungen, die hier einen neuen Platz gefunden hatten. Beteiligt an diesen Gründungen waren häufig lokale Arbeitsgruppen der „Interessengemeinschaft der Natur- und Heimatfreunde" und in den Ausstellungen wurden sowohl Sammlungen aus der Vorkriegszeit als auch Kunst- und Kulturgut aus enteigneten Herrenhäusern gezeigt, ohne das darauf jedoch in jedem Fall hingewiesen wurde.

Zu den ersten Museumsgründungen dieser Art nach Kriegsende gehörte das 1947 als „Städtisches Museum" eröffnete Schloß in Branitz bei Cottbus (Brandenburg) aus dem Besitz des Fürsten Pückler-Muskau (1785–1871).[35] Weitere Museen mit heimatgeschichtlicher Ausrichtung entstanden vor allem in den fünfziger Jahren, darunter neben Gründungen in Sachsen und Thüringen auch in Vorpommern (Schloß Ueckermünde, 1950) und Brandenburg (Burg Wittstock, 1957). Hinzu kamen kleinere Heimatstuben, die Gebrauchsgegenstände aus dem Alltagsleben zeigten wie die 1979 in zwei Räumen des Gutshauses Demnitz (Brandenburg) aus Anlaß der dörflichen 625-Jahr-Feier aufgestellte Sammlung,[36] oder sogenannte betriebliche Traditionskabinette, wie es eines im Schloß Gusow (Brandenburg) gab.[37]

---

[34] Vgl. Wipprecht, Ernst: Herrenhäuser und Landschlösser im Land Brandenburg. Erhaltung und Nutzung. In: Brandenburgische Denkmalpflege (1991) Nr. 2, S. 4–32, hier S. 20.
[35] Fürst-Pückler-Museum Park und Schloß Branitz, www.pueckler-museum.de (31.07.2008).
[36] Vgl. Oßwald, Rudolf: Die Heimatstube in Demnitz. In: Heimatkalender Kreis Fürstenwalde 1988, S. 63–65.
[37] Vgl. BLDAM, Dokumentation II Schloß Gusow; darin Erläuterungsbericht zur Raumnutzungskonzeption des ehemaligen Schlosses Gusow (21.01.1987).

Einrichtungen zur Agrargeschichte ergänzten diese Reihe der Heimatmuseen. Das erste agrarhistorische Museum wurde bereits 1963 in Alt Schwerin (Mecklenburg) gegründet und in Gutsgebäuden eingerichtet, während das dazugehörende Herrenhaus indes weiterhin als Altenheim diente.[38] Weitere Museen mit einem landwirtschaftlichen Schwerpunkt entstanden in den siebziger Jahren um das Schloß in Altranft (Brandenburg) herum,[39] 1978 im Dorf Mecklenburg (Mecklenburg), wo einer der wenigen DDR-Museumsneubauten überhaupt entstand, sowie 1981 in und um das Schloß Blankenhain (Sachsen) herum.[40]

Nur auf Basis des freiwilligen Engagements der Schülergemeinschaft „Natur- und Heimatforscher" gelang hingegen die Rettung des Gutes in Tellow (Mecklenburg), wo 1972 das Thünen-Museum in Erinnerung an den Agrar- und Wirtschaftswissenschaftler Johann Heinrich von Thünen (1783–1850) eröffnet wurde.[41] Zusammen mit der 1984 eingerichteten Gedenkstätte für den Gutsbesitzer und Pädagogen Friedrich Eberhard von Rochow (1734–1805) im Schloß Reckahn (Brandenburg)[42] und dem erst 1988 eröffneten Museum im Schloß Marxwalde (Brandenburg) war das Thünen-Museum bis 1990 eine der wenigen Museumsgründungen in der DDR, in denen an adlige Persönlichkeiten erinnert wurde.

Einmalig im Vergleich zu Polen und den baltischen Republiken war jedoch die Einrichtung eines „Feudalmuseums" im Schloß Wernigerode (Sachsen-Anhalt), das in den fünfziger Jahren zum größten gesellschaftswissenschaftlichen Museum der DDR wurde.[43]

Das bereits 1948 eröffnete Schloßmuseum war nach wenigen Monaten aufgrund politischer Einwände gegen dessen „zu neutrale" Gestaltung geschlossen worden. Eine durch das sachsen-anhaltinische Volksbildungsministerium überarbeitete Ausstellung, die 1949 eröffnet wurde, sollte nun durch „anschauliche Gegenüberstellungen" von Bildern „er-

---

[38] Agrarhistorisches Museum Alt Schwerin, www.museum-alt-schwerin.de (31.07.2008).
[39] Brandenburgisches Freilichtmuseum Altranft, www.freilichtmuseum-altranft.de (31.07.2008).
[40] Deutsches Landwirtschaftsmuseum Schloß Blankenhain, www.deutsches-landwirtschaftsmuseum.de (31.07.2008).
[41] Thünen-Museum-Tellow, www.thuenen-museum-tellow.m-vp.de (31.07.2008).
[42] Rochow-Museum Reckahn, www.rochow-museum.de (31.07.2008).
[43] Schloß Wernigerode, www.schloss-wernigerode.de (31.07.2008).

zieherisch im Sinne demokratischer Erneuerung" wirken.[44] Den Besuchern wurden danach in einem Wechsel von Themenausstellung und sogenannten Stilzimmern, darunter auch eines mit „Entartungen"[45] der wilhelminischen Zeitepoche, „Kenntnisse über die gesetzmäßige Entwicklung des Feudalismus vermittelt."[46] Damit handelte es sich um das erste Museum, in dem die konsequente Vermittlung eines marxistischen Geschichtsbildes im Mittelpunkt stand und die Gestaltung der Räume bestimmte.[47] Bis in die achtziger Jahre hinein blieb diese Ausstellungskonzeption im Prinzip bestehen. Die Ausstellung selbst wurde jedoch kurz nach Eröffnung aufgrund der Kritik des SED-Politikers Otto Grotewohl (1894–1964) und des Generalmajors Sergej I. Tulpanow (1901–1984) etwas entschärft, indem die Gemälde „Häuslerin" (1948) und „Der Schlossträger" (1948) des Malers Willi Sitte (*1921) entfernt wurden.[48]

Letzteres zeigt einen jungen Mann, der auf dunklem Ackerboden vor einem einfachen Pflug steht. Sein Gesicht ist glatt rasiert und das Haar trägt er kurz und gescheitelt. Er sieht aus wie ein Mann aus den dreißiger Jahren, doch erinnert er an einen antiken Sklaven. Sein offenbar nackter, sehniger Körper ist stark gebeugt und sein Gesicht blaß vor Erschöpfung, denn auf seinem Rücken lastet das Schloß der Grafen von Wernigerode und nimmt ihm alles natürliche Licht. Möglicherweise sammelt er jedoch auch bereits die Kraft, um die Last abzuwerfen. Die Schloßanlage basierte auf einer mittelalterlichen Burg und war Ende des 19. Jahrhunderts von dem Politiker Otto zu Stolberg-Wernigerode (1837–1896),

---

[44] Zitiert bei Breitenborn, Konrad: Eigentum des Volkes: Schloß Wernigerode. Depot für enteignetes Kunst- und Kulturgut. In: Eigentum des Volkes: Schloß Wernigerode. Depot für enteignetes Kunst- und Kulturgut. Hrsg. von Boje Schmuhl und Konrad Breitenborn. Halle an der Saale 1999, S. 7–14, hier S. 9.
[45] N.N.: Das Königszimmer um 1800 (Originalzimmer des Wohnschlosses). In: Feudalmuseum Schloss Wernigerode. Zentralmuseum des Kreises Wernigerode. Kleiner Führer durch das Museum. Halberstadt 1965, S. 67.
[46] Üblacker, Karl: Vorwort. In: Feudalmuseum Schloss Wernigerode. Zentralmuseum des Kreises Wernigerode. Kleiner Führer durch das Museum. Halberstadt 1965, S. 2.
[47] Vgl. Shahd, Miriam: Raumplastische Lehr- und Bilderbücher? Das Museumswesen der SBZ/DDR von 1945 bis 1970 als geschichtspolitisches Instrument unter besonderer Berücksichtigung der Geschichtsmuseen und historischen Abteilungen der Heimatmuseen. Magisterarbeit. Friedrich-Alexander-Universität Erlangen-Nürnberg 2003, S. 42.
[48] Breitenborn (wie Anm. 44), S. 9f.

der einige Jahre auch Stellvertreter des Reichskanzlers Otto von Bismarck (1815–1898) war, in einen imposanten Repräsentationsbau verwandelt worden. Symbolhaft zeigt das Gemälde demnach nicht nur die Ausbeutung der Landbevölkerung durch den Grundherrn, sondern vielmehr eine bis in die Gegenwart hinein durch Adel und adlige Politiker betriebene Unterdrückung der gesamten Gesellschaft.

Abb. 44 Willi Sitte „Schlossträger" (1948).

Trotz dieser politischen Ausrichtung des Feudalmuseums wurde jedoch im Gegensatz zu anderen Einrichtungen offen darauf hingewiesen, daß ein großer Teil der gezeigten Gegenstände sichergestelltes Kunst- und Kulturgut aus enteigneten Herrenhäusern war, denn das Schloß Wernigerode war nach Kriegsende eines der drei sächsischen Kunstdepots gewesen.

Ausblick: Nutzungsänderung der Herrenhäuser

> *Krieg, Aufstand und Bürgerkrieg habe ich überdauert –*
> *schlechte Zeiten habe ich überlebt, um diese guten Zeiten zu erleben.*
> *Das Pack mit seinen lärmenden Kindern bin ich wieder losgeworden –*
> *und nun kehren sie wohlbehalten zurück,*
> *aus den großen Städten der Welt,*
> *meine lieben Herrinnen mit den Pferdegesichtern,*
> *und die, denen ich wirklich gehöre,*
> *die dicken starken Männer,*
> *die mir nach den Tieren am liebsten sind.*
> Das *Big House* in Brendan Behan „Ein Gutshaus in Irland"[1]

Nach der politischen Wende 1990/91 verlangten Fragen der Privatisierung und Restitution enteigneter Güter nach einer gesetzlichen Regelung, um den Rechtsfrieden zu sichern und eine Grundlage für die weitere Bewirtschaftung zu schaffen. Von wenigen Ausnahmen abgesehen hat es keine Rückgabe der enteigneten Güter an die Altbesitzer und ihre Nachfahren gegeben. Lediglich ein Rückkauf wurde diesen Familien im Prinzip ermöglicht, wenn es auch zum Teil Einschränkungen hinsichtlich des Erwerbs von Land und Immobilien durch ausländische Staatsbürger gab:

- In den Republiken Estland und Lettland wurde die Reprivatisierung konsequent durchgeführt, indem alle ab Juli 1940 erlassenen sowjetischen Gesetze, auf deren Basis Privateigentum nationalisiert oder enteignet worden war, ihre Gültigkeit verloren.[2] Von dieser Entscheidung sind jedoch nur wenige deutschbaltische Restgutbesitzer betroffen gewesen, da die meisten zu diesem Zeitpunkt das Land bereits verlassen hatten. Zudem gab es Einschränkungen hinsichtlich der Restitution von Gütern mit hohem historischem Wert an ausländische Staatsbürger. Trotzdem gelang in einigen Fällen die Rückgabe an deutschbaltische Famili-

---

[1] Behan, Brendan: Stücke fürs Theater. Darmstadt 1962, S. 177-203, hier S. 203.
[2] Das estnische Gesetz zu Grundlagen der Eigentumsreform (Eesti Vabariigi omandireformi aluste seadus) wurde am 13.07.1991 angenommen. Vgl. Riigi Teataja [Staatsanzeiger] (1991) Nr. 21, S. 257. Das lettische Gesetz zur Denationalisierung des Hausbesitzes (Latvijas Republikas likumu par namīpašumu denacionalizāciju) wurde am 30.10.1991 erlassen. Vgl. Latvijas Republikas Augstākās Padomes un Valdības Ziņotājs [Anzeiger des Obersten Sowjets und der Regierung der Lettischen Republik] (1991) Nr. 46.

Ausblick

en. Dazu zählte in Lettland das Gut Skangale, heute ein von der Heilsarmee geführtes Kinderheim, aus dem Besitz der Vorfahren des schwedischen Ministerpräsidenten Olof Palme (1927–1986). In Estland zählten dazu das Gut Kalvi aus dem Besitz der Familie von Stackelberg, heute ein Hotel im Besitz der dänischen FLEXA® Möbelwerke, das Gut Padise aus dem Besitz der Familie von Ramm und das Gut Roela aus dem Besitz der Familie von Wrangell. Trotz der im Vergleich zu Ostdeutschland und Polen geringeren Bedeutung dieses Themas wurde die Reprivatisierung bereits literarisch verarbeitet: Am Beispiel des fiktiven Gutes Lepavere schilderte 2004 der estnische Schriftsteller Erik Tohvri (*1932) die komischen und tragischen Folgen eines Gutserwerbs sowohl für das Eheleben des Käufers in der Bundesrepublik Deutschland wie für die estnischen Dorfbewohner vor Ort.

- In der Republik Polen werden deutsche Staatsbürger nicht restituiert. Um diese heikle Frage möglichst gar nicht erst zu berühren, wurde zudem eine offene Diskussion über die Rückgabe enteigneter landwirtschaftlicher Flächen aus der Kollektivierung, wovon aufgrund der Auflösung der Genossenschaften nach 1956 nur wenige Polen überhaupt betroffen sind, vermieden. Weiterhin fehlt daher eine gesetzliche Grundlage für die Reprivatisierung, nachdem 2003 der damalige Präsident Aleksander Kwaśniewski seine Zustimmung zu einer entsprechenden Vorlage verweigerte. Eine Rückgabeforderung kann bislang nur über einen meist langwierigen Gerichtsweg geltend gemacht werden, auf dem die rechtliche Unwirksamkeit der damaligen Enteignung bestätigt werden muß.[3] Mehrere polnische Interessengruppen, die 2003 die „Allpolnischen Allianz der Revindikationsorganisationen" (Ogólnopolskie Porozumienia Organizacji Rewindykacyjnych (OPOR)) gründeten,[4] setzen sich daher auch weiterhin für die Einführung eines entsprechenden Gesetzes ein.[5] Einige Polen nutzten jedoch inzwischen den Gerichtsweg,

---

[3] Vgl. Grudzińska, Monika: Das Reprivatisierungsverfahren in Polen unter besonderer Berücksichtigung der Rolle des Ombudsmanns. Dissertation. Universität Regensburg 2000, S. 19ff.
[4] Ogólnopolskie Porozumienia Organizacji Rewindykacyjnych [Allpolnische Allianz der Revindikationsorganisationen], www.reprywatyzacja.info.pl (31.07.2008).
[5] Vgl. Piasecka-Sobkiewcz, Małgorzata: Nacjonalizacja była bezprawiem. Byli właściciele żądają zwrotu majątku [Nationalisierung war Ungesetzlichkeit. Ehemalige Besitzer verlangen Eigentum zurück]. In: Gazeta Prawna [Juristische Zeitung] (2007) Nr. 56 vom 20.03.2007.

darunter auch der Vorsitzende der „Vereinigung polnischer Gutsbesitzer" (Polskie Towarzystwo Ziemiańskie) in Krakau. Dieser erhielt 2001 das Gut Osiek in Kleinpolen zurück.[6] Bereits vor 1989 wurden hingegen die bereits unter den Nationalsozialisten enteigneten französischen Besitzer des Schlosses in Żagań, Familie de Talleyrand-Périgord, für die Übernahme der Anlage in polnischen Staatsbesitz entschädigt. Zur Begleichung der festgelegten Summe von 2,5 Milliarden US-Dollar lieferte Polen zwischen 1967 und 1983 tausende Tonnen Kohle.[7]

- In der Bundesrepublik Deutschland wurde im deutsch-deutschen Einigungsvertrag vom 31. August 1990 die im Zuge der Bodenreform zwischen 1945 und 1949 erfolgte Enteignung von Ländereien und Immobilien anerkannt.[8] Zurückgegeben wurden jedoch die bereits unter den Nationalsozialisten enteigneten Güter. Auf diese Weise erhielten in Brandenburg auch die Familie von Hardenberg das Schloß Neuhardenberg sowie die Komturei Lietzen und die Familie von der Schulenburg das Schloß Lieberose zurück.

Diese rechtliche Ausgangslage begünstigte zusammen mit der infolge des Transformationsprozesses erfolgten Auflösung einer Vielzahl bisheriger Nutzungsformen einen wachsenden Leerstand der Herrenhäuser. Gefährdet in ihrem Bestand sind ebenfalls die wenigen erhaltenen Wirtschaftsgebäude. Die meisten der bis 1990 charakteristischen Nutzungsformen gibt es heute folglich nicht mehr. Eine Ausnahme stellt die in Ostdeutschland weiterhin sehr verbreitete Form der Wohnnutzung dar.[9] Hoch ist hier außerdem die Zahl landwirtschaftlicher Großbetriebe geblieben, da trotz der Privatisierung von Höfen und der Restitution landwirtschaftlicher Flächen in der Mehrzahl keine Rückführung in kleine Familienbetriebe erreicht wurde.

---

[6] Vgl. Omilanowska, Małgorzata: Polska – pałace i dwory [Polen – Schlösser und Güter]. Warszawa 2004, S. 172f.

[7] Vgl. Muszyński, Jan: Aus den Erfahrungen eines Denkmalspflegers. In: Das deutsche Kulturerbe in den polnischen West- und Nordgebieten. Hrsg. von Zbigniew Mazur. Wiesbaden 2003, S. 103–121, hier S. 108ff.

[8] Vertrag zwischen der Bundesrepublik Deutschland und der Deutschen Demokratischen Republik über die Herstellung der Einheit Deutschlands. In: Bundesgesetzblatt II (1990), S. 885.

[9] Vgl. u.a. Dräger, Beatrix: Zur Situation der Gutshäuser in Mecklenburg-Vorpommern. In: Denkmalschutz und Denkmalpflege in Mecklenburg-Vorpommern (2000) Nr. 7, S. 10–19, hier S. 10.

Ausblick

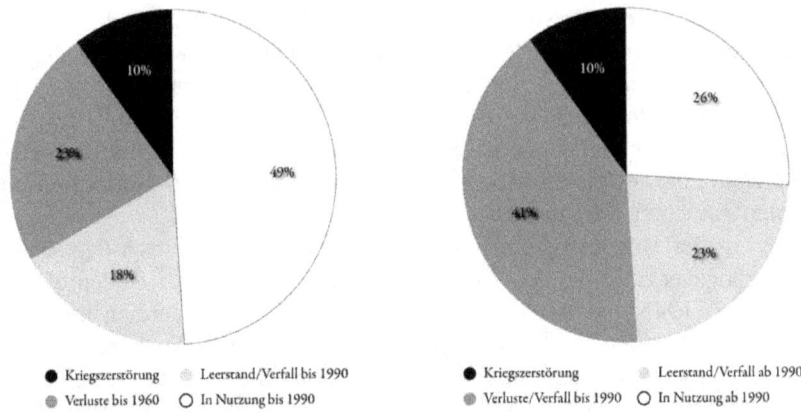

● Kriegszerstörung   Leerstand/Verfall bis 1990   ● Kriegszerstörung   Leerstand/Verfall ab 1990
● Verluste bis 1960   ○ In Nutzung bis 1990   ● Verluste/Verfall bis 1990 ○ In Nutzung ab 1990

Abb. 45 Veränderungen in Nutzung und Leerstand der Herrenhäuser in den neunziger Jahren.

Im Durchschnitt stehen inzwischen mindestens 30 Prozent der Herrenhäuser leer;[10] einen Negativrekord hält die Region Kaliningrad, wo mehr als 70 Prozent der Herrenhäuser verfallen.[11] Aufgrund der zunehmenden Peripherisierung[12] ländlicher Räume ist diese Negativentwicklung noch nicht abgeschlossen, da auch weiterhin Gemeindeverwaltungen und Schulen zusammengelegt und Dienstleistungseinrichtungen geschlossen werden. Weitere Abrisse, wie im Land Mecklenburg-Vorpommern inzwischen geschehen, sind daher nicht ausgeschlossen.[13] In Polen betrifft diese Negativentwicklung die West- und Nordgebiete, wo bereits ein ernster Schwund in Bebauung sowie Entwertung der umgebenden Land-

---

[10] Vgl. u.a. Tabelle B3.5.1: DDR-Nutzung im Vergleich zur Nutzung 2005. In: Meyer, Nils: Erhalt durch Wandel. Umgang mit Denkmalen als Sinnstiftungsprozess am Beispiel der Schlösser und Herrensitze in Brandenburg. Dissertation. TU Dresden 2006.
[11] Vgl. Angaben bei Bachtin, A.P.: Usad'by na territorii Kaloblasti inf. na 2001g [Güter im Gebiet des Kaliningrader Oblasts]. Manuskript. Kaliningrad 2001.
[12] Vgl. Keim, Karl-Dieter: Peripherisierung ländlicher Räume. In: Aus Politik und Zeitgeschichte (2006) Nr. 37, S. 3–7.
[13] Vgl. Stöcklin, Marcus: Leise bröckelt der Putz von den Baudenkmälern. Vielen erhaltenswerten Schlössern und Gutshäusern in Mecklenburg-Vorpommern droht der Abriss. In: Die Welt vom 19.02.2001.

schaft stattgefunden haben.[14] Das gilt auch für die Wojewodschaft Zielona Góra, wo bis Mitte der neunziger Jahre bereits 80 Prozent der durch staatliche Landwirtschaftsbetriebe genutzten Güter verlassen worden waren und verfielen.[15]

Neue Nutzungsformen für Herrenhäuser entstehen jedoch aufgrund veränderter wirtschaftlicher und rechtlicher Möglichkeiten. Dazu zählt die in Ostdeutschland, Polen und den baltischen Staaten wachsende Zahl der für private Wohnzwecke genutzten Anlagen. Das betrifft in erster Linie kleinere Objekte und in Polen auch einige ostpreußische Herrenhäuser im Besitz vermögender Warschauer Bürger und Unternehmer. Hinzu kommen verschiedene Einrichtungen, die auf Basis unternehmerischer Aktivitäten gerade in größeren Objekten geschaffen werden.

Nutzung und Erhalt der ostelbischen Herrenhäuser durch Einbindung in einen privatwirtschaftlich geführten Landwirtschaftsbetrieb bleiben zwar wünschenswert[16] und gibt es im Einzelfall auch, doch ist das für die große Mehrzahl der Güter aufgrund der Bodenreform, der Plünderungen und der fehlenden Restitution nicht realisierbar. Negativ wirkte sich diesbezüglich zudem in der Bundesrepublik Deutschland die Regelung aus, daß die Immobilien durch die Treuhandliegenschaftsgesellschaft (TLG) und die Agrarflächen durch die Bodenverwertungs- und Verwaltungsgesellschaft (BVVG) getrennt vermarktet wurden. Realistisch bleibt daher auch weiterhin nur eine großzügige multifunktionale Nutzung der Herrenhäuser und Gutsanlagen. Das betrifft gerade die großen Objekte. Dabei gilt es zu bedenken, daß diese auch bereits in den

---

[14] Vgl. Pawlikowska-Piechotka, Anna: Nieruchomość zabytkowa jako lokata kapitału. Motywacje inwestorów [Denkmalimmobilien als Kapitalanlage. Motivationen der Investoren]. In: Ochrona zabytków [Denkmalschutz] (2001) Nr. 2, S. 133–142, hier S. 133.

[15] Vgl. Kowalski, Stanisław: Ochrona Zabytków na Środkowym Nadodrzu po 1945 roku [Denkmalschutz an der mittleren Oder nach dem Jahr 1945]. In: Ochrona Dziedzictwa kulturowego zachodnich i północnych ziem Polski [Kulturgüterschutz der polnischen West- und Nordgebiete]. Hrsg. von Jerzy Kowalczyk. Warszawa 1995, S. 118–129, hier S. 128.

[16] Vgl. Bülow, Detlev Werner von: Erhaltung von Herrenhäusern und Gutsanlagen in Schleswig-Holstein unter den heutigen landwirtschaftlichen Bedingungen. In: Gutsanlagen des 16. bis 19. Jahrhunderts im Ostseeraum – Geschichte und Gegenwart (Sankelmark 11.–14.09.1989). Hrsg. von ICOMOS. München 1990, S. 24–26, hier S. 24ff.

Ausblick

vergangenen Jahrhunderten immer nur zu einem Teil genutzt wurden, weil sie die Möglichkeiten ihrer Besitzer häufig überforderten.

Heute werden Hoffnungen auf Nutzungen für Kultur und Tourismus gesetzt, wie das ebenfalls bereits in den siebziger Jahren der Fall gewesen ist.[17] Während damals Erholungsheime staatlicher Unternehmen, Organisationen und Institutionen eingerichtet wurden, so entstehen heute Golf- und Wellness-Hotels mit Konferenzräumen, Hotels für Familienfeiern und Jubiläen oder Ferienwohnungen.

Darunter befinden sich Landhotels der gehobenen Preisklasse, aber auch Besonderheiten wie das erste deutsche Bücherhotel im Gut Groß Breesen, ausgezeichnet 2007 in der Studie „Qualitätsanalyse Schlösser, Herrenhäuser und Parks in Mecklenburg-Vorpommern".[18]

Eine Ausnahme ist bisher ein Ferienressort wie das an der Mecklenburgischen Seenplatte gelegene „Land Fleesensee" geblieben, das aus mehreren Hotels, Ferienhäusern, Wellness- und Sporteinrichtungen rund um ein neobarockes Schloß aus dem Besitz der Familie von Blücher in Göhren-Lebbin besteht.[19]

Gering sind bisher ebenfalls die Zahlen der Bed & Breakfast-Angebote, wie sie der in Nordrhein-Westfalen angesiedelte Verein „Culture & Castles e.V." inzwischen auch in Ostdeutschland vermittelt.[20]

Verhältnismäßig neu und praktisch noch nicht umgesetzt ist hingegen die Idee der Nutzung leerstehender Herrenhäuser und Bauernhöfe als großzügige Ferienhäuser nach dänischem Vorbild.[21] Seit dem Jahr 2000 wandelt dort der Ferienhausanbieter dansommer® alte Gehöfte und

---

[17] Vgl. Rathje, Frank: Umnutzungsvorgänge in der Gutslandschaft von Schleswig-Holstein und Mecklenburg-Vorpommern. Eine Bilanz unter der besonderen Berücksichtigung des Tourismus. Kiel 2004.
[18] Gutshotel Groß Breesen, www.gutshotel.de (31.07.2008).
[19] Urlaubsresort Land Fleesensee, www.fleesensee.de (31.07.2008).
[20] Culture & Castles e.V., www.culture-castles.de (31.07.2008).
[21] Vgl. Carstensen, Ines: Der deutsche Ferienhaustourismus oder der nicht gekämpfte Kampf des deutschen David gegen den dänischen Goliath. Evaluation aus dem Forschungsvorhaben: Ferienhausmodelle als Transformatoren nachhaltiger Entwicklung für ländliche Räume Deutschlands. Präsentation auf dem ITB Market Trends & Innovations Congress. Berlin 12.03.2004.

Bauernhäuser zu hochwertigen Ferienresidenzen um und vermarktet diese als „mondäne Landhäuser".[22]

Ergänzt werden diese touristischen Angebote durch kulturelle Nutzungen für Museen, Stiftungen, Akademien oder Veranstaltungen. Beispiele sind das Schloß Hohenzieritz als Verwaltungssitz des mecklenburgischen Müritz-Nationalparks und Platz der im Jahr 2000 wiedereröffneten Gedenkstätte für Königin Luise von Preußen (1776–1810),[23] das Schloß Criewen als Sitz eines Deutsch-Polnischen Umweltbildungs- und Begegnungszentrums und Verwaltungsstelle des Nationalparks „Unteres Odertal",[24] die Begegnungsstätte für jüdische und nichtjüdische Jugendliche der Stiftung Schloß Gollwitz (Brandenburg)[25] oder die Veranstaltungen der Stiftung Schloß Neuhardenberg GmbH des Deutschen Sparkassen- und Giroverbandes.[26] In Polen gibt es seit 1995 eine Europäische Begegnungsstätte in dem bei Stettin gelegenen bismarckschen Gut in Kulice[27] und seit 1998 die internationale Jugendbegegnungsstätte „Stiftung Kreisau für Europäische Verständigung" auf dem schlesischen Gut Krzyżowa aus dem Besitz der Familie von Moltke.[28]

Zu den neueingerichteten Museen gehören die Sammlungen in den Jagdschlössern Gelbensande (Mecklenburg) und Groß Schönebeck (Brandenburg) und in den Schlössern Börnicke und Wolfshagen (Brandenburg).[29]

---

[22] Vgl. Purfürst-Brüss, Claudia: Ein Hauch von Noblesse – Dänemarks Schlösser und Herrenhäuser erstrahlen im neuen Glanz. In: Dänemark Live! (2006) Nr. 1, S. 22–23.
[23] Müritz-Nationalpark, www.nationalpark-mueritz.de (31.07.2008); Louisen-Gedenkstätte, www.hohenzieritz.de (31.07.2008).
[24] Brandenburgische Akademie „Schloß Criewen", www.brandenburgische-akademie.de (31.07.2008); Nationalpark „Unteres Odertal", www.nationalpark-unteres-odertal.de (31.07.2008).
[25] Stiftung Schloß Gollwitz, www.stiftunggollwitz.de (31.07.2008).
[26] Stiftung Schloß Neuhardenberg GmbH, www.schlossneuhardenberg.de (31.07.2008).
[27] Europäische Akademie Külz - Kulice, www.kulice.pl (31.07.2008).
[28] Stiftung Kreisau, krzyzowa.org.pl (31.07.2008).
[29] Jagdschloß Gelbensande, www.jsgelbensande.de (31.07.2008); Brandenburgisches Automobilmuseum Schloß Börnicke, www.schloss-boernicke.de (31.07.2008); Schloßmuseum Wolfshagen, www.schlossmuseum-wolfshagen.de (31.07.2008).

Ausblick

Seit 1990 findet außerdem in Mecklenburg-Vorpommern ein nach dem schleswig-holsteinischen Vorbild gestaltetes Musikfestival auf dem Lande mit Konzerten in Scheunen, Parks oder Sälen statt[30] und seit 1999 werden auch in Estland regelmäßig Konzerte in Herrenhäusern organisiert.[31]
Die Entwicklung neuer Umnutzungsformen erfordert Öffentlichkeitsarbeit und wird daher begleitet durch mehrere Interessenverbände. In erster Linie verfolgen diese die Tourismusförderung. Diesem Ziel diente bereits der 1996 von drei brandenburgischen Landesministerien gemeinsam herausgegebene Angebotskatalog „Alte Häuser suchen neue Nutzer",[32] in dem 28 Herrenhäuser und 18 andere Gebäude vorgestellt wurden. Inzwischen sind auf dem Büchermarkt mehrere Veröffentlichungen zu Herrenhäusern erhältlich.[33] Die Tourismusverbände in Mecklenburg-Vorpommern und Brandenburg führen entsprechende Angebote[34] und auch Estland und Lettland werben mit ihren Schlössern und Schloßho-

---

[30] Festspiele Mecklenburg-Vorpommern, www.festspiele-mv.de (31.07.2008).
[31] Konzertreihe „Eesti mõisad" [Estnische Herrenhäuser], www.corelli.ee (31.07.2008).
[32] Alte Häuser suchen neue Nutzer. Angebotskatalog historischer Gebäude im Land Brandenburg. Hrsg. vom Ministerium für Wissenschaft, Forschung und Kultur, dem Ministerium für Wirtschaft, Mittelstadt und Technologie und dem Ministerium der Finanzen. Potsdam 1996.
[33] Vgl. Laubner, Dirk; Steyer, Claus-Dieter: Schlösser und Herrenhäuser in Brandenburg, Berlin 2006; Omilanowska (wie Anm. 6); Plaudis, Arvīds: Ceļvedis pa teiksmu pilīm. Vēsturiskas uzziņas, leģendas, ekskursijas [Führer zu Sagenschlössern. Historische Auskünfte, Legenden, Ausflüge]. Rīga 2004; Pocher, Dieter; Holz, Birgid: Schlösser und Herrenhäuser in Mecklenburg-Vorpommern. Berlin 2005; Sakk, Ivar: Eesti mõisad [Estnische Herrenhäuser]. Tallinn 2002; Matuschat, Jörg; Zander, Ilka: Gutshäuser und Schlösser in Mecklenburg-Vorpommern. Wochenkalender 2007/08/09.
[34] Schlösser, Parks und Herrenhäuser. Hrsg. vom Tourismusverband Mecklenburg-Vorpommern e.V. Rostock 2007; Brandenburg romantisch – Schlosshotels & Herrenhäuser 2006/2007. Hrsg. von der Tourismus-Marketing Brandenburg GmbH. Potsdam 2006. Der Tourismusverband Mecklenburg-Vorpommern brachte erstmals 1996 einen Katalog zu Schlössern und Herrenhäusern heraus. Bis 2003 wurde dieser noch zweimal aufgelegt. Seither werden zusammen mit den Schlössern und Herrenhäusern touristisch relevante Parks und Gärten erfasst. Entsprechende Kataloge, auch in englischer Sprache, werden seit 2002 herausgegeben. Die letzte Auflagenhöhe (2007) betrug 100.000 Exemplare.

tels.³⁵ 2008 wählte gar die Deutsche Zentrale für Tourismus „Schlösser, Parks und Gärten" zum Thema ihrer Jahreskampagne, um derartige Anlagen international bekannter zu machen.³⁶ Der Tourismusverband Mecklenburg-Vorpommern nimmt dies zum Anlass, 2008/09 die Vermarktung der Schlösser, Herrenhäuser und Parks zu fördern. Eine Grundlage dafür bietet die 2007 durchgeführte Analyse der Servicequalitäten ausgewählter Destinationen.³⁷ Hinzu kommen Marketingkooperationen wie die bereits 1997 gegründete Vereinigung der Schlösser, Herrenhäuser und Gutshäuser in Mecklenburg-Vorpommern³⁸ oder der Zusammenschluß mehrerer mecklenburgischer Anbieter im Projekt „Urlaub im Gutsdorf."³⁹

Weitere Vereine, die sich für den Erhalt der Herrenhäuser einsetzen und öffentlichkeitswirksam über die kulturelle Bedeutung der Gutsanlagen informieren, sind seit 1992 der brandenburgische „Freundeskreis Schlösser und Gärten der Mark",⁴⁰ seit 1995 die „Arbeitsgemeinschaft Gutsanlagen"⁴¹ in Mecklenburg-Vorpommern, seit 2000 der „Schlösser-

---

³⁵ Vgl. Stempel, Johannes: Schlafen beim Grafen. In: GEO-Special Baltikum (2007) Nr. 4, S. 86–93; Latvijas Republikas Ārlietu Ministrija [Außenministerium der Lettischen Republik]: Tūrisma semināra „Lauku tūrisms, pilis un muižas Latvijā" atklāšana Sanktpēterburgā [Eröffnung des Tourismusseminars „Landtourismus, Schlösser und Güter in Lettland" in St. Petersburg]. Mitteilung vom 18.04.2007; Latvijas Piļu un Muižu asociācija [Schlösser- und Güterverbund Lettlands]: Apceļosim Latvijas Pilis! [Bereisen wir die Schlösser Lettlands]. Rīga 2007.
³⁶ Deutsche Zentrale für Tourismus (DZT), www.deutschland-tourismus.de (31.07.2008).
³⁷ Vgl. Feige, Mathias; Schröder, Anja: Qualitätsanalyse von Schlössern, Herrenhäusern und Parks: Endbericht. Rostock 2008.
³⁸ Vereinigung der Schlösser, Herrenhäuser und Gutshäuser in Mecklenburg-Vorpommern, www.schlosshotel-mv.de (31.07.2008).
³⁹ Urlaub im Gutsdorf – Gutshäuser in Mecklenburg, www.gutsdorf.de (31.07.2008).
⁴⁰ Der „Freundeskreis Schlösser und Gärten der Mark" informiert inzwischen in mehr als 100 Monografien über einzelne Objekte. Freundeskreis Schlösser und Gärten der Mark". Freundeskreis, www.deutsche-gesellschaft-ev.de (31.07.2008).
⁴¹ Gemeinsam mit Partnern aus anderen Ostseeanrainerstaaten erließ die Arbeitsgemeinschaft 2004 die „2. Tellower Erklärung" für Erhaltung und Nutzung des europäischen Kulturerbes „Gutsanlagen im Ostseeraum". Arbeitsgemeinschaft Gutsanlagen in Mecklenburg-Vorpommern, www.gutsanlagen-mv.de (31.07.2008).

Ausblick

und Güterverbund Lettlands"[42] und seit 2003 die „Vereinigung estnischer Güter".[43] Um zumindest eine kleine Zahl kunst- und kulturhistorisch wertvoller Herrenhäuser zu pflegen und durch angemessene Nutzung dauerhaft zu erhalten, ist 1992 die im Land Brandenburg tätige Schlösser GmbH (BSG) gegründet worden,[44] die sich nach Vorbild des britischen „National Trust" um denkmalgerechte Sanierung, Erhaltung und Pflege der Immobilien und der dazugehörigen Parkanlagen kümmert. Seit 2004 zeigt auch der Planungsverband Vorpommern mit dem „Fachspezifischen Regionalkonzept zur Entwicklung und zum Erhalt der Vorpommerschen Guts- und Parkanlagen" Engagement und unterstützt Interessenten beim Kauf eines Herrenhauses.[45] Hinzu kommen seit kurzem EU-Förderinstrumente wie das den im Ostseeraum gelegenen „Castles of Tomorrow" (2005–2007) gewidmete Projekt, in dessen Zentrum die Wissensvermittlung zur Sicherung, Restaurierung und Nutzung denkmalgeschützter Gebäude im ländlichen Raum stand.[46] Ein weiteres Projekt mit dem Titel „Baltic Branding" beginnt Ende 2008.[47]

Angesichts der wirtschaftlichen und sozialen Transformation ländlicher Räume gestaltet sich die Suche nach Nutzungslösungen insgesamt jedoch schwierig. Die heutige Situation erinnert daher an die in den

---

[42] Latvijas Piļu un Muižu asociācija [Schlösser- und Güterverbund Lettlands], www.pilis.lv (31.07.2008).
[43] Eesti Mõisate Ühendus [Vereinigung Estnischer Güter], www.manor.ee (31.07.2008).
[44] Die Brandenburgische Schlösser GmbH besitzt zehn Objekte und beteiligt sich bei sieben Objekten an der Sanierung, von denen insgesamt sechs vermietet sind. Dazu gehören die Objekte Reichenow, Diedersdorf, Steinhöfel, Blankensee, Reckahn und Fürstlich Drehna. Schlösser GmbH, www.schloesser-gmbh.de (31.07.2008).
[45] Fachspezifisches Regionalkonzept zur Entwicklung und zum Erhalt der Vorpommerschen Guts- und Parkanlagen. Hrsg. vom Regionalen Planungsverband Vorpommern. Greifswald 2004, www.rpv-vorpommern.de/projekte/einzelprojekte/guts-und-parkanlagen.html (31.07.2008); Herrenhäuser in der Planungsregion Vorpommern, www.gutsanlagen-vorpommern.de (31.07.2008).
[46] TuTech Innovation GmbH: Handbook „Tools für Heritage Conservation". Hamburg 2005, www.spatial.baltic.net/_files/Handbook_ct.pdf (31.07.2008); Inspiration Riga: Travel to the Past. Castles and Manors around the Baltic Sea. Rīga 2007, www.inspirationriga.com/castles/2006/Travel to the Past.pdf (31.07.2008).
[47] Baltic Sea Region Programm 2007-2013, eu.baltic.net (31.07.2008).

siebziger Jahren, als sich Politik und Gesellschaft erstmals mit dem Problem des wachsenden Leerstands konfrontiert sahen. Schon damals wurde festgestellt, daß die bisherigen Nutzungsformen nur tragfähig bleiben, wenn sie „phantasievoller erweitert und vermehrt werden."[48]

Heute gilt, daß der dauerhafte Erhalt einer Vielzahl von Herrenhäusern nur möglich sein wird durch Nutzung ihres Potentials für die regionale Entwicklung.[49] Dazu gibt es bereits einige geförderte Modellprojekte beispielsweise für neue Wohnformen.[50] Damit verbunden ist die Hoffnung, den Dörfern zukunftsweisende soziale, kulturelle und wirtschaftliche Impulse zu geben. Die Herrenhäuser könnten dann sogar wieder zu den von Theodor Fontane beschriebenen „Localitäten" werden, in denen sich wirtschaftlicher Fortschritt mit kulturellem Engagement verbindet.

Der Erfolg dieser Projekte und die Entwicklung neuer Ideen wird jedoch sowohl von der Professionalisierung der Entscheidungsträger vor Ort[51] als auch den Aktivitäten der „Raumpioniere" abhängen, die den „Luxus der Leere" (Kil) in ländlichen Räumen für die Erprobung alternativer Lebens- und Wirtschaftsformen nutzen und dafür häufig auch zu einem hohen Grad an Selbstausbeutung bereit sind. Ulf Matthiesen, Regionalforscher am Institut für Regionalentwicklung und Strukturplanung in Erkner (Brandenburg), zählt dazu Betriebe wie Lehmbaufirmen und ökologische Bauernhöfe, Netze wie slow-food-Gruppen und Tauschrin-

---

[48] Mrusek, Hans-Joachim: Ergebnisse, Methoden und Probleme bei der Erschließung und kulturellen Nutzung historischer Bauwerke. In: Zu Wirkungsaspekten bei der kulturellen Nutzung historischer Bauten und bei der Kunstrezeption in der entwickelten sozialistischen Gesellschaft. Kongress- und Tagungsberichte der MLU Halle-Wittenberg. Wissenschaftliche Beiträge (1981) Nr. 10, S. 7–37, hier S. 35f.
[49] Vgl. Pawlikowska-Piechotka (wie Anm. 14), S. 133–142; Historische Gutsanlagen: Verborgene Potenziale für die Kommunal- und Regionalentwicklung? Situation und Perspektiven in Brandenburg. Dokumentation der kommunalpolitischen Fachtagung des Landesbüros Brandenburg der Friedrich-Ebert-Stiftung, Genshagen 13.06.2003. Hrsg. von Herle Forbrich und Ole-Mathias Hirsch, www.herrenhausbrandenburg.de/texte/Genshagen_Juli__2003II.pdf (31.07.2008).
[50] Vgl. Erhalt leerstehender ortsprägender Bausubstanz im Land Brandenburg. Hrsg. vom Ministerium für Stadtentwicklung, Wohnen und Verkehr des Landes Brandenburg. Eggersdorf 1998.
[51] Vgl. Radke, Thomas: Kompetenzen für Sicherung, Betrieb und Vermarktung von Gutsanlagen in Mecklenburg-Vorpommern. Diplomarbeit. FH Neubrandenburg 2004.

Ausblick

ge, aber auch das Engagement zurückgekehrter Gutsbesitzer und fordert für diese Aktivitäten finanzielle Fördermaßnahmen.[52] Denn „ein Schloss ist kein Sportabzeichen – man muss es sich leisten können", meint Friedrich-Carl von Ribbeck, Enkel des letzten Besitzers von Gut Ribbeck. Er ist zwar zurückgekehrt ins Havelland und engagiert sich dort, doch lebt er nicht im Schloß seiner Vorfahren.[53]

---

[52] Vgl. Matthiesen, Ulf: Statement zu Kultur- und Raumentwicklungen in Brandenburg. Anhörung des Ausschusses für Wissenschaft, Forschung und Kultur des Landtags Brandenburg am 15.02.2006 zu den Auswirkungen der demografischen Entwicklung auf die Kultur im Land Brandenburg, www.irs-net.de/download/Matthiesen_KulturUndRaumentwicklung.pdf (31.07.2008); Ders.; Mara, Michael: 'Brandenburg braucht Raumpioniere'. Der Regionalforscher Ulf Matthiesen über Verödung, Brain Drain und die Rettung des ländlichen Raums. In: Der Tagesspiegel vom 14.05.2007; Sandberg, Vera: Frauen in Herrenhäusern. In: Brigitte Woman (2007) Nr. 6, S. 70–79.
[53] Zitiert bei Driese, Patricia: Zurück in den ‚heißen märkischen Sand': Schloss Ribbeck lädt zum Verweilen ein. In: netzeitung.de vom 18.08.2008.

Zusammenfassung: Herrenhäuser ohne Herren

Zu Beginn des 20. Jahrhunderts wurde Ostelbien – Raum einer auf Gutsherrschaft beruhenden deutschen Adelskultur zwischen Elbe und Finnischem Meerbusen – durch mehr als 10.000 Gutsanlagen geprägt. Diese lagen im Durchschnitt jeweils kaum sechs Kilometer von einander entfernt und bildeten ein enges Netz aus sozialen und wirtschaftlichen Kontakten.

Beginnend am östlichen Rand wurde diese Ordnung in den russischen Revolutionen 1905 und 1917 erstmals erschüttert. Mit den Bodenreformen in Estland und Lettland begann danach die Auflösung der Gutsstruktur, die in den vierziger und fünfziger Jahren mit Agrarreformen und kommunistischen Machtkämpfen in allen sowjetisch besetzten Ländern abgeschlossen wurde. Die Auseinandersetzung um Zerstörung, Nutzung und Erhalt feudaler Baukultur war Teil der politischen Machtfrage und spielte eine entscheidende Rolle sowohl bei der Staatenbildung im Mitteuropa der Zwischenkriegszeit als auch bei der Durchsetzung des Sozialismus unter sowjetischem Einfluß nach dem Ende des Zweiten Weltkrieges.

Ein Viertel der Herrenhäuser wurde so aufgrund von revolutionären Ereignissen, aber weniger als zehn Prozent wurden durch Kriege zerstört. Trotzdem blieben durchschnittlich rund zwei Drittel der Herrenhäuser so erhalten, daß sie für Aufgaben beim Wiederaufbau und bei der Modernisierung ländlicher Räume genutzt werden konnten. Besonders groß war ihre Auslastung in der DDR und Polen, wo sogar rund ein Viertel von ihnen als multifunktionale Dorfzentren gleichzeitig für unterschiedliche Zwecke genutzt wurde.

Erst seit Mitte der sechziger Jahre nahm der Leerstand der Herrenhäuser infolge von Investitionen in neue Wohnungen und Schulen, der Zentralisierung landwirtschaftlicher Betriebe und der Binnenmigration in größere Gemeinden und Städte zu. Forciert wurde diese Entwicklung mit der gesellschaftlichen, wirtschaftlichen und politischen Transformation der neunziger Jahre, in der die meisten Umnutzungsformen ersatzlos wegfielen und sich die Abwanderungsbewegung aus ländlichen Räumen fortsetzte. Mit funktionaler und symbolischer Bedeutungslosigkeit begann bereits in den siebziger Jahren der bis heute andauernde Verfall der Herrenhäuser.

Zusammenfassung

Gleichzeitig hat sich in Gesellschaft und Politik angesichts wirtschaftlicher und politischer Krisentendenzen sowie der Abkehr vom Fortschrittsglauben der Moderne die Wahrnehmung der gebauten Umwelt verändert. In diesem Zusammenhang sind auch neue Seiten an den Herrenhäusern entdeckt worden. Ihre Verwandlung von Orten der Herrschaft und Verwaltung in Orte der Repräsentation, des Tourismus und der Kultur begann und hat im Gegensatz zu den meisten anderen Umnutzungsformen bis heute Bestand. Seit der Jahrtausendwende wird das vielfältige Potential der Herrenhäuser für die Regionalentwicklung neu entdeckt und entsprechend gefördert.

Zerstörung, Umnutzung und Erhalt der Herrenhäuser beziehen sich sowohl auf den funktionalen wie symbolischen Wert der Bauwerke. Von Bedeutung sind vor allem die ihnen von Gesellschaft und Politik beigemessenen Symbolwerte gewesen, die sich aber in den Jahren seit ihrer Enteignung durchaus veränderten. Generell gilt, daß eine negative Wahrnehmung die Zerstörung der Herrenhäuser forcierte und eine positive deren Erhalt und Pflege förderte:

- Die Zerstörung der Herrenhäuser bestand in der Vernichtung ihrer architektonischen Markanz als Orientierungspunkte im kriegerischen Feld, wurde gefördert durch Leerstand infolge einer geringen Nachkriegsbesiedlung ländlicher Räume oder von Abwanderung in die Städte und basierte auf ihrer Wahrnehmung als Orte der Repression. Die hohe Zahl zerstörter Herrenhäuser in Estland und Lettland während der Revolution 1905 sowie in den polnischen West- und Nordgebieten während der Polonisierung im ersten Jahrzehnt nach Ende des Zweiten Weltkrieg belegt, welche Folgen deren negative Symbolkraft hatte. Denn dort wurde die Wirksamkeit der ideologisch geführten Auseinandersetzung um die Bedeutung der Herrenhäuser noch durch nationale, antideutsche Motive potenziert.

- Bei der Umnutzung war zunächst die Größe des Baukörpers entscheidend, aber genauso wichtig wurde die Umwertung der Herrenhäuser für die Gesellschaft entsprechend neuer politischer Vorstellungen. Darüber hinaus spiegelten die Umnutzungsformen ländertypische Entwicklungen und Bedürfnisse wider. Dazu gehörten in der DDR die Nutzung als Mehrfamilienhäuser in Verbindung mit der Aufnahme von Flüchtlingen und Vertriebenen, in Estland und Lettland die Nutzung als Schulen verbunden mit dem Aufbau eigener Bildungssysteme in der

Zwischenkriegzeit sowie in Polen die Nutzung als Verwaltungszentren landwirtschaftlicher Staatsbetriebe im Zusammenhang mit der Besiedlung der ehemals deutschen Gebiete.
- Erhaltungsmaßnahmen beruhten sowohl auf Denkmalschutzgesetzen wie dem „Eigen-Sinn" (Lüdtke) der Nutzerinnen und Nutzer. Dabei handelte es sich sowohl um bauerhaltende Arbeiten wie um die Restaurierung von Kulturdenkmalen. Nur ein Viertel der Herrenhäuser erhielt jedoch überhaupt eine Anerkennung als nationales Kulturerbe und wurde unter Denkmalschutz gestellt. Im Durchschnitt erhielten gar weniger als zehn Prozent eine denkmalpflegerische Aufwendung und noch geringer war die Zahl der als kulturelle Erinnerungsorte museal genutzten Herrenhäuser und Gutsanlagen. Dazu gehörten einige Museumsschlösser und Museen für Guts- und Landwirtschaft, Museen für Persönlichkeiten des polnischen Adels in Polen und das Feudalmuseum Schloß Wernigerode in der DDR.

Im Ergebnis förderten beide Strategien, wenn auch aus unterschiedlichen Gründen, in vielen Fällen den Verfall der Herrenhäuser: Einerseits wurden aufgrund mangelnder Investitionen in Wohnungsneubauten gerade temporär gedachte Wohnnutzungen zeitlich unbegrenzt ausgedehnt und führten so zu einer Umwertung der Herrenhäuser in Schlichtwohnungen. Andererseits wurden die als umwertende Nutzungsmaßnahmen entwickelten Herrenhausschulen durch Neubauten abgelöst und verwandelten sich so in temporäre Nutzungsformen. Das gilt ebenfalls für die Herrenhausheime, von denen mehrere nach 1990 aufgelöst wurden.

Während die temporären Umnutzungsformen auf den Austausch der historischen Bausubstanz durch Neubauten zielten und Erhaltungsmaßnahmen deshalb unterblieben, handelte es sich bei den auf die Symbolwerte der Herrenhäuser zielenden Maßnahmen häufig lediglich um symbolische Politik, bei der nur die Aktion sowie das damit vermittelte Bild von Bedeutung waren.

Nur selten wurden daher die durch Abbruch der Herrenhäuser entstandenen Freiflächen durch Neubauten oder gar durch neue Symbolbauten gefüllt. Zudem war das so gewonnene Baumaterial bekanntermaßen meist unbrauchbar für die Errichtung neuer Bauernhäuser und orientierten sich Arbeits- und Wohnbedingungen in den Herrenhausheimen nicht an den Bedürfnissen der Bewohner und Angestellten. Eine Ausnahme stellt lediglich die schulische Nutzung der Herrenhäuser in Estland und

Zusammenfassung

Lettland dar, die mit der ersten Unabhängigkeit zu Beginn des 20. Jahrhunderts verbunden ist und heute als Teil der Nationalkultur anerkannt und gepflegt wird.

Geprägt bleibt der Umgang mit den Herrenhäusern daher letztlich durch den „Eigen-Sinn" (Lüdtke) der mit ihnen verbundenen Menschen, die in Verfolgung eigener Interessen deren Zerstörung, Umnutzung und Erhalt sowohl förderten als auch behinderten.

Abkürzungsverzeichnis

ABM	Arbeitsbeschaffungsmaßnahme
BLHA	Brandenburgisches Landeshauptarchiv (Potsdam)
BLDAM	Brandenburgisches Landesamt für Denkmalpflege (Wünsdorf)
DDR	Deutsche Demokratische Republik
DEFA	Deutsche Film AG
DM	Deutsche Mark (Währung der DDR 24.07.1948–31.07.1964)
DVLF	Deutsche Verwaltung für Land- und Forstwirtschaft
ECOVAST	European Council for the Village and Small Town
FDGB	Freier Deutscher Gewerkschaftsbund
ICOMOS	International Council on Monuments and Sites
KA MOL	Kreisarchiv Märkisch-Oderland (Seelow)
KA LOS	Kreisarchiv Oder-Spree (Fürstenwalde/Spree)
LPG	Landwirtschaftliche Produktionsgenossenschaft
MAS	Maschinen-Ausleih-Station
MTS	Maschinen-Traktoren-Station
NSDAP	Nationalsozialistische Deutsche Arbeiterpartei
PGR	Polnisches Staatsgut
RSP	Polnische Landwirtschaftliche Produktionsgenossenschaft
SBZ	Sowjetische Besatzungszone
SED	Sozialistische Einheitspartei Deutschlands
SMAD	Sowjetische Militäradministration in Deutschland
SPD	Sozialdemokratische Partei Deutschlands
SSR	Sowjetische Sowjetrepublik
StA FFO	Stadtarchiv Frankfurt (Oder)
UdSSR	Union der sozialistischen Sowjetrepubliken
UNESCO	Organisation für Erziehung, Wissenschaft und Kultur
VdgB	Vereinigung der gegenseitigen Bauernhilfe
VEG	Volkseigenes Gut
VEB	Volkseigener Betrieb

Abbildungsnachweis

Abb. 1: © Frank Lutterloh (2008).
Abb. 2: © Herle Forbrich (2002).
Abb. 3: © Paweł Boduch, aus: Extradom[Extrahaus] (2007) Nr. 2, S. 61.
Abb. 4: Livlands zerstörte Schlösser. Riga 1905/06, S. 22ff.
Abb. 5: © Ernst Benz, aus: Benz, Ernst: Die Revolution von 1905 in den Ostseeprozinzen Rußlands. Mainz 1989, S. 294 (basierend auf Karte von H. Laakmann in: Wittram, Reinhard: Baltische Geschichte. Darmstadt 1973).
Abb. 6 : Museum Viadrina, Frankfurt (Oder), VI/2-1843b, Neg.-Nr. 319/40.
Abb. 7: aus: KA MOL, Akte 28: Rat der Gemeinde Marxwalde, Schlossumbau, 1946-1949.
Abb. 8: Dunsdorfs, Edgars: Muižas: simt divdesmit viens attēls [Güter: 121 Abbildungen]. Melbourne 1983, S. 155.
Abb. 9: © Herle Forbrich (2000).
Abb. 10: aus: KA LOS, GIF 1365: Steinhöfel, Bodenreform Bauprogramm, 1948-1949.
Abb. 11: © Herle Forbrich (2008).
Abb. 12: © Herle Forbrich (2008).
Abb. 13: © Herle Forbrich (2008).
Abb. 14: © Herle Forbrich (2008).
Abb. 15: © Herle Forbrich (2008).
Abb. 16: N.N.: Herrensitze dienen dem Volkswohl. In: Demokratischer Aufbau (1947) Nr. 1, S. 23.
Abb. 17: Dišlere, Inta; Ozola, Agrita: Muižas Lauku Kultūrvidē. Tukuma rajona muižas fotogrāfijās no Tukuma muzeja krājuma [Güter im ländlichen Kulturmilieu. Tuckumer Güter in Fotografien aus dem Bestand des Tuckumer Museums]. Tukuma muzejs 2002, S. 29.
Abb. 18: Krastiņš, Jānis: Latvijas Republikas būvmāksla [Baukunst der Lettischen Republik]. Rīga 1992, S. 80.
Abb. 19: Krastiņš, Jānis: Latvijas Republikas būvmāksla [Baukunst der Lettischen Republik]. Rīga 1992, S.112.
Abb. 20: © Līva Krāģe, aus: Latvijas Piļu un Muižu asociācija [Schlösser- und Güterverbund Lettlands], www.pilis.lv (31.07.2008).
Abb. 21: © Agnese Zeltiņa, aus: Latvijas Piļu un Muižu asociācija [Schlösser- und Güterverbund Lettlands], www.pilis.lv (31.07.2008).
Abb. 22: aus: BLHA, Rep. 208, Akte 741: Maßnahmen zur Durchführung der Bodenreform in der Gemeinde des Kreises Lebus: Görlsdorf 1946-1951.
Abb. 23: Urlaub – Erholung – Genesung durch den Freien Deutschen Gewerkschaftsbund. Hrsg. vom FDGB. Berlin 1960, S. 201.
Abb. 24: © Rita Bellmann, aus: N.N.: Sonne, sage, wie gefällt dir unser schönes Heimatland. In: Bummi (1969) Nr. 14, S. 3–4.

Abb. 25: Rühle, O.: Wo einst die Junker herrschten .... In: Wissen und Leben (1959) Nr. 5, S. 357–361, hier S. 360.
Abb. 26: BLHA, Rep. 208, Akte 656, Bl. 74.
Abb. 27: Grebin, Martin; Picht, Klaus; Liebich, Wolfgang; Hans Grünberg: Dorfplanung in der Deutschen Demokratischen Republik. Berlin 1967, S. 49.
Abb. 28: © Manfred Hamm, aus: Badstübner-Gröger, Sibylle; Grunwald, Walther: Groß Rietz. Berlin 1991, S. 18f.
Abb. 29: © Herle Forbrich (2000).
Abb. 30: Redakcja: 1956, 1972, 1980 ... [Redaktion: 1956, 1972, 1980 ...]. In: Spotkania z Zabytkami [Begegnungen mit Denkmalen] (1982) Nr. 8, S. 2–9, hier S. 6.
Abb. 31: N.N.: Das neue Dorf. In: Der Freie Bauer (1950) Nr. 37, S. 4–5.
Abb. 32: aus: KA MOL, Akte 955: Kreisbauamt 1952-1962.
Abb. 33: © Andrzej Misiorowski, aus: Misiorowski, Andrzej: Niektóre problemy adaptacji obiektów zabytkowych [Einige Anpassungsprobleme bei Denkmalobjekten]. In: Ochrona zabytków [Denkmalschutz] (1968) Nr. 3, S. 6–13, hier S. 12.
Abb. 34: Niemke, Walter: Dorfplanung am Beispiel Marxwalde. Berlin 1956, S. 48, S. 47.
Abb. 35: © Sparkasse Märkisch-Oderland (1995).
Abb. 36: © Duncker & Humblot GmbH, aus: Jähnig, Wolfgang: Die Siedlungsplanung im ländlichen Raum der Sowjetunion mit besonderer Berücksichtigung des Konzept der „Agrostadt". Berlin 1983, S. 101. (nach: Bagirov, R.D. et al.: Planirovka i Zastrojka sel'skich naselennych mest v SSSR [Planung und Bau der ländlichen Siedlungen in der UdSSR]. Moskva 1980, S. 49).
Abb. 37: aus: KA LOS, GIF 1365: Steinhöfel, Bodenreform Bauprogramm, 1948-1949.
Abb. 38: Postkarte; Hartung, Ulrich: Arbeiter- und Bauerntempel. DDR-Kulturhäuser der 50er Jahre – ein architekturhistorisches Kompendium. Berlin 1997, S. 75, S. 202.
Abb. 39: © Joachim Weidner (1986).
Abb. 40: Köpping, Günther; Meinke, Renate: Probleme der Sicherung architektonisch wertvoller Bausubstanz in Kleinstädten. In: Deutsche Architektur (1974) Nr. 8, S. 502–503, hier S. 503.
Abb. 41: © Heimatverein Neuhardenberg e.V.
Abb. 42: Metelka, Arnfried: Besser Wohnen in schönen Dörfern. Berlin 1979, S. 7.
Abb. 43: © Andreas Huth; Ernst Wipprecht, aus: Wipprecht, Ernst: Herrenhäuser und Landschlösser im Land Brandenburg. Erhaltung und Nutzung. In: Brandenburgische Denkmalpflege (1991) Nr. 2, S. 4–32, hier S. 29.
Abb. 44: © VG Bild-Kunst, Bonn 2008.
Abb. 45: © Herle Forbrich (2008).

Herrenhausverzeichnis und Ortsnamenkonkordanz

Ahlsdorf 164
Alatskivi - Allatzkiwwi 206
Allatzkiwwi - Alatskivi 206
Allenstein - Olsztyn
Alschwangen - Alsunga 205
Alsunga - Alschwangen 205
Alt Schwerin 243
Altenhof 228
Altenwall - Komorno 219
Alt-Madlitz 18, 137f., 143, 227
Altranft 243
Altstadt - Budzistowo 154
Alt-Tucheband 73
Alūksne - Marienburg 237
Arenenberg 28
Arklitten - Arklity 152f., 210
Arklity - Arklitten 152f., 210
Bärenklau 127
Basedow 125
Batzdorf 230
Będomin 239
Behnen - Bēne 40
Bēne - Behnen 40
Beregovoe - Nowischken 29
Berghof - Kalnamuiža 205
Bersdorf - Targoszyn 219f.
Bērstele - Groß-Bersteln 29
Blankenhain 243
Blankensee 256
Boitzenburg 120
Booßen 129
Börnicke 253
Bornsminde - Bornsmünde 114
Bornsmünde - Bornsminde 114
Branitz 242
Brańszczyk 145
Breslau - Wrocław
Bromberg - Bydgoszcz
Buckow/Märkische Schweiz 120
Budzistowo - Altstadt 154
Budzów - Schönwalde 219

Burg Schlitz 125
Bydgoszcz - Bromberg
Cēre - Zehren 112
Cēsis - Wenden 205, 237
Cesvaine - Sesswegen 110
Ciechanowiec 239
Cölpin 125
Criewen 253
Czempiń 216
Dąbrówka Wlkp. - Groß Dammer 240
Dahlen - Dole 237
Dammsmühle 89
Danzig - Gdańsk
Daugava - Düna
Demnitz 224, 242
Diedersdorf 138, 256
Dole - Dahlen 237
Dondangen - Dundaga 203ff.
Dönhoffstädt - Drogosze 210
Dorpat - Tartu
Drogosze - Dönhoffstädt 210
Drzonów - Schlesisch Drehnow 240
Dubiecko 238
Düna - Daugava
Dundaga - Dondangen 203ff.
Durbe - Durben 205, 236
Durben - Durbe 205
Dwarischken 29
Edole - Edwahlen 205
Edwahlen - Edole 205
Elaja - Elley 29
Elley - Elaja 29
Emkendorf 228
Ērbērģe - Herbergen 117
Faehna - Vääna 203
Falkenberg 145
Faulenrost 125
Favorite 96
Fedotovo - Groß Plauen 29
Fincken 232
Finn - Vinni 169

Forel - Voore 207
Frączków - Franzdorf 219f.
Frankfurt/Oder-Dammvorstadt - Słubice
Franzdorf - Frączków 219f.
Fraustadt - Wschowa
Freyenstein 228f.
Freystadt - Kożuchów 214
Friedersdorf 122
Friedrichsmoor 125
Fürstlich Drehna 120, 256
Garoza - Garrosen 29
Garrosen - Garoza 29
Gdańsk - Danzig
Gelbensande 253
Gelsdorf 96
Gnesen - Gniezno
Gniezno - Gnesen
Göhren-Lebbin 252
Goldenbow 125
Goldenitz 140
Gollwitz 253
Görlsdorf 121f.
Groß Breesen 252
Groß Dammer - Dąbrówka Wlkp. 240
Groß Gnie - Gusevo 29
Groß Plauen - Fedotovo 29
Groß Rietz 144, 241f.
Groß Schönebeck 253
Groß-Bersteln - Bērstele 29
Groß-Eckau - Iecava 29f.
Groß-Ivanden - Lielīvande 205
Groß-Roop - Lielstraupe 205
Grünberg - Zielona Góra
Gulbene - Schwanenburg
Gułtowy 216
Güntersberg - Nosowo 219
Gusevo - Groß Gnie 29
Gusow 67, 136, 178, 222, 233, 242
Güstrow 241
Hasells 96
Herbergen - Ērberģe 117
Hermersdorf 136

Hieronimów 164f.
Hohen Luckow 125
Hohenzieritz 125, 253
Iecava - Groß-Eckau 29f.
Jahnsfelde 119, 136, 221f.
Jäneda - Jenneda 237
Jasnaja Poljana - Trakehnen 28
Jelgava - Mitau 32, 114, 205
Jenneda - Jäneda 237
Johannstorf 125
Kadinen - Kadyny 219f.
Kadriorg - Katharinental 202, 236
Kadyny - Kadinen 219f.
Kaleka - Kalittken 29
Kaliningrad - Königsberg
Kalittken - Kaletka 29
Kalnamuiža - Berghof 205
Kalvi - Põddes 248
Kamieniec - Steinbach 219f.
Karczów - Schönwitz 219
Kassargen - Kassari 237
Kassari - Kassargen 237
Katharinental - Kadriorg 202, 236
Katowice - Kattowitz
Kattowitz - Katowice
Katzdangen - Kazdanga 46, 205
Kaucminde - Kautzemünde 113
Kautzemünde - Kaucminde 113
Kazdanga - Katzdangen 46, 205
Kegel - Keila 237
Keila - Kegel 237
Kętrzyn - Rastenburg
Kliestow 138, 145, 230
Knoop 228
Komorno - Altenwall 219
Königsberg - Kaliningrad
Kose-Uuemõisa - Neuenhof 237
Köslin - Koszalin
Koszalin - Köslin
Koszuty 239
Kożuchów - Freystadt 214
Krakau - Kraków
Kraków - Krakau

Index: Herrenhausverzeichnis

Kreisau - Krzyżowa 253
Kremon - Krimulda
Krimulda - Kremon
Krzyżowa - Kreisau 253
Kulice - Külz 253
Külz - Kulice 253
Kumna - Kumna 57
Kurtna - Kurtna 169
Lambarte - Lambertshof 29
Lambertshof - Lambarte 29
Łańcut 238
Lasila - Lassila 208
Lassila - Lasila 208
Lättnitz - Letnica 214
Laupa - Laupa 118
Lebuser Land - Ziemia Lubuska
Lechts - Lehtse 56
Łęczyn - Lenzenbruch 219
Lehtse - Lechts 56
Lemburg - Mālpils 237
Lemsal - Limbaži 237
Lenzenbruch - Łęczyn 219
Letnica - Lättnitz 214
Libau - Liepāja
Lieberose 249
Lielīvande - Groß-Ivanden 205
Lielstraupe - Groß-Roop 205
Liepāja - Libau
Lietzen 134, 226, 230, 249
Limbaži - Lemsal 237
Linow 126
Łopuszna 239
Lub-Essern - Lubezere 207
Lubezere - Lub-Essern 207
Ludorf 125
Lühburg 125
Luplow 125
Maardu - Maart 206
Maart - Maardu 206
Maasdorf 143
Maciejów - Matzdorf 219f.
Madona - Modohn
Małachowski 238

Mālpils - Lemburg 237
Manieczki 239
Marienburg - Alūksne 237
Marienfelde 140
Markendorf 64
Markenthum - Markocin 219
Märkisch-Wilmersdorf 222
Markocin - Markenthum 219
Marxwalde - Neuhardenberg 65, 134,
  141, 162, 165-168, 221f., 226f.,
  230f., 243, 249, 253
Matzdorf - Maciejów 219f.
Merseburg 241
Meseritz - Międzyrzecz 240
Mesothen - Mežotne 205
Mežotne - Mesothen 205
Międzyrzecz - Meseritz 240
Mildenitz 131
Mitau - Jelgava 32, 114, 205
Modohn - Madona
Mohrungen - Morąg 240
Morąg - Mohrungen 240
Moritzburg 241
Moschen - Moszna 216, 219f.
Moszna - Moschen 216, 219f.
Mürow 136
Neu Damerow - Nowa Dąbrowa 219
Neuenhof - Kose-Uuemõisa 237
Neuhardenberg - Marxwalde 65, 134,
  141, 162, 165-168, 221f., 226f.,
  230f., 243, 249, 253
Neusalz - Nowa-Sól
Nieborów 238
Nischwitz 131
Nitau - Nītaure 114
Nītaure - Nitau 114
Nogale - Nogallen 207
Nogallen - Nogale 207
Nosowo - Güntersberg 219
Nowa Dąbrowa - Neu Damerow 219
Nowa-Sól - Neusalz
Nowischken - Beregovoe 29
Numeiten - Okowizna 29

268

Index: Ortsnamenkonkordanz

Ochelhermsdorf - Ochla 240
Ochla - Ochelhermsdorf 240
Okowizna - Numeiten 29
Olsztyn - Allenstein
Opinogóra 238
Opole - Oppeln
Oppeln - Opole
Orellen - Ungurmuiža 205
Orrenhof - Toila-Oru 26, 89
Ösel - Saaremaa
Osiek 249
Otwock Wielki 186
Ożarów 239
Paddern - Padure 205
Padis - Padise 208, 248
Padise - Padis 208, 248
Padure - Paddern 205
Palms - Palmse 206, 237
Palmse - Palms 206, 237
Passow 228
Pelči - Pelzen 205
Pelzen - Pelči 205
Petershagen 108, 161
Pfedelbach 96
Pieske - Pieski 68
Pieski - Pieske 68
Plathe - Płoty 219
Pławowice 68
Pleß - Pszczyna 238
Płoty - Plathe 219
Plüschow 125
Pöddes - Kalvi 248
Pope - Popen 205
Popen - Pope 205
Posen - Poznań
Possenhofen 96
Possessern - Pozezdrze 29
Pozezdrze - Possessern 29
Poznań - Posen
Prebberede 125
Prötzel 137
Pruuna - Tois 50
Przybyszów - Pürschkau 214

Pszczyna - Pleß 238
Pürschkau - Przybyszów 214
Raadi - Ratshof 236
Rägavere - Raggafer 208
Raggafer - Rägavere 208
Rahhola - Rahula 39
Rahula - Rahhola 39
Rakvere - Wesenberg
Randefer - Randvere 47
Randvere - Randefer 47
Rastenburg - Kętrzyn
Ratshof - Raadi 236
Reckahn 243, 256
Reichenow 256
Remplin 125
Remte - Remten 44, 205
Remten - Remte 44, 205
Reval - Tallinn
Ribbeck 258
Roela - Ruil 248
Roemershof - Skrīveri 45
Rogalin 216
Romanów 238
Rosengarten 121
Russewitz 125, 232
Ruhental - Rundāle 32, 204f., 237
Ruil - Roela 248
Rumpshagen 125
Rundāle - Ruhental 32, 204f., 237
Rydzyna 216
Saabor - Zabór 219f.
Saaremaa - Ösel
Sack - Saku 169f.
Sagadi - Saggad 208, 237
Sagan - Żagań 82, 249
Saggad - Sagadi 208, 237
Sagnitz - Sangaste 203
Saku - Sack 169f.
Sanditten 28
Sangaste - Sagnitz 203
Sanssouci 240
Scharfenberg 230
Schaulen - Šiauliai

269

Schlesisch Drehnow - Drzonów 240
Schlockenbeck - Šlokenbeka 205
Schönwalde - Budzów 219
Schönwitz - Karczów 219
Schorssow 125
Schorstädt - Skurstni 30
Schwanenburg - Gulbene
Schwitten - Svitene 29
Sesswegen - Cesvaine 110
Šiauliai - Schaulen
Sieversdorf 222, 227
Skangal - Skangale 248
Skangale - Skangal 248
Skrīveri - Roemershof 45
Skurstni - Schorstädt 30
Šlokenbeka - Schlockenbeck 205
Słubice - Frankfurt/Oder-
   Dammvorstadt
Spahren - Spāre 29, 57
Spāre - Spahren 29, 57
Sponholz 125
Spyker 232
Stāmeriena - Stomersee 40f.
Steinbach - Kamieniec 219f.
Steinhöfel 141, 222f., 256
Stettin - Szczecin
Stomersee - Stāmeriena 40f.
Streu (Schaprode) 25
Suworowka - Weedern 29
Svitene - Schwitten 29
Szczecin - Stettin
Szreniawa 213, 239
Tallinn - Reval
Targoszyn - Bersdorf 219f.
Tartu - Dorpat
Tellow 243, 255
Toila-Oru - Orrenhof 26, 89
Tois - Pruuna 50
Tolcz - Tolz 219
Tolz - Tolcz 219
Trakehnen - Jasnaja Poljana 28
Trebnitz 136
Trebus 178f.

Tubądzin 239
Tuckum - Tukums
Tukums - Tuckum
Tułowice 214
Ublick - Ublik 29
Ublik - Ublick 29
Ueckermünde 242
Uellenorm - Ülenurme 237
Ülenurme - Uellenorm 237
Ulrichshusen 125
Ungurmuiža - Orellen 205
Vääna - Faehna 203
Valtu - Waldau 49
Vandzene - Wandsen 117
Vāne - Wahnen 115
Ventspils - Windau
Vihula - Viol 208
Vijciema - Wiezemhof 115
Vinni - Finn 169
Viol - Vihula 208
Voore - Forel 207
Wackerbarth 229
Wahnen - Vāne 115
Waldau - Valtu 49
Wandsen - Vandzene 117
Warschau - Warszawa
Warszawa - Warschau
Weedern - Suworowka 29
Węgry - Wengern 29
Weisdin 125
Wenden - Cēsis 205, 237
Wengern - Węgry 29
Wernigerode 243ff., 261
Wesenberg - Rakvere
Wiesenburg 96
Wiezemhof - Vijciema 115
Windau - Ventspils
Windsor 203
Winiary 238
Wittstock 242
Wolfshagen 253
Wolkenstein 242
Worienen - Woryny 69

Worin 164
Woryny - Worienen 69
Wrocław - Breslau
Wschowa - Fraustadt
Wulkow (Booßen) 184
Wulkow (Trebnitz) 141, 144
Zabór - Saabor 219f.

Żagań - Sagan 82, 249
Zehren - Cēre 112
Zeutsch 146
Zielona Góra - Grünberg
Ziemia Lubuska - Lebuser Land
Zwönitz 126

COLLOQUIA BALTICA
Beiträge der Academia Baltica
zu Geschichte, Politik und Kultur in Ostmitteleuropa
und im Ostseeraum

Mare Balticum
Begegnungen zu Heimat, Geschichte, Kultur an der Ostsee
Hg. von Dietmar Albrecht und Martin Thoemmes
(Colloquia Baltica 1)
2005. 184 Seiten. Broschiert 19,90 €. ISBN 978-3-89975-510-3

Unverschmerzt
Johannes Bobrowski - Leben und Werk
Hg. von Dietmar Albrecht, Andreas Degen, Hartmut Peitsch
und Klaus Völker
(Colloquia Baltica 2)
2004. 472 Seiten. Broschiert 19,90 €. ISBN 978-3-89975-511-1

Vorposten des Reichs? Ostpreußen 1933-1945
Hg. von Christian Pletzing
(Colloquia Baltica 3)
2006. 254 Seiten. Broschiert 19,90 €. ISBN 978-3-89975-561-8

Wanderer in den Morgen
Louis Fürnberg und Arnold Zweig
Hg. von Rüdiger Bernhardt
(Colloquia Baltica 4)
2005. 164 Seiten. Broschiert 19,90 €. ISBN 978-3-89975-527-8

Dietmar Albrecht
Wege nach Sarmatien. Zehn Kapitel Preußenland
Orte, Texte, Zeichen
(Colloquia Baltica 5)
2005. 266 Seiten. Zwei farbige Kartenseiten. Broschiert
19,90 €. ISBN 978-3-89975-550-2

Grenzüberschreitungen. Deutsche, Polen und Juden
zwischen den Kulturen (1918-1939)
Hg. von Marion Brandt
(Colloquia Baltica 6)
2006. 278 Seiten. Broschiert 19,90 €. ISBN 978-3-89975-560-X

Christian Rohrer
Nationalsozialistische Macht in Ostpreußen
(Colloquia Baltica 7/8)
2006. 673 Seiten. Hardcover 49,90 €. ISBN 978-3-89975-054-3

Dietmar Albrecht
Falunrot. Zehn Kapitel Schweden
Orte, Texte, Zeichen
(Colloquia Baltica 9)
2006. 234 Seiten. Zwei farbige Kartenseiten. Broschiert
19,90 €. ISBN 978-3-89975-562-6

Im Gedächtnis von Zeit und Raum.
Festschrift für Dietmar Albrecht
Hg. von Christian Pletzing und Martin Thoemmes
(Colloquia Baltica 10)
2006. 198 Seiten. Broschiert 19,90 €. ISBN 978-3-89975-084-5

Europa der Regionen. Der Finnische Meerbusen
Esten, Deutsche und ihre Nachbarn
Hg. von Karsten Brüggemann
(Colloquia Baltica 11)
2007. 170 Seiten. Broschiert 19,90 €. ISBN 978-3-89975-065-2

Displaced Persons
Flüchtlinge aus den baltischen Staaten in Deutschland
Hg. von Christian und Marianne Pletzing
(Colloquia Baltica 12)
2007. 248 Seiten. Broschiert 19,90 €. ISBN 978-3-89975-066-9

Dietmar Albrecht
Sampo. Zehn Kapitel Finnland
Orte, Texte, Zeichen
(Colloquia Baltica 13)
2008. 284 Seiten. Zwei farbige Kartenseiten. Broschiert
19,90 €. ISBN 978-3-89975-068-3

Heimat im Museum? Museale Konzeptionen
zu Heimat und Erinnerungskultur in Deutschland und Polen
Hg. von Beate Herget und Berit Pleitner
(Colloquia Baltica 14)
2008. Broschiert. 19,90 €. ISBN 978-3-89975-118-5

Dietmar Albrecht
Von Tels-Paddern bis zur Fischermai
Neun Kapitel Lettland und Estland. Orte, Texte, Zeichen
(Colloquia Baltica 16)
2009. 310 Seiten. Zwei farbige Kartenseiten. Broschiert.
19,90 €. ISBN 978-3-89975-120-8

Herle Forbrich
Herrenhäuser ohne Herren
Ostelbische Geschichtsorte im 20. Jahrhundert
(Colloquia Baltica 17)
Broschiert. 29,00 €. ISBN 978-3-89975-150-5

Demnächst erscheinen

Zeit aus Schweigen
Johannes Bobrowski – Werk, Biographie, Kontext
Hg. von Andreas Degen und Thomas Taterka
(Colloquia Baltica 15)
2009. Broschiert. 19,90 €. ISBN 978-3-89975-119-2

Seebäder an der Ostsee
Hg. von Olga Kurilo
(Colloquia Baltica 18)
Broschiert. 29,00 €. ISBN 978-3-89975-151-2

Dietmar Albrecht
Norvegia felix.
Sieben Kapitel Norwegen. Orte, Texte, Zeichen
(Colloquia Baltica 20)
280 Seiten. Zwei farbige Kartenseiten. Broschiert. 29,00 €. ISBN 978-3-89975-152-9

Vorzugspreis für Abonnenten je Band 14,95 / 22,00 €.

Martin Meidenbauer »
VERLAGSBUCHHANDLUNG

Erhardtstraße 8 • 80469 München
Tel. 089-202386-03 • Fax 089-202386-04
info@m-verlag.net • www.m-verlag.net

www.ingramcontent.com/pod-product-compliance
Lightning Source LLC
Chambersburg PA
CBHW070023010526
44117CB00011B/1692